中国经济学系列

中国
发展经济学

张　军

主　编

章　元　宋　弘

副主编

复旦大學 出版社

主编简介

张军，著名经济学家，复旦大学文科资深教授，复旦大学经济学院院长。他于2006年和2014年分别入选长江学者特聘教授和国家万人计划领军人才，是国务院津贴获得者、第八届国务院学术委员会学科评议组成员暨理论经济学联席召集人。他专注于中国经济的增长与发展、经济体制改革和宏观经济政策等方面的研究，对中国经济的现状和未来趋势有着深刻的洞察和独到的见解。2015年与林毅夫、樊纲一起获得第七届中国经济理论创新奖，2018年获美国比较经济学会的最佳论文奖Bergson Prize。

副主编简介

章元，复旦大学中国社会主义市场经济研究中心教授，复旦—平安宏观经济研究中心副主任，《世界经济文汇》常务副主编。长期研究中国减贫、乡村振兴、城乡融合与中国经济发展道路；2004年毕业于复旦大学经济学院，曾在 *World Development, Economics Letters* 等SSCI杂志以及《中国社会科学》、《经济研究》等权威期刊上发表多篇学术论文；多次荣获省部级专著、论文和资政报告一等奖，以及上海市东方英才拔尖人才、曙光学者、浦江人才等荣誉称号。

宋弘，复旦大学经济学院教授。长期专注于中国劳动力市场、人力资本和经济发展相关研究。入选国家级高层次青年人才计划，论文发表于国内外权威期刊 *American Economic Journal: Economic Policy, Journal of Labor Economics*，*Journal of Development Economics, Journal of International Economics*，《经济研究》、《管理世界》、《经济学季刊》等。曾获第五届张培刚发展经济学青年学者奖、洪银兴经济学奖、上海市曙光学者、上海市哲学社会科学优秀成果奖等。担任 *Journal of Asian Economics*，*China & World Economy*，《世界经济文汇》等期刊副主编或编辑，曾获复旦大学青年五四奖章、复旦大学教学创新大赛一等奖等。

序

邓小平在1978年开启的改革开放创造了中国经济增长的奇迹,使中国从全球最贫困的五个国家之一跃升为世界第二大经济体。这一举世瞩目的伟大发展成就获得了全球范围内的经济学家和包括联合国在内的众多国际组织的高度认可。在这一经济增长奇迹之下,中国还创造了"减贫奇迹",按照现行贫困标准计算,中国7.7亿农村贫困人口摆脱贫困;按照世界银行国际贫困标准,中国减贫人口占同期全球减贫人口70%以上,为全球减贫进程做出了卓越的贡献。

这一成就来之不易,中华人民共和国成立后,中国政府就开始致力于通过救济和为城市提供最低水平的福利保障等方式实现收入平等。但是由于要从最低起点开始努力实现工业化,中国政府采取了城乡分割和严格限制人口流动的户籍制度,通过工农业产品剪刀差抽取农业剩余,转化为工业化所需的资源。因此,虽然在计划经济年代实现了收入均等,但这也仅限于城市。按照2010年标准,当时97.5%的农村人口处于贫困状态,并且他们长期被排斥在最低水平的福利保障体系之外。

改革开放以来,中国不断融入世界经济与贸易体系,我们进入了工业化的快车道,更多的农村劳动力大规模进入沿海城市务工,由此开始了中国式减贫的进程。事实上,自此以来,中央政府持续不断地制定减贫计划以及阶段性减贫目标。总体来说,中国的扶贫和减贫计划不断实现预设的目标,取得了令世界瞩目的巨大成就。在此基础上,2013年年底,习近平总书记在湖南湘西考察时首次提出了精准扶贫的理念,将贫困识别进一步拓展到多维贫困,减贫的瞄准对象也从区域范围缩小到农户和个人,同时采取一揽子有针对性和差异性的减贫政策,充分发挥中国特色社会主义举国体制优势,并于2020年历史性地消除了现行标准下的绝对贫困。之后,政府继续致力于推进全体人民的共同富裕事业。

如果我们将中国的增长和减贫成就与其他发展中国家相比,可以发现其他发展中国家的增长和减贫在同期内远不如中国,甚至有些地区和国家的贫困还出现了反弹,这种鲜明的对比意味着中国一定做对了什么。

正是在上述历史背景下,教育部发起了建设中国经济学系列教材的行动规划,复旦大学也推出了七个系列百本优秀教材计划。这个计划推出之后,我萌生了要编写一本中国的发展经济学的想法。考虑到我与我的博士生和同事已经完成了一篇后来发表在《美国经济学杂志:经济政策》(*American Economic Journal: Economic Policy*)上的研究中国精准扶贫的论文,于是我决定以中国的减贫为主线组织编写一本《中国发展经济学》。

复旦大学经济学院是研究中国式现代化道路的经济学南方重镇,自 1922 年经济学系成立至今,经济学科的发展始终同时代发展变迁紧密相连,一代代忠诚于科学研究理想、致力于服务社会进步的复旦经济学人扎实耕耘、接续传承。从转型到增长,从农村改革到城乡融合,从减贫到缩小收入差距,从人力资本积累到科技进步,从产业政策到结构调整,几乎中国经济问题的所有领域,学院都有一些同事在进行深入和持续的研究,并且在国际顶尖学术刊物和中国权威学术杂志上有众多高水平成果发表。因此,围绕中国的减贫和经济发展组成一个高水平的编写团队就比较容易了。

我们正在筹备编写此书时,习近平总书记 2022 年 4 月 25 日在中国人民大学考察时提出要加快建构中国自主的知识体系,这无疑是中国当代社会科学家们的一项历史重任。我们认为,经济学理论是解释经济现象的一套逻辑体系,所以从经济学理论的角度回答"中国做对了什么"必然是构建中国自主经济学体系的重要内容。我们当然可以从很多不同的角度来回答这一问题,所以当我们决定开始行动后,我首先召集大家围绕如何回答这一问题进行头脑风暴。团队成员很快达成共识,那就是从"人的全面发展"这个角度来阐释中国的伟大发展成就。以人为本既是党的执政理念,也是中国式现代化道路中始终坚持的发展方向。从这个角度来总结和阐释中国发展成就,一方面,为建构中国经济学自主知识体系提供了重要视角;另一方面,在这一过程中,也得以通过总结中国经验,为其他很多依然未能战胜绝对贫困的发展中国家提供宝贵借鉴。

确定了核心思想后,团队成员便结合各自的研究领域汇集了一个章节目录,由我和同事章元、宋弘两位教授反复讨论和修改章节的内容安排和次序。同时,为了突出内容体系前沿性,我们邀请了陕西师范大学的史耀疆教授负责撰写如何通过自然实验来有效减贫的章节,他和他的团队过去十几年在通过自然实验的方式研究人力资本积累和减贫方面取得了相当耀眼的学术成绩;我们还邀请了最近十几年一直致力于中国的城市化和城乡发展的陆铭教授负责撰写中国的城市化章节。正是他们的加入,使得本书的内容体系更加完整和丰富。

在形成初稿后,我与副主编章元和宋弘,同复旦大学出版社的戚雅斯、李荃两位编辑一起,对各章节的体例、语言风格、排版和文字进行了多次反复校对,也对一些章节的内容和板块再次进行了调整。在这个过程中,两位编辑为本书的校对做出了专业而又细致的工作,我们团队所有成员都对她们的工作高度认可并致以敬意。经历了两年多的辛勤工作后,终于有了一个经过几次校对并相当完整的清样。著名经济学家、北京大学新结构经济学研究院院长林毅夫教授,全国政协常委、国务院发展研究中心原党组书记、国家统计局原局长马建堂主任,浙江大学文科资深教授、浙江大学共享与发展研究院院长李实教授应邀阅读全书的清样之后,都欣然为我们撰写了精彩的推荐语,为本书增添了光彩。

最后,感谢"复旦大学七个系列百本优秀教材"计划的支持,以及教育部哲学社会科学研究重大专项项目"构建经济发展的国家理论"(2023JZDZ018)和"迈向共同富裕的中国式精准扶贫研究"(2023JZDZ020)的部分资助。我衷心希望读者能够从阅读本书中有所收获,同时衷心感谢所有参与者的奉献与付出。

张军

前　言

改革开放以来，中国共产党带领全国人民创造了快速经济增长超过 40 年的"增长奇迹"，同时也创造了消灭现行标准下的绝对贫困的"减贫奇迹"。中国由一个积贫积弱的国家迅速崛起为世界第二大经济体和最大的发展中国家，这些伟大的成就显然无法用西方经济学的古典、新古典、内生经济增长等理论来解释。同时，第二次世界大战以后发展起来的现代发展经济学理论大多偏重对印度、非洲和拉丁美洲经济的阐释，对中国式现代化道路的系统研究和学理性阐释的成果极为稀缺。2022 年 4 月 25 日，习近平总书记在中国人民大学考察时提出，"加快构建中国特色哲学社会科学，归根结底是建构中国自主的知识体系"。因此，我们希望在吸取中华优秀传统经济思想精华的基础上，立足中国实践，阐释中国成就，总结中国经验，同时在吸收现代经济学中的有益成分的基础上编写这本《中国发展经济学》。

在编写本书的过程中，我们始终坚持以习近平新时代中国特色社会主义思想为指导，结合中国改革开放和经济发展的伟大实践与伟大成就，重点从理论上解释中国取得伟大发展成就的历史起点、政策实践、发展经验，特别是通过中国减贫伟大成就与其他发展中国家的减贫成果的对比，论证为什么在那么多发展中国家中只有中国才能够彻底战胜绝对贫困，然后从"人的全面发展"的视角出发，提炼出具有原创性和解释力的中国发展经济学理论。事实上，促进人的全面发展是理解中国式现代化道路的一个重要角度；减贫、人力资本积累、医疗和养老保障体系建设、劳动力流动和人的城市化、环境治理、缩小收入差距和促进共同富裕等主题都与人的全面发展高度相关，而这也是本书的一个鲜明特色。

基于上述思路，本书各章节围绕"人的全面发展"这个核心，从多个维度深入分析中国改革开放以来的经济发展，阐述围绕发展的系列重大政策如何在实践中产生作用，并超越传统发展理论所能解释的范围。本书首先回顾发展经济学的经典理论，如刘易斯的二元经济理论、舒尔茨的人力资本理论、可持续发展理论等，并特别强调了这些理论在当代中国的应用与演变，然后系统性介绍基于中国实践的相关理论和思想,如习近平总书记精准扶贫的理念等;紧接着阐述这些理论在中国经济发展历程中的具体实践,例如,从区域开发式扶贫和单维贫困向精准扶贫和多维贫困的转变、农村家庭联产承包责任制的实施、经济特区的设立、国有企业改革、环境污染治理、医疗卫生和教育体制改革、金融市场开放、创新驱动发展战略等。通过理论与实践的紧密结合,读者能够深刻理解不同发展阶段面临的挑战与机遇,以及政策制定的逻辑和政策产生的效果。

特别地,本书还融合了经典的经济学分析方法与前沿学术成果,为学习发展经济学的读者提供了一个集"经典理论、中国实践、经典方法、前沿学术"于一体的学习视角。特别值得强调的是,每个章节的内容都与编写者的研究领域高度相关,编写者们这些年来都围绕中国经济发展的不同领域深耕科研和教学,并积极参与中国经济学自主知识体系的构建,这也构成了本书的一个优势。

具体而言,绪论首先高度概括和总结中华人民共和国成立以来的发展道路,总结中国发展模式的成功经验及其对发展经济学理论的贡献,以及中国经济发展经验对其他发展中国家的借鉴意义;第1—4章重点研究中国的减贫成就以及快速经济增长中的收入差距演变,从经济结构变迁、对外开放等视角阐释贫困率的下降以及收入差距先上升后下降的趋势,介绍中国的区域开发式扶贫和习近平精准扶贫的理念在中国的实践与成就,农村改革历程,以及乡村振兴战略的提出和实践成果;第5—6章介绍中国的城市化进程,以及这一过程中的劳动力流动和户籍制度改革对劳动力要素配置效率的影响;第7—10章介绍中国的人口政策及其对人力资本积累的影响,医疗保险体制改革及其对健康的影响,教育改革及其对人力资本积累的影响,以及社会保障在中国经济发展过程中发挥的兜底作用;第11—12章关注小额信贷与非正规金融、环境与生态治理主题;第13章特别关注政府治理在中国经济发展中的作用,剖析政府与市场的关系及其对经济发展的影响。

本书充分融入中国发展模式,在习近平新时代中国特色社会主义思想的指导下,重点阐释中国实践、中国成就和中国模式,从"人的全面发展"角度系统梳理和总结中国发展伟大成就所蕴含的经济学理论。同时,还瞄准中国发展过程中的重大政策和重大现象,阐释中国经济发展中的一般逻辑并上升为有中国特色的发展经济学理论,系统总结中国经济发展中的成功经验,讲述"中国故事",构建发展经济学的中国自主理论体系,以及这些经验和理论体系对其他发展中国家的借鉴意义。特别地,本书紧跟发展经济学的学术前沿,对前沿方法和相关研究成果进行详细介绍,为学生了解和掌握发展经济学的前沿方法与学术研究打下基础。

本书由复旦大学经济学院张军教授领衔担任主编,由章元教授、宋弘教授担任副主编,各章的编写者如下:

绪论　贫困、反贫困与经济发展:中国式现代化（张军,复旦大学经济学院教授）

第1章　中国减贫的伟大成就（章元,复旦大学经济学院教授）

第2章　反贫困与发展领域的随机干预实验研究（史耀疆,陕西师范大学教育实验经济研究所教授）

第3章　贫富差距、收入不均等及其应对（万广华,复旦大学经济学院教授）

第4章　走出"内卷"——中国农业和农村发展（奚锡灿,复旦大学经济学院副教授）

第5章　城市化:理论、进程与改革（陆铭,上海交通大学安泰经济与管理学院教授）

第6章　户籍制度和劳动力流动（陈钊,复旦大学经济学院教授）

第7章　生育政策与人口转变（宋弘,复旦大学经济学院教授）

第8章　医疗卫生体系发展与健康改善（封进,复旦大学经济学院教授;王贞,复旦大学经济学院讲师）

第9章　教育普及与人力资本积累（宋弘,复旦大学经济学院教授）

第10章　社会保障制度（封进,复旦大学经济学院教授）

第11章　小额信贷与非正规金融（王永钦,复旦大学经济学院教授）

第12章　环境保护与发展:理论与中国现实（陈登科,复旦大学经济学院副教授）

第13章　国家制度和政府治理（章奇,复旦大学经济学院副教授）

目　录

第 12 章 环境保护与发展：理论与中国现实 / 318

第 13 章 国家制度和政府治理 / 343

绪论

贫困、反贫困与经济发展：中国式现代化

绪论聚焦新中国成立以来减贫的驱动力量与经济发展。中国的减贫道路也是中国经济社会的发展道路。经济的快速增长得益于基础广泛的改革和政策，也为减贫的成功提供了经济基础。同时，中国自改革开放以来的减贫速度也在一定程度上反映了经济发展和追赶的过程，以及中国式现代化历程。

第一节　中国式现代化的历程

新中国成立以来，中国共产党领导人民创造了罕见的经济快速发展奇迹和社会长期稳定奇迹，中华民族实现了从站起来、富起来到强起来的伟大飞跃。特别是改革开放以来，中国用几十年的时间走完了发达国家几百年的工业化历程，经济实力和综合国力显著增强，经济总量大幅跃升，图 0-1 展示了中国自 1978 年以来的国内生产总值（GDP）增长率和人均 GDP 情况，不难发现，1978 年以来，中国经济一直维持较高的增长速度，1978 年我国人均 GDP 只有 387 元，2021 年上升到 80 976 元，成功由低收入国家跨入中等偏上收入国家行列。以过去 40 余年来的出口品的技术复杂度和科技进步的速度来衡量，中国也是后来者中技术学习最快的国家之一。同时，中国与世界收入水平的差距也逐渐缩小。如图 0-2 所示，1978 年，我国按照现价美元计算的人均国民总收入（GNI）只有 200 美元，相当于世界平均水平的 10.37%；到 2020 年，我国人均 GNI 达到 10 530 美元，相当于世界平均水平的 94.87%。考虑到 1978 年前极低的起点和普遍贫困的状况，中国今天的成功经验对其他后来者具有参考价值①。

40 余年来，中国经济能够实现高速增长在很大程度上是基于对计划经济发展模式

---

① 张军，桂林. 中国的经济发展如何影响了全球经济：基于经济学文献的答案[J]. 世界经济，2008(8)：3-19.

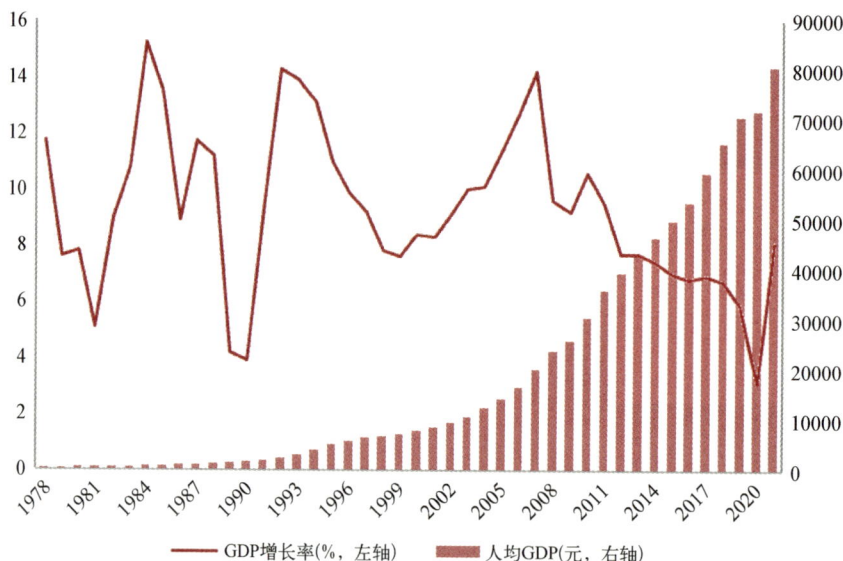

数据来源：国家统计局。

图 0-1　1978—2021 年中国经济增长与人均 GDP

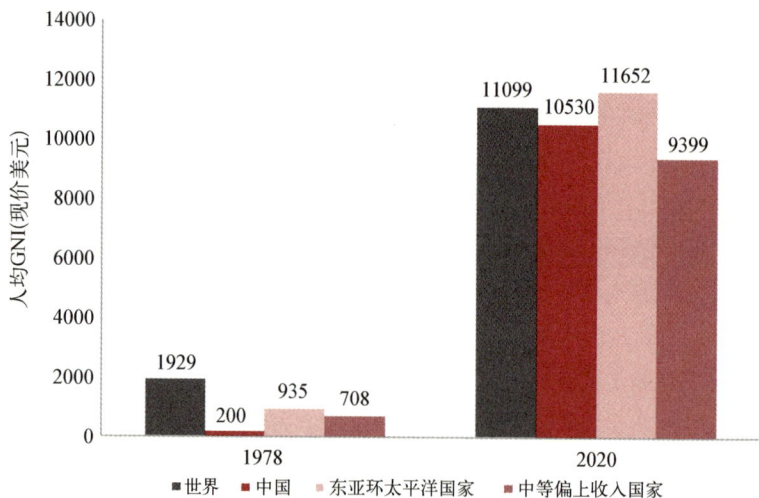

数据来源：世界银行。

图 0-2　1978 年与 2020 年中国与世界收入水平比较

的改革[①]。新中国成立初期，中国面临严峻的国际形势，而在国内，轻工业比例较高，重工业基础薄弱，没有完整的工业体系。在此背景下，建立独立的工业体系和提高积累率

[①] 谢伏瞻,高尚全,张卓元,等.中国经济学 70 年：回顾与展望——庆祝新中国成立 70 周年笔谈(上)[J].经济研究,2019,54(9)：4-24;厉以宁,辜胜阻,高培勇,刘世锦,等.中国经济学 70 年：回顾与展望——庆祝新中国成立 70 周年笔谈(下)[J].经济研究,2019,54(10)：4-23.

成为促进经济发展的重要因素。因此,中华人民共和国成立后不久,中国政府就决定借鉴苏联的计划经济模式。计划经济模式是国家对经济实行计划调控,公有制经济在国民经济中占据主导地位,政府决定资源配置和分配的经济发展模式。这种高度集中的计划经济体制曾在特定的历史条件下对我国国民经济建设发挥过积极作用,通过优先发展重工业,实现资本的原始积累,形成独立的完整工业体系和国民经济体系,推动了社会主义建设,为后续改革开放奠定了经济和工业基础,也为社会主义现代化建设奠定了技术基础。具体而言,计划经济模式的特点有以下七个方面。

(1) 以自上而下的行政手段动员资源并按照计划设定的部门方向分配资源。比如,1950年起,全国开展了土地改革运动,将地主土地分给无地或少地的农民耕种,解放农村生产力,发展农业生产;同时,没收官僚资本和外资企业,建立起社会主义国营经济,为经济发展创造物质条件。1950年,颁布《关于统一国家财政经济工作的决定》,统一国家财政收入和物资调度,使国家收入和物资集中到中央,统一调配,合理使用。

(2) 以牺牲家庭消费的方式实现资本高积累,具体地,为了发展工业特别是发展重工业,国家经济政策重积累轻消费。1958—1978年,中国城镇居民人均收入增长不到4元,农民则不到2.6元,全社会的物资全面紧缺,生活贫困,居民所需要的粮食、布匹、食油、猪肉等生活资料全凭国家印发的票证供应,居民的消费主要为满足温饱的生存性消费,而改革开放前的民生清贫,为中国建立初步的工业基础奠定了强大的社会基础。

(3) 以价格剪刀差和农业集体化获取农业剩余以补贴城市和工业部门,1953年开始实施粮食的统购统销,对主要农业产品取消自由交易,一律由国家以计划价收购,然后由国家按计划统销。同时,为了配合统购统销政策,实施农业集体化,把分散的农户组成农业生产合作社,实现了大量农业剩余积累,向城市输送工业化的原始资本,全力支持国家工业化。

专栏 0-1

价格剪刀差

"价格剪刀差"这一词起源于20世纪20年代的苏维埃俄国,是指工农业产品交换中,工业品价格高于价值,农产品价格低于价值所形成的差额,且两者各自正向发展,就形成了巨大的剪刀形差距。

1953—1986年,中国对于农产品实行统购统销政策,取消农业产品自由市场,实行全国统一定价,同时,国家对农产品的收购价格低于其价值,而卖给农民的工业品高于其价值,这实际上是通过工农产品间的价格剪刀差为工业生产汲取大量的农业剩余,这也为中国的工业建设提供了原始积累,建立了新中国初步的工业化基础。

（4）长期维持城乡分割，限制人口流动。"一五"计划期间，国家的发展中心转向城市和工业，城市迅速发展，为了防止农村人口大量盲目流入城市，集中稀缺资源保障城市发展，国家建立了户籍制度，对人口与户口变动情况进行登记管理，并且严格限制城乡间人口流动，在城乡间划分界限，也造成了城乡分割[①]。

专栏 0-2

中国城乡户籍制度[②]

中华人民共和国成立初期，中国的户籍管理制度主要属于自由迁移阶段，"一五"期间，为了集中力量发展城市工业化，中国建立了城乡分割的户籍制度，建立全国城乡统一户口登记制度，并且根据地域和家庭成员关系将户籍属性划分为农业户口和非农业户口。1956—1957年，国家连续颁布四个限制和控制农民盲目流入城市的文件。1958年，《中华人民共和国户口登记条例》开始严格限制城乡之间的人口流动，这也标志着中国城乡二元户籍管理制度的正式建立。户籍制度对于人口流动的严格控制，加之城市中一系列教育、住房、就业等社会福利的提供，构成了城乡二元分割的严格壁垒。这一制度为中国工业化的初始资本积累提供了保障，但也阻碍了劳动力的自由流动，加剧了城乡不平等和贫富差距。

改革开放之后，农村居民开始进城务工，但是出于"离土不离乡"的考虑和严格限制"农转非"的政策，进城务工农民依旧是农村户口，无法享受城市的一系列福利政策，也产生了"农民工"这一称呼。但相较于改革开放之前，户籍制度的限制正在逐步放松。进入21世纪以来，各地开始户籍制度改革，建立统一的城乡户口登记制度。同时，除个别超大城市外，其他城市已逐步放开宽落户限制，提高城市化水平，引导农业人口向城市转移，推进基本公共服务覆盖全部城镇常住人口。

（5）国有企业按照计划指令从事生产和分配，国家直接经营国有企业，采用统一

[①] 蔡昉,都阳,王美艳.户籍制度与劳动力市场保护[J].经济研究,2001(12)：41-49,91.这篇文章利用计划迁移数量决定的计量分析，以及北京市就业保护政策的演变实例，检验表明劳动力市场的城乡分割是政府推行重工业优先发展战略的需要，同时得出结论户籍制度是劳动力市场上就业保护的制度基础，其改革有赖于一系列配套改革的完成。

[②] Wang F, Milner C, Scheffel J. Labour Market Reform and Firm-level Employment Adjustment：Evidence from the Hukou Reform in China[J]. Journal of Development Economics, 2021, 149(C)：1-20.这篇文章利用1998—2007年我国制造业企业数据，使用双重差分法研究了户口改革和企业就业调整之间的因果关系。研究发现户籍改革对企业层面的净就业调整具有积极影响，户口改革引发的劳动力市场灵活性增加了企业层面的就业调整。进一步地，该文研究了贸易政策改革的作用，结果发现，在进行户口改革的城市，更大的关税削减导致更大的就业调整。

领导、分级管理的模式，以"计划"管理企业经营，按照"以产定销"的原则，制定各行业企业的产销计划，此时的国有企业在投资、生产、定价、财务、薪酬等方面都由国家直接管理。

（6）城镇提供就业保障与福利分房、免费医疗等，追求公平与社会基本福利保障。具体地，为了解决城市的失业和贫困等社会问题，进一步发展城市工业化体系，建立起了一系列社会福利保障制度，为城市居民提供生活品定量低价供应，计划安置城市劳动者就业，形成了公共医疗卫生体系、公共教育体系和社会福利服务体系，以及党政机关和企事业单位中的福利性住房体系和职工福利服务体系。

专栏 0-3

中国计划经济时代的社会福利体制

中国计划经济时代，为了发展城市和工业化体系，建立了城市社会福利体系，主要包括以下制度：第一，城市居民的基本生活物资供给实施定量低价供应制度；第二，城市计划安置就业的劳动就业制度；第三，较为广泛的城市劳动保险制度，为城市全民所有制职工提供了稳定的养老、医疗、工伤和生育等方面的基本保障；第四，社会救助制度，建立针对无工作单位、无亲属照顾和无劳动能力的"三无对象"的社会制度，以及针对无劳动能力和无直系亲属供养的老、幼、孤独的五保户制度；第五，开展了一系列城乡医疗卫生、教育等基本公共服务体系建设，形成了城市中较为完善的公共医疗卫生体系、公共教育体系和社会福利服务体系，以及党政机关和企事业单位中的福利性住房体系和职工福利服务体系，农村中的基础公共教育体系和合作医疗体系。

（7）经济实行国内自循环，与西方国家贸易和投资联系较少。新中国成立初期，为了支持工业化建设，完成初始资本积累，形成了以国家意志集中资源的计划经济体制，构建起"有形之手"主导的国内自循环体系，快速完成国家工业化的初步积累。贸易仅为国内经济的补充部分，基本处于封闭状态。

1978—2017 年，得益于发展方式的转变[①]，加之推行市场化的改革和对外开放[②]，中国经济取得了连续 40 年平均每年 9.5% 的增长速度，在人类经济史上不曾有任何国家

---

① 张军,高远,傅勇,等.中国为什么拥有了良好的基础设施?［J].经济研究,2007(3)：4-19.这篇文章在中国的政治经济体制的框架内解释了改革开放以来中国在建设和改善物质基础设施上所取得的显著成就。文章发现,在控制了经济发展水平、金融深化改革以及其他因素之后,地方政府之间在"招商引资"上的标尺竞争和政府治理的转型是解释中国基础设施投资决定的重要因素。

② 张军.分权与增长：中国的故事［J].经济学(季刊),2008(1)：21-52.这篇文章以中国的中央地方关系的体制演进,尤其是 1978 年之后的财政分权的重要经验为依托,回顾和讲述了中国转型与经济增长的故事。

或地区以这么高的速度持续这么长时间的增长。中国的对外贸易保持平均每年 14.5%的增长速度,在人类经济史上也没有任何一个国家或地区能够这么快速从封闭经济变成开放经济。图 0-3、图 0-4 分别展示了中国与世界其他经济体的进出口增速,不难看出,不论相较于世界平均水平还是美国、欧盟、日本等发达经济体,中国的对外贸易都长

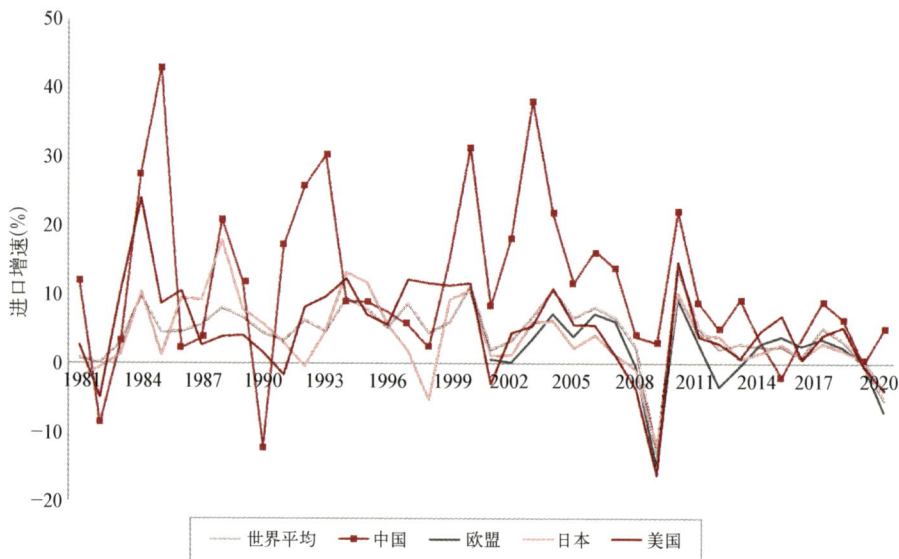

数据来源:WTO 统计。

图 0-3　1980—2020 年世界各经济体进口增速

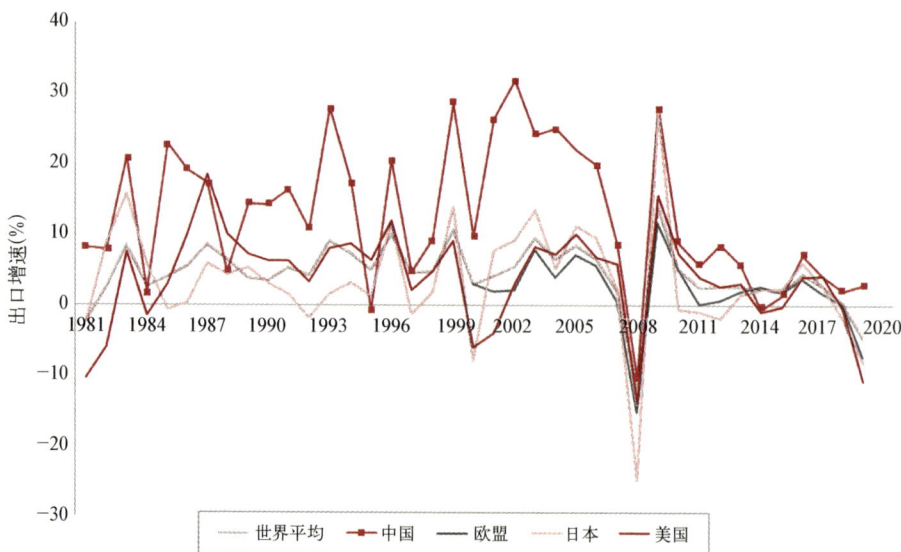

数据来源:WTO 统计。

图 0-4　1980—2020 年世界各经济体出口增速

期维持在较高增长速度。另外,40 多年来,中国不断加大科研投入,推进创新型国家建设,科技实力不断增强。2020 年我国研发经费支出 2.44 万亿元,位列世界第二,专利申请授权 53 万件,科技进步对经济发展的贡献率超过 60%。同时,改革开放以来,随着义务教育和高等教育的逐步普及,我国的人口素质和人力资本积累程度也进一步提高。15 岁以上人口平均受教育年限由 1982 年的 5.3 年提升到 2021 年的 9.91 年,16～59 岁劳动年龄人口为 8.8 亿人,人口预期寿命也由 1981 年的 67.8 岁提升至 2021 年的 78.2 岁。

新中国成立后到改革开放前,受到高度集中的计划体制的制约,中国的城市化进程相当缓慢。1950—1978 年,中国的城市化率仅由 11.2% 上升至 18%,城乡之间存在二元分割的社会结构。改革开放以来,由于快速的经济发展,中国的城市化进程快速推进,城乡之间壁垒逐渐打破,城市化水平稳步提高。如图 0-5 所示,城市化率从 1978 年的 18% 上升至今天的 65%,保持了年均一个百分点的城市化速度,这也意味着平均每年新增 1 000 多万的城市人口。目前,我国城市数量达到 687 个,城市化水平远超发展中国家 50% 的平均水平[①]。

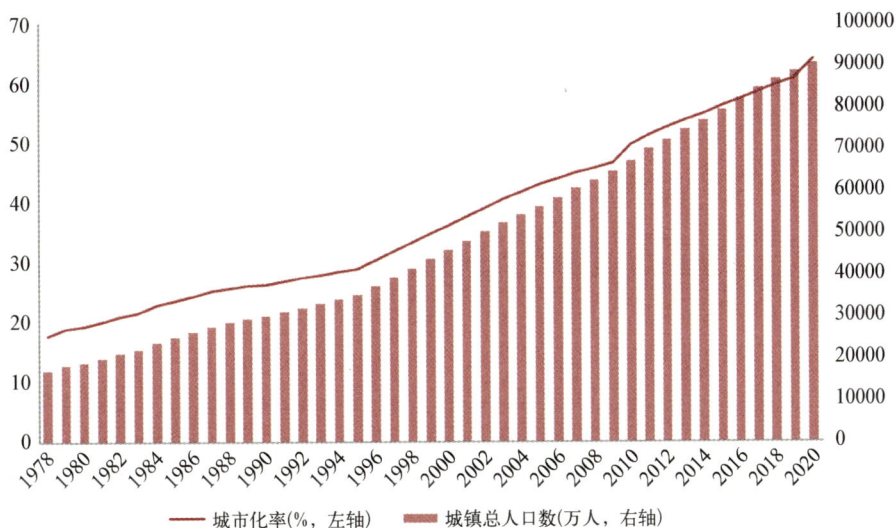

数据来源：国家统计局。

图 0-5　1978—2020 年中国城市化进程

正是得益于快速的经济增长,中国也为世界的减贫工作做出了贡献,贫困人口规模从 1985 年的 1.25 亿下降至 2016 年的 5 000 万,2020 年全面消除绝对贫困,中国对全球

[①] 陆铭,陈钊. 城市化、城市倾向的经济政策与城乡收入差距[J]. 经济研究,2004(6)：50-58. 这篇文章分析了中国的城市化进程,研究发现城市化对降低统计上的城乡收入差距有显著的作用,而地区间人口户籍转换、经济开放、非国有化和政府对经济活动的参与都是拉开城乡收入差距的因素。

减贫的贡献率超过 70%。如图 0-6 所示,以世界银行每人每天 2.15 美元(2017 年 PPP)的全球绝对贫困标准衡量,中国的贫困发生率在 1981 年高达 91.6%,到 2020 年实现了现行标准下贫困人口全部脱贫。贫困人口减少了近 8 亿,占同期全球减贫人数近 75%。同时,中国的多维贫困状况也在不断改善。据联合国统计,中国的人类发展指数排名从 1990 年的 106/144 上升到 2020 年的 85/189,是自 1990 年全球首次测算该指数以来唯一一个从低人类发展水平组跨越到高人类发展水平组的国家。

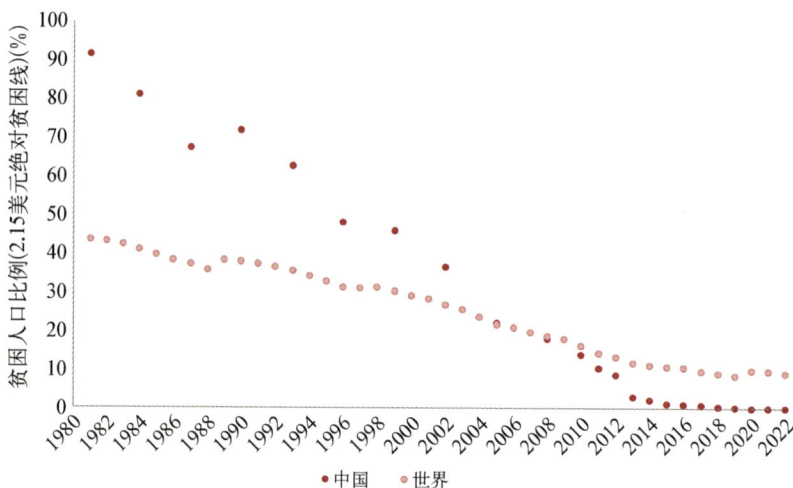

数据来源:世界银行。

图 0-6　1980—2022 年中国和世界贫困情况

　　中国的减贫战略历经了四个阶段:救济式扶贫、开发式扶贫、开发式扶贫与社会保障制度相结合、精准扶贫。其中,开发式扶贫是以发展为导向的扶贫战略,包括专项财政资金支持和区域协作机制;开发式扶贫与社会保障制度相结合的扶贫政策以保护为导向,包括社会救助、社会保险、社会福利等政策;精准扶贫则将两者有机结合。另外,扶贫的范围从全国性救济到区域扶贫开发战略,再到贫困地区、贫困县、贫困村等专项扶贫政策和计划,最后直接瞄准特定贫困户。1985 年前,中国主要实施救济式扶贫。1986 年开始,广泛实施区域扶贫开发战略;2007 年,在此基础上结合了社会保障制度。2013—2020 年,中国又成功推行了精准扶贫战略,实现了全面消除绝对贫困的目标。2021 年 2 月 25 日,中国政府宣布实现了全面消除绝对贫困的目标[①]。

---

① Meng L. Evaluating China's Poverty Alleviation Program: A Regression Discontinuity Approach[J]. Journal of Public Economics, 2013, 101(1): 1-11. 这篇文章利用断点回归法探究了中国的扶贫开发战略("八七计划")。研究表明,扶贫计划在 1994—2000 年显著增加了农民收入约 38%。

专栏0-4

精准扶贫[①]

自2013年开始，中国的扶贫政策从区域战略转向精准扶贫，精准扶贫战略旨在将剩余贫困人口的收入提高至国家收入贫困标准以上并改善多维度贫困状况，具体目标为"两不愁三保障"。其中，"两不愁"指的是"不愁吃，不愁穿"，即基本衣食保障；"三保障"是指实现义务教育、基本医疗和安全住房保障。

精准扶贫战略包括从贫困识别到贫困退出的整个过程，瞄准扶贫对象进行重点施策，具体帮扶政策包括就业和产业发展、易地搬迁、生态补偿、发展教育、社会保障兜底等方面，为贫困家庭提供稳定的收入来源，同时与住房、医疗、教育培训等领域的支持政策相结合，帮助扶贫家庭摆脱贫困。这一战略通过调查测算，对各地贫困家庭进行精准识别和建档立卡，并且对贫困退出进行监督追踪，建立结果导向的问责机制和监督举报机制，保障政策的有效实施。精准扶贫政策有效解决了"最后一公里"的问题，对于消除绝对贫困意义重大。

综上，中国经济发展取得了举世瞩目的成就，而随着经济的迅速发展，中国在扶贫减贫、城市化、人口政策、教育医疗、社会保障、金融信贷、生态环保和国家治理等各个领域都面临着挑战和机遇。本书将以经济学家们长期讨论经济发展各个维度的研究文献与跨国经验为背景，围绕新中国成立以来，在探索经济发展方面积累起来的经验，勾勒出中国发展经济学的基本框架与脉络。当前，习近平新时代中国特色社会主义经济思想为中国经济发展提供了新的理论指导。步入新发展阶段，如何贯彻创新、协调、绿色、开放、共享的新发展理念，加快构建新发展格局，推动高质量发展，离不开对过去经济发展经验的总结和归纳。本书旨在全面系统地阐述中国经济发展的理论与实践，以深入理解中国经济发展过程中的核心问题和解决方案。本书首先回顾中国经济发展的历程与成就，然后深入探讨贫困与反贫困、城市化与户籍政策、生育政策与人口转变、医疗卫生、教育、社会保障、农业发展、小额信贷与非正规金融、生态环境保护以及国家治理与经济体制改革等方面。具体而言，本书的写作框架和逻辑脉络如下。

本书第1—4章探讨了中国的贫困与反贫困道路与成就，以及收入不平等问题。第1章详细分析了中国减贫的伟大成就，从现实角度展示了中国贫困问题的成因、现状以及政策应对。第2章探讨随机干预实验的中国实践，从方法论角度展示科学实证方法在贫困问题上的应用。第3章则聚焦中国社会收入分配现状，关注收入不均等问题及

---

① 朱梦冰,李实.精准扶贫重在精准识别贫困人口——农村低保政策的瞄准效果分析[J].中国社会科学,2017,261(9):90-112,207.

其应对措施。第 4 章探讨中国的农业发展和反贫困的关系,加深理解农业在中国经济发展和扶贫中的重要性。这些章节旨在系统呈现中国反贫困的全景图,揭示其背后的经济逻辑与政策实践。

城市化进程是中国经济发展的重要内容之一,本书第 5 章探讨中国城市化的进程、特点及其对经济发展的影响,分析城乡协调发展的政策与调整。第 6 章进而关注户籍制度的演变及其对城乡人口流动和社会经济发展的影响。

接下来,本书对中国的人口政策和人力资本积累进行了深入探讨。其中,第 7 章深入分析了中国的生育政策与人口结构变化,回顾了生育政策的演变及其对人口结构和经济社会的深远影响,探讨了人口老龄化的挑战及应对措施。第 8 章回顾中国医疗卫生事业的发展历程,探讨公共健康政策和医疗体制改革的成效,揭示健康人力资本对经济发展的重要性。随后,第 9 章聚焦中国教育普及与人力资本积累话题,探讨教育在经济发展中的关键作用,分析了中国教育体制的改革与创新及其对人力资本提升的贡献。

社会保障与民生福祉是国家经济发展的重要内容。第 10 章探讨了中国社会保障体系的建立与完善,分析社会保障的经济与社会效应。第 11 章探讨了中国的小额信贷与非正规金融,分析其在扶贫和经济发展中的作用,理解小额信贷和非正规金融在促进经济发展中的重要性和实践路径。

本书还深入研究了中国的生态环境保护和国家治理体系。第 12 章分析中国环境问题的现状与成因,从理论和现实角度探讨环境保护政策,以及绿色可持续经济发展的策略和路径。此外,第 13 章关注国家制度与政府治理,探讨国家治理现代化的路径与策略。这两章系统地展现了中国在生态文明建设和国家治理现代化方面的实践经验和理论探索,阐明了其对经济可持续发展的重要意义。

本书采用理论与实践相结合、历史与现实相贯通的写作方式,力求系统性、科学性和实用性相统一。从宏观到微观,从总体到具体,全面覆盖中国经济发展的各个重要领域,构建完整的知识体系。希望通过本书的学习,学生能够全面了解中国经济发展的基本历程、现状和未来趋势,深入理解扶贫、城市化、人口政策、教育、医疗、环保、社保等领域的重大问题及其解决方案,掌握经济学的基本理论和方法,并能够运用这些理论和方法分析中国经济发展的实际问题。

第二节 中国经济发展与反贫困:经验与意义

从"人的全面发展"这一视角出发,本书围绕中华人民共和国 70 余年艰苦卓绝的探索所实现的"增长奇迹"和"减贫奇迹",阐释和梳理中国推动社会经济发展与战胜绝对贫困的政策实践与宝贵经验。本书试图从中国发展的实践、政策、现象出发，总结中国经济发展中的一般逻辑并上升为有中国特色的发展经济学理论，勾勒出中国发展经济学的基本框架。基于各章节的梳理和总结内容，本书总结认为，中国的减贫经验和发展经济学自主理论体系包括五个方面的重要内容。

（1）中国创造"减贫奇迹"的实践经验拓展了包容性增长理论，经济发展得以覆盖更多贫困人口分享经济繁荣。

中国通过工业化和全球化创造了能够吸引低技能劳动力的大量就业岗位，实现了包容性增长；同时，在快速的经济增长中通过财政转移支付、对口帮扶、支援建设等各种手段实现"先富带动后富"；2008 年之后，中国的经济发展战略做出了重要调整，全国树立科学发展观，GDP 不再是衡量经济发展的唯一重要指标，消灭绝对贫困、缩小城乡间和地区间收入差距、全面实现九年义务教育、建立和完善新型农村医疗和养老保障体系都成为发展和政府施策的重要目标。这些具有包容性的政策为战胜绝对贫困提供了源源不断的推动力。

（2）中国共产党对减贫事业的高度关注和坚强决心，以及对"举国体制"优势的积极发挥，是中国彻底战胜绝对贫困的必要条件。

中国共产党历来都重视贫困治理并出台了大量的政策来推进中国的减贫事业。特别是 2013 年 11 月习近平总书记在湘西考察时首次提出"精准扶贫"理念，推动中国从区域开发式扶贫战略转向精准扶贫战略，从单一维度的收入贫困治理转向"两不愁三保障"的多维贫困治理。在习近平总书记的推动下，中国发挥了"举国体制"的优势，政府在扶贫开发过程中发挥有为政府的主导和引领作用，中国的政治优势赋予了政府强大的动员和调配资源能力，脱贫攻坚的重大成就意味着必须要有战胜绝对贫困的强大决心和强有力领导，不仅要借助"看得见的手"的力量，而且还要"多维施策、科学施策"，这样才有可能实现战胜绝对贫困。

（3）国家主导并引导市场开发、织密社会保障之网，构建有效治理多维贫困的最后一道防线。

在扶贫开发过程中，中国政府多渠道全方位探索低成本且可行的解决贫困问题的有效途径。当通过就业帮助大部分有劳动能力的人口脱贫以后，剩余的"老弱病残"以及生存环境恶劣地区的贫困人口，就需要更有针对性的扶持政策才能脱贫。中国政府在构建完善的社会保障、医疗卫生等民生相关的制度方面的探索和创新举措拓展了现有发展经济学关于经济增长和社会公平协调发展的内容。中国在还未成为发达国家之时，仅仅用了几十年的时间就实现了医疗保险、养老保障、最低生活保障的城乡居民全覆盖，全民健康水平甚至优于很多中高收入国家。这不仅有助于"防止返贫"，而且实现了"人的全面发展"。

（4）政府善于制定和实现长期发展目标，并充分发挥市场的力量提高资源配置效率,通过"把激励做对"推动长期的经济繁荣,为战胜绝对贫困和经济持续发展提供源源不断的动力。

中国创造"增长奇迹"的伟大成就说明,政府要有明确的长期发展目标,并能够通过制定相应的发展战略以及持之以恒地努力实现这些发展目标。一旦脱离了长期发展目标的指引和发展战略的规划,经济发展就难以形成合力去应对战胜绝对贫困、治理环境污染、缩小收入差距等极具挑战性的难题。同时,中国经济增长的奇迹也说明,在有中国特色的社会主义制度下,以合理的制度安排激励经济主体、发挥各种经济成分的优势,能够充分调动各方面的积极性形成合力。中国实践拓展了激励机制、产权理论、劳动力流动理论在发展经济学中的运用。在恰当的制度和激励机制引导下,农民更自由地探索多样化的生产和经营形式,这些潜力就能转变为切实而巨大的经济发展动力。在脱贫攻坚过程中,因情施策、因地制宜地设立合理激励方案,能够提高扶贫效率,加快脱贫速度。

(5)坚持政府、市场与社会的互动,确保改革与发展政策可接受、可操作,局部地区探索的经验对很多地区都可复制、可推广。

中国的政府治理体系和政府运作机制具有鲜明的特色,发展中的很多改革和实践经验"自下而上"提出,然后"自上而下"推动和推广,两者结合才更有可能成功。此外,中国的改革实践和社会发展也注重政府、市场和社会之间的互动,对于推动实现国家治理体系和治理能力现代化具有重要意义。由于中国疆域的广阔和不同地区社会经济条件存在巨大差异,很多艰难的改革都是通过"摸着石头过河"和"先行先试"来探索经验,然后再评估是否将这些经验复制和推广。在局部地区进行"试验"的方式具有失败后的风险可控、成功后的示范效应显著等优点,也是一种值得很多国家学习的先进稳妥的改革模式。中国的这些宝贵经验也为发展进程中政府推动改革的政治经济学贡献了丰富的营养和内容。

思考题

1. 数据实证题:请利用统计数据,使用 Excel 和 Stata 软件,对各国贫困状况进行作图分析比较。(提示:可以利用世界银行官网的贫困相关指标)

2. 理论思考题:试论中国减贫成就和经济发展历程可以为其他国家的减贫和发展提供哪些经验。

3. 新中国发展历程中对计划经济模式进行了哪些改革?

4. 中国式现代化有哪些特点?又面临哪些挑战?

第**1**章

中国减贫的伟大成就

第一节　中国减贫的伟大成就及国际比较

2006 年的诺贝尔和平奖被授予孟加拉国的乡村银行(Grameen Bank)及其创办人穆罕默德·尤努斯博士(Dr. Muhammad Yunus),以表彰他们"从社会底层推动经济和社会发展的努力"。穆罕默德·尤努斯创立乡村银行的目的,就是通过设计小额信贷机制来帮助穷人和中小企业脱贫,并促进乡村经济发展。2016 年 7 月《科学》(Science)创刊 125 周年之际,杂志社总结并公布了 125 个最具挑战性的科学问题,其中第 119 个问题是:"为什么改变撒哈拉以南非洲贫困状态的努力几乎全部失败?"由此可见,贫困是科学界面临的一个重要且难以解决的前沿难题。2019 年的诺贝尔经济学奖被授予在贫困研究(特别是通过实验的方法研究贫困以及减贫政策)方面做出了重要贡献的三位经济学家:阿比吉特·巴纳吉(Abhijit Banerjee)、埃丝特·迪弗洛(Esther Duflo)和迈克尔·克雷默(Michael Kremer),以表彰他们"在减轻全球贫困方面的实验性做法"。这表明贫困和减贫研究是社会科学领域的一个重大前沿问题,而战胜贫困则是全人类的共同目标。与撒哈拉以南非洲减贫实践形成鲜明对比的是,中国于 2020 年彻底消灭了现行标准下的绝对贫困,创造了人类历史上的减贫奇迹,为全世界的减贫做出了巨大贡献。本章内容包括贫困的定义与度量、中国减贫成就的国际比较、中国扶贫政策的沿革、中国减贫成就的原因以及精准扶贫的科学性等内容。

一、绝对贫困线的确定

1. 绝对贫困线的确定原则

贫困意味着一个人难以维持基本的生存需要,首先表现在每天难以摄入食物获取足够的热量。根据世界卫生组织出版的《热量和蛋白质摄取量》,一个健康成年女性维持生存每天需要摄入 1 800～1 900 卡路里热量,一个健康成年男性维持生存每天则需要摄入 1 980～2 340 卡路里热量。根据上述标准,在估计贫困线时,部分国家将一个成年人每天是否能够摄入 2 100 卡路里热量的食物作为食物贫困线的标准。然后,不同国家根据当地居民的饮食习惯确定商品篮子以及篮子中的商品价格,计算获取2 100卡路里热量所需要的货币数量,并将其作为食物贫困线。

除了食物以外,一个人维持基本的生存还需要衣着、居住、交通、健康等方面的支出,因此,还需要确定这些消费所需的最起码支出,即非食物贫困线。

食物贫困线的确定相对简单,但非食物消费的种类多而复杂,很难像食物贫困线那样确定每一类食物消费的最低标准,因此在各国的实践中,非食物贫困线的确定一般采取间接方法。第一种方法是基于恩格尔系数进行判定。通常,当恩格尔系数低于40%时,被认为生活水平达到富裕标准。因此,部分国家将贫困线设定为食物消费支出占家庭总消费支出的40%,其余60%为非食物支出(如住房、教育、医疗等)。第二种方法是根据食物消费和总消费效用方程来推导非食物贫困线,即在确定食物贫困线之后,从调查样本中找到人均食物消费在食物贫困线附近的家庭,然后计算这些家庭的人均非食物消费水平,并以此作为非食物贫困线。当然,发达国家在确定贫困线时采用的标准更高,例如美国也采用恩格尔系数法来确定贫困线,但它确定的恩格尔系数标准是33.3%,即美国设定的贫困线假设贫困家庭的非食物消费支出占总消费支出的2/3,食物消费支出占1/3。

1990年世界银行对有贫困线的国家所制定的贫困标准进行研究后发现,其中12个最贫穷国家的贫困线集中在275~370美元,于是世界银行采用370美元作为贫困线的国际标准。按照1985年的购买力平价(PPP)折算,370美元大致上相当于每天1美元,于是"每天1美元"就逐渐成为一个为世人所熟知的国际贫困线标准。后来,还提出了一个"每天2美元"的高标准国际贫困线。随后,世界银行又将低标准贫困线陆续提高到每天1.25美元,每天2美元的高标准贫困线保持不变。2015年,世界银行进一步将每天1.25美元低标准贫困线调整为按照2011年购买力平价计算的每天1.9美元,这条贫困线适用于2030年消灭全球贫困的目标,同时将每天2美元高标准贫困线调整为按照2011年购买力平价计算的每天3.2美元。

2. 中国的绝对贫困线

中国政府确定的贫困线为绝对贫困线,被形象地称为"温+饱"。其制定方法如下:首先是确定食物贫困线,根据当年农村住户抽样调查分户资料计算低收入组的食品消费清单,根据每人每天摄入2 100卡路里对应的食品消费量,再乘以对应的价格并求和,即可得到食物贫困线。其次是确定非食物贫困线,中国政府关于贫困线的确定方法经历了一个与国际规则接轨的过程。1995年以前,中国主要根据非食品消费支出比重来计算非食物贫困线,但这种方法有缺陷,因为非食品消费项目选择和所谓"合理的食品支出占生活消费支出的比例"是经验的、主观的和武断的。为了克服这个问题,从1995年开始,国家统计局采纳世界银行的建议,根据食品消费支出函数回归模型来客观计算低收入人群的非食物消费支出。在实际计算时,同时考虑了不同地区人们的消费习惯、家庭结构、生产结构等因素对居民的消费支出特别是食品支出产生的影响。最后,食物贫困线和非食物贫困线之和就是贫困线。

消费结构随着社会经济的发展而逐渐演变,因此中国先后确定了三条绝对贫困线,分别是"1978 年标准""2000 年标准"和"2010 年标准",即根据这些年份的价格以及当年的农户消费结构确定的年度标准,在标准再次调整之前,利用农村贫困人口居民消费价格指数(CPI)对当前标准进行价格调整得到当年价格的贫困线。"1978 年标准"为每人每年 100 元,"2000 年标准"是按 2000 年价格估计的每人每年 865 元,"2010 年标准"是按 2010 年价格估计的每人每年 2 300 元。关于中国政府确定的贫困线与国际标准贫困线之间的差异,可以参见王萍萍等的研究[①]。

中国 2014 年开始的精准扶贫采用的绝对贫困标准是 2010 年价格的 2 300 元,按照世界银行的 2005 年购买力平价进行折算,2010 年的 2 300 元相当于每天 1.6 美元。但这低估了中国精准扶贫的标准,因为精准扶贫采取"两不愁三保障"的多维贫困标准,这一标准瞄准食物、衣服、居住、医疗、子女教育等五个维度。即使一个农户的人均收入达到了 2 300 元,但是如果还面临着子女上学负担重,家庭成员患大病或长期慢性病需要经常住院治疗或长期用药,住房是 C、D 级危险房屋,该农户也将被纳入扶贫对象,并得到义务教育阶段子女教育补助、重大疾病医疗救助和危房改造等补助。我们假设这一类贫困户额外得到的教育、医疗和住房三方面的补助占家庭总支出的比例为 40%,2 300 元用于除上述三项以外的其他消费支出,合计后的家庭总消费支出为 3 833 元,按照世界银行的 2011 年购买力平价折算为每天 2.84 美元,相当于每天 3.2 美元的高国际标准贫困线的 88.75%。这意味着中国精准扶贫采用的绝对贫困标准已经和每天 3.2 美元的高标准国际贫困线非常接近。

专栏 1-1

相对贫困与部分国家的相对贫困线

不同于绝对贫困线,也有部分经济学家认为贫困线只能相对于一个一般性的福利水平而言(如用中位数收入度量),并且随着这个一般性福利水平的变化而进行调整。为此,维克托·福克斯(Victor Fuchs)提出以中位数收入的一半作为贫困线。美国 1965 年建立的第一条四口之家贫困线为中位数收入的 46%,而到了 1986 年却下降到了中位数收入的 32%[②]。美国的第一条贫困线由社会安全局

---

① 王萍萍,方湖柳,李兴平. 中国贫困标准与国际贫困标准的比较[J]. 中国农村经济,2006(12):62-68.

② Sawhill I V, Poverty in the U. S. : Why Is It So Persistent? [J]. Journal of Economic Literature, 1988, 26(3): 1073-1119.

(Social Security Administration)制定,为一个家庭购买足够营养膳食的成本的三倍[1]。之所以采用三倍的标准,是因为美国1955年的一个调查显示,平均而言,一个三口之家会将税后收入的35%用于购买食物,而所谓的"足够营养膳食"则来自农业部的"经济食物计划"(economy food plan)。

在实践层面,虽然有一些国家采用相对贫困标准,但相对贫困线的确定方法却有所不同。例如,中非部分国家以全体居民收入五等分后收入最低的20%为相对贫困人口;经济合作与发展组织(Organisation for Economic Co-operation and Development, OECD,中文简称经合组织)在1976年组织了对其成员国的一次大规模调查后提出一个相对贫困标准,以一个国家或地区社会中位收入或者平均收入的50%作为这个国家或地区的相对贫困线,后来被很多国家采用;也有一些国家(地区)采用平均收入的60%作为相对贫困标准。孙久文和夏添[2]归纳和总结了当今世界各国普遍采用的四类相对贫困标准:第一类是欧盟国家,标准是全体居民收入中位数的60%;第二类是美国,标准是以绝对收入为基础,并结合不同家庭进行调整;第三类是日本,标准是家庭收入十等分组中中等收入家庭收入水平的60%,并通过测算四口之家的"标准家庭"的消费水平,按照年龄、家庭规模、家庭结构(如孕妇、产妇、重度残障、儿童养育等)和地区物价指数调整;第四类是墨西哥、巴西、哥伦比亚等部分拉美国家,标准是将收入和多维贫困相结合,综合考虑收入、就业、教育、卫生、生活水平等维度的水平值。

如果贫困被定义为中位数收入的一定比例,那么从理论上讲,贫困是可以被消灭的;但是,如果贫困被定义为收入分配底部的一定比例(比如收入五等分之后的最低档),那么贫困就是不可能被消灭的[3]。

二、中国减贫的伟大成就

1. 中国消灭绝对贫困的伟大成就:基于中国贫困线的结果

中国作为世界第一人口大国,在过去的40余年里取得了消灭农村绝对贫困的伟大成就。例如,图1-1描绘了不同绝对贫困标准下的农村贫困发生率,可以看出,无论采用中国政府制定的哪一条绝对贫困线,中国的农村贫困发生率都呈持续快速下降趋势。

---

[1] Orshansky M, Counting the Poor: Another Look at the Poverty Profile[J]. Social Security Bulletin, 1965, 51(10): 25-51.

[2] 孙久文,夏添. 中国扶贫战略与2020年后相对贫困线划定——基于理论、政策和数据的分析[J]. 中国农村经济,2019(10): 1-16.

[3] Sawhill I V, Poverty in the U. S.: Why Is It So Persistent? [J]. Journal of Economic Literature, 1988, 26(3): 1073-1119.

数据来源：1993 年、1996 年数据来自《中国战胜农村贫困：世界银行国别报告》，其他年份数据来自《中国农村贫困监测报告（2016）》。

图 1-1　中国农村贫困发生率及其变化（1978—2015 年）

2. 中国消除农村贫困的国际比较：国际标准贫困线的结果

尽管有研究认为，中国早期制定的绝对贫困标准过低，因而官方统计数据有可能低估了农村绝对贫困的水平[1]，但这并不能否定中国在降低农村贫困方面的伟大成就。例如，表 1-1 报告了世界银行采用国际标准贫困线所度量的中国及全世界的贫困发生率和贫困缺口[2]，从中可以看出，即使采用每天 1.9 美元和 3.2 美元的标准，中国的贫困发生率和贫困缺口也都经历了极其显著的下降[3]。

如果比较每天 1.9 美元的贫困线所度量的全世界和中国的贫困发生率和贫困缺口，则可以看出全世界这两个指标的下降幅度远小于中国的下降幅度。

第二节　中国减贫政策的演变及其效果评价

一、区域开发式扶贫政策

1. 中国贫困人口的地区分布

新中国成立后，鉴于当时所处的国内和国际环境，中国政府决定采取重工业优先发展战略来推动经济发展，并因此采取了城市倾向政策来支持重工业优先发展战略，其中包括工农业产品价格剪刀差剥夺农业利润补贴工业，以及为城市国有部门的职工提供免费的医疗、住房和子女教育等[4]。因此，这就导致中国的贫困主要体现为农村贫困而非城镇贫困，针对中国贫困问题的研究也大多围绕农村贫困。例如，表 1-2 报告了根据

---

① Albert P，Wang S. China's Poverty Statistics[J]. China Economic Review，2001，12（4）：384-398.

② 贫困缺口是绝对贫困的一个度量指标，即贫困户的收入水平与贫困线之间的差距。

③ 世界银行公布的贫困发生率的基数为总人口，因此，贫困发生率的度量中包含了城市贫困，但由于中国的贫困人口主要集中在农村，所以表 1-1 中数据表明主要是中国农村贫困人口的急剧减少。

④ 林毅夫、蔡昉、李周. 对赶超战略的反思[J]. 战略与管理，1994（6）：1-12.

表 1-1　中国减贫成就的国际比较

	1981年	1984年	1987年	1990年	1993年	1996年	1999年	2002年	2005年	2008年	2010年	2011年	2012年	2013年
中国的贫困发生率(%)														
1.9美元贫困线	88.32	75.76	60.84	66.58	57.00	42.05	40.54	31.95	18.75	14.65	11.18	7.9	6.47	1.85
3.2美元贫困线	99.14	95.87	89.15	89.2	82.31	71.5	67.18	56.4	41.76	32.96	27.24	22.24	19.05	11.09
全世界的贫困发生率(%)														
1.9美元贫困线	41.91	38.88	34.65	34.82	33.37	28.73	28.02	25.3	20.45	17.82	15.55	13.5	12.41	10.67
中国的贫困缺口(%)														
1.9美元贫困线	43.19	29.41	21.73	24.37	20.57	13.04	13.23	10.23	4.94	3.87	2.66	1.76	1.37	0.35
3.2美元贫困线	63.43	52.28	43.35	45.91	40.34	30.64	29.55	23.75	14.73	11.58	9.05	6.88	5.73	2.52
全世界的贫困缺口(%)														
1.9美元贫困线	17.79	14.38	12.09	12.06	11.49	9.33	9.16	8.14	6.2	5.29	4.59	3.99	3.67	3.23

注：国际标准贫困线用 2011 年购买力平价进行折算。
数据来源：世界银行 WDI-2017。

国际标准贫困线度量的中国城乡两部门的贫困发生率,从中可以看出,无论采取哪一条贫困线,农村贫困人口占农村全部人口的比重都远远高于城镇贫困人口占全部城镇人口的比重。

表 1-2　中国城乡两部门的贫困发生率

		1981 年	1990 年	1999 年	2008 年	2012 年	2014 年	2016 年
1.9 美元贫困线	城镇	59.18%	32.01%	10.88%	1.34%	0.42%	0.49%	0.17%
	农村	95.37%	78.58%	55.89%	26.62%	13.02%	2.40%	0.99%
3.2 美元贫困线	城镇	96.92%	76.07%	38.47%	8.79%	3.30%	3.32%	1.62%
	农村	99.92%	95.05%	84.36%	57.20%	38.35%	16.85%	10.36%

数据来源:世界银行 PovcalNet。

另外,表 1-3 报告了基于部分省(区、市)居民收入分组数据测算出的 1988 年、2001 年和 2014 年农村贫困发生率数据,从中可以看出:无论采用国家统计局的最新贫困标准 2 300 元(2010 年价格),还是采用世界银行制定的国际标准,东部沿海地区省(市)的农村贫困发生率都显著低于中西部省(区、市),这意味着农村贫困人口主要分布于中国的中西部地区,这与中国不同区域的经济发展水平分布高度相关。当然,无论是东、中、西部,还是不同的省(区、市),它们的农村贫困发生率都随时间推进而显著下降。例如,采用每年 2 300 元的贫困线,浙江省的农村绝对贫困发生率从 1988 年的 32.1% 下降到 2014 年的 0.07%,同时期内,四川省的农村绝对贫困发生率由 88.8% 锐减到 5.8%。

表 1-3　中国部分省(区、市)的农村贫困发生率的比较

		2 300 元贫困线			1.9 美元贫困线			3.2 美元贫困线		
		1988 年	2001 年	2014 年	1988 年	2001 年	2014 年	1988 年	2001 年	2014 年
东部	北京	3.2%	2.2%	0%	6.9%	3.4%	0%	35.6%	9.8%	0.02%
	天津	17.9%	2.3%	—	25.9%	4.3%	—	68.3%	18.9%	—
	河北	77.8%	20.6%	1.3%	82.6%	30.7%	1.9%	97.1%	62.6%	5.9%
	上海	0.5%	2.3%	0%	1.5%	3.6%	0%	14.2%	10.7%	0%
	江苏	—	2.9%	0.4%	—	6.6%	0.7%	—	35.1%	2.9%
	浙江	32.1%	2.0%	0.07%	42.9%	4.3%	1.0%	74.0%	21.6%	3.1%

续　表

		2 300 元贫困线			1.9 美元贫困线			3.2 美元贫困线		
		1988 年	2001 年	2014 年	1988 年	2001 年	2014 年	1988 年	2001 年	2014 年
东部	福建	71.3%	6.3%	0.7%	77.6%	12.6%	1.2%	97.3%	41.0%	5.1%
	广东	51.2%	6.7%	0.2%	61.3%	10.9%	0.6%	88.5%	28.3%	4.1%
	辽宁	38.5%	15.8%	4.8%	49.6%	20.7%	6.4%	92.6%	46.5%	12.6%
中部	山西	74.7%	29.8%	3.9%	81.5%	39.9%	5.3%	97.5%	67.1%	10.6%
	安徽	77.3%	35.0%	—	83.4%	47.3%	—	98.2%	71.2%	—
	江西	79.2%	28.7%	0%	84.0%	40.3%	0.2%	99.4%	68.5%	3.8%
	河南	86.6%	32.6%	1.0%	89.7%	44.2%	1.9%	98.6%	72.2%	8.9%
	湖北	—	19.6%	1.9%	—	28.4%	2.6%	—	55.3%	6.4%
	湖南	65.3%	23.8%	—	76.3%	34.3%	—	93.8%	62.5%	—
	吉林	—	18.9%	9.1%	—	28.0%	9.2%	—	58.2%	12.3%
西部	四川	88.8%	—	5.8%	94.5%	—	7.5%	99.7%	—	13.5%
	云南	82.3%	42.3%	—	88.0%	57.8%	—	97.8%	75.9%	—
	陕西	—	48.8%	3.3%	—	57.7%	5.0%	—	74.0%	12.3%
	青海	50.1%	35.9%	—	57.2%	42.9%	—	79.3%	60.2%	—
	新疆	55.0%	40.4%	10.9%	61.0%	46.9%	10.9%	85.1%	62.4%	22.6%
	广西	83.1%	37.7%	3.1%	85.6%	49.2%	5.2%	97.1%	70.7%	14.8%
	内蒙古	—	30.5%	8.5%	—	36.2%	8.6%	—	55.6%	13.1%
	重庆	64.4%	34.7%	0.7%	73.4%	44.7%	1.6%	97.5%	63.3%	8.1%

数据来源：基于各省（区、市）居民收入的分组数据，根据 Shorrocks 和 Wan（2009）的方法测算①。

2. 中国的区域开发式扶贫

20 世纪 80 年代以前，中国政府主要通过转移支付的形式将资金或财物发放给贫困农户，但这种"输血式"扶贫并不能提升贫困户的"造血"能力。1986 年，中央政府成立了

---

① Shorrocks A，Wan G. Ungrouping Income Distributions：Synthesising Samples for Inequality and Poverty Analysis[M]//Basu K，Kanbur R（eds.）. Arguments for a Better World：Essays in Honor of Amartya Sen. Oxford：Oxford University Press，2009.

跨部门的国务院扶贫开发领导小组,开始在全国范围内进行有组织、有计划的大规模扶贫工作。由于当时农村贫困人口众多,分布范围广,领导小组决定瞄准贫困人口较多的县。领导小组基于 1985 年的农民人均收入水平低于 150 元和人均粮食产量低于 200 公斤的标准确定了 331 个国定贫困县,1994 年领导小组将这个名单扩充到 592 个县[①]。此外,所有的省级政府还依据自己的标准确定了 368 个省定贫困县以及数量更多的贫困乡,并给予扶持。在存在贫困的地方政府,也设有省级和县级扶贫领导小组和扶贫办公室。

中国政府针对国定贫困县的投入主要有三种形式:一是中央政府通过中国农业银行给国定贫困县安排扶贫贴息贷款,二是国家计委采用以工代赈(work-for-food)的形式为贫困县提供道路、桥梁、水利等基础设施建设,三是由财政部向贫困县直接注入发展资金。

另外,中国政府采用的扶贫政策并非仅限于中央和地方政府的各种财政和信贷资金的投入,还广泛动员全社会的力量参与扶贫。例如,政府动员各民主党派、社会团体、民间组织、私营企业和志愿者个人参与贫困地区的扶贫开发,如民主党派开展的“智力扶贫”、共青团中央组织的“希望工程”、全国工商联主办的“光彩事业”、全国妇联组织的“巾帼扶贫”、中国扶贫基金会创办的“天使工程”等等。同时,中国政府还积极利用国际援助支持贫困地区经济发展,是发展中国家减贫的重要经验,如世界银行实施的中国西南地区扶贫开发项目、贫困县基础贷款项目以及“西部扶贫项目”等;另外,还有联合国世界粮食计划署和国际农业发展基金会的一些无偿援助或优惠贷款项目。这些社会资源对于缓解贫困和促进贫困地区经济发展起到了积极作用。

专栏 1-2

社会力量参与扶贫案例:拼多多

不同于国内传统电商,拼多多 2015 年成立时便致力于打通农产品销售渠道,把近 6 亿消费者的长周期、零散需求归集为短周期的批发需求,帮助小农户对接大市场,突破传统农产品供求的低效能,探索出了一条“田间直达餐桌”的超短链模式,把农产品在短暂成熟期内顺利销售出去。在参与精准扶贫方面,拼多多的两个举措值得肯定。

第一,2019 年 4 月开始,瞄准深度贫困地区,发起“多多农园”扶贫兴农创新

---

① Park A,Wang S,Wu G. Regional Poverty Targeting in China[J]. Journal of Public Economics,2002,86(1):123–153.

工程,带动近千家建档立卡贫困户脱贫增收。在云南、新疆等地的深度贫困乡村,该工程"多管齐下":一是联合中国农业大学及其他科研机构为贫困地区寻找适合本地发展的产业;二是资助和扶持建档立卡户组成新农商公司或合作社;三是培育孵化本乡本土的年轻新农人作为职业经理人;四是为这些地区配套电子商务供应链公司、品牌设计机构等资源,鼓励并扶持贫困地区推出标准化、品牌化产品,再通过拼多多销往全国,有效解决了深度贫困地区缺技术、缺管理、缺市场、缺带头人的众多难题。例如,云南保山、文山、怒江的咖啡、雪莲果及橘橼种植,新疆喀什的核桃种植加工,这些项目在解决女性就业和脱贫增收方面效果良好。

第二,开设"多多大学"培养新农人和扎根农村的企业家。2019 年 5 月,拼多多与中国农业大学达成战略合作,计划 5 年内培养 10 000 名新农商人才。2019 年 6 月 1 日,"多多大学"在云南文山开设第一堂公开课,当地 110 名农村学员参与了该课程。截至 2019 年年底,线下课程累计 1 400 小时,覆盖 12 个省(区、市)的 874 名农村学员,线上课程累计触达 49 万名农业经营者。

截至 2019 年年底,来自 832 个贫困县的 36 万家商户在拼多多上注册,较 2018 年增长 158%。2019 年贫困县发货的订单总额达 372.6 亿元,较 2018 年增长 130%,其中,注册地为深度贫困的"三区三州"的商家数量达 15.7 万个,较 2018 年增长 540%,订单总额达 47.97 亿元,较 2018 年增长 413%。

新冠疫情暴发时期,拼多多除了提供大量捐款和免费送物资服务以外,在帮助贫困地区农户拓展销售渠道方面也展现了承担社会责任的良好风范,采取的新举措主要包括三个方面。

第一,专门开设抗疫助农专区,400 个农产区 230 多个贫困县的商户利用该专区销售当地农副产品,帮助贫困地区和部分农产区缓解了疫情时期的农产品滞销问题。销售商品包括脐橙、苹果、草莓等各类水果和主要生鲜食材,拼多多将"限时秒杀"的巨大流量优先留给抗疫助农专区,短期内带动了贫困县农副产品的销售,缓解了疫情带来的产品滞销困境。

第二,除了设置 5 亿元的农产品补贴,又拨出首批 10 亿元资金,对为消费者、为疫情严重地区提供物资保障支持的商家给予补贴,每笔订单补贴 2～3 元,激励所有在疫情时期坚持服务消费者的商家。同时,对贫困地区的农产品和商家,在流量等方面给予了更多倾斜。平台奖励商家及时发货,维护疫情期间的商品流通供应和保障消费者权益;同时,还对因客观原因无法坚持运营和发货的商家进行规则豁免,以帮助商户适应新冠疫情带来的压力。

第三,率先开启"政企合作、直播助农"系列活动,尝试"市县长当主播,农户多卖货"新模式,取得了良好效果。开播以来,浙江、广东、广西、重庆等地市长、县长纷纷化身主播销售生鲜农产品,销售额超过 1 亿元。2020 年 3 月 12 日,拼多多与广东签订战略合作协议,未来一年每个月将至少有一位市县长到拼多多直播卖货,推动打造当地数字农业的"新基建"。拼多多还将持续推动其他省(区、市)地市县长直播助农。

3. 区域式开发扶贫策略的转变

对于中国政府瞄准贫困县的区域式开发扶贫策略,有批评认为中央政府的扶贫资金并没有惠及非国定贫困县以外的贫困人口,中国政府陆续对此进行了纠正,一方面体现为瞄准目标逐渐缩小,另一方面体现为扶持政策的科学化和多元化。例如,2003 年《中国农村贫困监测报告》的数据显示,中央扶贫资金覆盖了 148 051 个贫困村,共分布在 1 861 个县内,而 592 个国定贫困县内的贫困村共有 82 256 个,这意味着分布在非贫困县的 65 795 个贫困村也能够得到政府扶贫资金的支持。这一转变表明中国瞄准贫困人口的精度明显提高。

二、区域开发式扶贫政策的效果

(一)早期政策评估的结论

由于缺乏政府对于扶贫资金投入量的统计数据,学术界对于中国扶贫政策效果的深入研究并不多。少量研究发现,中国扶贫政策的减贫效果喜忧参半。朱玲和蒋中一较早系统性研究了以工代赈缓解贫困的效果,他们认为这一政策把救济、增长和发展有机地联系在了一起,以劳动密集型技术为特征的该政策发挥了贫困地区劳动力资源丰富的优势,有助于改善贫困地区的基础设施和社会服务,同时增加贫困者的就业和收入[①]。世界银行 2001 年出版的《中国战胜农村贫困:世界银行国别报告》认为,中国的扶贫政策多多少少有一些减贫效果。

然而,针对 2013 年之前扶贫政策的研究大多认为其效果不佳,如认为政府的八七扶贫攻坚计划的微观干预与整个发展计划之间缺乏互补性[②]。运用四川和陕西的数据详细分析贫困率降低的原因,结果发现中国的扶贫政策对缓解贫困几乎没有作用[③]。有

---

① 朱玲,蒋中一. 以工代赈与缓解贫困[M]. 上海:格致出版社,2014.

② Khan A R. Poverty in China in the Period of Globalization: New Evidence on Trend and Pattern[C]. Issues in Development Discussion Paper No. 22, Development Polices Department of International Labour Office, Geneva, 1998.

③ Rozelle S, Zhang L, Huang J. China's War on Poverty[C]. Working Paper No. 60, Center for Economic Research on Economic Development and Policy Reform, Stanford Institute for Economic Policy Research, Stanford University, 2000.

研究发现,在众多的政府投资中,扶贫贷款对缓解贫困的作用最小,主要原因在于扶贫贷款目标瞄准机制的低效率以及对资金的错误使用①。另外,研究 2001 年后政府扶贫项目的影响,发现这些项目虽然显著提高了贫困村的政府投资和村集体投资,但并没有显著增加更穷农户(poorer households)的收入或消费,却使富裕农户(richer households)收入和消费水平提高了 6.1%~9.2%②。

(二) 如何科学评价中国扶贫政策的效果?

上述研究是否意味着中国扶贫政策的整体效果真的很糟糕呢? 我们显然并不能轻易这样下结论,因为要全面科学评价扶贫政策的效果,还需要严谨的定义、准确的度量和全面的检验。

第一,我们需要摆脱仅仅关注收入贫困或者消费贫困的局限,注重多维贫困。由于数据可得性的限制,关于贫困政策效果的研究大多选择收入或者消费等单一指标度量贫困,或者采用贫困发生率来度量。但是,一个家庭的收入贫困和消费贫困可能有不同的表现:一个消费不贫困但是收入贫困的家庭可能在负债消费,这显然不是一种健康状态;一个收入不贫困但是消费贫困的家庭,可能在克制消费增加储蓄以应对未来的不确定性或冲击。例如,有研究综合考虑收入和消费两个维度,将中国城镇贫困分为持久性贫困、暂时性贫困和选择性贫困,然后发现它们的影响因素和决定机制不同③。另外,经济学家在最近十几年来越来越认识到贫困的多维性,即贫困绝不仅仅体现为收入或者消费低于贫困线,而且还体现在没有干净的饮水、文盲、无冲水厕所、不能获得基本医疗卫生保障等,因此,贫困的一个研究前沿是将多个不同的维度量化并综合为一个指数,其中被利用最广的是 A-F 指数④。例如,中国为贫困农户提供医疗保险支持,可能无法直接增加其收入或者消费,但能够帮助他们抵御疾病冲击,从而有助于提高其健康水平。最后,贫困发生率的局限性在于无法反映贫困深度,因而很容易在政策评价时导致有偏估计。因此,要对扶贫政策进行评价,不能忽略其缓解多维贫困以及贫困深度的效果。

---

① Fan S, Zhang L, Zhang X. Growth and Poverty in Rural China:The Role of Public Investments[C]. EPTD Discussion Paper, No. 66, International Food Policy Research Institute, Environment and Production Technology Division, 2000.

② Park A, Wang S. Community-Based Development and Poverty Alleviation:An Evaluation of China's Poor Village Investment Program[J]. Journal of Public Economics, 2010, 94(9-10):790-799.

③ 李实,Knigt J. 中国城市中的三种贫困类型[J]. 经济研究,2005(10):47-58.

④ Alkire S, Foster J. Counting and Multidimensional Poverty Measurement[J]. Journal of Public Economics, 2011, 95(7):476-487.

专栏 1-3

多 维 贫 困

大部分关于贫困的研究关注的都是贫困户的收入或消费水平,然而这两个指标显然不能全面反映贫困的状态及其决定因素。著名经济学家阿马蒂亚·森(Amartya Sen)很早就提出了多维贫困的思想,即贫困并非仅仅是由于收入或者消费低于贫困线,还会体现在多种基本权利无法获得(干净的饮水、基础教育、营养、健康等)。森的多维贫困思想突破了以经济指标衡量贫困的标准,推动了多维贫困概念的发展。多维贫困概念虽然更具包容性,但其缺陷是不同维度的指标难以综合为一个度量指标并进行横向比较。

很多学者都在度量多维贫困方面做出了尝试和努力[1];另外,牛津大学贫困和人类发展研究中心(OPHI)对此问题组织了大量研究和实践。其中最具代表性的经济学家为萨地娜·阿尔基尔(Sabina Alkire),她和詹姆斯·福斯特(James Foster)提出了基于 FGT 指数的 A-F 多维贫困度量方法并得到广泛应用[2]。他们首先在每个维度内确定一个人是否存在被剥夺,然后计算一个人被剥夺的维度,最后采用 FGT 度量对多维度的被剥夺进行加总。A-F 多维贫困测量方法提出后就得到了广泛运用,如联合国开发计划署(UNDP)从 2013 年起发布的《人类发展报告》就采用了三个维度下 10 个指标构成的多维贫困指标体系。UNDP 建立的全球多维贫困指数(MPI)就包括经济收入、健康、教育和工作质量等多个维度。

国际组织也在努力推动多维贫困概念的应用。例如,UNDP 发布的《1990 年人类发展报告》中提出"人文贫困",即缺乏基本的人类发展机会和选择权;2000 年联合国制定的千年发展目标(MDG)提出了消除极端贫困和饥饿、普及小学教育、促进性别平等、增强妇女权利和能力、降低儿童死亡率、改善孕妇保健水平、与艾滋等疾病做斗争、保护环境的可持续性,这些目标就属于典型的多维贫困概念的应用。

第二,我们不仅需要关注减贫政策的直接效果和短期效果,还要关注它的间接效果和长期效果。一项减贫政策的减贫效果取决于它能否直接提高农户的收入或其他福利

---

[1] Atkinson A B. Multidimensional Deprivation:Contrasting Social Welfare and Counting Approaches[J]. Journal of Economic Inequality, 2003(1):51-65;Bourguignon F, Chakravarty S R. The Measurement of Multidimensional Poverty[J]. Journal of Economic Inequality, 2003(1):25-49.

[2] Alkire S, Foster J. Counting and Multidimensional Poverty Measurement[J]. Journal of Public Economics, 2011,95(7):476-487.

指标,但有些政策可能通过其他机制来影响农户的福利。例如,有学者利用结构方程模型研究农村公共投资与经济增长和贫困减少的关系后发现:政府在教育上的支出对贫困减少具有第一重要的作用,对农业增长具有第二重要的作用;政府在技术研究与推广上的支出对农业增长具有第一重要的作用,对于贫困减少具有第三重要的作用;政府在农村电信上的投资对于贫困减少具有第二重要的作用,对于农业增长具有第三重要的作用。他们的另一个研究也得出了类似的结论:农业研发、灌溉、农村教育、基础设施等提高生产的投资不但对农业生产具有贡献,而且还能够减轻贫困和降低不均等[①]。研究对比中国与印度后发现,在许多欠发达地区进行更多的投资不但减少了贫困,而且还能带来最高的经济回报。因此,他们认为中国取得了减贫的巨大成就,这主要归功于一系列的政策和机构改革,农村居民获得社会服务和生产性资产的公平途径,以及在农村地区的公共投资。尽管继续消除贫困对中国来说并非易事,但是政府仍然可以通过更好地设计其政策,特别是公共投资政策以促进增长,进而减轻贫困和地区间的不平等[②]。还有研究发现,给贫困居民提供干净的饮水不仅能够提高他们的健康水平,而且还能够显著提升儿童的人力资本积累[③]。李实的研究则发现,农村劳动力向外流动有助于提高农村居民的收入:一方面,外出劳动力打工收入的一部分被汇回了老家;另一方面,劳动外出打工减少了农村剩余劳动力,提高了留守劳动力的劳动生产率[④]。还有研究发现,21世纪初的农村税费改革不仅减轻了农民的负担,而且还可以通过降低村民之间的收入差距进而提升农户对公共品供给的积极性[⑤]。

(三) 开发式扶贫政策效果再评价

为了更加全面深入评价中国区域开发式扶贫政策的效果,本章提供几个检验证据。第一组数据来自北京师范大学中国收入分配研究院"中国家庭收入调查"项目的2002年农户样本(CHIP 2002)。该调查随机抽样了中国22个省(区、市)、121个县中的961个行政村,最后得到了9 200个农户样本,大量中外研究者都将其视为具有全国代表性的数据使用。该数据的年份较早,因此我们采用每天1美元的贫困线,并用

① Fan S, Zhang L, Zhang X. Growth and Poverty in Rural China: The Role of Public Investments[C]. EPTD Discussion Paper, No. 66, International Food Policy Research Institute, Environment and Production Technology Division, 2000; Fan S, Zhang L, Zhang X. Growth, Inequality and Poverty in Rural China: The Role of Public Investments[R]. Research Report 125, International Food Policy Research Institute, Washington D. C., 2002.

② Fan S. Public Investment and Poverty Reduction, What Have We Learnt from India and China? [C]. Paper prepared for the ADBI Conference, Infrastructure Investment for Poverty Reduction: What Do We Know? Tokyo, 2003-06-12-13.

③ Zhang J, Xu L C. The Long-Run Effects of Treated Water on Education: The Rural Drinking Water Program in China[J]. Journal of Development Economics, 2016, 122: 1-15.

④ 李实. 中国农村劳动力流动与收入增长和分配[J]. 中国社会科学, 1999(2): 16-33.

⑤ 章元,左丛民,张冰瑶. 收入差距与集体行动——来自中国农村税费改革的证据[J]. 农业技术经济. 2022(7): 4-15.

2011 年购买力平价进行折算。在度量农户贫困时,会分别采用收入贫困和消费贫困,以及两种贫困的缺口等指标。第二组数据为 1993—2017 年的省级面板数据,这里采用的贫困线为 2011 年购买力平价折算的每天 1.9 美元和 3.2 美元。其中,省级贫困指标的推算方法是:首先将各省(区、市)统计年鉴的农户和城镇居民的收入分组数据(即每个收入段内的人口比重)还原为个体层面的收入观察值,然后进行贫困和收入差距的度量[1]。

1. 改善农村地区基础设施有明显的减贫效果

中国早期开发式扶贫的一项重要内容就是为贫困地区解决基础设施短板,如修路、架桥、通电、通电话、建设水利设施等。例如,完善基础设施体系在"西部大开发"战略中也是一个重要内容。基础设施是生产和生活的必要条件,理论上会通过便利生产和生活而有助于降低贫困。为此,我们利用 CHIP 2002 问卷中提供的基础设施信息进行检验,回归结果报告在表 1-4 中,从中可以看出,通公路的年数、通电的年数、通电话的年数这三个度量基础设施的变量的回归系数在所有的模型中都显著为负,这意味着它们不仅能够显著降低贫困发生率,而且还能显著降低收入和消费贫困缺口。

表 1-4　基础设施的减贫作用

	收入贫困	消费贫困	收入贫困缺口	消费贫困缺口
通公路年数	−0.004 6 *** (0.001 2)	−0.004 3 *** (0.001 1)	−0.494 4 *** (0.172 8)	−0.407 3 ** (0.192 3)
控制变量	是	是	是	是
N	8 792	8 793	8 792	8 793
(拟)R^2	0.113 8	0.093 9	0.095 0	0.158 4
通电年数	−0.010 6 *** (0.001 7)	−0.011 2 *** (0.001 5)	−1.358 8 *** (0.254 9)	−1.385 4 *** (0.278 5)
控制变量	是	是	是	是
N	8 802	8 803	8 802	8 803
(拟)R^2	0.116 5	0.096 8	0.097 5	0.160 2

[1] Shorrocks A,Wan G. Ungrouping Income Distributions:Synthesising Samples for Inequality and Poverty Analysis[M]//Basu K,Kanbur R(eds.). Arguments for a Better World:Essays in Honor of Amartya Sen. Oxford:Oxford University Press,2009.

续　表

	收入贫困	消费贫困	收入贫困缺口	消费贫困缺口
通电话年数	−0.010 2 *** (0.001 3)	−0.011 0 *** (0.001 1)	−1.211 7 *** (0.163 1)	−1.633 6 *** (0.191 5)
控制变量	是	是	是	是
N	8 802	8 803	8 802	8 803
(拟)R^2	0.119 5	0.100 9	0.099 5	0.158 4

注：第1—2列为 Probit 模型，第3—4列为 OLS 模型；括号中的数字为稳健标准误，*、**、*** 分别表示在 10%、5%、1%的水平上显著；控制变量包括：户主特征、家庭特征、所在村的特征，以下全同。

实际上，有其他研究发现其他发展中国家的类似项目也能显著促进经济增长和降低贫困。例如，印度政府曾对北阿坎德邦(Uttarakhand)进行过以提供基础设施建设为核心的区域开发，有研究用灯光来度量产出增长，并利用断点回归方法识别了这一政策的效果，发现它带来的产出提升高达 28%，且村庄公共品、农业就业和农户的福利等指标也都相继上升[1]。这一研究结论再次表明为贫困地区提供基础设施建设确实能够有效降低农村贫困，且效果持续存在。

2. 干净的饮水能够显著降低多维贫困

干净的水源是农业生产和日常生活所必需的，但这对于干旱少雨的西北和喀斯特地貌的西南地区农户而言，获得干净的饮水却是一件成本很高的事情。不干净的饮水中常常有致病细菌、病毒和微生物，会严重危害健康甚至生命。因此，1994 年年初开始实施的《国家八七扶贫攻坚计划》就确立了基本解决贫困户人畜饮水困难的目标。进入21 世纪以后，政府又进一步提出解决干净饮水的新目标。但现有文献对于饮水工程的减贫效果评价并不多。获得干净的饮水是否有助于降低收入和消费贫困，并且还有助于提升农户的健康水平？为了回答这一重要问题，这里继续利用 CHIP 2002 的数据进行检验，该数据中包含被调查户的饮水类型，我们将自来水定义为干净的饮水，然后用家庭医疗总支出作为家庭成员健康水平的代理变量，回归结果报告在表 1-5 中。从中可以看出：干净的饮水的回归系数在前四个模型中大多显著为负，这表明它确实有助于减贫；在第五个模型中，为了克服内生性，我们进一步控制了家庭的收入水平，从中可以看出它的回归系数也显著为负，由此可以判断，干净的饮水确实有助于提高农户的健康水平从而降低其医疗支出。这一结果也意味着，为贫困户提供干净的饮水不仅有减贫作用，而且还有提升健康水平的作用。

---

① Shenoy A. Regional Development Through Place-Based Policies：Evidence from a Spatial Discontinuity［J］. Journal of Development Economics，2018，130：173-189.

表 1-5 干净饮水对减贫和提升健康的效果

	收入贫困	消费贫困	收入贫困缺口	消费贫困缺口	家庭医疗支出
自来水	−0.158 3*** (0.035 3)	−0.309 0*** (0.030 8)	−5.810 9 (4.614 8)	−42.551 3*** (5.161 3)	−0.393 9*** (0.064 5)
控制变量	是	是	是	是	是
N	8 800	8 801	8 800	8 801	8 800
(拟)R^2	0.141 9	0.119 3	0.113 1	0.188 3	0.025 9

三、工业化与经济增长的减贫效果

1. 农业增长与农村减贫

如果说中国早期的反贫困政策对于减贫的效果喜忧参半,那么如何解释中国反贫困如此巨大的成功呢? 这一问题的答案显然蕴含在中国的快速经济增长中。在关于降低农村贫困的文献中,经济学家们普遍强调经济增长对于降低农村贫困的意义。基于中国数据的研究发现,改革开放所推动的经济增长是降低中国农村贫困的重要因素[1]。但是,关于哪个部门的增长对于农村减贫更重要,现有研究结论并不一致。例如,世界银行的研究认为:由于农业收入构成了贫困人口的收入主体,农业发展的不平衡直接影响了中国的贫困发生率,在那些农业增长缓慢的地区,贫困减少的速度就慢,而在农业发展迅速并能够赶上其他产业的发展速度时,贫困减少的速度就快[2]。类似地,世界银行的一些经济学家也都认为,就降低农村贫困而言,农业部门的增长远比工业和服务业的增长重要[3]。

但是农业部门的增长无法解释中国农村减贫的巨大成功,因为中国的农业 GDP 占比从 1982 年的 32.8% 显著下降到 2009 年的 9.6%,进一步下降到 2020 年的 7.7%。因此,非农部门的增长对于降低农村贫困应该扮演着重要的角色。一般来说,通过经济增长帮助贫困人口的最重要方式就是增加他们获得的就业机会,包括在农场和城市非正式部门的自我雇佣机会[4]。例如,章元等研究认为,中国采取了城市倾向政策以支持

---

[1] Rozelle S, Zhang L, Huang J. China's War on Poverty[C]. Working Paper No. 60, Center for Economic Research on Economic Development and Policy Reform, Stanford Institute for Economic Policy Research, Stanford University, 2000.

[2] World Bank. Attacking Poverty[M]. New York: Oxford University Press, 2001.

[3] Ravallion M, Chen S. China's (Uneven) Progress Against Poverty[C]. World Bank Policy Research Working Paper 3408, World Bank, 2004; Montalvo J G, Ravallion M. The Pattern of Growth and Poverty Reduction in China[C]. World Bank Policy Research Working Paper 5069, World Bank, 2009.

[4] Bardhan P, Udry C. Development Microeconomics[M]. Oxford: Oxford University Press, 1999.

重工业优先发展战略,快速的经济增长中大量就业岗位吸收了农村剩余劳动力,因此,劳动力密集型的工业部门的就业机会能够为农村剩余劳动力带来相较于农业部门更高的收入,这构成了他们脱贫的关键动力①。

专栏 1-4

幸存者偏差

在第二次世界大战中,美国哥伦比亚大学统计学家亚伯拉罕·瓦尔德(Abraham Wald)教授应军方要求,研究飞机应该如何加强防护,才能降低被炮火击落的概率。瓦尔德教授针对返回营地的轰炸机进行统计后发现:机翼最容易被击中,但机尾则最少被击中。瓦尔德教授由此得出结论认为联军应该强化机尾的防护,但是军方指挥官则给出了相反的建议,认为应该加强机翼的防护,因为机翼最容易被击中。

瓦尔德教授认为,他研究的样本是那些平安返回的轰炸机,机尾被击中的飞机无法返航,而机翼多次被击中的飞机却以更高的概率安全返航。后来军方采纳了瓦尔德教授的建议,并发现加强机尾的防护是正确的,因为看不见的弹痕才是最致命的。后人用"幸存者偏差"这个词语来概括这种统计逻辑。

如果我们发现贫困户来自农业的收入占比更高,并因此推论认为应该发展农业提高农户的农业收入,这样有助于帮助他们脱贫,这就犯了幸存者偏差错误,这是因为:农业收入占比较高的贫困农户就好比返航的飞机,而农业收入占比较低的非贫困户好比未能返航的飞机,正是因为占比更高的非农业收入使得"未能返航的飞机"脱离了贫困,因此,帮助贫困户脱贫的关键应该是给他们提供进入非农就业部门的机会。

2. 为什么工业化更重要?

正如前文所述,经济增长对减贫具有显著作用是经济学界的一个共识。但是对于哪个部门的增长才是中国减贫的主要推动力这一问题,经济学界并没有达成共识。尽管部分研究提供了一些证据表明工业化和城市化通过吸纳农村剩余劳动力有力地缓解了农村贫困,但现有研究大多面临着缺乏宏观层面贫困度量指标的困境,下面利用一个省级面板数据进一步检验不同省(区、市)的就业结构和产出结构对农村减贫的影响。

首先检验三次产业的就业比重对于减贫的效果是否存在差异。回归结果报告在表

---

① 章元,许庆.农业增长对降低农村贫困真的更重要吗?——对世界银行观点的反思[J].金融研究,2011(6):109-122.

1-6 中,从中可以看出:首先,无论采用 1.9 美元贫困线还是 3.2 美元贫困线,第一产业就业比重都显著为正,这表明从事第一产业的比重越高,农村贫困发生率就越高;其次,第二产业就业比重始终显著为负,这表明更多的劳动力进入第二产业能够显著降低农村贫困,且这一结果对不同的贫困线保持稳健;最后,第三产业的就业比重在 1.9 美元贫困线时为负但不显著,而在 3.2 美元贫困线时甚至显著为正,这表明第三产业比重的上升并不利于降低农村贫困。

表 1-6 三次产业就业比重的减贫效果

	农村贫困(1.9 美元)			农村贫困(3.2 美元)		
第一产业就业比重	0.479 3*** (0.084 9)	—	—	0.364 3*** (0.082 5)	—	—
第二产业就业比重	—	−0.413 7*** (0.084 9)	—	—	−0.519 5*** (0.082 7)	—
第三产业就业比重	—	—	−0.191 0 (0.150 2)	—	—	0.472 4*** (0.144 3)
控制变量	是	是	是	是	是	是
N	532	532	532	532	532	532
R²	0.864 8	0.856 1	0.844 6	0.908 4	0.909 6	0.889 8

下面进一步检验三次产业 GDP 的比重对于农村减贫的效果是否存在差异。从表 1-7 的回归结果中可以看出:首先,第一产业 GDP 比重在两个模型中的回归系数都为正,这再次表明第一产业比重的上升不利于降低农村贫困;其次,第二产业 GDP 比重在两个模型中的回归系数都显著为负,再次表明第二产业比重的上升确实能够显著降低农村贫困;最后,第三产业 GDP 的比重在两个模型中都显著为正,也再次表明第三产业比重的上升不利于降低农村贫困。

表 1-7 三次产业 GDP 比重的减贫效果

	农村贫困(1.9 美元)			农村贫困(3.2 美元)		
第一产业 GDP 比重	0.235 3* (0.134 1)	—	—	0.054 3 (0.129 6)	—	—
第二产业 GDP 比重	—	−0.258 2*** (0.088 6)	—	—	−0.425 8*** (0.084 0)	—

续 表

	农村贫困(1.9 美元)			农村贫困(3.2 美元)		
第三产业 GDP 比重	—	—	0.195 6 * (0.100 2)	—	—	0.508 6 *** (0.094 2)
控制变量	是	是	是	是	是	是
N	532	532	532	532	532	532
R^2	0.842 5	0.839 9	0.838 7	0.898 0	0.897 7	0.896 6

对于上述结果的解释如下：中国的农户生产规模小，加上早期采取的重工业优先发展战略，导致农业部门的比较利润较低，因此农业比重越大，越不利于降低农村贫困；反之，城市工业部门的比较利润较高，这些部门的增长速度较快，创造的税收也较多，因此能够吸纳农村剩余劳动力并显著降低农村贫困。

第三节　从精准扶贫到共同富裕

一、精准扶贫思想的提出与中国实践

精准扶贫理念是习近平总书记于 2013 年 11 月在湖南湘西考察时首次提出的。在那次考察中，他对农村扶贫做出了"实事求是、因地制宜、分类指导、精准扶贫"的重要指示，该指示是精准扶贫理念的正式发端。随后，总书记又分别在 2015 减贫与发展高层论坛、2015 年中央扶贫开发工作会议、十八届中央政治局第三十九次集体学习等重要场合进行了多次详细阐述。精准扶贫可以概括为"六个精准和五个一批"——扶贫对象精准、项目安排精准、资金使用精准、措施到户精准、因村派人精准、脱贫成效精准，发展生产脱贫一批、易地搬迁脱贫一批、生态补偿脱贫一批、发展教育脱贫一批、社会保障兜底一批。精准扶贫提出之后，中共中央办公厅、国务院办公厅于 2013 年 12 月 18 日发布了《关于创新机制扎实推进农村扶贫开发工作的意见》(中办发〔2013〕25 号)，对精准扶贫进行了顶层设计，是中国推行精准扶贫的第一个重要文件。精准扶贫确定之后，短短几年内便取得了重大进展，例如，2013—2016 年，现行标准下的农村贫困人口由 9 899 万减少至 4 335 万，农村贫困发生率由 10.2% 下降至 4.5%[①]，这一成果无疑彰显了精准扶贫的战斗力和生命力。

---

① 侯雪静. 国务院扶贫办主任：到 2020 年我国没有绝对贫困人口[EB/OL]. 人民网，2017-08-17，http://politics. people. com. cn/n1/2017/0817/c1001-29478092. html.

尽管在此之前中国的扶贫政策也在逐步缩小瞄准目标,在 2000 年之前,几乎所有扶贫资金或项目都以贫困县为瞄准单位;进入新世纪后,《中国农村扶贫开发纲要(2001—2010 年)》将扶贫瞄准单位从贫困县变为贫困村,大大提升瞄准精度,但瞄准的对象依然是区域,并没有普遍落实到贫困户。因此,精准扶贫的提出和实践意味着中国瞄准区域的开发式扶贫的根本转变,意味着扶贫瞄准目标直接缩小到贫困户,以及扶贫政策的多元化和系统化。

习近平总书记精准扶贫理念的提出与他在贫困地区的长期工作实践密切相关[①]。早在 1989 年论述改革开放和扶贫的关系时,他就指出:"扶贫资金不搞撒胡椒粉,要集中 90％以上的扶贫资金用于县、乡、村级经济实体,增强实体的造血功能,要优先支持亿元乡镇、科技示范乡镇、星火计划、副食品供应和出口创汇商品基地,努力地创建经济小开发区,把扶贫与区域经济开发结合起来。"[②]另外,同时期他还就扶贫策略提出了一系列观点:扶贫资金要相对集中一部分用于扶持乡村集体经济实体,增强脱贫后劲;使广大农民通过发展现代大农业脱贫致富;发展现代大农业离不开以工补农和以工促农;贫困地区吸引外资和对外开放不能仅靠减税,还要进行软环境建设;贫困地区要用开放意识来推动扶贫工作和在扶贫工作中运用开放政策;少数民族贫困地区要结合本地的特点大力发展生产,开发资源和开拓市场并举,要利用政府的帮扶资金增强自身的"造血功能";科学技术是脱贫致富的关键;成立农户自愿加入的合作组织以解决农户面临的"小生产和大市场"问题;对外出农民工进行职业技能培训以提升他们的知识和技能水平;扶贫要注意增强乡村两级集体经济的实力[③]。这些 20 多年前的论断即使是今天看来,也依然具有很强的生命力和现实指导意义。

二、精准扶贫的科学性

尽管此前已经取得了战胜农村贫困的伟大成就,但中国并未继续沿用以前的扶贫政策,而是在精准扶贫理念的指导下对扶贫政策做出了重大调整。一个自然产生的重大问题是:中国为何不继续沿用以前的扶贫政策? 换言之,中国扶贫政策从开发式扶贫向精准扶贫的重要转变是否具有合理性或者科学性? 它相对于其他扶贫模式能否更有效地消除剩余的农村贫困? 精准扶贫理念是否具有扎实的实证基础? 现有文献对上述

[①] 习近平还曾发表多篇学术论文,其中有不少论文涉及农村问题,如:习近平. 论农村改革发展进程中的市场化建设[J]. 中共福建省委党校学报,1999(7):4-10;习近平. 努力创新农村工作机制——福建省南平市向农村选派干部的调查与思考[J]. 求是,2002(16):13-16.

[②] 习近平. 摆脱贫困[M]. 福州:福建人民出版社,1992:73-74.

[③] 详见习近平. 摆脱贫困[M]. 福州:福建人民出版社,1992:6,50,53,54,73-74,97,119-120,153,169,170,191 的相关论述.

问题关注得不多①。对这些问题的回答具有如下几个重大意义：第一，曾经拥有庞大贫困人口的中国在战胜农村贫困方面做出了举世瞩目的成就，其扶贫政策的重大转变对于全世界的减贫都具有重要的导向意义；第二，精准扶贫的提出和实践直接决定了中国能否有效战胜剩余的农村贫困，关系到中国能否于 2020 年消灭现行标准下的农村贫困，关系到第一个百年奋斗目标能否顺利实现，关系到十九大报告提出的乡村振兴战略能否顺利实施；第三，对上述重大问题的回答，有助于研究者、政策制定者和执行者对精准扶贫的各个环节有深入而透彻的理解，对总结中国战胜农村贫困的一般经验以及其他发展中国家制定和完善其扶贫政策具有重要的启示意义。

精准扶贫之所以重要，是因为准确地找到需要帮扶的对象本身就是一个世界难题。一是农户的收入水平往往难以精确度量，比如很多实物收入并未折成现金收入；二是一些扶贫政策有福利性质，这会导致希望得到帮扶的农户故意隐瞒自己的收入；三是与分配资源有关系的非贫困户会向干部进行寻租而获得帮扶。因此，依据农户的收入水平来确定帮扶对象往往会导致瞄准失败，而如果依据可观测的家庭特征来瞄准贫困户，则可以大大克服上述问题，"两不愁三保障"中瞄准的几个可观测指标就具有较高的科学性。下面我们检验家庭可观测特征是否与家庭贫困具有高度相关性，如果存在显著的相关性，那么依据这些可观测特征而不是(或者不仅仅是)家庭收入(或消费)来确定扶贫对象，将会提高贫困识别的精确性和科学性。基于 CHIP 2002 问卷中的信息，我们选择了房屋建筑材料是否为土坯、做饭用燃料是否为柴草、家庭中未成年人数量、老人数量、残疾人数量等五个变量，对家庭是否属于收入贫困进行回归，结果报告在表 1-8 中。

表 1-8 家庭可观测特征与收入贫困

	1	2	3	4	5	6
土坯房	0.220 1*** (0.042 5)	—	—	—	—	0.201 8*** (0.042 5)
柴草燃料	—	0.129 3*** (0.034 3)	—	—	—	0.109 9*** (0.034 5)
未成年人数量	—	—	0.171 9*** (0.028 4)	—	—	0.180 1*** (0.028 7)
老人数量	—	—	—	0.090 0*** (0.026 5)	—	0.081 0*** (0.028 0)

---

① 精准扶贫的提出是最近几年的事情，因而国内文献对该思想以及中国精准扶贫政策效果的研究并不多，如汪三贵和郭子豪(2015)、汪三贵和刘未(2016)。

	1	2	3	4	5	6
残疾人数量	—	—	—	—	0.139 1 ** (0.055 8)	0.118 0 ** (0.058 5)
控制变量	是	是	是	是	是	是
N	8 798	8 799	8 802	8 802	8 802	8 796
(拟)R^2	0.136 7	0.135 3	0.137 8	0.135 0	0.134 5	0.143 6

从表 1-8 的回归结果中可以明显看出：无论是分别单独控制这五个变量，还是一起控制它们，其回归系数都显著为正，这表明农户的这些可观测特征与其收入贫困高度正相关，因此，基于这些可观测指标进行贫困识别能够克服信息不对称导致的难题，具有较高的科学性。过去几年中，精准扶贫实践直接瞄准贫困家庭而不是贫困县、贫困乡、贫困村，并且按照多个维度去识别贫困户，对贫困户根据不同致贫原因采取不同的帮扶措施，因而大大提高了瞄准效率和扶贫资金的减贫效果。在这一科学思想的推动下，中国于 2021 年 2 月 25 日正式宣布，按照中国政府制定的 2010 年贫困线，将近 1 亿贫困人口全部脱离了绝对贫困。

三、走向共同富裕

实现共同富裕是社会主义的本质要求，中国共产党始终把带领全国人民实现共同富裕作为自己的历史使命。改革开放以来，中国快速增长为世界第二大经济体，并于 2020 年彻底消除了现行标准下的绝对贫困，成为率先完成联合国千年发展目标的发展中国家，为全球减贫事业做出了巨大贡献。习近平总书记在庆祝中国共产党成立一百周年大会上的讲话指出，在新征程上要推动人的全面发展、全体人民共同富裕取得更为明显的实质性进展。如果十几亿人的中国能实现共同富裕，对全球发展和人类进步又将是一个重大贡献。

学术界一直在探索共同富裕的内涵。例如，李实认为共同富裕包含两个关键词，即富裕和共享，共同富裕意味着要缩小现有的差距，实现共同富裕也是一个解决相对贫困问题的过程，需要强调"不让任何一个人掉队"[1]；也有观点认为，中国推进共同富裕的三个主攻方向是缩小城乡差距、区域差距和收入差距[2]。因此，在政策操作和实证研究层

---

[1] 李实：实现共同富裕要进一步落实以人为中心的发展理念[EB/OL]. 澎湃新闻，2021-04-06，https://m. thepaper. cn/baijiahao_12073724；李实：共同富裕，不让任何一个人掉队[EB/OL]. 浙江新闻，2021-05-24，https://zj. zjol. com. cn/news. html? id=1671397.

[2] 贾若祥. 共同富裕的内涵特征和推进重点[J]. 中国发展观察，2021(12)：9-12.

面,中国可以把实现共同富裕的标准确定为消灭绝对贫困、缩小收入差距、降低相对贫困这三个维度。鉴于中国已经消灭了现行标准下的绝对贫困,党的十九届四中全会提出要建立解决相对贫困的长效机制。因此,缩小收入差距并实现共同富裕将成为中国下一阶段关键目标。

四、中国减贫的经验总结

结合上述结果,总结中国战胜农村贫困的成功经验及对其他发展中国家的启示。

第一,工业化、城市化和全球化所推动的经济增长为低技能农村剩余劳动力提供了大量的就业机会,是中国战胜农村贫困的核心动力。经济增长是降低贫困的核心动力,但并非所有的经济增长都能够带来贫困的降低,这要取决于经济增长的模式。就中国而言,工业化、城市化和全球化创造了数量庞大的低技能劳动力的就业岗位,这一增长模式明显是益贫的(pro-poor),在城市部门发展劳动密集型产业更有助于降低农村贫困。实际上,中国古人对扶贫的要诀早已有了深刻的认识,"授人以鱼不如授人以渔",这也是中国战胜农村贫困的核心要义。

第二,为贫困人口或者欠发达地区提供道路、灌溉设施、电力、通信等基础设施,帮助穷人连接要素与市场并摆脱贫困陷阱是政府在减贫之战中最应该发挥作用的领域。道路基础设施的改善意味着市场的扩大和社会分工的加深,贫困农户不仅可以将生产出来的产品以更高的价格销售到更广阔的市场中,而且还能够借助于便利的交通直接外出务工,将自己的劳动力融入城市化和全球化的价值链生产。农村贫困户通过外出打工的民工返乡创业以及技术的扩散,给贫困地区的经济发展带来积极的影响,并有助于打破原来的低水平均衡。

第三,在为穷人提供硬件基础设施的同时,还应该为他们提供基础教育和医疗保健体系,以使他们的人力资本提高到一定水平,并足以胜任工业化和全球化所提供的就业机会。过去几十年,中国政府通过财政转移支付来增强贫困地区政府投资教育和医疗等基础设施的能力,这些投入无疑有助于提高农村剩余劳动力的人力资本水平,使其能够胜任工业化、城市化和全球化所创造的就业岗位。

第四,寄希望于主要通过农业发展来减贫,对于人均耕地资源匮乏的人口大国并非可行之路。尽管很多经典的发展经济学文献都强调农业发展对于降低农村贫困的关键作用,但是对于人均耕地面积不足两亩的中国而言,仅仅依靠农业部门的壮大显然难以战胜农村贫困,中国的农业主要是解决"吃饭问题",而解决庞大人口的贫困问题,则必须依靠城镇部门。

第五,建立一个全覆盖的社会保障体系对于战胜贫困必不可少。要让贫困人口参与生产,使其可以自己通过努力脱贫。但是,对于那些丧失了基本的人力资本和进行生产的能力的人来说,一般的扶贫政策往往难以奏效,因此,就需要政府建立一套最低生活保障体系来为他们"兜底"。建立一套程序简化、标准明确、规则公平、过程透明的低保体系,是战胜农村贫困的最后一条防线。

思考题

1. 中国和印度是世界上人口总量最多的两个国家,发展起点和要素禀赋类似,但为什么中国可以取得战胜农村贫困的胜利,但印度在此方面表现得却不如中国?

2. 结合前面介绍的拼多多电商扶贫案例,简要分析中国农村电商扶贫面临的短板和问题,并结合你的观察或思考给出政策建议。

3. "授人以鱼不如授人以渔"能否消灭所有的贫困?为什么?

4. 请总结中国扶贫政策的演变历程及特点。

第2章

反贫困与发展领域的随机干预实验研究

反贫困是整个人类面临的巨大课题。要实现减贫的伟大目标，需要反贫困理论层面的创新。从想法到真正实现反贫困的目标，在理论层面，有大量理论假设需要经过检验才能指导实践；在政策实践层面，发展经济学家和政策制定者也越来越多地达成了共识，由于资源有限，在制定和大规模推广公共政策之前，需要进行政策影响评估，通过科学实证研究提供关于政策有效性的证据。要推进反贫困方面的研究和实践，高质量的经验证据至关重要。随机干预实验方法（randomized controlled trials, RCTs）是重要的因果识别方法，也是政策影响评估的"黄金准则"。随机干预实验在反贫困领域的应用，为反贫困研究和政策实践提供了强大推动力。2019年诺贝尔经济学奖被授予巴纳吉、迪弗洛和克雷默三人，也主要是因为他们应用包括随机干预实验在内的"实验性方案"在减贫方面的巨大贡献，彰显了随机干预实验方法在反贫困方面的巨大作用和潜力。

本章将介绍随机干预实验的相关理论、具体实施方式及在反贫困领域的应用。第一节将介绍随机干预实验方法的相关理论，包括原理、实施、局限性及其在全球反贫困政策评估中的应用；第二节将介绍随机干预实验在中国的实践，包括教育、健康、儿童早期发展及其他公共政策领域；第三节将对随机干预实验应用的中国经验进行总结。

第一节　随机干预实验方法概述

政策影响评估的难点在于如何进行精确的因果推断，即准确地估计干预政策对政策受益者的福利有何种影响。鉴于社会生活纷繁复杂，仅使用观察数据、使用传统的回归分析很容易混淆其他因素对政策受益者的影响，难以对干预政策的效果作出令人信服的推断。随机干预实验方法通过随机分配研究对象为干预组和对照组来构造反事实，能够获得干预的"净影响"，打开影响机制的"黑盒子"。

一、政策影响评估、因果推断与随机干预实验

1. 政策影响评估

回顾国际上诸多致力于反贫困和发展的项目,我们发现一些项目耗费了大量资金、人力和物力,也吸引了社会各界的瞩目,但最终并没有产生良好效益,未能促进相关政策的推行。一个典型的案例就是"玩耍泵"(Play Pumps)非洲儿童饮水项目[①]。为解决当地居民长途取水的困难,该项目在缺水的社区中建设儿童旋转游乐设施,利用设施转动产生动力带动水泵抽取地下水。项目设想可以将水箱的四面出租给社会服务机构或商业机构张贴广告,以获取运营资金。该项目作为创新产品获得社会极大关注,流入大量资金,使儿童饮水项目在非洲地区大幅扩张,安装了大量抽水机。但是后来发现,儿童们游戏产生的动力根本无法满足当地人的取水需求,而且在地广人稀的非洲地区安装抽水机获得的广告收入微乎其微,无法覆盖运营资金。这种供水系统还令打水过程变得复杂辛苦,并且要付出高额的维修成本。最终该项目宣告失败,从开始的巨大影响力到最后的"一地鸡毛",耗费了巨额社会资源和社会成本。

从上述失败的例子中我们可以看出,如果在实施反贫困政策时没有充分地论证政策可能的影响,会对宝贵的社会资源造成极大的浪费。从长远来看,对发展类项目进行影响评估,之后基于证据和科学的方法设计、实施和改进已有政策,也是推动政策决策科学化的基础。如果不进行政策影响评估就推行新政策,很可能产生毫无实际价值的政策,造成资源的过度浪费,甚至会发生好心办坏事、损害政策受益者福利的情况。

2. 政策影响评估与因果推断

围绕一项政策的实施,政策制定者和公众希望通过影响评估得到一系列问题的答案。例如,这一政策是否有效? 政策的实施究竟会产生正向影响、负向影响,还是无影响? 如果有影响,政策影响产生的机制是什么? 如果多种政策可以达到同样的目标,哪一种政策是最有效率的?

尽管广义的政策影响评估可以回答上述所有问题,但最关键的问题仍然是政策的效果究竟如何。政策影响评估的核心是因果推断——一项政策到底为政策受益人福利的改变带来了多大的影响。最近数十年来,经济学界最广为人接受的进行因果推断的框架为鲁宾因果模型(Rubin Casual Model),也被称作潜在结果模型[②]。该模型认为,要进行因果推断,需要比较同一对象接受了政策干预的结果(事实)和未接受干预的

---

① 该案例参考 Saunders S G, Borland R. Marketing-driven Philanthropy: The Case of Play Pumps[J]. European Business Review, 2013, 25(4): 321-333 中的非洲饮水公益项目。详细信息参考中国发展简报网站 http://www.chinadevelopmentbrief.org.cn/news-18489.html.

② Imbens G W, Rubin D B. Causal Inference in Statistics, Social, and Biomedical Sciences[M]. Cambridge, MA: Cambridge University Press, 2015.

结果(反事实)的差异,这一差异就是干预的影响。为简单起见,我们借鉴迪弗洛等人使用的标记系统[①]来介绍这个模型。

假设我们要评估助学金项目对学生升学率的影响。学生升学与否是项目要评估的主要结果变量,记作 Y_i。如果学生参与了助学金项目(干预组,treatment group),结果产出可记作 Y_i^T;反之学生未参与(对照组,control group),结果产出可记作 Y_i^C。项目的平均影响(average treatment effect,ATE)即这两个结果之差的期望,可记作 $E(Y_i^T - Y_i^C)$。影响评估的主要问题是,对于一个个体,我们只能观测到 Y_i^T、Y_i^C 其中之一,而无法同时观测到 Y_i^T 和 Y_i^C。"人不可能两次踏入同一条河流",政策干预的对象不可能既接受干预又不接受干预。因此,对于接受政策干预的个体,我们只能观测到事实,而无法观测到反事实。

对于没有受过系统科研训练的人来说,可能下意识的反应是比较参与和未参与项目的学生的升学结果,即估计:

$$D = E(Y_i^T \mid 参与项目) - E(Y_i^C \mid 未参与项目) \tag{2-1}$$

可记作 $D = E(Y_i^T \mid T) - E(Y_i^C \mid C)$[②]。然而,这一结果与 $E(Y_i^T - Y_i^C)$ 是不同的,可以通过在该式中加减一项 $E(Y_i^C \mid T)$(即反事实)进行变形来验证:

$$
\begin{aligned}
D &= E(Y_i^T \mid T) - E(Y_i^C \mid C) = E(Y_i^T \mid T) - E(Y_i^C \mid T) + E(Y_i^C \mid T) - E(Y_i^C \mid C) \\
&= E(Y_i^T - Y_i^C \mid T) + E(Y_i^C \mid T) - E(Y_i^C \mid C)
\end{aligned}
\tag{2-2}
$$

可以看出,式(2-2)中的第一项 $E(Y_i^T - Y_i^C \mid T)$ 才是项目的平均影响,而如果后两项 $E(Y_i^C \mid T) - E(Y_i^C \mid C)$ 的结果不等于0,那么用 D 来估计代表项目的平均影响会产生偏误。

为什么 $E(Y_i^C \mid T) - E(Y_i^C \mid C)$ 很可能不等于0呢?因为 $E(Y_i^C \mid T)$ 代表干预组学生未参与项目的结果,即反事实,而 $E(Y_i^C \mid C)$ 代表对照组学生未参与项目的结果,它与反事实结果不同。例如,常识告诉我们,参与助学金项目(干预组)学生比未参与项目(对照组)学生更有可能来自贫困家庭,因此,在同样未参与项目的情况下,干预组学生的升学率一般会比对照组更低,即 $E(Y_i^C \mid T) < E(Y_i^C \mid C)$。因此,两者升学率的差异 D 反映的不仅是助学金的影响,还包括了许多其他因素如家庭收入等的影响。一般把这个差异 $E(Y_i^C \mid T) - E(Y_i^C \mid C)$ 称为"选择偏误"(selection bias)。如果存在选择偏误,直接比较参与和未参与项目的学生的升学结果无法准确估计助学金项目的影响。

[①] Duflo E, Glennerster R, Kremer M, Using Randomization in Development Economics Research: A Toolkit [M]//Handbook of Development Economics. Amsterdam: North-Holland, 2007: 3895-3962.

[②] 形如 $E(Y_i^T \mid T)$ 的形式为统计学中的条件期望。$E(Y_i^T \mid T)$ 代表在 T=1 的情况下,Y_i^T 的数学期望。关于条件期望的更多表述,可参考相关概率论或统计学教材。

3. 随机干预实验

由于 $E(Y_i^C \mid T)$ 不可观测,严格意义上的反事实无法获得,一种合理的进行因果推断的思路是尽可能地使干预组和对照组在各方面条件上都较为一致,这样选择偏误为 0,就可以通过比较参与和未参与项目的个体的结果得到项目效果的无偏估计。最简单的方法是随机干预实验①。随机干预实验的基本做法是先获得符合条件的干预对象,然后随机地将一部分干预对象分入干预组,对其实施干预,将其他干预对象作为对照组,不实施任何干预。干预结束后干预组和对照组结果的差异即干预的影响。例如,要估计一项针对贫困生的助学金政策对升学率的影响,可以将符合条件的贫困生随机分为两组,一组给予助学金,一组不做任何处理,最后比较两组升学率。早期,随机干预实验方法被用来检验某种医疗方法或药物的效果,在医学等自然科学的实验中应用较多。近年来,随机干预实验已被广泛应用于农业经济、教育和公共政策等社会科学领域,被看作识别因果关系的"黄金准则"②。

要理解为什么随机干预实验被看作"黄金准则",需要理解其构建的对照组为什么能够很好地反映出干预组在没有被干预的情况下的反事实结果。这里,深刻理解"随机"和"实验"这两个概念非常有用。

首先,随机干预实验是一种"实验",是研究者为了评估某干预/因素的影响而有意地控制项目干预的分配。比如,一个贫困生是否可以获得助学金不是由贫困生自己选择的,而是由评估者分配的。其次,当我们说"随机"时,指的是随机分配一种或者多种干预给不同个体的过程。比如,我们可以通过扔硬币、抽牌或者运行电脑软件的方式来随机决定一个贫困生是否收到助学金。随机分配的过程可以使干预组和对照组除了干预分配外,在其他个人特征的均值上没有显著差别。这些特征不仅包括可观测的特征(如年龄、性别和财富等),也包含不可观测的特征(如能力和态度等)。这就使得干预组和对照组在干预开始前像一对"双胞胎"一样,即 $E(Y_i^C \mid T) = E(Y_i^C \mid C)$。他们唯一的不同是一个接受了干预,另一个没有接受干预。这样,干预组和对照组的结果差异才可以归因于干预的影响。

总体来说,一个成功设计和执行的随机干预实验可以满足因果关系的三个逻辑:(1)因必然先于果——随机干预实验正是先进行干预,然后测量结果;(2)因必然影响果——随机干预实验非常容易观测因和果共同变化的情况;(3)必须排除其他因素的干扰——随机干预实验的随机化可以排除其他因素的影响。

---

① 除随机干预实验方法外,经济学家还利用工具变量、断点回归、双重差分等方法对观测数据进行因果推断。这些方法也是常用的进行政策影响评估的方法,受篇幅限制,在此不再赘述。

② Webber S, Prouse C. The New Gold Standard: The Rise of Randomized Control Trials and Experimental Development[J]. Economic Geography, 2018, 94(2): 166-187.

二、随机干预实验的执行

如何开展随机干预实验呢？首先要设计随机干预实验方案。正如致力于推动影响评估应用的国际影响评估协会(International Initiative for Impact Evaluation,简称3ie)所强调的：设计评估方案之初要进行从投入到影响的整个因果链分析,再据此确定干预单位、随机方法、控制变量和实验规模等[①]。

专栏 2-1

干预项目的因果链分析

干预项目的因果链分析描绘了从投入活动到产生出一系列的结果的过程,包括投入(人力、物力和活动准备等)、活动(如开办知识讲座、发放干预物资等)、产出(活动的直接产出)到最终结果(预期变化)的各个环节是如何关联的,以及各环节需要满足哪些基本假设条件,如图 2-1 所示。

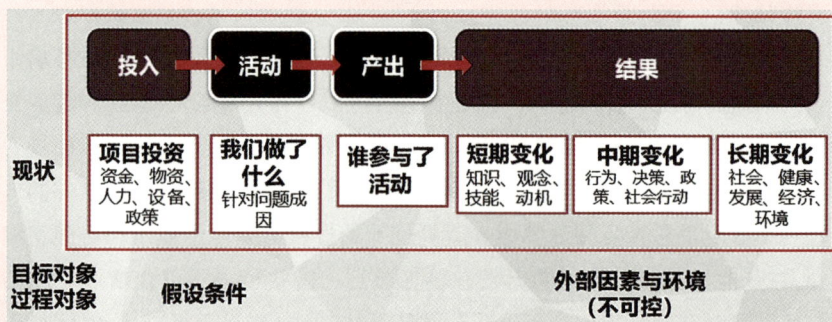

图片来源：汤蕾,马静,刘涵,等(2020).打开教育政策研究的"黑盒子"——基于理论的影响评估在随机干预实验研究中的应用[J].华东师范大学学报(教育科学版),2020(8)：92-109.

图 2-1　因果链的基本要素和逻辑关联

表 2-1 展示了一个婴幼儿贫血干预项目的因果链分析。

表 2-1　婴幼儿贫血干预项目因果链分析

	投　入	活动/过程	产　出	结　果
内容	营养包； 短信提醒； 营养健康培训	营养健康培训； 每天发送短信提醒 家长给婴幼儿提供 婴幼儿营养包	家长接收营养知识； 家长接收并阅读 短信； 家长收到营养包	家长知识、观念转变； 婴幼儿微量元素得到补充； 婴幼儿贫血率下降； 婴幼儿早期发展得到改善

---

① Howard W. Theory-based Impact Evaluation：Principles and Practice[J]. Journal of Development Effectiveness,2009,1(3)：271-284.

续 表

	投 入	活动/过程	产 出	结 果
假定条件	大部分有手机；样本村有手机信号	发放营养包的人认真负责；家长能接受并阅读短信	培训的质量好；家长能理解营养健康培训的内容及给婴幼儿用营养包的重要性；村医按时按量发放营养包	正确使用营养包；血红蛋白水平、健康指标和早期发展能力测试结果具有可比性
衡量指标	费用支出；购买营养包；短信发送；培训开展	接受营养包的婴幼儿人数；接收短信家长人数；接受营养健康培训的家长人数	家长是否参加了培训；家长能接受并阅读短信数量；家长收到营养包数量	家长营养和健康知识、观念；婴幼儿营养包服用数量及辅食喂养；婴幼儿血红蛋白水平、个体健康指标、早期发展

通过因果链分析，研究者可以明确项目在各个环节上的监测和干预重点，确定需要在各阶段收集哪些数据来监测项目的执行和评估项目的结果。

随机干预实验方案设计完成后，其执行步骤可概括为"三部曲"（见图 2-2）：基线调查，随机分配样本实施干预，评估调查[①]。

图 2-2　随机干预实验"三部曲"

1. 收集基线数据

（1）选择样本：确定所有的候选对象——哪些项目参与者符合项目干预的要求？需要干预多少项目参与者？把参与这次随机分配的所有可能样本列出来。

（2）在确定样本之后，就可以开始收集基线数据。收集数据的方式可以是多种多样的，但核心是要掌握研究对象的基本信息，收集、测量主要的结果变量以及可能影响结果变量的核心过程变量及其他控制变量，为研究的开展提供数据支持。针对不同的干

---

① 张林秀.随机干预试验——影响评估的前沿方法[J].地理科学进展,2013(6)：843-851.

预方式和研究对象,需要测量不同的变量。比如,想要了解营养改善项目对儿童健康和发展的影响,核心的结果变量可以是贫血率和学业水平等。贫血的情况可以通过测量血红蛋白水平得到,学业水平可以通过标准化考试得到。

2. 随机分配干预组或对照组

随机分配是指通过随机的方式决定哪些样本接受干预,哪些样本不接受干预。进行随机分配的基本流程是:(1)样本编码,对所有候选样本进行编号,赋予每个候选对象一个唯一的编码;(2)随机分配,通过一定的随机程序产生随机数字,确定哪些候选对象需要接受干预。随机可以以个体样本为单位,也可以以整群为单位(比如一个班级或学校整体划入一个组)。目前常用的办法是通过电脑程序生成随机数表进行随机分配。

在进行随机分配之后,还需要判断随机的好坏或随机是否成功,即检验两组间的平衡性。干预组和对照组平均来看应该是相似或相近的。检验平衡性的指标,应选择项目的最终目标、过程目标和可能影响到最终目标的指标。例如,免费眼镜项目的最终目标是提高学生的学业表现,过程目标是改善学生的视力。在检验平衡性时,应检验结果指标(如视力、学习成绩)和与学生学业表现可能相关的指标(如学生年龄、性别,教师性别、职称)在基线时是否平衡。这些指标在干预组和对照组之间均没有显著差异,即表明此次随机分配是成功的。

3. 干预执行

在基线调查完成以后,就可以对干预组实施干预。在干预的执行过程中,应注意如下两方面问题。

(1)项目中的对照组不需要进行干预。因此,在执行过程中应保持对照组"自然"的状态。应注意规避可能无意中给对照组提供额外干预的情况。

(2)在项目执行过程中,如果发现项目设计有疏漏,或者发现了更好的干预方式,需要慎重调整。如果是小的调整,且与原有干预在同一因果链条上,则可以进行适当调整。如果是大的调整,有两种选择:一是先把本次项目做完,在下次项目中再进行调整;二是如果没有这样的条件,应该先在干预措施调整前,对干预组和对照组进行一次数据收集,相当于一次评估,数据收集完成后再进行调整。

找到有效的干预、彻底解决问题通常是很困难的。对复杂问题的认识需要在实践过程中发展完善,因此对干预的设计也需要不断发展完善。对于以往评估有效的方案,可以在总结经验的基础上改进以进一步增强其效果;对于评估没有影响效果的方案,也不应彻底放弃,需要分析项目无效的原因,判断是否可以通过调整、改进使其变得有效果。项目的干预设计要坚持"简单渐进"原则,即干预本身应当是简单的,而不应当是多种因素组合在一起的,否则就无法对干预的效果进行归因。

4. 收集跟踪数据

收集跟踪数据(或称为评估数据)时,我们需要考虑干预时长、具体跟踪时间和样本流失的问题。有些干预需要一定的干预时间才会对目标对象产生影响,或干预改变目标对象行为需要一定时间。当我们需要研究项目的长期影响效果时,还会涉及多次跟踪测量。样本流失也是在跟踪数据采集过程中需要考虑的问题,开展跟踪调查与基线调查间隔时间越长,样本流失的可能性越大。

跟踪调查测量核心结果变量的标准需要与收集基线数据时使用的标准保持一致,这样结果变量的变化才具有可比性。

5. 进行影响评估分析

采用随机干预实验设计的项目,在收集完数据后进行影响评估相对简单。最简单的方法是直接对比对照组和干预组的结果变量,干预组的结果高于对照组的结果则表明有正向影响,干预组的结果低于对照组结果则表明有负向影响。但有以下两点需要注意。

(1)如果干预前两组在结果变量之间有差异,应把这种差异考虑进去。影响效果的计算应修改为:项目影响效果=(干预组评估时的平均结果−干预组基线时的平均结果)−(对照组评估时的平均结果−对照组基线时的平均结果)。当然,更好的做法是在干预实施前检验平衡,保证两组在结果变量上是无差异的。

(2)可以使用一些更专业的分析方法,使分析更精确。上述计算效果的方法可以使用 Excel 统计工具进行分析,也可以使用一些统计软件(例如 Stata)和专业的统计方法(例如回归法)进行分析。使用这些专业的分析方法,会使分析结果更精确。

6. 项目的成本效益分析

在分析了项目影响效果之后,可以进行成本效益分析。成本效益分析指计算花费单位成本产生的影响效果,即总的影响效果/总的项目成本。成本效益是对项目的成果简洁、明了的概括,成本效益分析使不同年份、不同地区、不同类型的项目更具可比性:实现同样的目标,哪一项目的成本更低;或同样的成本投入,在同一目标上哪一项目效果更好。成本效益分析是影响评估的一种重要分析方法,可以帮助政策决策者(例如发展中国家的政府部门、国际发展公益组织等)对优先投资哪些项目、优先将有限的资源分配给哪些项目提供决策依据。

在随机干预实验中,成本效益可表示为

$$成本效益 = \frac{干预组结果变量均值 - 对照组结果变量均值}{干预组成本 - 对照组成本} \quad (2-3)$$

进行成本效益分析,重要的是对项目的成本进行准确核算、对项目的影响效果进行正确估计。为确保不同项目在核算成本时使用了相同的统计口径,最好使用相同的成本核算模板。成本核算的基本理念是"增量成本":对于随机干预实验,评估的影响效果是通过干预组和对照组的对比得到的,那么成本核算也应通过干预组与对照组的对比得到[①]。

三、随机干预实验方法的局限性

虽然一个成功完成随机分配并且被严格执行的随机干预实验能够很好地建立因果关系,但不是所有的政策评估都可以使用随机干预实验的方法。一般而言,有以下三种情况不适合开展随机干预实验。

1. 伦理原因

对有些问题进行干预实验需要实验者有目的地给干预组提供好处却不给对照组提供,不符合伦理要求。比如,要评估教育对人力资本的重要性,若通过直接开展随机干预实验评估随机分组后教育水平供给的不同对干预组和对照组样本群体收入水平的影响,就要限制对照组样本的受教育水平。这样的随机干预实验是不符合伦理要求、无法开展的。

2. 逻辑原因

有时在研究者开展基线数据收集或者随机分配之前,已经实施了与干预类似的政策或项目方案,从逻辑上看,这种情况是不能开展随机干预实验的。比如,为改善农村学生营养健康状况,国家自 2012 年起推行农村义务教育学生营养改善计划,主要由中央给予经费支持,提高农村学生在校的用餐质量。若应用随机干预实验评估营养改善对学生身体健康状况及学业成绩的影响,由于政策已经在各地学校推行,我们无法创造出没有推行政策的对照组样本群体。因此,很难通过随机干预实验方法评估已推广的政策实施效果。

3. 成本原因

某些干预方法由于成本很高或其他可行性问题,往往难以使用实验手段来评估。比如,把修路作为一种干预时,需要耗费巨额成本,项目可行性较低。

四、随机干预实验在全球减贫政策中的应用

21 世纪初,国际上已有众多研究机构和政府开始使用随机干预实验方法进行健康、教育和发展等公共政策项目的影响评估。例如,2003 年,麻省理工学院三名经济学家阿比吉特·巴纳吉、埃丝特·迪弗洛和塞德西尔·穆来纳森(Sendhil Mullainathan)以减少全球贫困为目标,创建了阿卜杜勒·拉蒂夫·贾米尔贫困行动实验室(The Abdul Latif Jameel Poverty Action Lab,J-PAL),致力于推动运用包括随机干预实验在内的

---

① 聂景春,高秋风,杨洁,等. 随机干预实验中的成本效益分析方法及其在中国农村教育领域中的应用[J]. 华东师范大学学报(教育科学版),2020(8):68-91.

科学影响评估方法解决贫困问题。同年,发展经济学家迪恩·卡尔兰(Dean Karlan,也是 J-PAL 成员)创建了贫困行动创新组织(Innovations for Poverty Action,IPA),持续应用随机干预实验方法为发展中国家制定公共政策提供科学的实证研究依据。十几年来,J-PAL 和 IPA 在全球 83 个国家开展了 1 200 多项随机干预影响评估研究,将影响评估广泛应用于南亚、非洲和拉丁美洲的发展中国家政府的反贫困决策。

国际影响评估协会系统地收集了在发展中国家采用"严谨"方式进行影响评估并发表的文献(包括期刊、书籍、工作报告)[①]。来自 3ie 网站的数据表明,2000—2020 年,发展中国家在健康等 11 个反贫困相关领域进行了 3 390 项随机干预实验研究,其中,健康、社会保护、教育及农林牧渔业这四个领域中进行了 2 987 项随机干预实验研究。健康领域的研究主题集于营养、儿童健康及生理和心理健康等;社会保护领域的主题集中于社会安全网络、性别及教育机会的获得等;教育领域的主题集中于教育机会的获得、发展技能及标准化的课程体系等;农林牧渔业领域的相关研究多集中于农村市场、食品安全及农村基础设施和服务提供等。

图 2-3 显示了进行随机干预实验研究最多的四个领域 2000—2020 年发表数量的积累情况。可以看出,健康类研究占了绝大多数,其次是社会保护、教育和农林牧渔业领域。就相对增加速度而言,健康相关研究项目的增速最快。社会保护、教育和农林牧

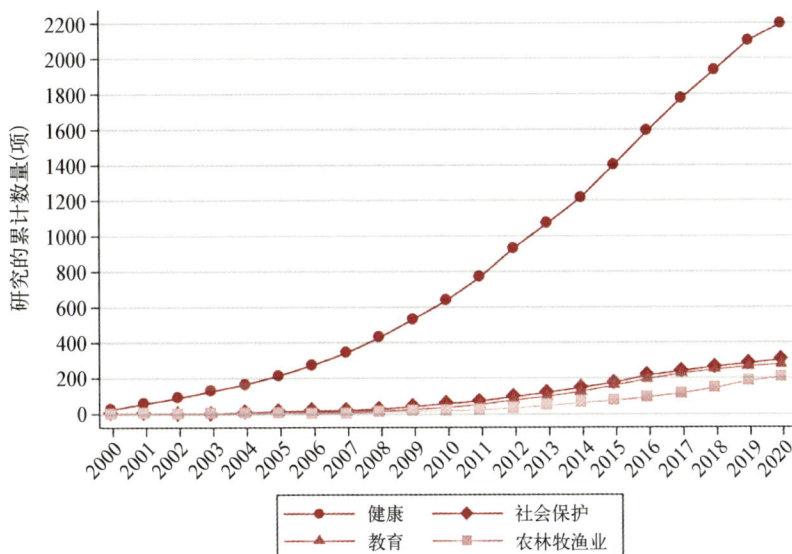

数据来源:根据 3ie 网站公布的数据整理获得。

图 2-3 2000—2020 年四大领域随机干预实验研究的累计数量

① 3ie Development Evidence Portal〔EB/OL〕. http://www.3ieimpact. org/en/evidence/impact-evaluations/impact-evaluation-repository/.

渔业领域的研究增速相似且较慢,2010 年后这三种类型研究的数量才开始增加且速度变快,但相比健康领域依旧较少。总体来看,这四个领域的相关研究均处于稳步增长的阶段。

第二节　随机干预实验在中国的实践

从全球范围看,进入 21 世纪以来,随机干预实验开始被广泛应用于对社会发展领域项目的影响评估研究。全球发展中心(Center for Global Development,CGD)发表的《发展中国家社会发展领域影响评估的综述报告》显示,截至 2004 年仅有 92 项教育领域的反贫困科学影响评估项目,而 10 年后该数字增长到 512 项[1]。

在中国开展的随机干预实验研究数量仍然较少。3ie 的系统数据表明,2000—2020 年,全球中低收入国家在健康、教育等领域开展的 3 390 项反贫困随机干预实验中,大多来自拉丁美洲和加勒比地区、撒哈拉以南非洲、南亚等地区,来自中国的研究仅有 200 项左右。为推动随机干预实验在中国的应用,本节整理了最近 20 年在中国开展的随机干预实验研究,主要集中于教育、健康、儿童早期发展以及公共政策等领域。

一、教育领域

人力资本是促进一个国家经济增长、走向富裕的重要根源,而教育是人力资本培育的核心。改革开放以来,我国对教育的投入持续增加,教育质量持续改善,但城乡教育在硬件和软件方面仍有巨大差距。学生的学业表现是衡量教学质量的一个重要指标[2]。有研究表明,我国农村学生的学业表现显著落后于城市学生[3]。国内学者围绕如何改善农村地区和欠发达地区学生的学业表现进行了诸多探索,主要从以下四个方面入手。

1. 从教师入手,激励教师改进教育教学方法

教师是学校最重要的资源。我国自 2009 年起在全国义务教育学校实施教师绩效工资,规定绩效工资分为 70% 的基础性工资(固定部分)和 30% 的奖励性绩效工资,由学校按照教师工作量和成果贡献制定具体的绩效考核标准[4]。有研究者认为绩

① Shi Y, Zhang L, Rozelle S. When Will We Ever Learn ... To Change Policy: Current State of Impact Evaluation[J]. Journal of Development Effectiveness, 2015, 7(4): 402-422.

② Glewwe, P, Kremer M. Schools, Teachers, and Education Outcomes in Developing Countries[M]// Hanushek E A, Welch F. Handbook of the Economics of Education, Amsterdam: North Holland, 2006: 945-1017.

③ 王云峰,田一. 北京市义务教育阶段学生语文、数学、英语学科学业水平的城乡差异研究(2006—2009 年)[J]. 教育科学研究,2012(7): 51-55.

④ 教育部. 教育部关于做好义务教育学校教师绩效考核工作的指导意见[A]. 2008;国务院. 政府工作报告[A]. 2009.

效工资方案五花八门，尤其在农村学校，并没有真正体现"多劳多得，优绩优酬"，更没有起到激励教师的作用[1]。如何调动教师的积极性、更好地教学成了学界关注的一个重要问题。

2011—2012 年，在西北两省进行了关于农村教师绩效工资激励的随机干预实验项目，探索不同的教师激励方案对学生学业表现产生的差异性影响[2]。该项目设计了三种激励方案，即绝对值干预、增加值干预和增加值百分位干预，基于班级内学生的学业表现，每组使用不同的方法对教师进行考核排位，以确定教师可以获得的绩效工资的档次。绝对值干预组根据评估调查时学生的标准化数学成绩评估教师的表现，平均成绩越高，教师获得的绩效工资越多。增加值干预组根据学生评估调查时相对于基线调查时标准化数学成绩的增加值来评估教师的表现，学生成绩增加越多，则教师获得的绩效工资越多。增加值百分位干预组先计算每个学生评估调查时相对于基线调查时的成绩增加值，再将该增加值与基线时同一水平的学生比较（即"起点相同的同学"），最后班级加总的相对增加越多，教师获得的激励越多。该研究结果表明，相较于控制组，干预实施一年后，绝对值干预组和增加值干预组学生的学业表现均没有显著提高，而增加值百分位干预组的绩效激励干预显著改变了教师的教学行为，进而显著提高了学生的学业表现。

2. 使用信息技术手段改善学生的学业表现

2011 年，国内开展了第一个信息技术与教育领域的随机干预实验研究[3]。有研究为学生提供免费的笔记本电脑（一人一台，笔记本电脑中已事先安装了计算机辅助学习教育软件），培训学生和家长使用计算机辅助学习软件的方法。研究发现，发放笔记本电脑显著提升了学生的基本电脑操作技能及学业表现。随后，国内其他学者分别在农村地区、少数民族地区开展了一系列随机干预实验，研究结果均表明利用现代信息技术辅助教学的干预方式能够显著提高农村地区学生，尤其是少数民族地区农村学生的学业表现[4]。计算机辅助学习的干预方式具有简单易行、行之有效、便于大规模推广的优点，在提高农村学校义务教育优质均衡发展和缩小城乡教育差距方面具有巨大潜力，但信息技术手段影响教育产出的作用途径和机制仍待深入研究。

---

① 胡耀宗，严凌燕. 义务教育教师绩效工资政策执行偏差及其治理——基于沪皖豫三省市教师和校长的抽样调查［J］. 教师教育研究，2017，29(5)：14-18.

② Chang F, Wang H, Qu Y, et al. The Impact of Pay-for-Percentile Incentive on Low-Achieving Students in Rural China［J］. Economics of Education Review，2020，75：1-10.

③ Mo D, Swinnen J, Zhang L, et al. Can One-to-One Computing Narrow the Digital Divide and the Educational Gap in China? The Case of Beijing Migrant Schools［J］. World Development，2013，46：14-29.

④ Lai F, Zhang L, Bai Y, et al. More Is Not Always Better: Evidence from a Randomised Experiment of Computer-Assisted Learning in Rural Minority Schools in Qinghai［J］. Journal of Development Effectiveness，2016，8(4)：449-472.

专栏 2-2

信息技术与教育领域随机干预实验的整体设计和影响评估

以 300 名北京打工子弟学校的学生为研究对象,研究提供免费笔记本、计算机辅助学习软件和培训的方式对学生的计算机技能和学业表现的影响。

1. 进行调查、实施干预

进行随机干预实验研究首先需要按照"三部曲"(见图 2-2)进行基线调研、干预实验和评估调研。该研究的实验设计如图 2-4 所示。

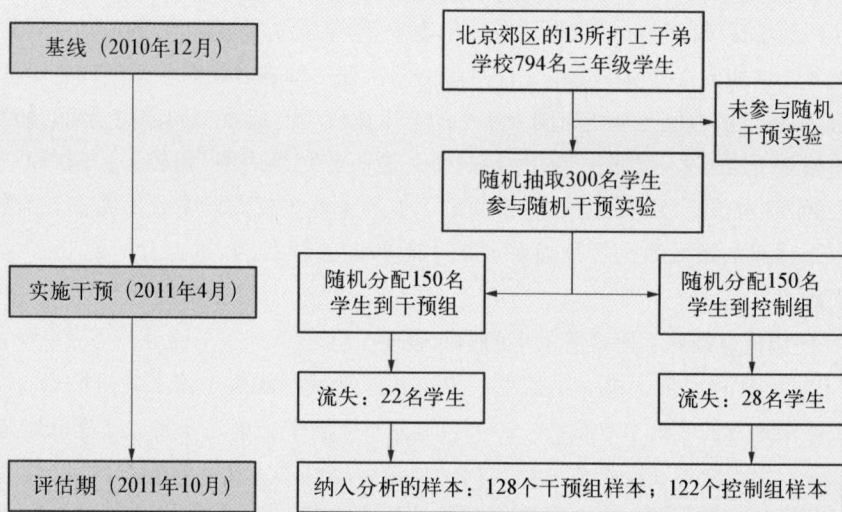

图 2-4 实验设计与调查过程

2. 确保随机:样本流失与平衡性检验

图 2-4 显示,在基线调研到评估调研期间,干预组和控制组分别有 22 名和 28 名学生因转学、缺勤等原因流失(流失率 16.7%),没能完成评估调研。研究者需要对流失的学生进行分析,确保流失的原因与干预无关。这一步可以通过研究流失和未流失的学生特征的差异,以及干预组和控制组流失的学生特征的差异完成。

为确保最终进入评估的样本是随机分配的,需要进一步比对干预组和控制组未流失的学生基线特征。统计检验显示,两组学生在基线成绩、计算机技能及个人特征和家庭特征方面均无显著差异,可以认为最终干预组和控制组样本满足随机分配要求。

3. 模型设计

在确保随机后,对项目的影响进行估计。估计如下回归模型:

$$\Delta y_i = \beta_0 + \beta_1 T_i + \varepsilon_i$$

其中，Δy_i 代表学生 i 的学习成绩、计算机技能等结果指标在两次调研间的变化，T_i 代表学生 i 是否接受干预。对上式中回归系数 β_1 的估计即代表干预的实际效果。

为提高估计的效率，还可以在模型中加入其他控制变量：

$$\Delta y_i = \beta_0 + \beta_1 T_i + \theta' y_{0ic} + \delta' X_{0i} + \Phi_c + \varepsilon_i$$

其中，y_{0ic}、X_{0i}、Φ_c 代表一系列可能影响学生成绩和计算机技能的额外的控制变量。对上式中回归系数 β_1 的估计代表干预的实际效果。

4. 估计结果与结论

表 2-2 报告了回归结果。结果表明，在干预项目实施后，相对于控制组，干预组的计算机技能提高了 0.32 个标准差（在 5% 的水平上显著），数学成绩提高了 0.07 个标准差（不显著）。在控制了学业表现、个体特征和家庭特征等变量后，可以认为干预项目使学生的计算机技能提高了 0.33 个标准差（在 1% 的水平上显著），数学成绩提高了 0.17 个标准差（在 10% 的水平上显著）。

表 2-2　提供免费笔记本计算机辅助学习软件和培训对学生
计算机技能和数学成绩的影响

	干预后标准化计算机技能量表-基线标准化计算机技能量表		干预后标准化数学成绩-基线标准化数学成绩	
	(1)	(2)	(3)	(4)
提供免费笔记本计算机辅助学习软件和培训（1=是；0=否）	0.32** (0.12)	0.33*** (0.10)	0.07 (0.11)	0.17* (0.10)
基线数学成绩（标准化的）		0.09 (0.08)		−0.39*** (0.07)
基线语文成绩（标准化的）		−0.07 (0.07)		0.11 (0.07)
基线计算机技能成绩（标准化的）		−0.67*** (0.07)		−0.02 (0.07)
年龄（岁）		−0.06 (0.06)		−0.01 (0.07)
性别（1=男；0=女）		0.23** (0.11)		0.21** (0.10)

续　表

	干预后标准化计算机技能量表-基线标准化计算机技能量表		干预后标准化数学成绩-基线标准化数学成绩	
	（1）	（2）	（3）	（4）
是否转学(1=是;0=否)		−0.19 (0.16)		0.23 (0.22)
基线数学学习效能量表 (1~4分)		0.05 (0.11)		0.09 (0.12)
是否使用过电脑(1=是; 0=否)		0.28*** (0.11)		0.05 (0.14)
是否能上网(1=是;0=否)		−0.09 (0.14)		0.08 (0.12)
是否独生子女(1=是;0=否)		−0.01 (0.02)		0.08 (0.13)
父亲的年龄(岁)		0.01 (0.01)		−0.00 (0.02)
母亲的年龄(岁)		−0.05 (0.13)		0.01 (0.02)
父亲是否高中毕业及以上 (1=是;0=否)		0.01 (0.12)		0.06 (0.13)
母亲是否高中毕业及以上 (1=是;0=否)		0.27* (0.14)		−0.10 (0.12)
父亲是否做生意(1=是; 0=否)		−0.17 (0.17)		0.11 (0.18)
母亲是否做生意(1=是; 0=否)		0.33*** (0.10)		−0.17 (0.21)
班级固定效应	否	是	否	是
样本量	250	250	250	250
R^2	0.026	0.545	0.002	0.358

资料来源：Lai F, Zhang L, Bai Y, et al. More Is Not Always Better: Evidence from a Randomised Experiment of Computer-Assisted Learning in Rural Minority Schools in Qinghai[J]. Journal of Development Effectiveness, 2016, 8(4): 449-472.

3. 从提高学生的学习动力入手改善学生的学业表现

已有研究表明,农村学生学习不好可能是学习动力不足造成的。这种动力不足包括辍学打工的吸引、考上高中和大学但交不起学费的担心等。为了探索提高学生学习动力的有效方案,有研究者以提供事先资助承诺为切入点开展了一系列随机干预实验。

以针对高中生的事先资助承诺干预实验为例[①],对农村高二学生进行了事先资助承诺干预,如果学生被本科一批/二批高校录取即可得到资助。干预方式按照事先资助承诺金额和时间不同分为四种:金额上,一半人得到 2 500 元的资助承诺,一半人得到 5 000 元;时间上,一半人在 3 月初(春季学期开学第一天)获得承诺,一半人在 6 月(高考结束后的第二天)获得。通过对学生的高考成绩进行分析,发现相比没有获得资助承诺及 6 月才获得资助承诺的贫困生,3 月获得资助承诺的贫困生没有取得更好的高考成绩。同时,所有被本科一批/二批录取的样本学生都决定上大学,因此资助没有改变学生是否上大学的决定。事先资助承诺干预的影响主要体现在志愿填报上:3 月资助组学生报考有学费减免和补助的师范类院校和国防类院校的比例显著降低,也就是说事先资助承诺使得学生和家长减少了对学费的顾虑,在专业选择上获得了更大的自由。由于离填报志愿的截止日期太短,6 月资助组学生填报的志愿没有明显不同。

另外一些针对初中生的事先资助承诺研究也发现,资助承诺对学生的中考成绩和高中录取率未有显著影响[②]。对于事先资助承诺在中国农村地区为何会失败引起了研究人员关注[③]。学者们认为存在两方面原因。一方面,可能是干预提供的资助价值还不够高,不足以激发行为改变;另一个解释是,农村贫困学生在继续上学问题上面临诸多挑战,只提供资金方面的帮助无法解决问题。要改善学习成绩和录取率可能更需要从教育体系的供给侧入手。

4. 从学校学生管理入手

在我国农村地区,寄宿学生较非寄宿学生表现出更多的不良行为和更差的学业表现[④],与此相关的是农村小学寄宿生的管理问题。基于这一认识,有研究关注了对农村寄宿制学校的生活老师进行培训对改善农村学生学业表现的影响[⑤]。研究人员开发了

---

① Liu C, Zhang L, Luo R, et al. Early Commitment on Financial Aid and College Decision Making of Poor Students: Evidence from a Randomized Evaluation in Rural China[J]. Economics of Education Review, 2011, 30 (4): 627-640.

② Yi H, Song Y, Liu C, et al. Giving Kids a Head Start: The Impact and Mechanisms of Early Commitment of Financial Aid on Poor Students in Rural China[J]. Journal of Development Economics, 2015, 113: 1-15; Li F, Song, Yi H, Wei J, et al. The Impact of Conditional Cash Transfers on the Matriculation of Junior High School Students into Rural China's High Schools[J]. Journal of Development Effectiveness, 2017, 9(1): 41-60.

③ Yi H, Song Y, Liu C, et al. Giving Kids a Head Start: The Impact and Mechanisms of Early Commitment of Financial Aid on Poor Students in Rural China[J]. Journal of Development Economics, 2015, 113: 1-15.

④ 庞丽娟,韩小雨. 农村中小学布局调整的问题、原因及对策[J]. 教育学报,2005,1(4): 90-96.

⑤ Yue A, Shi Y, Chang F, et al. Dormitory Management and Boarding Students in China's Rural Primary Schools [J]. China Agricultural Economic Review, 2014, 6(3): 523-550.

适合农村生活老师的培训教材、练习手册和教学计划培训内容，通过讲解、游戏和互动等方式对农村寄宿学校的生活老师进行培训。研究发现，生活老师培训显著减少了寄宿学生的不良行为（包括迟到或早退、课后吵架、打架等），但对寄宿生上课说话、不注意听讲等以及学业表现没有显著影响。

二、健康领域

健康是一种良好的身体和生活状态，是人们普遍追求的目标之一。健康也是人力资本的一种，健康人力资本投资对提高个体收入、促进社会经济发展具有重要作用。改善低收入人群的健康水平有助于避免他们落入贫困陷阱。因此，健康投资应向低收入人群倾斜，如通过提供公共卫生服务、完善医疗保障体系等改善他们的营养及健康状况。过去 20 年里，国内学者在西部农村欠发达地区开展了多项以改善居民营养健康、促进健康人力资本积累为主要目标的随机干预实验项目，本节主要梳理在农村学生的缺铁性贫血问题及视力健康问题方面开展的随机干预实验项目。

（一）农村学生的缺铁性贫血问题

农村学生出现缺铁性贫血问题，主要是因为学生饮食不均衡，富含微量元素食物的摄入不足。例如，西部地区农村家庭的饮食以面条、大米等淀粉、蛋白质等含量丰富的食物为主，蔬菜、水果、红肉等微量元素和维生素丰富的食物摄入较少[①]。国内研究团队以补充铁等微量元素为切入点，在西北农村 669 所小学先后开展了六项大规模随机干预实验研究项目。根据干预方式的不同，可以将这六项随机干预实验研究项目分为三大类。

1. 添加铁补充剂（如含铁的多维元素片）

铁元素摄入不足，可以通过直接补充微量元素来解决。研究发现，每天给学生补充一片包含 21 种微量元素（其中铁元素的含量为 5 mg）的多维元素片，可以显著提高学生的血红蛋白水平，进而提高学生学业表现。若将需要热水服用的多维元素片改为可直接咀嚼的多维元素片，干预效果会更好[②]。有学者认为，每天给农村学生补充一个鸡蛋也可以改善其营养状况。史耀疆等通过对两项政策的评估和对比发现，每天补充一个鸡蛋并不能解决学生的缺铁性贫血问题，并且与操作简单、易于执行监控的多维元素片干预方式相比，该干预方式的成本更高（每个鸡蛋约 0.7～0.8 元，而每片多维元

① Luo R，Zhang L，Liu C，et al. Anaemia Among Students of Rural China's Elementary Schools：Prevalence and Correlates in Ningxia and Qinghai's Poor Counties[J]. Journal of Health，Population，and Nutrition，2011，29（5）：471-485.

② 史耀疆，王欢，罗仁福，等. 营养干预对陕西贫困农村学生身心健康的影响研究[J]. 中国软科学，2013（10）：53-63.

素片约 0.4 元)①。

2. 以提升家长或学校负责人贫血相关认知为目标的信息干预

缺少信息来源和相关知识储备不足一直被认为是不及时应对健康问题的重要原因②。若能改善家长或学校负责人关于缺铁性贫血的知识和认知,他们就可能主动改善学生饮食结构,保证其摄入均衡营养,从而避免缺铁性贫血问题的发生。但研究发现,仅向家长或校长提供营养健康知识不足以改变其行为,增加相应资源或激励后效果更佳③。

3. 以改善学校管理为目标的学校补贴和激励干预

已有研究表明,若要从学校层面改善农村地区学生的缺铁性贫血状况,仅提高校长关于贫血的相关知识是不够的④。有研究验证了提供学校补贴和校长激励可以显著改善学生缺铁性贫血状况,对比了不同的学校补贴额度、校长激励额度的影响效果,并通过成本效益计算发现,校长激励方式每减少一名缺铁性贫血学生花费的成本更低(平均 723 元),约为学校补贴方式每减少一名缺铁性贫血学生花费的成本的一半(平均 1 447 元)⑤。

(二) 农村学生视力问题

为改善农村学生视力、完善农村地区青少年视力健康保障体系,国内学者通过大规模实证研究,摸清了农村地区青少年视力健康发展面临的一系列挑战,探索了一系列改善视力健康及促进近视学生及时配戴眼镜的干预方式,这些干预方式主要可以分为四类。

1. 信息干预

经济问题、信息不对称及错误认知是农村地区普遍存在未矫正的视力不良问题的主要原因。基于此,采用信息干预与配镜补贴相结合的方式开展随机干预实验。结果发现,单纯提供信息干预对促进学生近视后及时配戴眼镜并无显著影响效果,而在学校为近视学生发放配镜补贴(含免费眼镜和眼镜兑换券)的干预方式可以显著提高近视学

① 史耀疆,张林秀,常芳,等. 教育精准扶贫中随机干预实验的中国实践与经验[J]. 华东师范大学学报(教育科学版),2020(8):1-67.

② Cochrane S H, Leslie J, O'Hara D J. Parental Education and Child Health: Intracountry Evidence[J]. Health Policy and Education, 1982, 2(3-4), 213-250.

③ 史耀疆,张林秀,常芳,等. 教育精准扶贫中随机干预实验的中国实践与经验[J]. 华东师范大学学报(教育科学版),2020(8):1-67.

④ Sylvia S, Luo R, Zhang L, et al. Do You Get What You Pay for with School-Based Health Programs? Evidence from a Child Nutrition Experiment in Rural China[J]. Economics of Education Review, 2013, 37: 1-12.

⑤ Luo R, Miller G, Rozelle S, et al. Can Bureaucrats Really Be Paid Like CEOs? Substitution Between Incentives and Resources Among School Administrators in China[J]. Journal of the European Economic Association, 2020, 18(1): 165-201.

生戴镜率、提高学业表现、改善心理健康状况[1]。

2. 教师激励干预

已有研究表明，教师容易发现学生的视力问题，也更容易组织和管理学生[2]。结合以往项目经验，设计了激励农村学校教师的干预方案，对及时发现学生近视、督促近视学生及时配戴眼镜的教师给予激励。结果显示，教师激励干预能够促进教师在学生视力健康方面的监督、督促作用，显著提高了近视学生的眼镜配戴率和使用率[3]。

3. 视光中心干预

为提供长期、可持续的视力保护服务，研究者进一步探索了与县级政府等多方合作建立县级农村学生视力保护服务提供中心（简称"视光中心"）的随机干预实验研究项目。评估结果显示，视光中心干预不仅能够显著提高近视学生的眼镜配戴率，进而改善其学业表现，而且能够长期为当地居民和学生提供可持续的视力健康服务[4]。

4. "费用分摊"补贴干预

有研究表明，学生可能因为眼镜是免费得到的而不珍惜，致使眼镜的使用率较低。为此，有学者开始尝试用"费用分摊"方式而并非免费方式向农村学生提供眼镜，以探索对提高眼镜使用率的影响。结果发现，提供100％配镜补贴显著降低了学生未来继续配戴眼镜的可能性，提供85％配镜补贴和50％配镜补贴干预则在一定程度上提高了学生未来继续配戴眼镜的可能性。相对于100％的配镜补贴（即免费提供），"费用分摊"方式项目成本更低，也更有利于促进农村学生和家长重视视力健康、近视后及时配戴眼镜[5]。

三、儿童早期发展领域

诸多领域的研究表明，生命最初的1 000天是人一生中大脑发育的最关键、最易受到环境因素影响的时期。有学者认为在个体发展越早期阶段投入，投资回报越高[6]。因

---

[1] Guan H，Wang H，Du K，et al. The Effect of Providing Free Eyeglasses on Children's Mental Health Outcomes in China：A Cluster-Randomized Controlled Trial[J]. International Journal of Environmental Research and Public Health，2018，15(12)：27-49.

[2] 张晔，关宏宇，李莉莉. 西北农村小学教师筛查学生视力不良培训效果分析[J]. 中国学校卫生，2018(10)：136-138.

[3] Yi H，Zhang H，Ma X，et al. Impact of Free Glasses and a Teacher Incentive on Children's Use of Eyeglasses：A Cluster-Randomized Controlled Trial[J]. American Journal of Ophthalmology，2015，160(5)：889-896.

[4] Ma Y，Gao Y，Wang Y，et al. Impact of a Local Vision Care Center on Glasses Ownership and Wearing Behavior in Northwestern Rural China：A Cluster-Randomized Controlled Trial [J]. International Journal of Environmental Research and Public Health，2018，15(12)：27-83.

[5] Wang X，Congdon N，Ma Y，et al. Cluster-Randomized Controlled Trial of the Effects of Free Glasses on Purchase of Children's Glasses in China：The PRICE（Potentiating Rural Investment in Children's Eyecare）Study[J]. PLoSONE，2017，12(11)：e0187808. https://doi.org/10.1371/journal.pone.0187808.

[6] Heckman J J，Lochner L J，Todd P E. Fifty Years of Mincer Earnings Regressions[M]. New York：Social Science Electronic Publishing，2003.

此,婴幼儿阶段的个体发展需要重点关注。当前农村婴幼儿发展面临着诸多挑战,主要表现在认知能力发展与营养健康方面。如果可以在个人发展的早期阶段开展科学的干预,就能促进儿童大脑发育,有助于阻断贫困代际传递。尤其对于出生于低收入家庭的儿童来说,在大脑快速发育阶段进行早期干预可以扭转不利局面,并充分发挥他们的发展潜力。

在 2018 年第 71 届世界卫生大会上,联合国儿童基金会提出了养育照护的基本框架,由以下五个不可分割的基本元素构成:足够的营养、良好的健康、安全和保障、回应式照料和早期学习。该框架为在婴幼儿早期发展领域开展的随机干预实验项目提供了科学依据。因此,国内学者分别从营养健康和回应式照料两大元素入手,探索有效改善农村儿童早期发展现状的可行路径。

有研究表明,营养不良是制约儿童早期发展的风险因素,直接表现为缺铁性贫血。基于此,一些学者从制约儿童发展潜能实现的营养元素方面入手,设计了补充营养包项目,即向农村地区儿童每天发放富含铁等微量元素的营养包并利用随机干预实验评估影响。在秦巴山区开展的营养包项目是为 6～12 月龄婴幼儿每天提供一袋营养包,半年后的评估调查发现项目可以有效降低贫血率并提高儿童的认知能力。但后续追踪调查的结果表明,长期来看仅补充营养的干预对婴幼儿的贫血和认知没有显著影响[1]。

营养包项目的局限性令一些学者认识到,想要对农村婴幼儿健康及认知能力产生长期的影响,仅仅提供营养包远远不够。岳爱等发现,照养人缺乏科学的养育知识和技能,进而缺少有效的亲子互动,也可能对孩子的认知及社会情感等能力的发展产生影响[2]。于是,学者们开始尝试将回应式照料这一元素也融入干预设计。

有研究在秦巴山区抽取了 131 个村,随机将其中 65 个村作为婴幼儿养育入户干预的干预组,培训养育师指导父母的养育行为,每周与婴幼儿及其照养人开展一次亲子一对一的入户活动,其余的 66 个村作为控制组。一周一次的入户干预发现,与对照组相比,干预组 18～30 月龄婴幼儿的认知得分提高了 0.27 个标准差[3]。项目成功地验证了除了遗传和营养两个重要因素影响儿童能力发展外,为宝宝提供科学养育环境和刺激也极为重要。但从干预成本的角度分析,养育师入户指导的成本较高,平均达每月 300～400 元/家庭[4]。

---

[1] Luo R, Jia F, Yue A, et al. Passive Parenting and Its Association with Early Child Development[J]. Early Child Development and Care, 2017, 189(10): 1709-1723.

[2] 岳爱,蔡建华,白钰,等. 中国农村贫困地区 0～3 岁婴幼儿面临的挑战及可能的解决方案[J]. 华东师范大学学报(教育科学版),2019(3): 1-16.

[3] Yue A, Shi Y, Luo R, et al. Stimulation and Early Child Development in China: Caregiving at Arm's Length[J]. Journal of Developmental & Behavioral Pediatrics, 2019, 40(6): 458-467.

[4] 王蕾,贤悦,张偲琪,等. 中国农村儿童早期发展: 政府投资的效益-成本分析[J]. 华东师范大学学报(教育科学版),2019(3): 118-128.

为探索降低干预成本、进一步扩大干预覆盖面的有效方案,项目组在儿童居住相对聚集的农村社区建立儿童早期发展活动中心(也叫养育中心)。干预内容为每周三让经过专业培训的养育师到中心为照养人与婴幼儿提供引导和示范一对一亲子活动。每周一和周五开展集体游戏和集体故事会。干预两年后发现,儿童早期发展活动中心通过改善照养人的阅读、唱儿歌和与孩子玩耍等养育行为,进一步显著改善了儿童认知和语言能力发展。研究也同时发现,儿童早期发展活动中心的总体覆盖率较低,主要是由于距离儿童早期发展活动中心较远的农户不方便到中心参加活动[①]。

为使更多儿童受益,解决"最后一公里"的问题,研究者们尝试将养育师入户和村级儿童早期发展活动中心两种干预方式结合起来,即在农村低收入地区建立村级养育中心的同时,对于距离养育中心远的家庭或因其他原因不方便来中心接受亲子活动指导的家庭进行养育师入户指导。研究结果发现,养育中心和入户结合的干预方式对儿童解决问题的能力产生了显著的影响[②]。

四、公共政策领域

在 2021 年 2 月 25 日召开的全国脱贫攻坚总结表彰大会上,习近平总书记向全世界庄严宣告,中国现行标准下的 9 899 万农村贫困人口全部脱贫,832 个贫困县全部摘帽,12.8 万个贫困村全部出列,中国完成了消除绝对贫困的艰巨任务。学界也在消除贫困的公共政策领域进行了许多实验研究。

一种观点认为,我国农村地区的贫困很大程度上与社会保障制度不健全有关[③]。我国农村社会保障水平低、覆盖面不足,农民对社会保障制度的认识也不够。已有研究表明,对社会保险政策相关信息的不了解是造成农民参与社会保险水平低的主要原因之一。基于此,刘佳等对信息干预对农民参加医疗保险的影响进行了随机干预实验研究。结果显示,通过医保政策宣传的信息干预,干预组的参保率明显高于对照组,验证了宣传医保政策的信息干预可以提高农民的参保率[④]。

整体而言,低保制度等相关社会保障制度对于农村贫困具有一定的缓解作用,保障了贫困户的基本生存需要,但长期的兜底式补贴可能造成最贫困家庭过度依赖补贴,助长了小部分农户"不劳而获"的思想。因此,要将扶贫政策与劳动激励结合才能长期有效。甘犁等运用随机干预实验方法开展了一项以鼓励贫困人口劳动为目标的"劳动收

① 史耀疆,张林秀,常芳,等.教育精准扶贫中随机干预实验的中国实践与经验[J].华东师范大学学报(教育科学版),2020(8):1-67.
② 岳爱,蔡建华,白钰,等.中国农村贫困地区 0~3 岁婴幼儿面临的挑战及可能的解决方案[J].华东师范大学学报(教育科学版),2019(3):1-16.
③ 徐月宾,刘凤芹,张秀兰.中国农村反贫困政策的反思——从社会救助向社会保护转变[J].中国社会科学,2007(3):40-53,203-204.
④ 刘佳.医保政策信息干预解决农民未参保问题的实验研究[D].西南交通大学,2019.

入奖励计划"项目。项目初期,研究人员将 400 户贫困家庭随机分为干预组和对照组,对干预组实施劳动补贴,即对贫困户的劳动所得按照一定比例给予现金奖励,鼓励贫困户通过努力劳动来增加家庭收入。只要贫困户通过劳动增加收入,就对贫困户经核定后的劳动所得按一定比例给予现金奖励。结果表明,"劳动收入奖励计划"不仅增加了贫困户的劳动积极性,而且在增加家庭劳动性收入、刺激就业、促进消费方面成效显著①。

缺少资金和生产资料等也可能是农村贫困的主要原因。学界尝试从两个方面开展研究,探索实现精准扶贫的有效方案。

一是从资金支持入手。金融扶贫是我国扶贫策略的重要构成,即利用信贷、保险等方式为贫困地区、贫困人口提供生产性资金投入,解决生产性资金不足的问题。1986 年以来,中国政府的金融扶贫政策和措施取得了一定成效,但也暴露出了一些问题。已有研究表明,最贫困群体面临信贷约束,严重影响了金融扶贫的实践效果②。基于此,2006年财政部联合国务院扶贫办在全国贫困地区实施"贫困村村级互助资金"(简称"互助资金")项目。国家将贷款资金通过农村信用社下发到村,由村民选举成立委员会管理和运作贷款资金。申请家庭到委员会签署协议盖章后,凭证去信用社取款。借款用于什么项目由家庭和村庄自己决定。该项目的规模逐步扩大,到 2013 年年底,已扩展到 1 407 个县的 19 400 个村庄。

为评估该项目的减贫效果,2010 年,国务院扶贫办授权研究者利用随机干预实验的方法开展政策影响评估。评估工作在山东、湖南、河南、四川、甘肃五个省份展开。评估人员在每个省选出两个贫困县,在每个贫困县中选出五个贫困村,随机选择三个为干预组发放互助资金,剩下的两个为对照组,不做任何干预。两年后对农户进行跟踪调查。结果显示干预组家庭对农生产的投资明显增加,如更多从事经济作物生产、加大畜牧业饲料的投入。同时,互助资金解放了农村劳动力,有更多年轻劳动力选择外出打工,增加了农村家庭收入③。

二是从提供服务资源入手。自 2014 年起,中国政府开始推行电子商务进农村综合示范计划等政策,在农村信息化水平不断提高和政策利好的多重背景下,电子商务在农村地区得以成功应用,"淘宝村"等新现象也成为国内学者关注的热点。结合现有文献来看,国内对于电子商务下乡的减贫效应尚缺乏一致结论。一些学者认为电子商务为

---

① 甘犁:解决相对贫困需建立激励相容的现金转移支付制度[EB/OL]. 2019-11-09, http://huaon.com/detail/482758.html.

② 余泉生,周亚虹.信贷约束强度与农户福祉损失——基于中国农村金融调查截面数据的实证分析[J].中国农村经济,2014(3):36-47.

③ Cai S, Park A, Wang S. Microfinance Can Raise Incomes: Evidence from a Randomized Control Trial in China [EB/OL]. 2020-04-01, https://www.researchgate.net/publication/343536872_Microfinance_Can_Raise_Incomes_Evidence_from_a_Randomized_Control_Trial_in_China.

贫困群体提供了脱贫增收的机会,也有一些学者认为电子商务扩展对于农村地区物质资本和人力资本相对缺乏的群体作用有限。

为评估电子商务下乡政策的减贫效应,相关研究组与阿里巴巴集团开展合作,在安徽、河南、贵州三省的八个县432个村进行随机干预实验研究,以引入"农村淘宝"项目作为干预手段,通过收集、对比干预组与对照组的家庭数据、本地商店数据和淘宝交易记录来评估干预是否有效。"农村淘宝"是在阿里巴巴集团和当地政府部门的共同支持下开展的扶贫项目,通过在县中心建立仓库,在村中心设立电子商务服务站,使农村消费者和生产者享受与其所在县的城区同样的电商价格、便利和服务质量。研究结果显示,使用电商服务站的农村家庭购买力显著增强,但该干预对网络销售、生产原材料的购置、家庭收入及创业并没有显著影响[①]。

在反贫困的政策探索方面,中国已经开始推广使用随机干预实验方法,但也存在干预设计创新性不足、重视效果评估但不重视成本核算等问题,有待进一步改善。

第三节　随机干预实验的中国经验总结

反贫困是整个人类面临的巨大课题。要实现减贫的伟大目标,仍有大量的理论问题需要厘清、大量的现实问题有待解决。本章第二节对中国反贫困领域开展的随机干预实验研究进行了梳理,展现了随机干预实验方法在厘清理论问题、提供政策依据等方面巨大作用和潜力。

虽然随机干预实验方法获得了广泛认可和应用,反映了"实验性方案"在减贫领域的巨大潜力,但需要明确的是,随机干预实验本身并非减贫的直接解决方案。更准确地说,随机干预实验是为减贫寻找、发现更好的解决方案的方法。总结中国实践,要通过随机干预实验发现、推动实施有效的反贫困政策,需要注意以下几点:(1)问题精准、干预简单有效;(2)避免威胁内部有效性的因素;(3)全面的数据收集与分析;(4)政府参与、做好项目规模化工作;(5)减贫事业仍需要更多的随机干预实验研究。中国随机干预实验的实践为这些要点提供了重要的经验借鉴。

一、问题精准、干预简单有效

一项干预方案的优势取决于问题选择是否精准、干预设计是否合理。以下四点原则是在干预设计阶段需要考虑的。

---

① Couture V, Faber B, Gu Y, et al. Connecting the Countryside via E-commerce: Evidence from China[J]. American Economic Review: Insights, 2021, 3(1): 35-50.

1. 问题导向，精准聚焦，选题要有较强的政策性

选择合适的问题是确保反贫困项目既精又准的第一步，而确定问题的重要原则之一是政策相关性。研究者/实施者在选题时需要邀请政策制定者和项目实际执行者参与讨论。问题精准聚焦还应明确研究关心的到底是谁的问题，或项目最终是为谁服务的，尤其需要区别过程对象与最终对象的不同。

2. 多方合力，设计干预方案时加强多学科合作

当前各学科都有明确的研究领域，但现实问题是复杂的，一个现实问题的出现可能是多方面的复杂原因导致的。随机干预实验是一项具体的社会行动，社会行动的落实必然要求项目设计考虑到社会生活的各个方面。随机干预实验本身是以经济学为基础的评估方法，但干预项目的设计必然要求多学科交叉。例如，在教育领域的随机干预实验需要参考教育学、心理学甚至信息科学的研究成果和可行性方案。促进多学科合作是提高干预设计质量的关键因素之一。以现实问题为中心而不是以学科为中心，促进多学科合作的交叉研究，能有效提高干预方案设计的精准性和可行性。

3. 实行逐步探索、简单渐进

反贫困政策受多种因素共同影响，但一次尝试干预多种因素来解决所有问题是不可取的。干预设计应当是简单的，每个随机干预实验的组别应只检验单个因素的影响效果；如果需要检验其他影响因素，则需要另外的随机干预实验或另外的干预组别。要通过一次随机干预实验就找到有效的干预并彻底解决问题通常是困难的。对复杂问题的认知需要在实践过程中发展和完善，因此对干预的设计也需要不断发展和完善。对于评估有效的方案，可以在总结经验的基础上改进以进一步增强其效果。对于评估没有影响效果的方案，也不应彻底放弃，需要分析项目无效的原因，探索是否可以通过调整、改进使其变得有效果。

干预设计的"简单渐进"原则将复杂问题简单化、将大问题化解为小问题，通过一步步小的累积逐步解决问题，通过多次的项目迭代一步步设计出更有效的解决方案，是中国随机干预实验实践积累的重要经验之一。

4. 干预设计注重理论指导下的创新性

干预方案的设计强调政策导向性，但这不排斥干预设计对前沿理论的应用。对于多数问题，在理论指导下设计干预可能更快地找到有效的干预方案，理论还能预测某些结果的产生以及产生这些结果可能需要的条件等。此外，干预设计的创新性也应当被重视。一些社会问题可能早已被社会发现，但长期以来没有解决，可能是因为已有的尝试、已有的解决办法均没有显著效果。因此，要想取得更好的效果，需要结合前沿发现，寻找新的解决思路。

二、科学、严谨的干预过程

随机干预实验方法最主要的优势是能够估计出干预项目对结果变量的真实影响效

果,这一特点称为内部有效性(internal validity)。但其内部有效性常常受到影响,确保随机干预实验的内部有效性需要满足一定条件,需要科学、严谨的干预过程。以下四个问题可能影响干预的内部有效性,因此需要在干预实施时采取必要手段进行规避。

1. 非预期行为(unintended behavioral effects)

干预组或对照组样本意识到干预分配结果会产生非预期的反应。这包括两个典型现象。一是霍桑效应(Hawthorne effect,也称为实验效应),指样本知道自己被选择参加实验而产生个人行为变化(例如更努力工作)。二是约翰·亨利效应(John Henry effect),指对照组样本意识到自己没有被分到干预组而更加努力工作。这些都会对干预项目真实影响效果的估计造成偏误。解决这些问题可采用单盲甚至双盲的实验设计,即实验参与者不应知道自己被分配组别的情况(单盲),甚至实验实施者也不知道干预分配情况(双盲)。

2. 不完全依从(imperfect compliance)

尽管样本随机分配到干预组或对照组,但会出现被分到干预组或对照组中的样本未完全遵守分配,即依从性问题。这种情况下,研究者可识别项目依从样本个体与非依从样本个体,通过工具变量方法估计项目的局部平均干预效果。

3. 样本污染或溢出效应(spillovers)

在随机分配后可能出现干预组样本影响到控制组样本或者相反的情况。例如,接受培训的干预组教师有可能向控制组教师分享培训中学到的知识,从而间接地对控制组的教学质量产生影响。为避免样本污染,一是可以改变随机分配的层次,例如在学校层面而非班级层面随机;二是注意抽样方法;三是在项目实施过程中减少不同组别接触的机会。

4. 样本流失(attrition)

在随机干预实验实施过程中可能出现样本中途退出或在评估调研时未能追踪到等情况。这可能带来两方面的问题:一是流失的样本与最初样本有显著差异;二是流失的样本在干预组和控制组之间有差异,此时通过随机干预实验估计出的项目影响效果也将是有偏差的。为避免样本流失问题,一是在项目开始前应提前估计样本流失的可能性,判断是否可以提前将流失可能性高的样本排除出样本框,二是对样本流失提前做好应对预案。当样本流失问题不可避免地发生以后,研究者可通过分析检验流失样本与非流失样本是否存在差异、流失以后的干预组和控制组是否存在差异等来评估样本流失的影响。

三、全面的数据收集与分析

并不是开展过随机干预实验、发现了可以解决问题的有效干预方案,就可以直接将其转化为政策。政策制定需要考虑更多细节,需要通过全面的数据收集和对随机干预实验数据进行深入的分析。

1. 明确关键环节,发现改进项目的线索

基于随机干预实验提出政策时,不仅需要说明哪种干预有效,还需要说明该干预转化为政策时具体应如何执行。在实施前必须明确项目的执行细节:哪些是决定项目成败的关键环节,需要重点落实;哪部分群体需要重点关注;哪些是管理项目的重要监控指标等。这些将为政策落地并确保有效提供一套明确的操作流程,而并非模糊的建议。

当干预项目未观测到影响效果时,也需要进行分析,为下一步改进项目明确方向。项目未发现影响效果,既可能是项目本身没有效果,也可能是项目本身有影响,但某些环节未执行好而使影响效果耗散了。不同原因对改进项目的意义是完全不同的。只有厘清项目为什么会失败,才能明确如何进一步改进项目或者完全放弃项目。因此,不仅应该把随机干预实验方法看作评估项目真实影响效果的工具,更应该把它看作动态改进项目的工具。

2. 运用成本效益分析对比干预项目

对于一项干预项目,不仅应关注其是否有效、影响效果大小,还要关注达到这一影响效果所需成本是否划算。成本效益分析反映了实现每单位影响效果所需的成本,即成本/效果(或每单位成本可实现的影响效果,即影响效果/成本)。通过成本效益分析可以更直观地对不同干预项目进行比较,为政策决策者将有限资源优先分配到哪些领域、优先实施哪些政策提供参考。

3. 对项目实践进行理论总结和提升

在随机干预实验项目设计时应注意理论指导;在项目完成后,也应注意对项目实践进行理论总结,尤其是针对某一问题开展一系列的随机干预实验之后。随机干预实验的结果有明确的政策含义,但如果能进一步进行理论总结,可能使研究结果对现实具有更强的指导意义。

四、政府参与、做好项目规模化工作

随机干预实验很好地应对了内部有效性的挑战,但不一定可以在更大范围的人群中进行推广并真正成为一项能够解决社会问题的政策。

一方面,需要考虑在小范围内有效的项目在规模化后的影响。当项目从小规模研究阶段(通常由项目团队或者非营利性机构执行)走向规模化阶段(通常是普惠性的并由政府执行)后,产生的成本效益都有可能发生变化。小规模项目在政策规模化时可能面临的挑战有溢出效应、市场均衡效应、政治反应、情景依赖、随机/选择偏误、试点偏误/执行挑战等[①]。如果不能充分考虑规模化后带来的成本和收益的变化,最后制定的

---

① Banerjee A, Banerji R, Berry J, et al. From Proof of Concept to Scalable Policies: Challenges and Solutions, with an Application[J]. Journal of Economic Perspectives, 2017, 31(4): 73-102.

政策可能不具有很好的成本效益。另一方面,即使项目规模化后仍然有效,也不一定能得到全面的推广。政府的决策十分谨慎,尤其是在牵涉到占用大量资源的决策时,因此,说服决策者推行一项政策是研究者需要面对的难题。在中国的实践中,与政府进行渐进式的合作是一种有效方法。

专栏 2-3

研究人员与政府进行渐进式合作的方式及实践案例

随机干预实验也被看作政策模拟,是政策正式实施前的提前试点。随机干预实验与政策的关联表明随机干预实验需要政府的参与。史耀疆等经过多年的实践总结了研究项目与政府合作的三种渐进模式:政府观察模式、政府部分参与模式及政府全程参与模式。

(1) 观察模式,即政府以一个纯粹的观察者的角色来参与解决教育政策关注的某一方面或多个方面的问题。当政府官员还没有完全理解研究问题本身或某一干预方案时,通常会为了规避风险而采取保守的观察方式。在这种情况下,实证研究应该先于政策制定者的行动,项目团队主要负责开展项目,但从选题到实验设计等各阶段均需得到政府部门的认可,向政策制定者展示详尽的项目报告,重点介绍为何关注该问题、做了什么干预、结果如何以及下一步如何改进等。这样一来,政府在下一阶段参与项目时就会减少很多顾虑。

(2) 部分参与模式,即政府部门从项目执行的早期阶段开始参与。这主要是针对一些国际研究已经验证可行、有效但尚未在中国进行本土化尝试的干预方案。这种情况下,从理论上讲,研究团队已经知道某种干预是起作用的,但在方案实施过程中,研究团队需要与政府合作来回答一些基本问题:这种干预是否在当地的政策环境中可行? 在已知多种干预方案都有效的情况下,哪一种在本地政策环境下最有效? 等等。在这种合作模式下,研究团队将让政策制定者部分地参与该项目的实施,而在项目构思及设计等比较复杂、零散的前期部分,政府部门还是更多以观察者的形式参与。如果政府部门实地参与项目实施并对研究团队的评估过程进行观察,那么在验证了干预效果后,该方案后续作为政策试点推广的机会也会大大增加。

(3) 全程参与模式,即政策制定者在项目的早期构思阶段便参与进来,成为项目团队的一部分,参与项目选题构思、实验设计、方案实施、结果分析及政策推广。这种模式主要针对一些教育发展问题,基于国际成熟经验和国内本土化的试点验证,政府已经接受并认可项目干预方案,将作为主体探索下一步推广方案。政府可以在研究团队的支持下独立总结出更适合自己管辖区域的有效方案并向其他区域推广。

例如,在儿童早期发展项目的第一阶段,政府并未直接参与,但政府知道该项目,理解该项目的目标和意义,参与项目的一些协调、安排工作。在观察模式下,研究人员主要负责开展项目,但从选题到实验设计等各阶段均得到政府的认可。在第二阶段即入户模式阶段,由于上一阶段获得了政府的认可,促进政府作为主体参与项目。该阶段项目的实际执行人员是政府的基层工作人员,但项目团队仍是项目主导者。在第三阶段,政府自主推动儿童早期发展项目的整体推进,体现了政府全程参与模式。

资料来源:史耀疆、张林秀,常芳,等.教育精准扶贫中随机干预实验的中国实践与经验[J].华东师范大学学报(教育科学版),2020(8):1-67.

五、减贫事业仍需要更多随机干预实验研究

正如本章第二节开篇的描述,目前在中国开展的随机干预实验研究数量仍然较少。严谨的科学实验能够给政策制定者提供实证决策依据,因此可以在减贫事业中更多地开展。从全球发展中国家开展的反贫困领域实验研究结果来看,通过科学的实验设计、严谨的实验执行以及精确的结果分析,不仅能告诉政策制定者哪些干预有效、哪些干预无效,还能清楚地展示出为什么有些干预有效、有些干预却不起作用,可以帮助政策制定者快速筛选出可能的政策方向。对于地域辽阔的中国,仅在一个地方开展政策预实验是无法惠及所有的贫困群体的,要想将一项政策推广到其他地区,政策成本和异质性影响都是首要考虑的问题,而这些问题都可以通过随机干预实验来解答。因此,借鉴国际成功经验,我们还需要开展更多的反贫困领域的随机干预实验研究,以识别精准有效的扶贫政策,这可能是未来反贫困研究的一个重要发展方向。

此外,中国研究团队长期在农村健康和教育等领域开展随机干预实验,并尝试建立综合干预模式,由政府向农村低收入家庭提供支持和帮助。讲好中国故事,并为其他发展中国家提供有益借鉴,应该成为下一步的努力方向。随机干预实验方法有助于为中国的反贫困效果提供全球通用的科学证据,让中国的反贫困经验成为全人类所共享的"知识公共产品"。

╭╌╌╌╮ **思考题** ╭╌╌╌╌╌╌╌╌╌╌╌╌╮

1. 为什么因果推断是政策影响评估的核心问题?造成因果推断存在偏误的主要原因是什么?

2. 随机干预实验的"随机"是什么意思？它是如何解决因果推断中的选择性偏误的？

3. 使用随机干预实验方法进行政策影响评估存在哪些局限性？

4. 假如你要设计一个改善贫困农村儿童阅读能力的干预项目，请简述你的干预方案，并参照表 2-1 进行因果链分析。

第**3**章

贫富差距、收入不均等及其应对

经济发展不仅仅是增长或效率问题（通常所说的"做大蛋糕"），分配或公平问题（通常所说的"分蛋糕"）也很重要。一般来说，在相对不发达的情况下，增长更为重要。为了做大蛋糕，可以允许一定程度的收入不均等。但经济腾飞后，贫富差距往往会增大，进而阻碍增长，这时降低收入不均等（"分好蛋糕"）便成为与增长同样甚至更为重要的发展目标。党的十九大报告指出，我国社会主要矛盾已经转化为人民日益增长的美好生活需要和不平衡不充分的发展之间的矛盾。为解决这一矛盾，党的十九届五中全会提出，到 2035 年"全体人民共同富裕取得更为明显的实质性进展"，"共同富裕"也是党的二十大提出的"中国式现代化"的重要内容之一。当今人们对收入分配问题的重视是空前的，这是因为收入不均等的上升不但带来或激化了众多国家内部的社会矛盾，而且导致了国家之间的矛盾，进而掀起了逆全球化浪潮。简言之，收入分配日益成为中外各界极为关注的社会、经济、政治甚至外交和国际治理问题。

本章聚焦收入不均等：第一节陈述收入差距的利弊，以回答为什么要研究收入不均等问题；第二节和第三节分别探讨收入差距的度量，以及收入不均等的分解或决定因素，以回答怎么研究收入分配问题；第四节聚焦中国的收入分配状况，并讨论相关政策举措，以此为例来回答如何应对收入不均等的问题。本章内容也可以用于分析财富和其他变量的不均等。

第一节　贫富差距的利与弊

有必要指出，客观存在的收入不均等与带有价值判断的不公平或不平等是两个不同的概念。不公平可能导致不均等，但不是所有的差异都可以归咎于不公平。在不少情况下，绝对的均等（如给每个学生同样的考核成绩，忽略各自的努力和学习效果）反倒是不公平的。所以说，收入差距并不代表不公平，一定程度的收入不均等甚至是有益的。因此,平均主义扼杀积极性并导致共同贫困,这已经被众多事实证明。此外,根据工作表现发放报酬所带来的收入差异,为个体、企业、地区的发展提供了激励,有利于做大蛋糕。最后,边际消费倾向递减(即边际储蓄倾向递增)原理意味着适度的收入不均等有助于增加储蓄,促进投资和资本积累,而资本积累是经济增长的基础。可以说,投资或资本积累在很大程度上决定了现代经济在短期内的增长速度。

但过高的收入不均等会带来一系列严重后果。

(1) 太大的贫富差距有违社会伦理,比如明星天价片酬与缺衣少食贫困阶层的同时存在,在道义层面难以被大众接受。

(2) 超过一定程度的不均等往往被上升为不公平,影响社会和政治稳定。古今中外历史上都有因为分配恶化导致骚乱或暴动,甚至推翻政府的重大事件。

(3) 对于大国而言,区域之间的发展不平衡可能引发边境安全问题和民族问题。中国历史上的戍边就是要通过发展边境经济,控制区域差异,以保障国防和边境安全。在今天的中国,大约75%的少数民族生活在相对贫穷的内陆地区。地区间差距的扩大可能会破坏国家团结,这正是1999年发起西部大开发战略的主要考虑因素之一。

(4) 居高不下的收入不均等会通过种种途径影响经济增长,收入不均等会阻碍低收入群体投资人力资本(包括健康和教育)的能力。在改革开放之初的中国,不少贫困农民的子女通过高考改变命运,不但帮助个人和家庭脱离了贫困,还为中国经济的腾飞做出了显著贡献。但随着贫富差距的拉大,收入较高的家庭在培训和教育上占有优势,大量农村贫困家庭的子女难以进入高等学府,也使社会损失了急需的人力资本。贫富差距还会对相对贫困的人群形成压力,影响身心健康。收入高度不均等会增加再分配的社会压力,而再分配既有成本(交易成本和可能的腐败)又给经济带来扭曲,挫伤工作和投资的积极性。

贫富差距影响增长的一个重要原因在于它会拉低消费,导致供给和需求失衡。中国自20世纪90年代后期就一直面临国内供给大于需求的矛盾,通过大量出口维持了供给均衡。2008年后越发严重的贸易保护主义和全球化逆流削弱了外部需求,而过大的贫富差距加重了内部需求不振,严重抑制了增长。这就是为什么"双循环"战略基点之一是消费,而共同富裕则是服务于双循环发展战略的。只有解决了收入不均等问题,才能提振国内需求,对冲日益恶化的国际局势和全球化逆流,进而保障中国经济的持续发展。

(5) 给定发展水平和增长(即给定蛋糕的大小),收入不均等及其变化(即如何分蛋糕)决定贫困状况:社会财富分配向高收入群体倾斜的比例越大,低收入群体的贫困问题便越突出。这就是所谓的贫困-增长-不均等铁三角。万广华等[①]的研究表明,中国举

---

① 万广华,江葳蕤,张杰皓.百年变局下的共同富裕:收入差距的视角[J].学术月刊,2022,54(8):32-44.

世瞩目的减贫奇迹基本上是由经济增长所带来的,而贫富差距的变大加重了贫困。

显然,收入不均等不能过低,也不能过高,逻辑上存在一个最优值或最佳区间。尽管至今难以在理论或实证层面求解该最优化问题,但这个解无疑与历史文化背景、制度环境、不均等趋势和发展程度紧密相关,而非恒等不变。比如,儒家文化倡导"不患寡而患不均",相对来说,更加难以接受贫富差距过大。所以,我们不宜用基尼系数等于 0.4 作为警戒线,这对欧美国家来说也许可以接受,但在东亚国家可能仍然过高。

第二节　收入不均等的度量

有关不均等的文献可以追溯到李嘉图的要素收入分配理论[1]。该理论的核心是,利息、利润源于资本要素,工资源于劳动要素,地租源于土地要素。根据古典经济学理论,利息由资本家获得,工资由劳动者获得,而地租则由地主获得。所以,要素收入分配基本上能体现国民收入在不同社会阶层之间的分布。亚当·斯密在《国富论》中虽然提出了产品价格是由要素收入决定的,但他并未明确提出要素收入分配理论[2]。但 18 世纪末期以来,资本家、工人和地主之间的界限变得越发模糊,因为这三者都可能进行投资以获得利润,也都可能提供劳动力以获取工资,以至于卡尔多在他的新要素收入分配理论里明确提出了工人利润的概念[3]。

如果说李嘉图从宏观的角度开创了收入分配研究的先河,那么帕累托(Pareto)则是从微观层面研究收入不均等的鼻祖,他第一次提出了用统计(密度或分布)函数描述收入分配的理论,后来基尼构建了著名的基尼系数。此后,经济学家们又提出了动态占优分析方法。

一、统计分布方法

收入作为一个变量,必定有与之对应的统计分布函数。只要知道了这些函数的形式及其性质,就可以借用数学和统计工具对收入分布进行分析。最早提出用统计方法研究不均等的是帕累托,他的理论推导源于对收入分配数据的实证观察[4],这与柯布-道格拉斯生产函数的产生同出一辙。

用 Y 代表收入变量,与之对应的观察值用 y 表示,将样本规模为 N 的收入观察值从小到大排序,并以 $y_1, \cdots, y_N$ 来代表(y_N 为最高收入,y_1 为最低收入)。接着对数据

① Ricardo D. On the Principles of Political Economy and Taxation[M]. 3rd ed. New York: W. W. Norton, 1817.
② Schumpeter J. History of Economic Analysis[M]. Oxford: Oxford University Press, 1954.
③ Kaldor N. Alternative Theories of Distribution[J]. Review of Economic Studies, 1956, 23(2): 83-100.
④ Pareto V. La Legge della Domanda[J]. Giornale degli Economist, 1895, 12: 59-68.

进行分组,假设第一组有 n_1 人,他们的收入小于或等于 y_1;第二组有 n_2 人(包含第一组的 n_1 人),他们的收入小于或等于 y_2。显然,最后一组(第 J 组)有 N 人(即包含整个样本),因为所有人的收入都小于或等于 y_N。

将 n 与 y 之间的数量关系设定为对数线性的:

$$\log n_j = A + \alpha \log y_j, \quad j = 1, 2, \cdots, J$$

即

$$n_j = e^A y_j^\alpha = By_j^\alpha \tag{3-1}$$

当 $Y = y_N$ 时,有:

$$N = By_N^\alpha \tag{3-2}$$

将式(3-1)和式(3-2)相除可得:

$$\frac{n_i}{N} = \left[\frac{y_i}{y_N}\right]^\alpha$$

因为 $\dfrac{n_i}{N}$ 可以被看成 $[0, 1)$ 区间上均匀分布的随机变量,所以可以定义 $S(y) = \dfrac{n_i}{N}$ 为收入变量 Y 的反累积分布函数。然后,

$$S(y) = \left[\frac{y_i}{y_N}\right]^\alpha \tag{3-3}$$

便成为描绘收入的帕累托函数。

实际上,由式(3-3)表示的只是帕累托函数的第一种类型。后来帕累托又提出了第二种和第三种类型的帕累托分布函数。缘于帕累托的开创性研究,不少经济学家、统计学家和计量经济学家又提出了各种不同的统计函数形式,其中较著名的包括 Gamma,广义 Gamma,对数正态分布,Beta 以及 Singh-Maddala 等。

具体而言,寻找收入变量的统计分布函数有以下几个方面的意义或用途:(1)早期的统计数据有限,常常是以分组的形式公布的,而要研究收入分配,尤其是估算贫困指数,则最好使用个人或家庭观察值。这时,只有通过用分组数据估算收入分布函数(密度、累积分布函数或是反累积分布函数),然后产生微观数据。这一用途在过去的 20 年中由于大量住户调查数据的出现而受到忽视。但近来又有复苏的迹象,主要是因为学术界开始研究全球不均等的长期趋势,而早期的数据往往还是以分组形式存在的。同时,不少国家至今仍未公开家计调查数据。(2)一旦收入分布函数的参数被估算出来,在有些情况下它们可直接作为度量不均等的指标,如帕累托分布的 α、对数正态分布的方差等。在另外一些情况下,这些参数可直接用来计算常规不均等指标,如 Beta 函数的参数就可以用来计算基尼系数。(3)收入变量统计分布函数一旦被确定,就意味着该变

量的分布性质已知,这有助于收入模型的设定。举例来说,国内外有不少文献用标准线性计量经济模型估算收入或工资方程,这显然包含着收入变量为正态分布的假设。如果这一假设不成立,相应的计量模型就是有误的。而检验该假设的方法之一便是确定收入变量的分布性质。(4)众所周知,统计数据往往包含误差,所以用原始数据度量不均等难免会受到这些误差的影响。在这些误差为白噪声的情况下,可以通过估算统计分布函数,再用所得的参数或产生的微观数据来度量不均等,后者就较少受到误差的影响。

二、洛伦茨曲线和随机占优分析

在帕累托创建统计分布方法十年后,洛伦茨提出了研究收入分配的图形法,这就是著名的洛伦茨曲线[①]。该曲线建立在这样一个理念上:如果每个人都拥有同样数量的收入,则不均等为零。在有 N 个人的情况下,这意味着每人获取的收入是总量的 $1/N$。当且仅当每人所获得的收入比例与其所占人口比例不一致时,不均等就产生了。据此,我们可以用收入比例和人口比例之间的关系来研究不均等。从某种意义上讲,帕累托的统计分布方法也是旨在挖掘这两个比例之间的关系。

将这两个比例按照人均收入从低到高排序,并计算它们的累加值。然后用这两个累加值绘制一张散点图,横轴为人口比例的累加值,纵轴为收入比例的累加值,二者均在(0,1)区间取值。用一条平滑的曲线将这些点连接起来,便得到所谓的洛伦茨曲线。

专栏 3-1

洛伦茨曲线与基尼系数

将样本按收入由低向高排列,然后计算人口占比的累积值,同时计算对应的收入占比累积值,将前者作为 X,后者作为 Y,可以得到一个散点图,连接散点便得到所谓的洛伦茨曲线。显然该曲线的起点为(0,0),终点为(1,1)。在收入完全均等的情况下,这两个累积值相等,所对应的洛伦茨曲线为 45 度的对角线,这时不均等为 0。当最富的一个人获得所有收入时,该曲线由横轴和右边的纵轴构成,该曲线离对角线最远,这时的不均等最高。

不难推断,洛伦茨曲线总是在对角线的下面,而且离对角线越远,不均等越严重。换言之,洛伦茨曲线下面的面积(用 A 表示)越小,或者对角线与洛伦茨曲线

---

① Lorenz M. Methods of Measuring Concentration of Wealth[J]. Journal of the American Statistical Association, 1905,9:209-219.

之间的面积(用 B 表示)越大,不均等越严重。因为 A+B 为对角线下的面积(用 C 表示,C ≡ 1/2),我们也可以用 B/C 或 2B＝ 2(C－A)＝ 1－2A 来度量不均等,而著名的基尼系数就是 2B。在分配绝对平均时,基尼系数为 0,在最为不均时,基尼系数为 1。在获得洛伦茨表达式的情况下,基尼系数可以通过积分或近似计算而获得。

严格地说,分析收入不均等最好用洛伦茨曲线。在比较不同地区或不同年份的收入差距时,我们应该比较与之对应的洛伦茨曲线,然后判断不均等的变化趋势。图 3-1 是我国农村区域间、城市区域间在 1987 年和 2018 年的收入洛伦茨曲线。显然,2018 年的两条线都在 1987 年两条线的右下方,这表明我国农村、城市区域间的差距上升了。另外,在同一年份,农村的洛伦茨曲线总是在城市的右下方,说明农村区域间的差距高于城市区域间的差距。

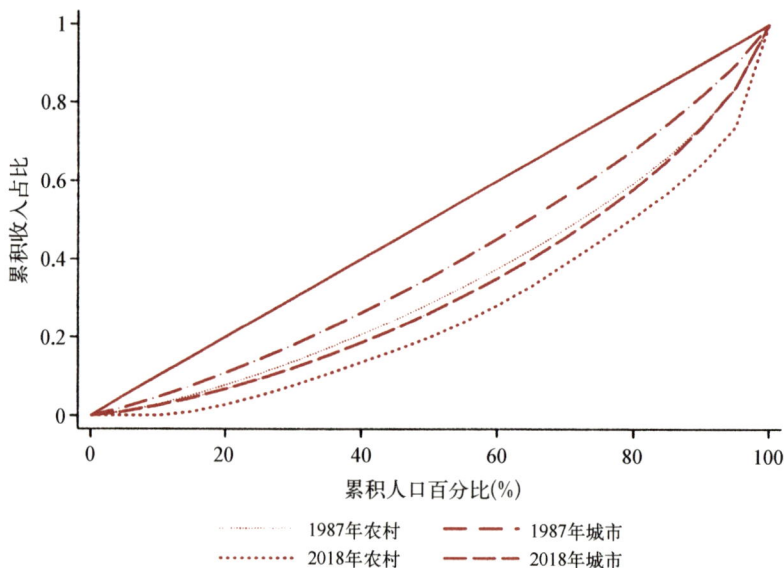

图 3-1　中国农村与城市收入的洛伦茨曲线:1987 年与 2018 年

实际上,上面这个例子已经使用了随机占优分析方法。该方法[1]的初衷是提供一个风险决策的分析方法。在风险决策理论里,人们可以将对应于不同选择的结果用累积分布函数(CDF)表示出来,当一个 CDF 完全位于另一个 CDF 的右边时,与前者对应的

---

[1] Quirk J P, Saposnik R. Admissibility and Measurable Utility Functions[J]. The Review of Economic Studies, 1962, 29(2): 140-146.

选择便是最优的。在 CDF 完全不交叉的情况下的这种分析方法被称为一阶占优,它的运用只要求决策人对决策结果的边际效用为正。不难推断,在 CDF 交叉的情况下,一阶占优就不可使用了,这时可以使用二阶占优。二阶占优的方法是由菲什伯恩提出的[1]。该方法假设决策人是厌恶风险的,这时可以比较 CDF 下面的面积。如果 CDF 下面的总面积较小,与之对应的选择为二阶占优。后来经济学家还提出了三阶占优的方法[2]。但三阶占优与不均等分析相关度较低,故这里不作赘述。

将随机占优分析引进不均等研究的是阿特金森[3]。经过推导,他发现用洛伦茨曲线作二二对比等价于二阶占优分析。这就是说,只要厌恶不均等,同时认可转移支付原理,便可通过比较洛伦茨曲线来判断不均等的高低和变化。这种方法也被称作洛伦茨占优。

用洛伦茨曲线进行随机占优分析非常直观,但它的应用存在两大问题。第一,当洛伦茨曲线交叉时,我们难以判断哪条线代表的收入分配更加不均等。这时需要对洛伦茨曲线进行分段比较并作出主观判断。例如,一个社会的上层比另一个社会的上层更不均等,但是下层却更加均等,这时我们很难辨别哪个社会更加不均等。第二,这种直观的方法不够简洁,如果需要分析很多年份和很多地区的不均等,洛伦茨图形极有可能变得无法辨认。这就是为什么人们往往舍弃随机占优分析转而使用度量不均等指标的原因。

三、不均等的度量指标

第一个使用指数度量不均等状况的是帕累托,他曾建议用 α 来度量收入不均等,但这个建议遭到基尼的质疑[4]。与此同时,基尼提出了基于洛伦茨曲线的一个指标,并认为该指标比帕累托的 α 更为稳健(相对于经济社会状况)[5]。四年后,他提出了著名的基尼系数[6]。与众多新方法或新思想一样,基尼系数提出后很快遭到各方面的质疑,但最终被学界接受,并成为使用最多的不均等指标。另一组常用的是广义熵(generalized

① Fishburn P. Decision and Value Theory[M]. New York: Wiley, 1964.

② Whitmore G A. Third-Degree Stochastic Dominance[J]. The American Economic Review, 1970, 60(3): 457-459.

③ Atkinson A B. On the Measurement of Inequality[J]. Journal of Economic Theory, 1970, 2(3): 244-263.

④ Gini C. Il Diverso Accrescimento delle Classi Sociali e la Concentrazione della Ricchezza[J]. Giornale degli Economisti, 1909, 38: 27-83; Gini C. Indici di Concentrazione e di Dipendenza[C]. Ati della III riunione della Societa Italiana peril Profresso delle Scienze, 1910: 453-469.

⑤ Gini C. Indici di Concentrazione e di Dipendenza[C]. Ati della III riunione della Societa Italiana peril Profresso delle Scienze, 1910: 453-469.

⑥ Gini C. Sulla Misura della Concentrazione e della Variabilità dei Caratteri[J]. Atti del Reale Istituto Veneto di Scienze, Lettere ed Arti, 1914, 73: 1203-1248.

entropy, GE)指数,由泰尔提出并扩展①。阿特金森首次提出了依据社会福利函数来建立不均等指标的方法论,推导出著名的阿特金森指标,并将随机占优方法引进了不均等的研究②。

概括地说,不均等指标可分为两组。一组是绝对指标,最为出名的为科姆指数③,它们的特性在于有量纲。也就是说,它们的大小与度量单位有关。比较常见的有方差和收入差(最高值减最低值)。如果用这组指标衡量收入分配,经济增长总是带来收入不均等的上升。举例来说,由于经济发展,首富的收入增加了10%(从10 000元到11 000元),同时,最穷的人的收入增加了15%(从5 000元到5 750元)。应该说,这样的经济增长带来的是不均等的下降,但用收入差表示的不均等却从5 000元上升到5 250元了。绝对指标的另一缺陷是,当我们改变度量单位时,尽管收入分配没有发生任何变化,但这些指标给出的不均等却会变化。比如将一组给定的工资用分而不是元来表示时,其方差就会增加10 000倍。第二组指标是所谓的相对指标,判断相对指标的标准在于它是否满足"齐次性"(homogeneity)④。

专栏3-2

度量不均等:相对指标与绝对指标

度量收入不均等一般使用基尼系数或泰尔系数等相对指标,其本质特征为,如果每个人的收入都等比例增加或减少,其估算值不变。与之相对应,绝对指标(如两两收入之差的绝对值的和)本质特征为,当每个人的收入都增加或减少同一个数量时,其估算值不变。相对指标的合理性是显而易见的:如果改变收入的度量单位(如从千元变为元),收入分配状况毫无变化,这时用任何相对指标度量的不均等也不变,但用绝对指标度量的不均等会上升。当然,在日常生活中,人们既关注相对收入(某人的收入是自己的三倍或一半),也可能关注绝对收入差距(如某人的月工资比自己高出数千元)。如何构建一个合理的混合指标是收入分配学界面临的挑战之一。

从理论上讲,一个好的相对指标需要具备以下一些性质:(1)匿名性或无名性。举例来说,某样本含有收入不同的一组人,在用这些收入观察值度量不均等时,若对调任

① Theil H. Statistical Decomposition Analysis[M]. Amsterdam: North-Holland Publishing Co., 1972.
② Atkinson A B. On the Measurement of Inequality[J]. Journal of Economic Theory, 1970, 2(3): 244-263.
③ Kolm S C. Unequal Inequalities. I[J]. Journal of Economic Theory, 1976, 12(3): 416-442; Kolm S C. Unequal Inequalities. II[J]. Journal of Economic Theory, 1976, 13(1): 82-111.
④ 齐次性是数学里的一个概念。

意两个人,指标值应该保持不变。换言之,度量结果只和观察数值有关,而和观测对象的地位、身份没有任何关系。(2)齐次性。这个性质要求当变换度量衡单位时,指标值估算结果不受影响。收入一般是用元作为衡量单位的,如果把它换成分或百元,计算结果应该不变。换句话说,将所有观察值同乘或同除以一个常数,不均等的度量结果应该保持不变。但如果同加或同减一个正数,不均等的值应该下降或上升。(3)人口无关性,指样本的大小不影响度量结果。如果考虑一个大的国家(如中国有 14 亿多人口)和一个小的国家(几十万人),只要收入分配状况一样,同时数据样本具有代表性,不均等指标给出的值应该一样。举例而言,一个教室有 20 人,收入都不相同,可以用某个指标来度量这些人之间收入的不均等。如果把每个人都复制一下,样本容量增加了一倍,达到 40 人,但每个人的收入都不变。任何一个好的指标,用这两个样本测出的收入不均等程度应该是一样的。(4)由道尔顿提出的转移性原则[①]。从根本上说,该原则要求当一笔收入由富人转给穷人后(但不改变穷人的相对位置),不均等必须下降或保持不变。(5)强洛伦茨一致性(strongly Lorenz-consistent)。这是要求和洛伦茨曲线具有一致性。设想有两条洛伦茨曲线 A 和 B,当 A 和 B 重合时,它们代表的不均等相同;当 A 完全在 B 的右边时,B 的不均等程度更高。一个好的相对指标应该能够准确描述这些关系。这一性质也意味着,在度量收入分配的时候,应该把所有的样本观测值、所有的样本信息都用进来。(6)标准化。该性质是指当且仅当每人的收入相同时,不均等必为零。

国内外用得最多的相对指标是基尼系数。简单说来,基尼系数度量的是两两之间的差异(加上去除量纲和标准化)。基尼系数有很多不同的算法,最简单的是使用矩阵。这里,我们只需要三个矩阵,其中两个是向量矩阵。第一个是行向量 P,包含人口比例。如果要研究不同省(区、市)之间的收入差距,将每个省(区、市)人口占全国人口的比例算出来,按照人均收入由小到大排列就得到 P 矩阵。另一个是列向量 I,它的获得步骤与 P 相同,唯一的差别在于它包含的是收入比例。Q 是一个方阵,它的上方是 $+1$,下方是 -1,对角是 0。把 PQI 相乘,就可以得到基尼系数了。

基尼系数被广泛运用是因为它有四个特点:(1)它较为古老也最为流行;(2)它介于 0 和 1 之间,其他指数则依赖样本的数值而会处在不同的区间;(3)它满足上述相对指标的六个性质;(4)它本身是有含义的,而大多数相对指标的数值没有实质性的经济学含义。在收入分配为绝对公平的情况下,10% 的人口应该拥有 10% 的收入,但是如果 10% 的人拥有 25% 的收入,这两个百分比的差额 15% 就是基尼系数。以此类推,如果中国的收入基尼系数确实是 0.4,那就意味着全国最为富裕的 20% 的人口占有全国收入的 60%,而剩下的 80% 的人口只得到全国收入的 40%。进一步地,富裕阶层人口的

---

① Dalton H. The Measurement of the Inequality of Incomes[J]. The Economic Journal,1920,30(119):348-361.

平均收入是穷人的六倍。

但是基尼系数有两个不足：(1) 它对富人的观察值比较敏感,如果样本中富裕人群的收入数据误差较大(这是常常发生的),那么基尼系数的估算值就很不可靠;(2) 同一数量的转移收入如果转移到样本众数附近,其带来的不均等的下降比转移到收入底层更大,这不太合理。

除基尼系数外,常用的相对指标还包括广义熵指数。用 Z_j 代表收入观察值,μ 代表平均收入,N 代表样本体积,f_j 代表人口比例,广义熵指数的表达式为

$$GE = \frac{1}{a(1-a)} \sum_j f_j \left[1 - \left(\frac{Z_j}{\mu} \right)^a \right] \tag{3-4}$$

在式(3-4)中 a 为一常数,代表厌恶不均等的程度。a 值越小,它所代表的厌恶程度越高。取 $a=0$,我们得到所谓的平均对数离差,又称第二泰尔指数 T_0,或泰尔-L 指数:

$$T_0 = \sum_j f_j \ln \frac{\mu}{Z_j} \tag{3-5}$$

取 $a=1$,我们得到所谓的泰尔指数,又叫泰尔第一指数 T_1,或泰尔-T 指数:

$$T_1 = \sum_j f_j \frac{Z_j}{\mu} \ln \frac{Z_j}{\mu} \tag{3-6}$$

当 $a=2$ 时,广义熵指数就等价于统计中常用的变异系数平方的 $1/2$。显然,选用变异系数,而非 T_1 或 T_0 来度量不均等意味着我们对收入差异持更加接纳的态度。

除了上述的一系列指标外,还有对数方差和较为著名的阿特金森指标。阿特金森指标可以定义为

$$Atkinson = 1 - \prod_j \left(\frac{Z_j}{\mu} \right)^{f_j} \tag{3-7}$$

对于这么多不均等度量指标,该如何筛选？绝对指标一般不宜采用,而根据达古姆[1],任一常用的不均等指标都存在与之对应的社会福利函数,它是收入水平的增函数,同时是不均等的减函数。反过来说,任一常用的福利函数也总有与之对应的不均等指标。所以,每个不均等指标都暗含一个厌恶不均等的参数。这也是为什么不同的指标常常给出不同的发现,但是不同的相对不均等指标高度相关[2]。

[1] Dagum C. On the Relationship Between Income Inequality Measures and Social Welfare Functions[J]. Journal of Econometrics, 1990, 43(1-2): 91-102.

[2] Shorrocks A, Wan G. Spatial Decomposition of Inequality[J]. Journal of Economic Geography, 2005, 5(1): 59-81.

第三节　分析收入不均等的决定因素

　　要控制或降低收入不均等,显然需要探讨其决定因素,并估算这些因素对不均等的影响。只有厘清了这些因素的效果以及相关政策的成本,才可以考察政策的优先序。尽管相关文献越来越多,但仍然缺乏对不均等加剧的来源或原因的研究成果。随着基于回归的不均等分解技术的运用[1],这种情况正在改观[2]。

　　一般来说,决定收入水平的因素也决定收入差距。假设所有收入完全都由教育年限决定,那么教育年限的不同就完全解释了收入的不同。在现实中,决定收入的因素众多,人们常说,努力加机会等于成功,也就是说,个体在收入和财富方面的成功基本上可以归功于努力和机会变量。其中,努力是指那些自身可以控制或通过自己的努力可以改变的因素,如教育年限、毕业院校、工作表现等。机会则是自己无法控制或改变的因素,可以是宏观层面的国家发展战略和制度安排,如中国的改革开放给很多人带来了致富的机遇,也可以是微观层面的,如出生地点、家庭背景。除努力和机会之外,完全随机的因素为自身无法控制且与机会和努力无关的所有其他变量,如天灾人祸。从国家或社会政策视角考虑,机会不均等需要消除,努力的不均等(也就是勤劳致富)需要保护。

　　根据人力资本理论,微观层面影响收入差距的因素主要为教育程度和工作经历等个人特征,而在宏观层面则包括国际贸易、技术进步、劳动力市场制度、老龄化以及再分配等。国际贸易对收入不均等的影响可以通过国际经济学的两个标准模型加以说明。在李嘉图-维纳(Ricardo-Viner)模型中,劳动力市场摩擦导致要素流动受阻,当贸易限制减少时,出口增加的行业的劳动者受益,而进口增加的行业的员工则可能受损。在斯托尔帕-萨缪尔森(Stolper-Samuelson)模型中,当一个国家参与贸易时,相对丰富的生产要素将获益。因此,对于发达国家而言,高技能劳动力较多,从贸易中获益更多,同时低技能劳动力预期受到工资下降的影响。与此相关,偏向型技术进步可能带来收入不均等加剧。因为技术创新与高技能人才互补,所以技术创新会增加对高技能人才的需求,在提高生产率的同时拉大高低技能人群的工资差距。

　　在一些国家,工资等待遇是通过雇主和雇员的谈判而确定的,该谈判结果与雇佣关

①　Wan G. Accounting for Income Inequality in Rural China: A Regression-based Approach[J]. Journal of Comparative Economics, 2004, 32(2): 348-363.

②　Wan G, Zhou Z. Income Inequality in Rural China: Regression-Based Decomposition Using Household Data[J]. Review of Development Economics, 2005, 9(1): 107-120;陈钊, 万广华, 陆铭. 行业间不平等:日益重要的城镇收入差距成因——基于回归方程的分解[J]. 中国社会科学, 2010(3): 65-76, 221; Gunatilaka R, Chotikapanich D. Inequality Trends and Determinants in Sri Lanka 1980—2002: A Shapley Approach to Decomposition[R]. 2006.

系和政治权力分配的制度设置相关,其中雇员参与的比例与工资水平正相关,进而与收入不均等负相关。另外,老龄化会导致税收和社会转移支付的减少,同时老龄群体大多是退休人员,他们通常位于收入阶梯的较低部分,所以老年人口比例的增加自然意味着收入不均等的加剧。

识别了决定收入差距的因素后,每个因素的影响可以简单表示为要素禀赋水平与其回报率的乘积,如教育程度和健康水平乘以各自的回报率。回报率由要素的供给和需求给定,随着时间的变化而有所改变,尤其是在转型国家。如果某个因素不显著,或其影响很小,与之相关的政策建议就没有意义。

用于识别或分析收入不均等的决定因素的方法包括不均等水平的分解和不均等变化的分解。前者是看某个不均等程度(如 0.4 的基尼系数)是由哪些因素构成的,而后者则看其变化(如基尼系数由 0.2 上升为 0.4)是由哪些因素引起的。传统的分解方法还可分为要素子成分(又称为分项收入分解)和人口分组(又称为子样本分解)。前者最宜使用基尼系数,而后者最宜采用广义熵指数。下面我们先讨论传统的分解方法,然后介绍最新的分解方法,即基于回归方程的不均等分解。有必要指出,不均等水平及不均等变化的分解往往不是唯一的。缺乏唯一性并非不均等研究所特有的,很多指数的分解都缺乏唯一性。

一、传统分解方法 I:不均等水平的要素子成分分解或分项收入分解

子成分分解法的目标是把总量 Y 的不均等分解到组成 Y 的各个要素子成分 Y_i 中去。Y 可表示为

$$Y = \sum_i Y_i \tag{3-8}$$

直到 20 世纪 70 年代后期,子成分分解法往往借用所谓的"前-后"原理,即分项收入 Y_k 对总不均等的贡献被定义为 C_k:

$$C_k = I(Y) - I(Y | Y_k = 0) \tag{3-9}$$

其中 I 代表不均等指标。但这种思路存在一大缺陷,即 C_k 的大小取决于 Y 的定义。举例来说,我们试图分析工资税对总收入不均等的影响,用 T_w 代表工资税,T_Y 代表收入税,S 代表税前收入,基于"前-后"原理,工资税 T_w 对 S 不均等的影响可定义为 $I(S) - I(S - T_w)$ 或 $I(S - T_Y) - I(S - T_Y - T_w)$,而这两个估算值往往是不相等的。

例如,用"前-后"原理来衡量再分配的效果。如表 3-1 所示,这里 Imarket 代表市场收入不均等;Imp 代表市场收入加上养老金和退休金后的收入不均等;Impc 代表在市场收入、养老金和退休金的基础上,再添加征地补偿及拆迁补偿的收入不均等;Impcg 代表在 Impc 基础上添加政府补助的收入不均等;Impcgs 代表在 Impcg 基础上添加社

会捐助的收入不均等；最后，Idisp 代表可支配收入，是完成了收入的第三次分配，包含了社会捐助和亲戚及其他私人转让收入。因此，再分配的政策效果即市场收入不均等与再分配之后收入不均等的差值。

表 3-1 居民可支配收入核算账户和循序分解框架

收入分配	收入构成	加入该收入分项后的不均等指标	分项收入的贡献
初次分配	市场收入（工资性收入＋经营性收入＋财产性收入）	Imarket	Imarket
再分配	＋养老金和退休金	Imp	Imarket-Imp
	＋征地补偿及拆迁补偿收入	Impc	Imp-Impc
	＋政府补助	Impcg	Impc-Impcg

子成分分解的一大问题是，总收入不均等往往很难表示为分项收入的不均等之加权和。举例来说，定义总收入为 Y：

$$Y = Y_1 + Y_2 \tag{3-10}$$

这时 Y 变异系数的平方（不均等的度量指标之一）为

$$\mathrm{CV}^2(Y) = (\delta_1^2 + \delta_2^2 + r\delta_1\delta_2)/\mu_y^2 \tag{3-11}$$

其中，δ 代表均方差，CV 代表变异系数，r 为 Y_1 和 Y_2 之间的相关系数，μ 代表期望值。显然，在 $r=0$ 的情况下，总收入的不均等（由 CV^2 代表）可以表示为分项收入的不均等之和（用标准化后的分项收入方差表示）。在 $r=1$ 的情况下，总收入基尼系数或泰尔指数也可表示为分项收入的基尼系数或泰尔指数的加权和。但是，分项收入之间完全不相关和完全相关的情况在现实中基本不存在，所以某一分项收入不均等的下降并不一定意味着总不均等的下降。这里的影响既取决于该分项收入的均值是否发生了变化，还取决于它与其他分项收入的相关度。

用基尼系数进行子成分分解是 Fei，Ranis 和 Kuo[1] 提出的：

$$G(Y) = \sum_{i-1}^{K} S_i G(Y_i) R_i \tag{3-12}$$

其中，G 代表基尼系数，S 代表收入份额，R 代表相对相关系数。R 是两个相关系

① Fei J C, Ranis G, Kuo S W. Growth and the Family Distribution of Income by Factor Components[J]. The Quarterly Journal of Economics，1978，92(1)：17-53.

数的商,其分母为分项收入与其排序的相关系数,而分子为分项收入与总收入排序的相关系数。其实早于 Fei, Ranis 和 Kuo, Kakwani 经推导得到[1]

$$G(Y) = \sum_{i=1}^{K} S_i C(Y_i) \qquad (3\text{-}13)$$

其中,C 代表集中系数,该系数在 $(-1, 1)$ 区间取值,既代表分项收入 Y_i 的不均等程度,同时还暗含了 Y_i 与总收入的相关关系。它的计算与基尼系数的计算几乎相同,可用前面提到的矩阵法,但人口和分项变量比例仍然按总量指标的均值从小到大排列,而不是按分项收入的均值从小到大排列。如果使用后者进行排序,就得到分项收入的基尼系数而非集中系数。显然,Kakwani 的方法与 Fei, Ranis 和 Kuo 的方法没有本质区别,只不过前者将 $G(Y_i) \cdot R_i$ 定义为 $C(Y_i)$。根据式(3-12),分项收入对总不均等的贡献取决于它在总收入中的比重 S_i,其自身的不均等程度 $G(Y_i)$ 和它与总收入的相关度 R_i。

显然,总收入的基尼系数是分项收入集中系数(不是分项收入的基尼系数)的加权平均,其权数为分项收入在总收入中的比例。用这个比例乘以对应的集中系数就得到该分项变量对总量不均等的贡献。使用式(3-13)可将农户纯收入的不均等分为由第一产业收入、第二产业收入以及其他收入构成的组成成分。事实上,这种分解对于研究转移性收入的影响特别有用。转移性收入是通过财政和税收的手段实现的,与政府决策密切相关,这些政策的作用究竟有多大,就可以采用不均等水平的要素分解来分析。在这里,我们可以定义总收入=工资+奖金+财产收入+转移性收入。通过要素分解,可以看出这四项收入,包括转移性收入,对总收入不均等的贡献度。

有学者提出了分项收入变化对总不均等的边际分析法[2],用 e_i 代表 Y_i 的百分比变化,可以定义 $\partial G(Y)/\partial(e_i)/G(Y) = S_i G(Y_i) R_i / G(Y) - S_i$ 为相对边际效应(即收入 Y_i 增加的百分比对总不均等的效应)。显然,分项收入对总不均等的边际效应取决于它在总不均等中的贡献度和它在总收入中的份额。当分项收入对总不均等的贡献[由 $S_i G(Y_i) R_i / G(Y)$ 代表]大于其在总收入中的份额(用 S_i 代表),该项收入的增长必定导致总不均等的上升。显然,当分项收入对总不均等的贡献发生变化时,有可能缘于三种因素:它的自身不均等发生变化,它的收入占比发生变化,或它与总收入的相关度发生变化。试想某一分项收入变得非常不均等,但如果同时它在总收入中的重要性大大下降,那么它对总不均等的贡献就有可能上升或下降,这一点在实证研究中必须格外注意。

---

[1] Fei J C, Ranis G, Kuo S W. Growth and the Family Distribution of Income by Factor Components[J]. The Quarterly Journal of Economics, 1978, 92(1): 17-53; Kakwani N C. Applications of Lorenz Curves in Economic Analysis[J]. Econometrica: Journal of the Econometric Society, 1977, 45(3): 719-727.

[2] Lerman R I, Yitzhaki S. Income Inequality Effects by Income Source: A New Approach and Applications to the United States[J]. The Review of Economics and Statistics, 1985, 67(1): 151-156.

传统的不均等水平的要素子成分分解有两个缺陷。第一，它要求数据是可加的，因此它不能被用来分解物质资本、人力资本、经济政策等投入的贡献，因为我们一般不能获取相关数据从而将总收入直接表达为这些投入带来的收入之和。第二，由某一要素带来的收入是由该要素的禀赋程度及要素回报率两者决定的。比如，物质资本对总收入不均等的贡献一方面取决于资本存量的分布不均（如上海拥有的资本存量比陕西多），另一方面则由资本的回报率不同而引起的（如上海的房产投资回报率高于陕西）。但传统分解法无法将这两者的影响区分开来。

二、传统分解方法Ⅱ：不均等水平的人口分组分解或子样本分解

在研究收入不均等时，人们常需要分析总收入不均等究竟在多大程度上缘自不同群组之间的差异（与之相对的是组内差异）。数据样本可以按教育水平、性别、年龄、种族来分组，也可按照地理位置（如农村和城市）或就业部门来分组，如将全国的不均等分解为子样本之间（东、中、西，或城乡间）和子样本内部的不均等。大多数情况下，人们只按一个范畴分组。也有研究者提出按两个或两个以上的范畴（如先按教育程度，再按年龄等）分组，但实证中用得不多。

子样本分解往往使用广义熵指数，尤其是第二泰尔指数 T_0。将样本分组后，可以计算各个子样本的第二泰尔指数，然后用子样本的人口比例进行加权得到所谓的组内贡献，将总的 T_0 减去组内贡献就得到所谓的组间贡献。人们通常将组间贡献归咎于用来分组的范畴变量。比如，可把我国分为 62 个区域[①]，每省（区、市）有两个区域，分别为城市和农村。这时可将 31 个农村区域看成一个子样本，计算农村地区间的第二泰尔指数；同样地，计算城市地区间的第二泰尔指数。将这两个值用城乡人口比例加总便得到组内贡献。当然，全国即总体的不均等可以简单地用 62 个区域的数据得到。在我国，由城乡分割导致的组间贡献不小于 50%，进而可以得出结论：城乡分割是造成我国地区差异的主要原因。

经证明，T_0 是唯一可以用人口比重作为权数的相加可分解（additive decomposable）指标[②]，而第一泰尔指数 T_1 是唯一可以用收入比重作为权数的相加可分解不均等指数。整个广义熵指数族皆是相加可分解的，其权数可表示为 $f_i S_i^a$，其中 a 为广义熵指数的参数[③]。使用 T_0 指标的优点是分解结果不取决于是先计算组间贡献还是组内贡

---

① 由于数据不完全，这里不包括我国港澳台地区。

② Bourguignon F. Decomposable Income Inequality Measures[J]. Econometrica：Journal of the Econometric Society，1979，47(4)：901-920.

③ Shorrocks A F. The Class of Additively Decomposable Inequality Measures[J]. Econometrica：Journal of the Econometric Society，1980，48(3)：613-625.

献,而且所用权数的和为 1[①],在使用其他不均等指数时,这些优点就会丢失。例如,当权数为 $f_iS_i^a$ 时(f_i 为人口比重),除非 a 为 0 或 1,权数之和就会大于或小于 1,这时组内差异就不是一个加权平均数,同时组间或组内差异的值取决于先计算哪一项。在这些情况下,组间贡献值与 $(1-\sum f_iS_i^a)$ 成比例[②]。

有多种方法可以用来将基尼系数进行子样本分解。取决于平均收入的定义(算术平均、几何平均或其他),组内(间)差异的定义,权数(收入份额、人口份额或是混合)的使用,各个方法给出的结果都不相同。如果子样本间的收入不重叠,那么基尼系数也是相加可分解的。这时组内贡献可表示为子样本的基尼系数乘以人口份额的加权和,剩下的便是组间贡献。在子样本间收入有重叠时,残差项不可避免要出现。这时,可以先定义组内贡献为以收入份额为权数的各组基尼系数的和,将剩余部分定义为组间贡献。反过来,也可以用组平均收入替代相关组的个人收入,然后计算基尼系数,并定义为组间贡献,剩余部分为组内贡献。

传统的子样本分解方法也有两大缺陷。第一,该分解结果取决于分的组数的多少。一般地说,组间贡献会随着分组的个数的增加而增加。在分析种族歧视时,我们可以将总样本分为白人和非白人两组,也可以分为白、黄、黑三组,甚至可以分得更多。假如我们得到组间贡献分别为 10%、15% 和 38%,那么很难说究竟哪个数值真正代表种族歧视。第二个缺陷是,子样本之间的差异往往不仅仅是由用来分组的范畴变量决定的。比如说男女在收入方面的差异不一定或不仅仅反映雇主的性别歧视,因为男女两组人之间还可能存在教育、健康程度等方面的差异。简单地将组间贡献归咎于分组范畴变量而不控制其他变量,是值得商榷的。

三、传统分解方法Ⅲ:不均等变化的分解

不均等水平的分解旨在分析总不均等的构成,而借助不均等变化的分解则可以发现导致不均等上升或下降的原因。用变异系数平方的一半作为不均等指标,分解方法可表示为[③]

$$\Delta I = \sum_{i-1}^{k} \Delta[r_i s_i \sqrt{I \cdot I_i}] \tag{3-14}$$

r_i 为分项收入与总收入的相关系数,I 为 $0.5CV^2$。

式(3-13)所代表的基尼系数分解固然有用,但某项收入对总不均等的贡献也许不

① Shorrocks A, Wan G. Spatial Decomposition of Inequality[J]. Journal of Economic Geography, 2005, 5(1): 59-81.
② Theil H. Economics and Information Theory[M]. Amsterdam: North-Holland Publishing Co., 1967.
③ Jenkins S P. Accounting for Inequality Trends: Decomposition Analyses for the UK, 1971-86[J]. Economica, 1995, 62(245): 29-63.

大,却可能是导致其变化的重要因子。万广华推导出了基尼系数变化的分解[①]。定义该变化为 ΔG,并用 t 和 $t+1$ 下标代表时间,基尼系数的变化可以表示为

$$\Delta G = \sum_{i=1}^{k} S_{it+1} C_{it+1} - \sum_{i=1}^{k} S_{it} C_{it} = \sum_{i=1}^{k} (S_{it+1} C_{it+1} - S_{it} C_{it}) \tag{3-15}$$

类似于 ΔG,可以定义 $\Delta S_i = S_{it+1} - S_{it}$, $\Delta C_i = C_{it+1} - C_{it}$。 然后,我们就可以用 $\Delta S_i + S_{it}$ 替代式中的 S_{it+1},同时用 $\Delta C_i + C_{it}$ 替代 C_{it+1},然后可以得到

$$\Delta G = \sum_{i=1}^{k} C_{it} \Delta S_i + \sum_{i=1}^{k} S_{it} \Delta C_i + \sum_{i=1}^{k} \Delta C_i \Delta S_i \tag{3-16}$$

式(3-16)表明,基尼系数的变化可以分解为三大部分:$\sum_{i=1}^{k} C_{it} \Delta S_i$ 代表由收入比重变化引起的收入差异的上升或下降;$\sum_{i=1}^{k} S_{it} \Delta C_i$ 代表由收入集中系数变化引起的基尼指数的上升或下降;$\sum_{i=1}^{k} \Delta C_i \Delta S_i$ 代表前两项共同变化引起的收入差异的上升或下降。

因为收入比重的变化与经济结构的调整密切相关,可以将 $C_{it} \Delta S_i$ 称为结构性效应,而称 $S_{it} \Delta C_i$ 为收入集中效应。这种分解的意义很明显:如果一个国家试图缩小收入差距,有必要分析导致该差距变化的主要来源是结构性效应,还是收入集中效应。不难理解,处理结构性效应的政策不同于处理收入集中效应的政策。特别是对于当前的中国来说,由结构性效应引起的收入差距的变化是暂时的,也是正常的。一旦中国完成国民经济的重大调整,这种结构性效应将大大削弱,甚至消失。

著名的库兹涅茨假说本质上与结构性效应相关。学界常常使用库兹涅茨曲线解释发展中国家不均等的加剧:经济发展带来机遇,而机遇难以被所有人同时抓住,更不可能使所有人获得同等的收益,所以增长往往伴随着收入不均等的上升。该假说具有重要的含义:收入不均等是经济起飞(结构变迁)的有机构成,所以不需要进行干预,干预也是无效的。但库兹涅茨忽略了至关重要的城乡差异,而城乡差异是发展中国家收入不均等的重要组成部分。

专栏 3-3

库兹涅茨曲线或假说

西蒙·库兹涅茨(Simon Kuznets)在其 1955 年的论文中提出了著名的库兹涅茨假说:随着经济开始腾飞,收入不均等会上升,但当经济发展到相当的水平时,

---

[①] 万广华. 中国农村区域间居民收入差异及其变化的实证分析[J]. 经济研究,1998(5):37-42,50.

收入分配会改善。用图形来表示(见图 3-2),就是人均收入或 GDP 与不均等之间呈倒 U 型关系,这个关系也被称为库兹涅茨曲线。库兹涅茨假说或曲线的本质含义为:经济发展必然带来收入分配的恶化,所以没有必要在早期过度干预贫富差距问题,因为这是经济发展过程的一部分,而且恶化的不均等最终也会发生下降。需要说明的是,文献里有大量检验库兹涅茨假说的成果,但至今并没有获得一致结论。

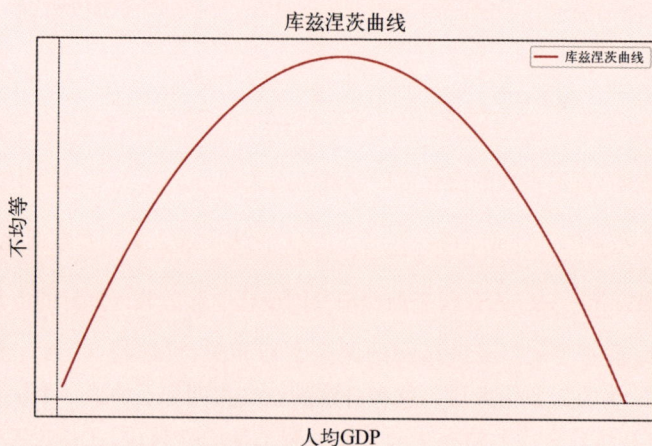

图 3-2 库兹涅茨曲线

四、以回归方程为基础的分解

长期以来,经济学家们一直尝试使用以回归方程为基础的方法分解不均等。瓦哈卡[1]和布林德[2]首次提出了分解两组人群之间收入均值差距的方法。有学者进一步对这一方法进行了扩展[3],使得对组间差距的分解可以建立在收入变量的整个分布上,而不仅仅是收入分布的均值之差。

Fields 和 Yoo(简称 FY)[4]及 Merduch 和 Sicular(简称 MS)[5]提出以回归方程为基

[1] Oaxaca R. Male-female Wage Differentials in Urban Labor Markets[J]. International Economic Review, 1973: 693-709.

[2] Blinder A S. Wage Discrimination: Reduced Form and Structural Estimates[J]. Journal of Human Resources, 1973, 8(4): 436-455.

[3] Juhn C, Murphy K M, Pierce B. Wage Inequality and the Rise in Returns to Skill[J]. Journal of Political Economy, 1993, 101(3): 410-442.

[4] Fields G S, Yoo G. Falling Labor Income Inequality in Korea's Economic Growth: Patterns and Underlying Causes[J]. Review of Income and Wealth, 2000, 46(2): 139-159.

[5] Morduch J, Sicular T. Rethinking Inequality Decomposition, with Evidence from Rural China[J]. The Economic Journal, 2002, 112(476): 93-106.

础的不均等分解框架。该框架能够使所有不均等的决定因素都得到识别和量化,也可以包含任意数目的变量甚至代理变量。这两点是传统的分解方法所不具备的。然而,目前以回归方程为基础的不均等分解方法仍存在以下几方面的不足:(1)对于回归方程形式的限制。FY 使用半对数形式的收入决定函数,而 MS 要求使用标准的线性函数。(2)对于不均等度量指标的限制。FY 只能使用变异系数的平方(CV^2)来衡量不均等,该指标违背了至关重要的转移性原则;MS 只能使用可加的不均等指标。(3)其他限制。FY 只能分解对数收入而非原始收入的不均等,而 MS 的方法隐含收入变量为正态分布的假设。这一假设在计量经济学中较为流行,但在收入分配领域是不可接受的。

有学者提出了最新的方法[①],将回归方程和夏普里值分解原理有机地结合在一起。与以往的方法相比,该方法有很多优势:(1)它对不均等指标的使用没有任何限制,基尼系数、泰尔指数或其他任何不均等指标皆可使用。(2)它允许加入所有能控制的变量,因而分解结果较之以前更为精确和可信。(3)它不要求预先设定的等式(如总收入等于分项收入之和),只要能够估算出回归方程就可以了。当然,它也可以应用于预先设定的等式。(4)它对回归方程也没有什么限制,可以是高度非线性的,可以包含交互项,还可以是联立方程中的一个模型。万广华和张彤进基于此方法[②],将中国的收入不均等分解为努力、机会和随机因素的贡献。

专栏 3-4

不均等分解软件

在估算了收入函数后,依据诺奖得主夏普里的合作博弈论,可以将收入的不均等分解为收入决定模型里自变量如教育、工作年限等以及残差项的贡献。为此,万广华组织编写了一款不均等分解软件,使用时只需事先准备好数据,并在运行界面上输入估算的收入模型即可。该软件可以分解基尼系数、阿特金森指标和泰尔指数。

第四节　中国的收入不均等情况

改革开放前的中国可以说是贫困的均等:城市部门基本上是平均分配,农村则是在

---

① Wan G H. Regression-based Inequality Decomposition:Pitfalls and a Solution Procedure[R]. WIDER Discussion Paper. No. 2002/101,2002.

② 万广华,张彤进. 机会不平等与中国居民主观幸福感[J]. 世界经济,2021,44(5):203-228.

生产队层面结合按劳和按人头分配。这样的平均主义扼杀了激励,阻碍了经济发展。中国的改革开放始于农村的土地承包或农业生产责任制。由于土地按人分配,所以增长红利(包括农副产品收购价格的提高)的分配相对来说比较均匀,同时带来了城乡差距的缩小。所以,中国改革开放初期的收入差距是下降的①。但随着改革推向城镇,中国的收入差距在波动中上升,一直处于高位。本节先展现中国的收入差距趋势,接着讨论收入差距的决定因素,最后提出缩小收入不均等的建议。

一、收入不均等的趋势

1. 个体收入不均等

由于长时间系列的收入数据不可获得,我们采用 Shorrocks 和 Wan 的方法②,将国家统计局公布的分组数据还原为个体数据,然后计算个体之间的不均等,其结果如图 3-3 和图 3-4 所示。

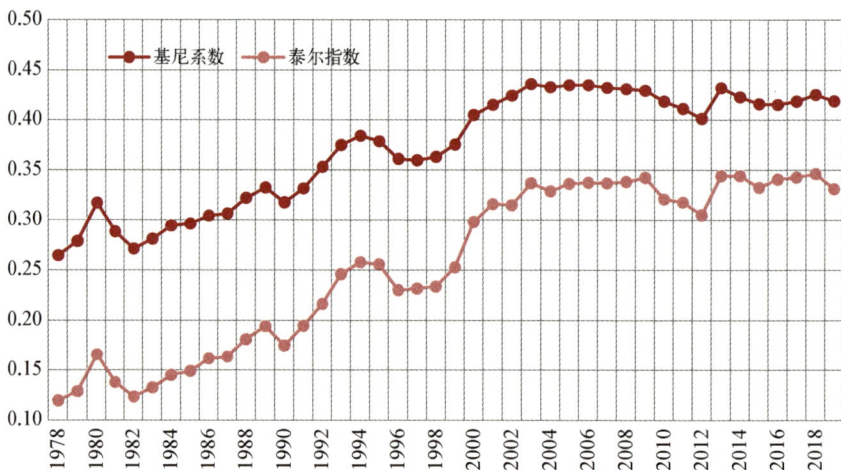

资料来源:基于国家统计局公布的分组数据计算得出。

图 3-3　中国收入差距:1978—2019 年

图 3-3 展示总体不均等,分别用基尼系数和泰尔指数度量,结果表明:改革开放以来,中国的收入不均等总体波动上升。在短短的 40 年间,基尼系数从 1978 年的 0.265 增长到 2008 年的 0.432 及 2013 年的 0.433,增幅超过 60%。泰尔指数从 1978 年的 0.120 增长到 2018 年的 0.347,增幅约 190%。

---

① Wan G. Understanding Regional Poverty and Inequality Trends in China: Methodological Issues and Empirical Findings[J]. Review of Income and Wealth, 2007, 53(1): 25-34.

② Shorrocks A, Wan G. Ungrouping Income Distributions: Synthesising Samples for Inequality and Poverty Analysis[M]//Arguments for a Better World: Essays in Honor of Amartya Sen. Oxford: Oxford University Press, 2008: 414-434.

资料来源：基于国家统计局公布的分组数据计算得出。

图 3-4　中国城乡内部收入差距：1978—2019 年(泰尔指数)

图 3-4 呈现中国城镇和中国农村以泰尔指数表示的不均等。与中国整体收入不均等类似,中国城镇和乡村内部的收入差距整体上也呈现不断上升的趋势。这两个不均等在 1994 年实施分税制改革后均出现下降,之后继续波动上升。2001—2011 年,城镇与乡村内部的收入不均等相对平稳,2011 年之后继续上升,近几年则表现出较为平稳的趋势。可以看出,城镇内部的收入不均等一直低于乡村,但乡村内部的不均等波动幅度更大。在 21 世纪初,乡村不均等出现下降,而城镇不均等继续上升,二者逐渐接近。整体来看,乡村内部收入不均等水平从 1978 年的 0.103 增长到 2019 年的 0.271,而城镇内部则从 1978 年的 0.011 增长到 2019 年的 0.203,增长近 19 倍,表明城镇内部的收入差距增长较快。

2. 区域不均等

回顾中国改革开放以来的历史,区域平衡发展一直是中央政府的一个主要目标。区域不均等通常是指省际差距,可以基于人均 GDP 来度量(见图 3-5)。

从图 3-5 可以看出,改革开放以后,区域不均等在一段时期内有所下降。在改革后的头几年,由于农业生产率的提高和粮食采购价格的提高,加上乡镇企业的快速发展,农村居民收入显著增加。因为城乡差距是整体区域不均等的一个重要组成部分,农村的快速发展导致了地区不均等的下降。1978—1980 年中后期,由于家庭生产责任制的实施和粮食收购价格的提高,城乡收入差距降低,由此大幅度缩小了区域不均等。1990 年,区域不均等的下降可能缘于 1989—1990 年实施的宏观紧缩政策和增长的减速,二者对非农产业的影响比较大而对第一产业的影响相对较弱。因为沿海地区非农产业比较发达,而内陆地区第一产业比较发达,所以带来区域差异的缩小。

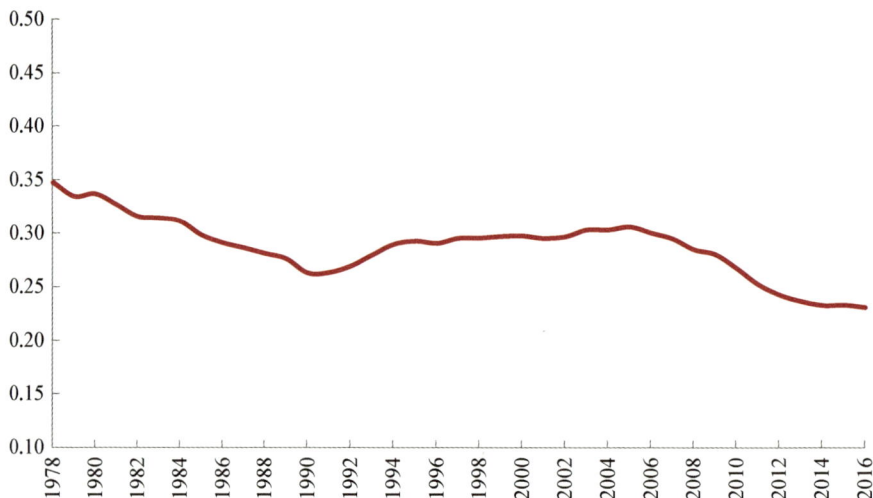

资料来源：基于国家统计局公布的人均 GDP 计算得出。

图 3-5　中国区域差距：1978—2016 年（基尼系数）

　　1990 年之后,随着改革的重点转向城市,同时家庭联产承包责任制的影响也趋于平稳,城乡差距逐渐拉大。与此同时,为了吸引外国直接投资和促进沿海地区的贸易,政府制定了带有区域偏向的政策。此外,除了区位优势,东部地区在改革之前就有更好的基础设施和经济基础。开放战略更为沿海地区提供了有利的财政、投资和税收政策,加剧了沿海与内陆的差距。沿海与内陆的人均 GDP 之比从 1985 年的 1.12 上升到 1998 年的 1.45。在人均国内资本投资方面,这一比率从 1985 年的 1.2 增加到 1998 年的 1.52,增加了26％。因此,地区不均等逐渐加剧,在 2005 年,地区不均等达到了这一时期的最高水平[①]

　　2005 年以来收入不均等下降的原因是多方面的,与以工业化为特征的结构转型趋于完成不无关系。区域不均等可以分解为三大产业内部不均等与三大产业占 GDP 比重的乘积的和。根据汪晨等[②],在 2004 年之后第二产业的不均等程度有较明显的下降,基尼指数值不断向总基尼系数靠拢。这些都表明中国的工业化转型在全国层面正在完成,制造业不断向内陆地区转移,国民经济开始向服务业化转型。

3. 城乡差距

　　图 3-6 显示了改革开放以来城乡收入差距的变化情况。城乡收入差距是城镇可支配收入与农村纯收入的比值,它自 1978 年开始缩小,到 1983 年之后再次波动上升,于2009 年达到最高值,接着逐年下降。改革开放初期城乡差距的缩小是由两个因素造成的:粮食收购价格的提升以及农业家庭生产责任制实施带来了农村生产率的大幅度上升。

① Zhang X，Zhang K H. How Does Globalisation Affect Regional Inequality within a Developing Country? Evidence from China[J]. Journal of Development Studies，2003，39(4)：47-67.

② 汪晨,万广华,张勋. 区域差异与结构变迁：中国 1978～2016[J]. 管理世界,2019,35(6)：11-26,194.

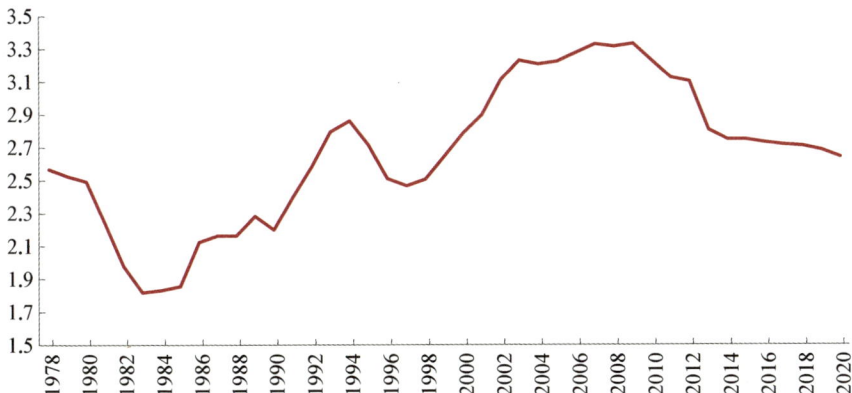

图 3-6 中国城乡收入差距：1978—2020 年(城乡收入比)

随着中国改革的重点转向城市部门,20 世纪 80 年代中期之后,城乡差距不断扩大。

中国的城乡收入差距具有明显的区域特征,虽然存在于所有省(区、市),但在中西部更高,主要原因是改革开放前的城镇部门实施平均主义,东中西的差别不大,而农村一直只是在生产小队内部部分地进行平均分配,东中西差异显著。中西部偏高的城乡差距还与其相对较低的城市化水平有关。

有必要指出,图 3-3 和图 3-4 展示了中国总体收入差距的变化趋势,图 3-5 展示了区域收入差距的演变,而图 3-6 则呈现了城乡收入差距的动态。这些图像共同反映出城乡差距在区域不平衡和个体收入不均等中所起的重要作用。事实上,可以通过上述的泰尔指数衡量城乡差距对区域和个体不均等的贡献程度。根据分解,中国的城乡收入差距是导致区域不均等的主要因素,前者对后者的贡献高达 70％～80％[①]。研究表明,1997 年城乡差距对区域不均等的贡献率为 57.98％,并随着时间的推移呈上升趋势,2006 年达到 72.84％。如果使用消费取代收入来度量不均等,1995—2006 年的城乡差距对全国消费不均等的贡献大于 75％,在 2006 年高达 79.46％[②]。

二、收入不均等的决定因素

1. 制度因素：户籍制度

中国的户籍制度始于 1958 年,它限制人口和劳动力流动。尽管自 20 世纪 80 年代中期以来,城市部门增长更快,但是农村剩余劳动力难以迁移到城市。1993 年中国开始

① Wan G. Understanding Regional Poverty and Inequality Trends in China: Methodological Issues and Empirical Findings[J]. Review of Income and Wealth, 2007, 53(1): 25-34.

② Liu X, Sicular T. Nonagricultural Employment Determinants and Income Inequality Decomposition[J]. Chinese Economy, 2009, 42(4): 29-43.

取消粮票,促进了跨地区甚至跨省的劳动力流动。最新数据表明,农民工数量达到近3亿,其中的大多数尚没有获得城镇户口。没有城市户口的流动人口除了在劳动力市场上受到歧视外,也难以得到所在城镇的基本公共服务和社会福利,如儿童入学、医疗服务、退休金、养老金、失业金等。

户籍制度阻止了更多的潜在移民分享城市或沿海地区的增长红利,因此它是扩大城乡和地区收入差距的重要因素。近年来,户籍制度逐渐宽松。这不仅给农民工提供了更好的工作机会,让他们分享城市部门的增长红利,也有助于减轻农村土地等资源的短缺压力,为农村家庭创造更多的工作和投资机会。此外,农民的收入还能够促进中国农村的投资和消费,帮助进一步繁荣农村经济。

2. 政策因素

政策因素主要包含沿海城市偏向型政策、财政税收制度、对国有企业的政策偏向等。东部沿海地区享受了优先的投资、税收和贷款支持,加强了其经济增长和技术领先的优势,并带来了产业集聚。因此,改革开放早期偏向沿海城市的政策加剧了收入不均等。财政制度对收入不均等也有影响。1994年财政改革之前,中国实行高度集中的财政体制,由中央政府编制预算和收取税收,国有企业也是国家金融体系的一部分。1994年,对财政体制进行了大规模分权改革,此后地区间财政差距有所扩大。1995年,政府推出了一项平衡补助金,以控制财政差距。然而,这些补助金不是针对较贫穷的省份,所以未能起到缩小地区差距的作用。事实上,中国经济上和财政上的分权度比很多中等收入国家更高,社会保障支出、法治甚至统计部门的支出都由地方承担。尤其是从政府开支的角度看,多于一半的财政开支是由省级及以下政府决定的。这使得中国的财政不均等大于经合组织成员国,并随着区域差异的扩大而扩大。

贫困地区的税收很少,财政分权使得这些地区无法自己提供基本的社会服务或公共产品。根据相关研究[①],1990—2003年,最富和最穷省份的人均GDP之比从7.3上升到13.0,但它们的人均公共支出比是8,而最富裕的县人均财政支出水平是最贫穷县的48倍之多。公共支出方面的这些差距将转化为卫生和教育等社会结果方面的差距,并对当前和未来的收入不均等现象产生深远影响。此外,国家对国有企业的政策偏向也影响收入不均等,特别是加剧了行业间的不均等。

3. 地理位置

地理位置是影响收入分布的重要因素。虽然内陆地区有更多的自然资源和更高的人口增长率,但在全球化浪潮下,沿海地区得益于出口的区位优势、更好的基础设施和更多的人力资本,包括企业家精神。

---

① Dollar D, Hofman B. Intergovernmental Fiscal Reforms, Expenditure Assignment, and Governance[C]. Public Finance in China: Reform and Growth for a Harmonious Society, 2008: 39-51.

处于沿海还是内陆,对于一个地区的生产发展和贸易交往也会产生重要影响。沿海地区与内陆地区相比,环境、交通和出海口等条件不一样,使这些地区之间以及内部的经贸状况会形成明显的差异。一般沿海地区发展较快,成为发达地区;而内陆地区则发展较慢,往往是比较闭塞和落后的地区。减贫工作最困难的往往是边远偏僻的山区,其地理条件不适合发展第二产业乃至第三产业,甚至连交通基础设施都非常落后。

4. 外部因素:贸易和外国直接投资(全球化)

斯托尔珀-萨缪尔森(Stolper-Samuelson)定理表明,一国进行国际贸易后,出口企业密集使用的生产要素的价格会上升,进口企业密集使用的生产要素的价格会下降。在不同发展水平的国家一般表现为发达国家的资本要素价格上升,劳动力价格下降;发展中国家的资本要素价格下降,劳动力价格上升。因此,发达国家资本要素持有者与劳动力要素持有者之间的收入差距扩大,而发展中国家则缩小。该定理也体现在不同技能水平劳动者的收入分配上,主要表现为发达国家高技能劳动者收入增加,而低技能劳动者收入减少,使发达国家的居民收入差距扩大,而发展中国家的居民收入差距缩小。

通过建立一个中间产品贸易模型,具体考察因外包而引起的产品内贸易对收入差距的影响[①],研究发现,在劳动供给不变的情况下,外包同时提高了发达国家与发展中国家的技术水平,因此,对高技能劳动者的需求均增加,高技能劳动者收入增加,居民内部的收入差距扩大。也就是说,贸易自由化通过中间产品贸易对发达国家和发展中国家居民内部收入差距的影响方向是一致的,均拉大了居民的收入差距。

不同的个体和地区从全球化获益程度不同,进而导致不均等。比如,沿海地区从对外开放政策中获得的收益要比内陆地区多(城市地区也比农村地区多)。估算表明,对外开放和分权导致了 20 世纪 80 年代和 90 年代改革时期内陆与沿海差距的快速增加[②]。根据相关研究,在 20 世纪 80 年代末,贸易占区域不均等的 12%,在 21 世纪初增长到 14% 以上,而外国直接投资的贡献从 1987 年的 5% 上升到 2001 年的近 7%。把这两者加在一起,自 1999 年以来,全球化对中国地区不均等的贡献超过 20%,超过资本而成为最重要的不均等因素[③]。

5. 其他因素

在个人和家庭层面,健康、教育和技能等人力资本是获得收入的主要手段,因此,人力资本的数量和质量及其回报率的差别在很大程度上决定了收入不均等。人力资本因素在很大程度上是城乡差距扩大的原因,其中超过 25% 可以通过学校教育变量

---

① Feenstra R C, Hanson G H. Global Production Sharing and Rising Inequality: A Survey of Trade and Wages [C]. Handbook of International Trade, 2003: 146-185.

② Kanbur R, Zhang X. Fifty Years of Regional Inequality in China: A Journey Through Central Planning, Reform, and Openness[J]. Review of Development Economics, 2005, 9(1): 87-106.

③ Wan G, Lu M, Chen Z. Globalization and Regional Income Inequality: Empirical Evidence from Within China [J]. Review of Income and Wealth, 2007, 53(1): 35-59.

来解释①。教育不均等占自营职业收入不均等的 36%,但只占农村不均等的 2%②。

中国人力资本的地区差距也很大。2000 年,东部地区大学及以上学历人口占总人口的 5.98%,而西部地区只有 2.97%③。基于入学注册数据,发现省际教育不均等随着教育层次的上升而变得愈发严重④。同时,中国的教育回报率呈上升趋势,进一步加剧了教育对贫富差距的影响。

三、降低收入不均等的对策

降低收入不均等需要从区域、城乡和个体层面分别着手。就区域发展政策而言,中国先后出台了西部大开发、中部崛起和东北振兴等战略。就城乡差距而言,中国一直充分重视"三农"问题,2005 年开始的社会主义新农村建设、2013 年启动的精准扶贫和 2017 年提出的乡村振兴战略都旨在缩小城乡差距。此外,国家开始鼓励乡城移民,增加医疗和教育预算尤其是对贫困群体的支持,这些都有助于减少收入不均等。2021 年开始,再一次强调共同富裕更是直接针对收入分配问题。

1. 解决城乡差距:城市化和农民工市民化

由于城乡差距是导致中国收入不均等最重要的因素,应该优先制定政策解决这一问题。需要指出的是,仅靠财政政策干预或再分配是不够的,因为第一产业的 GDP 占比已经下降到了 7% 左右,除非农村人口逐步下降到 10% 以下,否则城乡差异将长期居高不下。2016 年中国用于社会保障支出的总额只占 GDP 的 0.23%,即便增长 10 倍,达到 GDP 的 2.3%,也不可能全部用于农村居民。根据第七次人口普查,中国农村居住人口占比为 36.11%,必须大力推进城市化和市民化,使得农村人口占比与第一产业占比基本达到均衡。

专栏 3-5

鱼和熊掌可以兼得吗?——城市化对经济发展的综合影响

鱼和熊掌不可兼得。在现实中,我们往往面临着效率和公平之间的取舍。比如有一笔不可分割的资源,可以用于救济穷人或投资于生产过程,前者使不均等下

---

① Ito J. The Removal of Institutional Impediments to Migration and Its Impact on Employment, Production and Income Distribution in China[J]. Economic Change and Restructuring, 2008, 41: 239-265.
② Liu X, Sicular T. Nonagricultural Employment Determinants and Income Inequality Decomposition[J]. Chinese Economy, 2009, 42(4): 29-43.
③ 根据 2000 年人口普查样本计算得到。
④ Lee M D P. Widening Gap of Educational Opportunity? A Study of the Changing Patterns of Educational Attainment in China[C]//Inequality and Growth in Modern China, 2008: 163-184.

降(鱼),而后者带来增长(熊掌)。在这种情况下,鱼(改善收入分配)和熊掌(促进增长)显然不可兼得。但是,积极推进城市化却是发展中国家获得增长和降低不均等的重要举措。城市化的增长效应来自城乡劳动生产率的巨大差异:同样一个劳动力,在农村可能失业或隐形失业,即便有农活做,其劳动投入回报也很低,而如果在城镇找到工作,尽管可能薪水较低,但也可能远高于在农村的所获。城市化在使个人获得更多回报的同时也拉升了 GDP。而城市化的收入分配效应来自一个经典事实:城乡差距是发展中经济体整体不均等的重要组成成分,而对于财力薄弱的发展中国家而言,降低城乡差距的唯一途径是城市化,即让更多的贫困农村居民去分享非农产业发展的红利,同时使留在农村的居民人均收入增加。

需要指出,在没有户籍制度的印度、墨西哥等发展中国家,城乡差距依然持续存在,所以消除户籍制度仅仅是降低城乡差异的必要条件,而非充分条件。政府需要通过财政税收政策以及社会保障为移民提供教育培训、医疗和就业等方面的支持,帮助他们提高技能。同时,农民无法出售或抵押农村土地也是城市化的一个障碍。允许农民交易土地不仅有助于促进永久迁移,还有助于他们覆盖城市定居成本。

为尽量减少大规模人口流动所导致的社会和环境问题,有必要循序渐进,优先考虑对有长期工作或有保障住房的、教育水平较高的农业转移人口放开落户限制。为了缓解财政压力,向农业转移人口提供的住房、教育、医疗和其他福利方面的财政援助需要分期分批进行,而且从相对较低的水平开始,逐步与城镇居民并轨。

2. 改善区域不均等

区域不均等是在人力和物质资本禀赋以及其他经济条件(如对全球市场的接近程度)方面的跨区域差异。各地区人均国内资本存量的均衡将减少 20% 的地区不均等[1]。为了缩小这些差距,应该优先加大对基础设施的公共投资,提高落后地区的生产能力。特别是,有必要继续进行金融体制改革,以改善内陆省区尤其是农村落后地区的资本市场和投资环境。

促进中国内陆地区的贸易和外国直接投资也很重要。中国应该继续在落后的地区进行基础设施投资。此外,可借鉴沿海地区的开放发展经验,完善税收、管理等相关配套制度。抓住"一带一路"建设的机遇,推动内陆地区形成高水平对外开放格局。改善交通设施的不均等也会促进收入不均等的改善。基础设施投资,特别是农村地区的基础设施投资,可以促进农村居民向城市迁移,使农村地区实现更快的技术进步。

跨地区的财政资源收集和配置需要从根本上进行改革。均衡的财政支持将使地区

[1] Wan G, Lu M, Chen Z. Globalization and Regional Income Inequality: Empirical Evidence from Within China [J]. Review of Income and Wealth, 2007, 53(1): 35-59.

不均等下降近15%，而渐进的财政计划将产生更大的影响①。财政转移应该是有条件的，面向资本形成和年轻人的教育特别关注贫困地区的教育质量。农业是内陆地区经济的重要组成部分，因此要加大对农业的公共研发投入，提高农业生产力。财政制度的改革应包括将公共开支集中用于基本服务，以减小区域差距。

3. 户籍制度改革和社会保障

中共十八届三中全会通过的《中共中央关于全面深化改革若干重大问题的决定》强调，加快户籍制度改革，全面放开建制镇和小城市落户限制，有序放开中等城市落户限制，合理确定大城市落户条件，严格控制特大城市人口规模。为避免对财政造成过大压力，在国家层面分期分批、逐步改革户籍制度仍然是一项艰巨的任务。

一个运转良好的社会保护制度除了确保已建立的所有人的最低生活水平之外，还要有助于穷人和弱势群体投资人力资本，可能还有物质资本投资，这对改善长期收入分配至关重要。随着老龄化加快，这将变得越来越重要。城市地区在养老金、医疗保健和失业福利方面的社会保护更加先进，农村地区明显落后，不仅表现在覆盖面的广度和深度方面，也表现在福利水平方面。各省（区、市）之间也存在类似的差异，可能会对跨省（区、市）的劳动力流动产生不利影响。

总体来说，收入分配问题是中国及全球政府与社会各界持续关注的问题。本章从贫富差距的利弊出发，介绍收入不均等的度量方法，并通过分解收入不均等探讨收入不均等的决定因素。最后，本章讨论了中国贫富差距的趋势、决定因素以及对策建议。

专栏3-6

估算不均等指标时的人口权重问题

不少研究忽略了相关不均等指标里面的人口权重。假如一个国家可以分为东西部，东部全是富人（人均收入为15 000元），而西部相对来说全是穷人（人均收入为5 000元）。当东西部人口相等或不考虑人口数量时，基尼系数为0.25。如果东部人口占10%，而西部的穷人占90%，这时的基尼系数是0.15。若对换东西部人口，基尼系数则变成了0.06。很显然，基尼系数所暗含的"厌恶不均等"的参数是偏向于穷人的。换句话说，它更加接纳富人较多而穷人较少的社会。这比较符合情理：一个多数人贫困而少数人富裕的社会比大多数人富裕而少数人贫困的社会更加难以管理。但忽略人口权重就不能体现基尼系数和其他不均等指标的这一重要的隐含性质。

① Wan G, Lu M, Chen Z. Globalization and Regional Income Inequality: Empirical Evidence from Within China [J]. Review of Income and Wealth, 2007, 53(1): 35-59.

思考题

1. 根据诺奖得主库兹涅茨的理论,收入不均等在经济腾飞初期会上升,后期会下降。中国的贫富差距从 20 世纪 80 年代中期开始不断攀升,但自 2007—2009 年起有所下降,这是否意味着中国的发展历程符合库兹涅茨的理论? 如何用中国数据去检验该理论?

2. 穷人处于收入阶梯底端,他们受贫富差距的影响较大,但富裕人群是否也受影响? 为什么?

3. 为什么说国内消费不振与收入分配紧密相关? 根据边际消费倾向递减的原理,不均等与消费是什么关系? 如果存在攀比,即穷人为了面子比中上层收入群体消费更多,不均等与消费又是什么关系?

4. 改革开放前的中国收入不均等较低,平均主义扼杀了积极性,不利于经济发展,但后续奇迹般的增长与快速上升的不均等相伴,带来了一系列的社会经济问题(如嫉妒、供求失衡等)。显然不均等不宜过低,也不宜过高,这是否意味着不均等有一个最优值? 如果有,如何去界定或求解?

5. 所谓的橄榄型社会是指中等收入群体占绝大比重、贫困和富裕群体占比较小的社会。为形成和谐稳定的橄榄型社会,国际社会和众多国家的政策目标之一是消除贫困。请思考,为什么政策目标是提高低收入人群的收入,而非降低高收入人群的收入?

6. 研究贫富差距可以使用收入(税前或税后)、消费、财产等不同的变量,你认为使用这些变量各自有哪些优点和缺点?

第4章

走出"内卷"——中国农业和农村发展

在中国增长奇迹的起点——1978 年,中国人均 GDP 约为 150 美元,与世界上最贫穷的国家同列。根据中国政府当时制定的贫困标准,1978 年中国农村有 2.5 亿贫困人口,占农村人口的 30%[①]。短短 40 年后,中国农村的人均可支配收入从 130 余元增加到了 16 000 余元,远超世界平均增长速度。2021 年 2 月 25 日,习近平总书记宣告我国脱贫攻坚战取得了全面胜利[②]。这些奇迹般的变化是如何发生的? 它对于世界其他发展中国家有哪些启示? 中国农村在未来几十年,还能不能延续这个奇迹? 这些问题,对于中国和世界人民的福祉至关重要。

本章聚焦中国反贫困历程中的农业和农村发展。第一节介绍世界上发展中国家所普遍面临的农业和农村发展困境——马尔萨斯陷阱。传统农业是高度"内卷"的部门:人口增长带来了人地关系的高度紧张,使传统社会深陷于人均生活水平停滞不前的马尔萨斯陷阱[③]。跳出马尔萨斯陷阱的关键,在于农业生产率的提高和从农业到非农业的结构转型,因此,第二节介绍农业-非农二元经济的结构转型理论。第三节介绍中国农业和农村发展历程以及跳出马尔萨斯陷阱的现实经验。第四节将分析中国农村农业发展中存在的"三高"和"留守"问题现状和成因,并提出未来的改革目标和发展方向。

---

① 如果以中国现行的贫困标准衡量,那么 1978 年中国农村的贫困人口将达到惊人的 7.7 亿。

② 现行标准下的 9 899 万农村贫困人口全部脱贫,现行贫困标准指每人每年生活水平在 2 300 元人民币以下(2010 年不变价)。

③ 在其著作《农业的内卷化》中,美国人类学家吉尔茨研究了殖民地时代印度尼西亚的二元经济。当时,爪哇岛主要从事粮食生产,而外岛在荷兰殖民者主导下发展更高效的工业。在人口压力下,爪哇岛不断进行农业的精密化,大量往里面填充劳动力,虽然亩产不断提高,但人均产出却没有增加,导致生活水平增长的长期停滞。吉尔茨把这个过程称为农业的"内卷化"。

第一节　农业和农村发展：全球和历史视角

农业的低效率和农村贫困是全世界发展中国家所普遍面临的困境。在人类漫长的历史上，这个困境可以说是一个常态，仅仅在工业革命之后才在一些国家被打破。本质上，这些现象有着共同的根源：传统农业是高度"内卷"的部门，人口增长带来了人地关系的高度紧张，使传统社会深陷于人均生活水平停滞不前的马尔萨斯陷阱。古代农业社会和当今世界的很多发展中国家，都没有跳出这个"陷阱"。

一、农业和农村发展的跨国比较

2000 年 3 月，湖北省监利县棋盘乡党委书记李昌平给总理朱镕基写信，痛陈"三农"问题，直言"农民真苦，农村真穷，农业真危险"。当年 3 月 22 日，国家信访局《群众反映》第 28 期摘登了这封信。此后几年，中央政府密集出台了发展农业和减轻农民负担的政策。

如果我们把视角拓宽到全球，在几乎所有的发展中国家，即便与收入不高的本国城市居民相比，农民的收入、消费和生活状况也要差很多。

以非洲大国尼日利亚为例，在该国农村，只有 38.9% 的家庭能用上电；这个比例在城市里是 82.7%。同样在尼日利亚农村，五岁以下儿童的夭折率达到惊人的 15.5%，远高于城市地区的 8.6%。最后，尼日利亚农村居民体脂比（BMI）在 18.5 以下的高达 14.4%，意味着农村居民严重营养不良，而在城市地区该比例是 9.6%[1]。

实际上，早在 20 世纪 40—50 年代，克拉克、刘易斯、库兹涅茨和舒尔茨等经济学大师就已经深刻洞悉了农业和农村在经济发展问题上的核心地位[2]。进入 21 世纪，随着跨国数据越来越普及，这一洞察被数据反复证实：穷国之所以穷，问题主要在农业和农村。首先，与非农部门相比，穷国与富国在农业部门的劳动生产率差距要大得多；其次，穷国把绝大部分劳动力配置在劳动生产率相对低得多的农业部门，而富国只有极少数的劳动力从事农业生产。劳动生产率是决定一个国家生活水平的最根本和最重要因素，因此这两个事实可以解释跨国别收入差异的原因[3]。

应用佩恩表（Penn World Table, PWT）和联合国粮农组织（Food and Agriculture

---

① Lagakos D. Urban-Rural Gaps in the Developing World: Does Internal Migration Offer Opportunities? [J]. Journal of Economic Perspectives, 2020, 34（3）: 174-192.

② Kuznets S. Modern Economic Growth: Findings and Reflections[J]. American Economic Review, 1973, 63(3): 247-258.

③ Restuccia D, Tao Y D, Zhu X. Agriculture and Aggregate Productivity: A Quantitative Cross-Country Analysis [J]. Journal of Monetary Economics, 2008, 55(2): 234-250.

Organization，FAO)的数据，可以得到表 4-1 中的三个重要事实。首先，国与国之间存在巨大的劳动生产率差异：把各国按整体劳动生产率从高到低排列，那么前 10 百分位的国家约为后 10 百分位国家的 22 倍。其次，各国在农业部门的劳动生产率差异远大于非农部门：如果各国以非农部门劳动生产率来排序，则 10/90 比率是 4，而在农业部门，该比率高达 45。最后，不同国家在经济结构上也有巨大差异：前 10 百分位的国家中只有 3% 的劳动力以农业为生，而后 10 百分位国家中有近八成劳动力依附在农业部门。

表 4-1　部门劳动生产率和劳动人数占比的跨国比较

	农业部门	非农部门	整体经济
10/90 生产率比值	45	4	22
10 百分位就业比重	3%	97%	100%
90 百分位就业比重	78%	22%	100%

数据来源：Caselli F. Accounting for Cross-Country Income Differences[M]//Aghion P, Durlauf S (eds.). Handbook of Economic Growth. Amsterdam：Elsevier, 2005：679-741.

这些事实表明，穷国之所以穷，主要是因为农业和农村不发达，同时又有太多的人口滞留在不发达的农业和农村。农业和农村这两个因素之间相互加强，形成了负向反馈和恶性循环。要发展农业和农村，关键在于打破这个恶性循环。

二、农业和农村发展的历史视角

在工业革命之前的漫长岁月里，世界各地的人均 GDP 并没有发生实质性的增长，包括作为工业革命策源地的西欧。

也许有人会说，中国历史悠久，地大物博，人民吃苦耐劳，会不会是个例外？历史数据告诉我们，中国并不是例外。1500 年，中国的人均 GDP 已经略低于西欧。从 1500 年到 1950 年左右，中国的人均 GDP 并没有出现长期的增长，一直原地踏步，与西欧的差距不断拉大[①]。直到中华人民共和国成立以后，我们才开始急起直追。事实上，从明清两代的文人笔记、地方史志以及外国使节留下的记录来看，当时老百姓的生活水平并不高。

那么，为什么在工业革命发生以前的漫长岁月里，世界各地的人均收入水平都没有实质性的增长？在经济学中，有一个专门的术语来形容这个困境，那就是马尔萨斯陷

---

① Maddison A. Statistics on World Population, GDP and Per Capita GDP 1-2008 AD[R]. University of Groningen, Groningen, 2010.

陷,它得名于 18 世纪英国著名思想家和经济学家托马斯·马尔萨斯。在《人口原理》中,马尔萨斯为古代人类生活水平的长期停滞提供了简洁而深刻的分析。马尔萨斯抓住了传统农业社会的人地关系这对基本矛盾。在工业革命以前的上万年时间,地球上的大多数人口都以农业作为基本的生产方式。然而,农业是个高度"内卷"的部门:它高度依赖于土地,但地球上可供耕作的土地总量是有限的。随着人类不断繁衍,日渐增长的人口数量逐渐与有限的耕地之间产生了尖锐矛盾。因此,每个劳动者所能耕作的土地随着人口增长而逐渐减少,导致农民的平均劳动生产率停滞不前甚至下降。实际上,早在马尔萨斯之前 2 000 多年,我国古代著名思想家韩非子就在《五蠹》里指出:"今人有五子不为多,子又有五子,大父未死而有二十五孙",结果是"人民众而货财寡,事力劳而供养薄",生活水平得不到提高①。

专栏 4-1

马尔萨斯陷阱

所谓的马尔萨斯陷阱,通常指的是工业革命之前,世界各地的人均收入和生活水平长期维持在低水平,无法实现持续增长的困境。它得名于 18 世纪英国著名思想家和经济学家托马斯·马尔萨斯。在《人口原理》中,马尔萨斯对古代农业社会中的人地矛盾进行了深入分析,为古代社会生活水平的长期停滞提供了深刻的经济学解释。

马尔萨斯的理论和预测有时候会显得"冷血"。根据他的理论,在古代农业社会,天灾、瘟疫和战争等大规模减少人口的事件,常常反而能提高幸存者的生活水平,这就是所谓"来自死者的馈赠",原因在于这些事件缓解了人地之间的紧张关系,增加了幸存者所能耕作的土地规模。这个看似"惊人"的结论,不幸被人类历史上最大的瘟疫之一——黑死病所证实。以英国为例,黑死病发生后,英国总人口几乎减少了一半,但幸存者的平均工资反而大幅上升。背后的机制正是人口大量减少后,人地关系变得不紧张了,人相对于地变得更"宝贵"了②。

马尔萨斯理论不但对古代农业社会有很强的解释力,也能针对当今世界上大量不发达国家所面临的困境提供深刻的见解。原因在于,当今世界上有大量的欠发达国家仍然没有搭上工业革命的列车,本质上仍然是农业社会,而农业社会就难

① 无独有偶,我国清代思想家洪亮吉,也在其著作《意言·治平篇》中指出,所谓的"康乾盛世"人口激增,"言其户口,则视三十年以前增五倍焉,视六十年以前增十倍焉,视百年、百数十年以前不啻增二十倍焉"。然而,"田与屋之数常处其不足,而户与口之数常处其有余"。
② Hansen G D, Prescott E C. Malthus to Solow[J]. American Economic Review, 2002, 92 (4):1205-1217.

以避免人口增长与土地有限之间的矛盾。

　　经济学家惊讶地发现,尼日利亚和加纳这两个非洲国家在 2000 年时的人均收入,竟然还远达不到 18 世纪末的英国的水平。其中一个重要的原因是这两个国家的人口增长率超过了 2%,远高于 18 世纪的英国(0.1%)。津巴布韦的人口增长率则比这两个国家低不少(0.6%),因此人均收入远高于尼日利亚和加纳,达到 18 世纪英国的 107%[①]。

　　工业革命之后的人类,又是如何跳出马尔萨斯陷阱,实现人均收入和生活水平的长期持续增长的? 答案在于,工业革命发生之后,世界各国纷纷从农业社会转向以工业和服务业为主导的现代经济。在现代经济中,农业土地的重要性被有形(例如机器)和无形(例如知识产权)的资本所代替。与农业土地相比,资本的总量不再是有限的,而是可以随着人类科技的不断进步而不断增加,因此即便人口不断增加,人均拥有的生产资料(资本)仍然可能不断增加[②]。从发达国家的经济发展历史来看,人均收入不断提高的过程,同时也是农业在宏观经济中的比重不断下降的过程。

　　因此,人类跳出马尔萨斯陷阱、摆脱普遍贫困的根本途径在于实现从农业到非农业(工业和服务业)的结构转型。这个转型又是如何发生的? 本章第二节就用一个简单的经济结构转型理论来阐明这里面的关键因素。

第二节　二元经济的结构转型理论

　　在古代农业社会和当代很多不发达国家的农村,没有办法跳出马尔萨斯陷阱,因此人均收入和生活水平长期处于停滞状态。跳出马尔萨斯陷阱的关键在于从农业到非农部门(工业和服务业)的转型。那么,这一转型是如何发生的? 它取决于哪些关键因素? 在这一节,我们将介绍一个农业-非农二元经济的结构转型理论,以帮助大家更好地理解这个过程。

　　结构转型理论的起点是消费者的非位似偏好(non-homothetic preferences),这就是说,农产品的需求收入弹性比非农产品更低。因此,随着家庭收入的增加,家庭收入中用来购买食物的比例会不断下降。如果我们把这个逻辑推演到宏观上,那么由于穷国

[①] Clark G. A Farewell to Alms: A Brief Economic History of the World[M]. Princeton and Oxford: Princeton University Press, 2007.

[②] 进入现代社会后,人类的生育观念也发生了巨大的变化,结果是生育率反而可能随着人均收入水平的提高而下降。这也是现代经济不再受马尔萨斯陷阱困扰的原因之一。

生产效率更低,人均收入也更低,粮食在消费支出中所占的比重更大。相应地,整个国家需要把更多劳动力投入农业部门,以解决粮食的供应问题①。

如果把这个逻辑再往前推一步,就会得到这样的结论:穷国会有更小的农地规模。这是因为:由于一国的农地总规模都是大致给定的,当一个国家把更多劳动力配置到农业部门时,每个农民平均耕作的土地规模将会下降,因此农业劳动生产率也随之下降。这就形成了恶性循环。任何限制农业生产率提高或加剧人地紧张关系的因素,都会使上述问题进一步恶化。因此,这个简单的理论模型就能帮助我们识别,哪些因素会加快(或者阻碍)从农业到非农的结构转型。

一、理论的模型分析

首先,我们假设模型里有一个大的代表性家庭,这个代表性家庭的偏好可以用效用函数来表示:

$$u(c_a,\ c_n)=\theta_a\log(c_a-\bar{c}_a)+(1-\theta_a)\log(c_n) \tag{4-1}$$

其中,c_a 和 c_n 分别是农产品和非农产品消费,θ_a 和 $1-\theta_a$ 则分别对应农产品和非农产品对于效用的相对重要性。这里面最关键的参数是 $\bar{c}_a$,它表示家庭维持生存所必需的农产品最低消费:家庭在进行消费决策时,必须保证 c_a 至少不低于 $\bar{c}_a$(否则整个效用函数无意义)。这就是发展经济学中著名的斯通-杰瑞(Stone-Geary)效用函数,它用一种简单直观的方式刻画出偏好的非位似性②。它意味着相较于非农产品,农产品的需求收入弹性更低,更接近于必需品。

农产品的需求收入弹性更低这个假设是符合实际的。人要生存,首先就要吃饭。因此,粮食和其他农产品是人类生存的基础和必需品,处于人类消费金字塔的最底部。这也意味着,低收入人群需要把收入的大部分拿出来,才能满足家庭对食物的需求。然而,人类对食物的需求是有上限的,不会随着收入增长而等比例增长。例如,这个星球上最富有的家庭,其财富和收入可能比穷人高几十万倍,但消耗的食物和农产品数量则最多不会高几百倍。因此,富裕家庭只需要拿出家庭收入的一小部分,就能满足对食物的需求。

---

① 诺贝尔经济学奖得主舒尔茨称之为"食物问题"(food problem)。

② 值得指出的是,Stone-Geary 效用函数有一个较大的局限:当收入高到一定程度,偏好的非位似性就渐渐趋于零,因此收入效应就消失了。如果我们要刻画较长时段的结构转型,Stone-Geary 效用函数就会与数据发生偏离。近期经济学研究提出了其他形式效用函数来解决这个问题,如价格独立的广义线性(Price-Independent Generalized Linear,PIGL)偏好、非位似常数替代弹性(non-homothetic constant elasticity of substitution)偏好。

专栏 4-2

需求收入弹性和非位似偏好

需求收入弹性(income elasticity of demand)是经济学中常用的一个概念。它刻画了某种产品的需求量对消费者收入变化的弹性或敏感性。具体而言,它度量的是如果消费者的收入变化了一个百分点,消费者对该产品的需求量会变化几个百分点。一种产品的收入弹性越高,则它的需求量越容易随着收入变化而发生波动。

根据需求收入弹性的不同,我们可以把世界上的产品分为以下几个大类。首先,根据需求收入弹性的符号,我们可以把产品分为劣等品(inferior goods)和正常品(normal goods)。劣等品的需求收入弹性是负的,因此消费者的收入增加之后,反而会减少对该产品的需求量,例如速食方便面。正常品则恰好相反。在正常品中,我们又可以根据需求收入弹性是否大于1,把这些产品分为必需品(necessity goods,弹性小于1)和奢侈品(luxury goods,需求弹性大于1)。也就是说,从经济学上讲,奢侈品就是指需求量随着消费者收入变化而发生较大波动的产品。

经济学中的大量实证研究表明,从大类平均来看,农产品的需求收入弹性低于工业品,而工业品的需求收入弹性远低于农业品和服务品。这些实证研究,既包括基于各国宏观数据的时间序列分析,又包括基于微观家庭数据的截面回归分析,但都得出了高度一致的结论[1]。因此,从大的分类来看,与非农产品相比,农产品更接近于必需品。

在理解了需求收入弹性的基础上,我们就容易理解非位似偏好(non-homothetic preferences)的概念。非位似偏好实际上是与位似偏好(homothetic preferences)相对的。在位似偏好中,消费者对于所有产品的需求收入弹性都是1。因此,如果消费者的收入增加1%,那么他对所有产品的需求都会增加1%。也就是说,在位似偏好中,消费者的需求结构不会随着收入的增加而改变。例如,在正文中的Stone-Geary效用函数中,如果我们让 $\bar{c}_a$ 等于0,那么消费者就拥有了位似偏好。

在这个大家庭中,有许许多多(同质化)的劳动力既可用于农业生产,也可以用于非农部门的生产。简单起见,假设这些劳动力的总量为1。此外,这个代表性的大家庭拥有 T 单位的农地可用于农业生产。在下面的分析中,我们把非农产品设定为计

---

[1] Herrendorf B, Rogerson R, Valentinyi A. Growth and Structural Transformation[M]//Aghion P, Durlauf S (eds.). Handbook of Economic Growth. Amsterdam: North-Holland, 2014: 855-941.

价物。给定它的总收入 y,代表性家庭的最优消费选择遵循一个简单直观的法则:先从总收入 y 中拿出 $p_a\bar{c}_a$,用于满足农产品的最低消费;再把收入的剩下部分按照 θ_a 和 $1-\theta_a$ 的比例分配给农业和非农产品。因此,农产品消费占家庭消费总支出的比例为

$$\frac{p_a c_a}{y} = \theta_a + (1-\theta_a)\frac{p_a\bar{c}_a}{y} \tag{4-2}$$

不难看出,只要 $\bar{c}_a > 0$,家庭在农产品上的支出占总收入 y 的比例是随着总收入 y 的增加而降低的。也就是说,这个模型得出的预测与著名的恩格尔定律完全一致[①]。在结构转型的文献中,这也经常被称为收入效应(income effect),它是从农业到非农结构转型的核心驱动因素之一。

一切宏观现象都是微观和家庭行为的加总。因此,这些微观上家庭行为的变化最终会反映为宏观上经济结构的变化:随着一个经济体生产率和人均收入的提高,农业在宏观经济中的重要性逐步下降,而非农部门的重要性则逐步上升。

接下来看生产端。我们假设农业生产是"马尔萨斯式"的,也就是说,农业生产依赖于劳动和农业土地。因此,农业部门的生产函数为

$$Y_a = AT_a^{\alpha} L_a^{1-\alpha}, \ 0 < \alpha < 1 \tag{4-3}$$

根据这个生产函数,如果农业土地的数量不变,那么随着农业劳动力的数量不断增加,每单位劳动的平均产出和边际产出都会不断下降。这正是马尔萨斯陷阱的经济学基础。

非农部门的生产是"索洛式"的,不依赖于土地[②]:

$$Y_n = AL_n \tag{4-4}$$

其中,A 表示整个经济体的生产效率,因此在两个部门是相同的。在模型中引入资本,并不会影响任何定性结果,但会让模型表达式变得更复杂。类似地,我们也可以让生产率 A 在两个部门不一样,但这并不会让模型增加新的洞察。

二、理论的核心结论

当整体经济达到均衡时,整个经济体投入农业部门的劳动力比例表示为

$$L_a = \frac{\theta_a(1-\alpha)}{1-\theta_a\alpha} + \frac{1-\theta_a}{1-\theta_a\alpha}\frac{\bar{c}_a}{A}\frac{L_a^{\alpha}}{T^{\alpha}} \tag{4-5}$$

---

① 由 19 世纪德国经济学家和统计学家恩斯特·恩格尔(Ernst Engel)首先提出,因而得名。
② 索洛即现代经济增长理论之父、1987 年诺贝尔经济学奖得主罗伯特·索洛。

在等式右边,第一项是一些参数,暂时可以忽略。第二项是农产品最低消费 $\bar{c}_a$ 的增函数、生产率 A 的减函数、土地总规模 T 的递减凹函数,以及 L_a 的递增凹函数。等式左边是 L_a 的线性增函数(45°线),等式右边是 L_a 的递增凹函数,二者交点就代表均衡状态下一个经济体农业就业占总就业的比重。

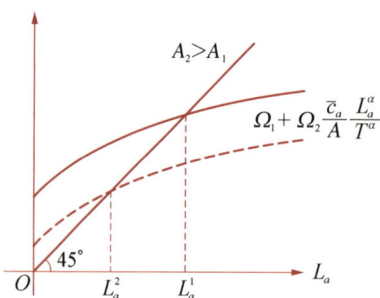

图 4-1 生产率变化对农业就业比重的影响

从图 4-1 中不难看出,当生产效率 A 上升时,等式右边代表的凹形曲线整个向下移动,而等式左边不发生变化,因此,在新的均衡下农业占总就业的比重 L_a 会下降。因此,理论模型的最核心结论是:随着技术的进步和生产率的提高,在人均收入提高的同时,农业劳动力占全体劳动力的比重会不断下降。正如第一节所讨论的,这个预测无论在横截面上还是在时间序列上都是成立的,不仅为发达国家历史上走过的发展路径所证实,也为当今世界上发达国家与欠发达国家之间的结构差异所证实。

模型的核心结论根本上是由家庭需求的非位似性或者说收入效应驱动的。这个结论成立的前提是,农产品最低消费 $\bar{c}_a$ 要大于 0,意味着农产品的需求收入弹性比非农产品低。如果农产品最低消费 $\bar{c}_a$ 大于 0,那么等式右边就是一个常数,意味着农业劳动力占全体劳动力的比重不随生产率发生变化,也就不存在经济结构的转型。正是由于农产品更接近必需品,消费上更有刚性,所以随着技术进步,就不需要再把那么多劳动力投入农业来生产必需品,可以让他们去生产需求收入弹性更高的非农产品。

这个核心结论又引出了另一个重要的结论。由于一国的农地总供给大致是给定的,随着生产率的提高,一个经济体投入农业中的劳动力逐渐减少,因此,每个农业劳动力使用的农业土地,即所谓的农均土地规模也会不断上升。这一结论也被跨国数据所证实了。

正如我们在图 4-2 中所看到的,在当今世界上的各个国家之间,农地规模与人均 GDP 之间存在极强的正向相关关系:发达国家(如美国)的农地规模要远大于人均 GDP 较低的不发达国家。值得指出,图 4-2 中已经控制了各国在人均土地禀赋上的差异。因此,发达国家农地规模更大,主要并不是因为它们的农地资源更加丰富。此外,中国看上去是个极大的例外:随着我国人均 GDP 快速增长,农地规模却几乎没有变化。这一点,我们在下面会重点解释。

这第二个重要结论又会导出第三个重要结论,那就是发达国家与不发达国家在农业部门的劳动生产率差距要远大于非农部门的劳动生产率差距。从两个部门的生产函数来看,非农部门的劳动生产率仅取决于 A,而农业部门的劳动生产率既取决于

A,又取决于农均土地规模。根据前面的结论,我们知道,不发达国家比起发达国家来说,农地规模要更小。因此,发达国家与欠发达国家在农业劳动生产率上的差异更大。

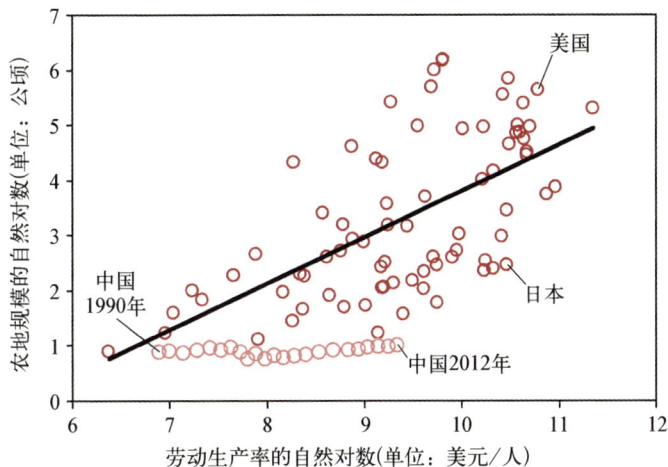

注:图中已控制各国人均土地禀赋的差异。
数据来源:Wu Y, Xi X, et al. Policy Distortions, Farm Size, and the Overuse of Agricultural Chemicals in China[J]. Proceedings of The National Academy of Sciences of the United States of America, 2018, 115(27): 7010-7015.

图 4-2　各国农地规模与人均 GDP 之间的关系

从数据上看,农地规模的差异对于跨国农业劳动生产率的差异影响极大:人均收入前 10%和后 10%的国家,在农业劳动生产率上的差距约为 50 倍,而在农地规模上的差距则达到 31 倍。农业劳动生产率可以表示为土地生产率(每单位土地产生的附加值)与农地规模的乘积,因此,从定量角度看,跨国农业劳动生产率的差异主要来自农地规模的差异,而土地生产率差异的影响较小。欠发达国家要突破马尔萨斯陷阱,一个亟待解决的问题在于如何扩大劳均土地规模。

相较于发达国家,欠发达国家呈现出三个显著特征:第一,农业在其经济中的占比更高;第二,农地规模显著更小;第三,即便与本国的非农业部门相比,农业劳动者的生产率也明显偏低。这几点环环相扣,存在严密的逻辑关系,而核心的驱动力正是家庭偏好的非位似性,或者说所谓的收入效应。

三、理论的政策含义

这个简单的理论模型可以为农村发展、结构转型和经济发展提供丰富而深刻的政策含义,厘清哪些因素可以促进农业发展、农民收入、结构转型和整体经济效率的提高,哪些因素则会起反作用。

1. 农业生产率的提高

决定农业发展、农民收入和结构转型的第一个重要因素是农业的生产率。这既取决于特定时期全世界的农业科技水平，也受到各国的制度和政策的重要影响。各国制度和政策对于农业生产率的影响既体现在对采用先进农业技术的约束上，也体现在给定农业技术水平的情况下，这些制度和政策影响了要素在不同生产者和不同生产部门之间的配置，从而影响整体的生产效率。

自从工业革命以后，农业的生产技术和形态发生了巨大的变化。农民不再是"靠天吃饭"，对于农业生产过程和产量有了更多的掌控。第二次世界大战之后，绿色革命发生了，依靠先进农业技术提高粮食产量，主要内容包括培育和推广矮秆、耐肥、抗倒伏的高产水稻、小麦、玉米等新品种，增加化肥施用量，加强灌溉和管理，使用农药和农业机械等，大幅提高了第三世界国家的粮食单位面积产量。我国自主培育的杂交水稻也被誉为"第二次绿色革命"。

然而，由于种种主观和客观因素的约束，各国参与绿色革命和从绿色革命中获益的程度差异巨大。如果以农业中间品（如高产种子、化肥、农药等）的投入占农业总产出的比重作为各国采用绿色革命技术成果的一个指标，那么这个指标在不同国家之间的差别巨大。

具体而言，各国农业中间品占农业总产出的比重与各国人均 GDP 之间存在极强的正向相关关系。在收入最低的几个国家，农业中间品占农业总产出的比重接近 10%，意味着它们很少采用绿色革命的成果；而在高收入国家，这一比例可以达到 40%~50%[1]。由于现代科技对农业劳动率有绝对性作用，各国采用绿色革命技术成果的程度是各国农业劳动生产率差异的重要原因。

各国对于先进农业技术的采用程度又受到各国制度和政策的重要影响。显然，政府大力推广先进农业技术并对农民进行相应的技术补贴，会加快农业的技术采用和进步。反之，如果一国的制度和政策削弱了农民生产和技术采用的积极性，则会阻碍农业的技术进步。第三节将结合我国的具体情况作更细致的分析。

即使给定同样的技术水平，不同国家的农业劳动生产率也可能差异很大。原因在于，各国的具体制度和政策会影响生产要素在不同生产者和不同部门之间的配置，而生产要素的不同配置对于整体农业生产效率的影响是巨大的。宏观发展经济学的最新研究发现，在不发达国家的农业部门，导致生产要素发生错配的制度和政策广泛存在，严重降低了不发达国家的农业生产率[2]。尤其是农业最核心和最重要的资产之一——农

---

[1] Donovan K. The Equilibrium Impact of Agricultural Risk on Intermediate Inputs and Aggregate Productivity[J]. The Review of Economic Studies，2021，88(5)：2275-2307.

[2] Adamopoulos T，Restuccia D. The Size Distribution of Farms and International Productivity Differences[J]. American Economic Review，2014，104 (6)：1667-1697.

业土地,在不发达国家的配置通常是极为低效率的。第三节也将结合中国的发展历程和现实情况对这个问题进行更深入的探讨。

2. 非农部门的发展

非农部门的发展对于农业发展、农民收入和结构转型有重要影响。一方面,非农部门是农业部门技术进步的主要来源,为农业部门提供了先进的中间投入品;另一方面,非农部门的发展可以吸纳大量来自农业和农村的劳动力,扩大农业部门的劳均土地规模,从而提高留下来的那部分农民的劳动生产率,形成良性循环。

从工业革命开始,农业部门的技术进步主要来自非农部门。高产种子的培育和改良、化肥、农药和农业机械等的发明和改进等重要技术进步,大都来自城镇非农部门,而化肥、农药和农业机械的大规模工业化生产依赖本国的工业水平和制造能力。大量欠发达国家之所以无法大规模推广化肥、农药和农业机械,一个极为重要的原因是它们的工业发展落后,缺少大规模成批量制造这些产品的能力。

非农部门通过吸纳大量的农村劳动力间接推动农业部门劳动生产率的提高。本章前面讲到,农业部门劳动生产率的一个重要决定因素是劳均土地规模,而一国的农地总规模大致是给定的,因此,从事农业生产的劳动力数量越少,每个农业劳动力可以耕作的土地就越多,农民的平均劳动生产率也就越高。农民劳动生产率的提高就意味着他们收入的提高,根据恩格尔定律,这反过来又会使得农产品在家庭支出中的占比下降,使得经济结构进一步向非农部门倾斜,形成良性循环。

3. 劳动力流动障碍

在发展中国家普遍存在从农村到城市、从农业部门到非农部门的流动障碍。这些障碍可能是历史、文化和社会习俗造成的,如印度的种姓制度阻碍了不同种姓的人群的相互融合;也可能是基础设施建设不足造成的,就像撒哈拉沙漠以南的许多非洲国家连最基础的交通设施都相当缺乏,阻碍了人口的跨地区流动;还有可能是制度和政策因素造成的,如我国的户籍制度在一定程度上限制了人口的城乡流动。

如果把非农与农业部门的工资比作为衡量劳动力流动障碍的指标,在跨国数据中我们看到,这个比值与人均收入之间存在很强的负相关关系。在收入最高的那些国家,这个比值很接近于 1;但在收入最低的几个国家,这个比值远远大于 1,意味着低收入国家存在严重的跨部门劳动力流动障碍[1]。

从农业到非农业部门的劳动力流动障碍对于农业发展、农民收入和结构转型有严重的负面影响。一方面,它减少了非农部门的劳动力供给,阻碍了非农部门的发展。正如前文所述,非农部门的发展是农业部门技术进步的主要来源。因此,这些流动性障碍

---

[1] Restuccia D, Tao Y D, Zhu X. Agriculture and Aggregate Productivity: A Quantitative Cross-Country Analysis [J]. Journal of Monetary Economics, 2008, 55(2): 234-250.

也延缓了农村部门的技术进步。另一方面,劳动力流动障碍让过多劳动力滞留在农业和农村,使得农业部门的劳均土地下降,从而损害农业部门的劳动生产率并形成恶性循环。

第三节　农业和农村发展的中国经验

一、农业部门的改革

在过去 40 多年间,我国农业劳动生产率出现了持续高速的增长。根据国家统计局提供的数据,我们可以计算 1980—2014 年我国农业劳动生产率(每个农业就业人员的农业产值)的变化。结果显示,1980—2014 年,我国的农业劳动生产率增加了 7.4 倍,年均增长率达到 6.1%。

我国农业劳动生产率的快速提高是由两个相互关联的因素驱动的:一是农业制度和政策的变革,二是农业技术的快速提高。

1. 中国农业制度和政策的变化

20 世纪 70 年代末,中国的改革开放由农村家庭联产承包责任制的推行拉开大幕,中国农业逐步摆脱了计划体制,市场机制逐步成为主导农业生产决策和资源配置的基础。私营农产品贸易范围不断扩大,国家购销体系逐步被削弱,不断放松农产品交易的地域限制,市场整合程度不断加强。在这样的大背景下,农民重新成为农业生产和经营的决策主体,可以自行决定"种什么、怎么种",从而大大激发了生产积极性和创造力。

农业制度和政策的变化对中国农业劳动生产率的影响巨大。例如,在家庭联产承包责任制确立之前,由于当时的人民公社没有理顺农民的激励机制,很多地方的农村都出现了"干多干少一个样,干和不干一个样"的状况。农村家庭联产承包责任制改变了这一切。"包产到户"的制度,在每个农村家庭投入的劳动与获得的产出之间建立紧密的联系,从而极大地调动了农民的生产积极性。林毅夫的研究表明,农村家庭联产承包责任制使得中国的农业产量提高了 15%[①]。

"包产到户"第一村即安徽凤阳小岗村的经历,生动地说明了农业制度和政策变化对农业生产率的重要性。在实行"包产到户"之前,整个村年产粮徘徊在 3 万斤左右,100 多人,每人一年才分到 100 多斤粮食,根本不够吃。全村 1 000 多亩地,除了 517 亩包产地,其他的都荒掉没有人种。"包产到户"仅仅实施一年,巨变就发生了。农民生产积极性大幅上升,全村荒地都被利用起来了,看不到荒草,遍地都是粮食。在 1978 年之前,生产队生产的粮食每年应交 1 800 斤,小岗村一年都没有交过。1979 年,小

[①] Lin J Y. Rural Reforms and Agricultural Growth in China[J]. The American Economic Review, 1992, 82(1): 34-51.

岗村当年就把应交粮食任务完成了。由于粮食增产太快,粮站都没地方存粮食了,只能把粮食存到家里床底下,甚至现盖粮仓[1]。1979 年秋收,小岗村的粮食总产量由 1978 年的 3.6 万斤猛增到 13.2 万斤,人均收入由上年的 22 元跃升为 400 元[2]。

2. 农业技术的快速提高

正如理论分析中所强调的,非农部门所生产的农机、化肥、农药、改良的种子等产品,是现代农业部门技术进步的主要源泉。在过去几十年里,为了推广和普及这些农业中间投入品,中国政府做了大量工作。随着我国工业部门的快速发展,生产这些农业中间品的能力大幅提高,因此对农民来说,使用这些中间品的相对成本和价格也大幅下降。

以化肥的推广为例。即使在国民经济濒临崩溃、外汇极为紧缺的"文化大革命"后期,中国政府仍然通过所谓的"四三方案",从国外进口了 13 套生产化肥的大设备,大幅提高了中国生产和供应化肥的能力。从 20 世纪 70 年代中期开始,我国的化肥施用量开始快速上升,与我国粮食产量的快速上升基本同步。

在这里,我们采用宏观经济学里的增长核算方法,对农业劳动生产率增长的来源作定量的分解[3]。假设农业部门的生产函数采取如下柯布-道格拉斯生产函数[4]:

$$Y = AL^{\alpha}K^{\beta}X^{\gamma}N^{1-\alpha-\beta-\gamma} \tag{4-6}$$

其中,Y 代表农业部门产值,L 代表农业部门使用的土地,K 代表农业部门使用的农业机械,X 代表农业部门使用的中间产品(主要为化肥和农药),而 N 代表农业部门使用的劳动力。(α, β, γ) 分别表示土地、农业机械和中间产品的产出弹性系数,也代表它们各自的收入份额。A 表示农业部门的全要素生产率(total factor productivity,TFP)[5]。

由于关注的是单位劳动的农业产值,于是对式(4-6)两边同除以 N 后得到

$$y = Al^{\alpha}k^{\beta}x^{\gamma} \tag{4-7}$$

其中,y, l, k 和 x 分别表示农业部门每单位劳动力的产值、土地面积、农业机械和中间产品。下面把式(4-7)与 1980—2014 年的相关数据结合起来,以定量分析全要素

---

[1] 大包干带头人严俊昌讲述小岗村故事[EB/OL]. 中国新闻网,2008-01-04,http://news. sina. com. cn/c/2008-01-04/094214666284. shtml.

[2] 在史诗中裂变的小岗村[N]. 人民日报,1994-03-04.

[3] 增长核算方法由 Solow(1957)提出,并在增长经济学中被广泛采用。近年来,宏观发展经济学的许多研究也开始借用这一方法,用来测算生产要素投入和全要素生产率对于跨国人均收入差异的贡献,如 Hall and Jones(1999)、Caselli(2005)等。

[4] 这与 Restuccia,Yang and Zhu(2008)等宏观发展经典文献的假设相一致。

[5] 需要指出的是,虽然 A 试图捕捉农业部门的生产效率和经营管理能力,但由于我们无法直接在数据中观测到 A 的数值,它是以残差形式构造出来的,是一个黑箱子。因此,在模型中没有包括的那些影响农业产值的因素,如天气和土壤肥力的逐年变化、自然灾害和国际市场价格波动等,都被 A 捕捉到。当然,我们考虑长时段的农业劳动生产率变化,短期波动的因素不会对我们的结论造成本质影响。

生产率 A、农均土地面积 l、农均农业机械 k 和农均中间产品 x 对于农业劳动生产率增长的相对贡献。假如以 1980 年为基期,那么 $1980+t$ 年相对于 1980 年的增长率可以通过式(4-7)的对数化分解为

$$\ln\left(\frac{y_t}{y_0}\right) = \ln\left(\frac{A_t}{A_0}\right) + \alpha\ln\left(\frac{l_t}{l_0}\right) + \beta\ln\left(\frac{k_t}{k_0}\right) + \gamma\ln\left(\frac{x_t}{x_0}\right) \tag{4-8}$$

如前所述,其中农业产值 Y 的数值采用国家统计局提供的农业产值指数(以 1980 年为基期);农业部门劳动力 L 的数据也来自国家统计局。农业机械 K 利用农业机械总动力(千瓦)来度量,而农业中间投入由农用化肥施用折纯量(吨)来代理,其中,$\alpha = 0.29$,$\beta = 0.15$,$\gamma = 0.18$ [①]。相比美国的数值,在中国的情境下,土地的产出弹性系数(收入份额)较高,而农业机械和中间产品的产出弹性系数或收入份额较低,这也符合我国农业的实际情况。在以上数据和数值确定之后,根据式(4-6)反推出 1980—2014 年每年的全要素生产率。

1980—2014 年,我国农均农业机械 k 和农均中间产品 x 的增长最为迅速,分别增长了 11.1 倍和 7.1 倍。结合这两种要素的产出弹性系数,1980—2014 年农均农业机械 k 和中间产品 x 的增长对于农业劳动生产率增长的贡献分别为 18.0% 和 17.7%。

农均农业机械和农均中间产品的快速增长很大程度上来自非农部门快速发展的正向反馈。随着我国工业化的快速推进和制造业的高速发展,农用机械的生产能力不断降低,中间产品的相对价格不断下降,使得农民可以不断增加农用机械和中间产品的使用量,以节省劳动力和提高产量。另外值得注意的是,在 2000 年前,这两种要素的增长速度大致相同;在 2000 年之后,农均农机使用量的增长大大快于农均中间品(化肥)使用量的增长。

农业全要素生产率 A 在 1980—2014 年稳步提高,共增加了 3.1 倍,年均增长率达 3.4%。全要素生产率的增长对于农业劳动生产率增长的贡献最大,达 56.6%。全要素生产率的提高既来自农业科学技术的进步,也来自农业体制改革后农业生产结构和经营方式的改善,如经济价值较高的非农作物比例的增加等,以及农民生产积极性和创造性的提高。特别地,在家庭联产承包制开始推行的 1980—1984 年,全要素生产率的增长要远远快于其他年份。

二、非农部门的发展

与发达国家在历史上走过的道路相比,中国非农部门的发展有着鲜明的中国特色:一是乡镇企业的异军突起,一亿多农民创造了离土不离乡、就地实现工业化的奇迹;二

[①] Tasso A, Brandt L, Leight J, et al. Misallocation, Selection and Productivity: A Quantitative Analysis with Panel Data from China[J]. Working Papers tecipa-707, University of Toronto, Department of Economics, 2021.

是对外开放和国际贸易的重要性,通过参与国际分工与协作带动了国内的工业化。

1. 乡镇企业异军突起

乡镇企业是我国农民的独特创造,让一亿多的农民离土不离乡,就地实现工业化和结构转型。在人类经济发展史上,从来没有哪个国家在农村地区形成如此大规模的工业部门。在世界上其他国家,农村地区的就业主要由大量的农业和少量的服务业组成。但在我国,2014 年乡镇企业吸纳的农村就业人员接近 1.5 亿,其中绝大多数是工业企业,这超过了除印度以外任何国家的工业部门就业总人数。

为什么我国会在农村地区发展出如此巨大的工业部门? 这与我国改革开放和经济发展的独特历程有关。在家庭联产承包责任制推行之后,我国农业劳动生产率快速提高。粮食问题解决之后,农村出现的一个新问题是产生了大量的剩余劳动力。为了适应这些新形势和新变化,原先把农民禁锢在土地上的各项制度需要逐步松动。然而,城镇部门的改革此时尚未大规模展开,还无法吸纳大量的农村剩余劳动力,户籍制度的实质性改革也未启动。于是,开始在农村发展工业,就地吸纳大量剩余劳动力。

另外,当时我国城镇部门的改革尚未大规模展开,工业部门的生产以国有企业为主。当时的国企受到体制机制的束缚,存在严重的预算软约束问题,存在"大锅饭"盛行、效率低下的情况。相比之下,乡镇企业在所有制上介于国有企业和私营企业之间,预算约束更"硬",管理和激励机制则相对灵活,能比较好地解决生产中的激励问题,因此生产效率较高。我国在 20 世纪 80 年代初进行了"分灶吃饭"的财政体制改革。在财政分权的大背景下,地方政府和银行有动力为当地的乡镇企业保驾护航,提供政治、财政和融资方面的支持[1]。此外,那时我国工业产品匮乏,乡镇企业可以满足人民群众对工业品(尤其是轻工业品)的需求。

1984 年,中央四号文件《关于开创社队企业新局面的报告》提出了开创乡镇企业新局面的历史任务。从此之后,乡镇企业异军突起,迅猛发展。1985 年,《中共中央关于制定国民经济和社会发展第七个五年计划的建议》再次提出了对乡镇企业"积极扶持,合理规划,正确引导,加强管理"的方针。1987 年 1 月,中央政治局通过《把农村改革引向深入》的文件,指出地方政府对乡镇企业干预过多,并提出"乡村集体企业自主权应受到尊重,同级政府不应过多干涉";同时明确指出,在社会主义初级阶段的商品经济发展中,"对农村各类自营专业户、个体经营者要实行长期稳定的方针,保护其正当经营和合法权益"。

1987 年年底,全国乡镇企业数量已达到 1 750 万个,个体企业 1 470 万余个,从业人员已达 8 803 万余人,从业劳力占全部农村劳力的 22.6%。乡镇企业总产值达 4 700 余亿元,其中工业企业产值为 3 200 余亿元,约占当年全国工业总产值的 23.5%。也就是

---

[1] Naughton B. Chinese Institutional Innovation and Privatization from Below [J]. The American Economic Review, 1994, 84(2): 266-270.

说,在全国工业总产值中,每 4 元钱就有近 1 元钱是由乡镇企业创造的。不到 10 年的时间内,乡镇企业就创造了中国经济发展史上的一个奇迹。

1987 年 6 月 12 日,邓小平在会见南斯拉夫共产主义者联盟中央主席团委员斯特凡·科罗舍茨时,感慨地说:"农村改革中,我们完全没有预料到的最大的收获,就是乡镇企业发展起来了,突然冒出搞多种行业,搞商品经济,搞各种小型企业,异军突起……这是我个人没有预料到的,许多同志也没有预料到,是突然冒出这样一个效果。"

专栏 4-3

五个专业村的故事

在安徽阜阳市曾经有几个村子,在改革开放初期的 1980 年,还都是远近闻名的穷村。短短三四年后,这几个村子摇身一变,成了远近各村都美慕和模仿的"专业村",有的村子人均收入竟然增长了五倍之多。是什么样的"点铁成金手"成就了这种惊人变化?

1984 年,时任安徽阜阳地委书记陈复东,对辖区内的五个"专业村"进行了深入细致的访问调研,总结了这几个村庄发展工农业的经验和问题,并以《五个专业村的调查》为题,发表在《红旗》杂志上。很快,"阜阳模式"在全国范围内产生了影响,一度与"温州模式"和"苏南模式"并列成为具有中国特色的地区经济发展模式。

回顾这个例子,不但能重温前人在改革开放初期"筚路蓝缕,以启山林"的艰辛,也能通过具体生动的实例和翔实的调研数据,更好地体会本章的主旨:农村经济发展和反贫困的关键,在于放松对农村居民自由选择的各种限制(无论这些限制来自技术、文化还是制度),不断扩大农村居民的生产自主性和选择范围,并且形成农业与非农部门之间的正向反馈。

什么是"专业村"?所谓专业村是指这样一些村庄:这个村子里的劳动力,起码有一半以上从事同一种专业生产(不包括单一的种植业),而从这些专业生产中获得的收入,又占了总收入的一半以上。陈复东当时调研的五个专业村,包括:

(1)太和县皮条孙村:1980—1983 年,加工尼龙绳的专业户从 3 户发展到 220户,1983 年人均收入达 560 元,是 1980 年的 5 倍;

(2)利辛县张寨村:1980—1983 年,加工筛网的专业户从 6 户发展到 380 户,人均收入达 650 元,涌现 23 个万元户;

(3)利辛县杨园村:80%的农户从事木材加工,人均收入 1200 元;

(4)蒙城县陈仙桥村:90%的农户加工芋干,人均收入 500 元;

(5)临泉县陈西村:50%的农民从事运销,人均收入达到 1500 元。

这些专业村为什么会在那几年密集地涌现？一个重要的原因是，实行家庭联产承包责任制之后，农业劳动生产率大幅提高。由于农产品的需求是刚性的，这意味着农村出现大量的剩余劳动力。这为专业村的产业发展提供了丰富的劳动力资源。此外，这些专业村在"文化大革命"之前，通常已经有了某些技术上的积累和传承，在"文化大革命"时这些技术只能被压抑住。改革开放后，这些村子就在传统技术的基础上，针对新的市场需求进行技术革新，才形成了所谓的专业村，并在短短几年的时间内，让村民的人均收入翻了几倍。

乡镇企业为我国的经济发展和结构转型立下了汗马功劳。从改革开放初期开始，乡镇企业利用灵活的经营管理体制和农村丰富的劳动力资源，生产了大量我国人民急需的工业品并出口创汇，为我国后来成为"世界工厂"奠定了坚实基础。在这个过程中，乡镇企业把一亿多农村劳动力从相对低效率的农业部门吸纳进入了现代工业部门，大幅提高了农村家庭的收入，为我国农村的减贫和发展做出了巨大的贡献。

需要指出的是，从 20 世纪 90 年代以来，中国经济发展的内外环境都发生了重大变化。从外部环境来看，中国在 20 世纪 90 年代之后加快融入国际市场，在需求侧形成了用出口拉动增长的格局。从内部环境来看，随着城镇地区改革攻坚的推进，地理位置和集聚效应等因素的重要性不断增加，城镇地区逐步拉开了与农村在生产率上的差距。随着户籍制度的逐步放松，越来越多的农村劳动力直接进入城镇地区的非农部门工作。可以预期，随着乡镇企业生产率劣势的逐步凸显和农村劳动力成本的提升，并且伴随着中国经济进一步向服务业转型，乡镇企业在中国经济中的重要性会进一步下降[①]。大浪淘沙后留下来的乡镇企业将更好地发挥农村地区的比较优势，但不会重现 20 世纪 80 年代的辉煌。

2. 国际贸易和对外开放带动工业化

中国非农部门发展的第二个特点是对外开放和国际贸易起到的重要作用。我国通过参与国际分工与协作，全面融入全球生产网络和价值链，利用外循环带动了国内的工业化。

改革开放以来，中国的对外贸易经历了爆炸式增长：1978—2000 年，中国的对外贸易额就增长了 20 倍以上。20 世纪 90 年代，中国是世界上第二大外资输入国，所接受的外国投资占所有发展中国家总和的 1/3 以上。

2001 年，中国加入世界贸易组织（WTO）。"入世"让中国全面、深度融入世界性的生产网络和分工体系。同时，"入世"打破了国企和外企对中国对外进出口权的垄断，使

---

① 从 20 世纪 90 年代中期开始，在国家统计局的口径中，乡镇企业由所有制概念转变成了区域概念，本文采用的是区域概念。以所有制定义的乡镇企业，实际上从 20 世纪 90 年代中期已经开始衰落。

得民营企业在进出口贸易上有了更多的自主决定权,因而有更多机会融入全球生产网络和分工体系。这让当时的中国能充分发挥比较优势,利用自己规模庞大和相对低廉的劳动力,参与全球价值链上相对下游和劳动密集的环节。

国际经济学近年的研究表明,2000—2005 年,由于关税不确定性的消除,中国对外出口飞速增长[①]。同时,关税不确定性的下降不但促使更多中国企业参与出口,还挤出了低效率的出口企业,因此改善了不同企业之间的资源配置,提高了总体生产效率[②]。随着时间推移,中国企业在全球价值链上向更多的、更上游的生产环节扩张,利润和附加值得到提升。因此,虽然存在内外结构的种种不平衡,外循环仍然带动和促进了内循环。

随着我国开放大门的逐渐打开,东部沿海工商业部门的劳动力需求爆发式增长。为适应这个新的变化,中国政府取消和清理了许多对农民跨区流动和进城务工的不合理限制,扫除了从农业到非农部门的劳动力流动障碍。例如,2003 年,国务院发出通知,要求取消对企业使用农民工的行政审批和农民进城务工就业的职业限制。同年,国务院公布《城市生活无着的流浪乞讨人员救助管理办法》,同时废止《城市流浪乞讨人员收容遣送办法》,这意味着限制人口流动的"收容遣送制度"步入历史。此后,农民工数量稳步增长。到 2020 年,中国农民工数量已超过 2.8 亿,流动人口数量更高达 3.76 亿。

从图 4-3 中可以看到,我国对外开放的过程也是我国工业部门就业快速增长的过程。尤其是我国加入 WTO 前后的变化,更能凸显对外开放对于我国工业化的重要作

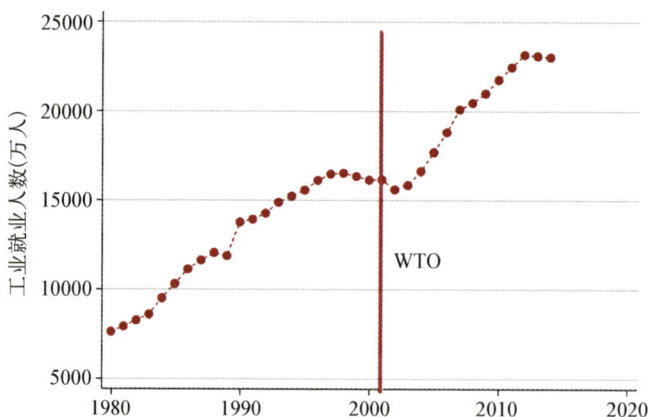

数据来源:国家统计局。

图 4-3 中国工业部门就业

① Handley K, Limão N. Policy Uncertainty, Trade, and Welfare: Theory and Evidence for China and the United States[J]. American Economic Review, 2017, 107 (9): 2731-2783.

② Ling F, Li Z, Swenson D L. Trade Policy Uncertainty and Exports: Evidence from China's WTO Accession[J]. Journal of International Economics, 2017, 106: 20-36.

用。在 20 世纪最后几年,中国的工业部门在内部经受了改制的阵痛,在外部受到了亚洲金融危机的冲击。内外夹击下,就业形势极为严峻:根据《朱镕基讲话实录》,从 1998 年到 2000 年年底,国企下岗职工累计达 2 500 万人。在图 4-3 中,1998—2002 年,中国工业部门就业人数罕见地下降了 1 000 多万。然而,从 2002 年开始,工业部门就业出现了强劲反弹,从 2002 年的 1.6 亿一直上升到 2014 年的 2.3 亿。

从图 4-4 中我们看到,中国对外开放不断加深的过程也是农业在宏观经济中的相对重要性不断下降的过程。同样,我国加入 WTO 前后的变化,可以凸显对外开放对于我国农业占比下降的重要作用。从 20 世纪 90 年代中期开始到我国加入 WTO 之前,我国的农业就业占比几乎没有变化;但在我国加入 WTO 之后,农业占总就业的比重快速下降。前文强调的人口流动和农民工数量的增长是这里最为关键的因素。因此,对外开放和国际贸易将我国的大量农业人口从农业生产中释放出来,大大加速了我国农村跳出马尔萨斯陷阱的过程。

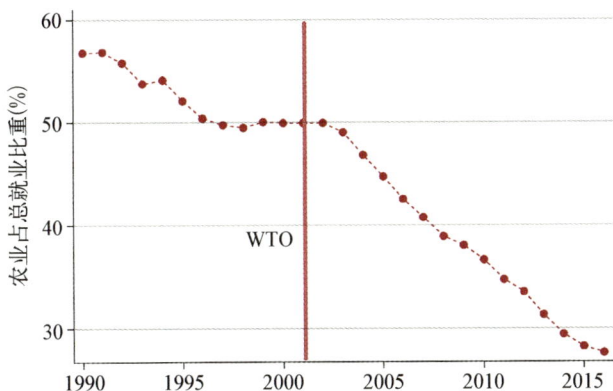

数据来源:国家统计局。

图 4-4　农业占中国总就业的比重

第四节　中国农业农村亟待解决的问题和未来发展方向

在近几十年我国的发展历程中,农业部门的产量和生产率稳步提高,不仅为我国经济发展提供了充足的物质保障,还将大量劳动力从农业生产中解放出来,为我国的工业化和经济增长提供了持续稳定的动能。但是,我们需要清醒地认识到,由于各种制度性障碍的存在,我国农业仍然面临高投入、高进口和高污染的"三高"困局。同时,从农村流出的人口以青壮劳动力为主,因此,在人口流出较多的地区产生了大量由留守老人、留守妇女和留守儿童所组成的"空心村"。这些留守群体为我国的工业化和现代化做出了巨大的牺牲。

一、农业"三高"问题

2014年,我国农业劳动生产率不到非农业劳动生产率的1/2,与美国等发达国家相比更是不到这些国家农业劳动生产率的1/10。这意味着,生产同样产值的农产品,我国需要投入的劳动力比美国等发达国家高十倍以上。我国在农业中间产品尤其是农用化学品上的投入也远超发达国家。2014年,我国单位面积耕地的化肥使用量为美国和欧盟的三倍以上,农药使用量则为美国和欧盟的五倍以上(见图4-5)。我国占世界7%的耕地,使用了占世界30%以上的化肥和农药,其后果是严重的生态损害和环境污染。根据环境学者估算,我国因农业领域污染所造成的经济损失,达到我国农业部门GDP的

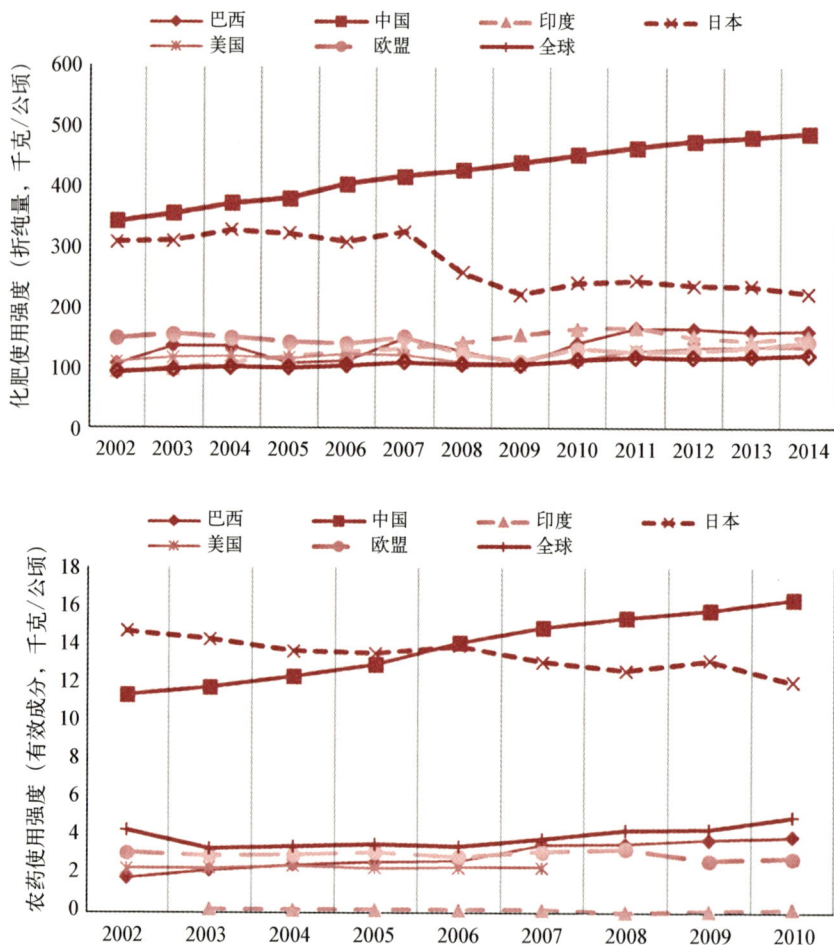

数据来源:联合国粮农组织数据库和国家统计局。

图4-5 各国单位面积耕地的化肥和农药使用量比较

$7\%\sim10\%$[①]。

由于我国农业部门的生产效率远低于我国非农部门的生产效率,随着我国农产品市场逐步对外开放,比较优势原理开始发挥作用。我国在投入大量人力物力进行农业生产的同时,也大量从国外进口农产品尤其是粮食作物,从粮食净出口国转变为世界上主要的粮食进口国。根据国家统计局数据,2014 年,我国粮食作物的进口额达到 9 000 余万吨,占我国粮食生产总量的 15%,而同时粮食作物出口额不到 100 万吨。粮食作物的库存也在攀升。2015 年,我国的玉米库存量就有 2.5 亿吨,稻谷库存量在 1 亿吨左右,仅玉米库存的成本费用每年就要耗费 630 亿元,而同年的海关数据显示,玉米的进口量达到 473 万吨。从 2015 年开始,农业供给侧改革的重点就被置于"去库存、降成本、补短板",但这一看似矛盾的局面至今未得到根本缓解。

专栏 4-4

中国为什么出口工业品而进口农产品?

中美贸易是当今世界上最重要的双边贸易关系。在世界上最大的这两个经济体之间,双边贸易的部门构成有些奇怪:中国向美国出口了大量的工业品,同时向美国购买了大量的农产品。以 2020 年为例,中国对美国的工业品净出口为约 3 300 亿美元,而向美国的农产品净进口为约 200 亿美元。很多人因此自豪地说,这意味着中国发展成了先进的工业国,而美国成了落后的农业国。这话,既对也不对。

如果我们以劳动生产率作为衡量的指标,那么中国无论是工业还是农业,都仍然是远远落后于美国的。既然如此,那么美国为什么不自己生产工业品,还需要从中国进口?这就涉及经济学里一个核心的概念——比较优势。这就是说,虽然中国的工农业生产效率都远低于美国,但正如我们在正文中提到的,这个差距在农业部门更大,在工业部门更小。因此,在相对的意义上中国是一个"工业国",中国的农业部门劳动生产率更低。

19 世纪初期,大卫·李嘉图在其代表作《政治经济学及赋税原理》中提出了比较成本贸易理论,也就是比较优势理论。他认为国际贸易的基础是生产技术的相对差别,而非技术的绝对差别。因此,即使一个国家在每种技术上都落后于人,也仍然有机会从国际贸易中获益,只要这个国家集中生产并出口其具有"比较优势"的产品,进口其具有"比较劣势"的产品。中美这两个大国之间的贸易无疑是对这个理论的有力证明。

---

① Norse D, Ju X. Environmental Costs of China's Food Security[J]. Agriculture, Ecosystems & Environment, 2015, 209: 5-14.

二、农村"留守"问题

从 20 世纪 90 年代开始,随着我国对外开放的不断深入和人口流动限制的逐步放松,我国从农村到城镇非农部门的人口流动也稳步增长。2020 年,我国农民工数量超过了 2.8 亿,远超世界上绝大部分国家的人口总数。这个规模空前的人口流动是我国经济结构快速变迁和经济总量快速增长的核心驱动力之一。然而,由于我国从农村到城镇的人口流动主要由青壮年(尤其是男性)劳动力所构成,相对应地,就产生了大量的留守老人、留守妇女和留守儿童。

各国经济发展的历史表明,人均预期寿命一般随着人均收入水平提高而提高,出生率则随着人均收入水平提高而下降。城市地区的人均收入通常高于农村,人均预期寿命更高而出生率更低,因此一般而言,城市地区的老龄化程度要高于农村。然而,在我国,近年却出现了比较严重的人口老龄化城乡"倒置"现象。根据我国第七次人口普查结果,我国农村 60 岁和 65 岁及以上老人的比重分别为 23.81% 和 17.72%,比城镇分别高出了 7.99 和 6.61 个百分点。在农村人口流出较多的省区,农村人口老龄化程度也更高[1]。

同时,由于社会文化习俗和性别分工等原因,我国从农村到城市的人口流动以男性为主,因此在农村地区出现了大量的留守妇女[2]。人口学者根据我国 2015 年 1% 人口抽样调查数据进行估算后得出结论,2015 年我国农村地区的留守妇女超过 1 700 万人。大量的农村留守妇女也使我国农业呈现比较独特的"女性化"现象。

各国经济发展的历史表明,在工业化和经济发展的进程中,妇女在农业生产中的比例通常是在下降的。例如,在 18 世纪初的英国,妇女(和儿童)曾经占所有农民的 62%,而随着工业革命的推进,到了 19 世纪中期,这个比例就降到了 36%[3]。然而,我国农业在近 20 年的变化与这一趋势相违背。在我国加入 WTO 后,农业在我国总就业中的比例不断下降,而我国农业人口中的女性比例反而在不断上升。

最后是留守儿童问题。留守儿童的定义有争议,在有些统计口径中,留守儿童指的是父母双方都长期不在身边的儿童,而在另一些口径中,指的是父亲或母亲至少有一方长期不在身边的儿童。无论以哪一种口径来衡量,我国农村都存在数量巨大的留守儿童。人口学者根据我国 2015 年 1% 人口抽样调查数据计算的结果是,在 2015 年的我国农村,父亲或母亲至少有一方长期不在身边的儿童超过 4 000 万,而其中父母双

① 彭希哲.数读"七普":我国人口老龄化的 7 组全息投影[J].中国社会工作,2021(17):8-11.
② 段成荣,秦敏,吕利丹.我国农村留守妻子的分布与生存发展现状——基于 2015 年 1% 人口抽样调查数据的分析[J].南方人口,2017,32(2):16.
③ Allen R. Agriculture During the Industrial Revolution[M]//Floud D., McCloskey(eds.). The Economic History of Britain Since 1700. Cambridge:Cambridge University Press,1994:96-122.

方都长期不在身边的约占一半①。父母陪伴的长期缺失严重损害了许多留守儿童的身心健康。

专栏 4-5

隔代抚养下,农村留守儿童沉迷手机

近年来,智能手机作为连接异乡父母的工具,在农村留守儿童中进一步普及,尤其在疫情、网课、线上家校沟通等的催化下,农村留守儿童拥有手机的比例、接触手机的便利度,均超过城市儿童。然而,农村留守家庭特殊的"中空"结构造成儿童的手机经常处于"脱管"状态。由于父母链条的缺失,孩子大多由爷爷奶奶隔代抚养,而许多老人不会使用智能手机,对新型软件潜藏的危险也认识不足,这使得孩子有更多空间使用大人的手机上网,或用大人的身份注册账号,轻松绕过网络平台设置的青少年模式。

2021 年国庆假期,走访农村留守儿童的志愿者团队偶然中发现这一潜伏的危险,随后的两个月,志愿者们将调研范围扩大到中部地区的湖北、湖南、河南三省,结合走访和问卷调研发现,类似的问题在不同地区的农村留守儿童群体中较广泛存在。农村留守儿童沉迷手机,不但严重影响了他们的身心健康发展,在一些极端情形下甚至引发了家庭和社会悲剧。

12 岁留守儿童小新的父母在广东打工,平常跟爷爷在四川大山里生活。2018 年暑期,小新被爸妈接到了广东,但因妈妈没收他的手机,竟喝下了百草枯自杀,虽被救但肺部已发生病变。小江父母在北京打工,一直由爷爷和奶奶隔代抚养,初二时因上网课买了部手机,此后常一个人躲到房间里玩手机,性情也开始变得急躁、自闭。

资料来源:农村留守儿童:隔代抚养下的新危"机"与新"瘾"患[EB/OL].京山义工联(微信公众号),2022-04-14.

三、农业"三高"和农村"留守"问题的制度成因

我国农业所面临的高投入、高进口和高污染的"三高"困局,和农村面临的"留守"问题,都有着同样的制度根源,根本的原因是我国现阶段土地和户籍制度的不完善。

从 20 世纪 70 年代末开始,家庭联产承包责任制成为我国农村土地制度的基础,并一直延续至今。它将我国农业从"大锅饭"的桎梏中解放出来,大幅提升了我国的农业生产率,为我国以后几十年的经济起飞奠定了坚实的制度基础。在家庭联产承包责任

---

① 吕利丹,阎芳,段成荣,等.新世纪以来我国儿童人口变动基本事实和发展挑战[J].人口研究,2018(3):65-78.

制的框架下,农民只拥有农业土地的长期使用权而非产权,因此农民在土地上的权利并不是彻底的。随着我国工业化程度的不断加深和农村人口的不断流出,这一局限性的负面作用开始不断显现。正因为农民并不拥有土地的产权,所以土地的流转和交易受到极大的限制。这不但限制了农业经营规模的扩大,也成为农村居民举家迁入城市的一大障碍:为了保留土地的使用权,农民即便进城打工,也常常将老人、配偶留在农村。

进入 21 世纪后,我国城乡间人口流动障碍大幅下降。但是,我们同样需要看到,进入城市工作的农村居民仍然无法在公共医疗、劳动保障、子女教育等方面与城市居民享有同等的权利[①]。虽然超过 2.5 亿的农村居民在城市工作,但他们中的大多数在城市里"落地"而未"生根",并没有完全融入城市。许多农民工将他们的父母、配偶和子女留在农村老家,并准备在若干年后返回农村。一旦他们举家迁入城市,就要面临子女教育和老人养老等方面的问题,还会面临失去农村土地使用权的风险。正因此,作为人口流出地的农村,就出现了大量的留守老人、留守妇女和留守儿童。

我国土地和户籍制度的局限性也是我国农业"三高"问题的根本症结所在。由于农村土地无法自由流转、农村劳动力无法自由流动,过多的劳动力滞留在农村,而农业土地过度分散在许多小农户手里。因此,农业的适度规模经营无法实现。我们在前面已经强调过农地规模对于农业发展的重要性。我国农业经营规模过小的结果就是农业生产效率低下且污染严重,即便投入了大量农业劳动力,却仍然需要从国外进口大量农产品。

正如我们在第二节所看到的,各国经济发展的一般经验是农业经营规模会随着经济发展而扩大,各国的农地经营规模(户均农地面积)与人均 GDP 之间存在很强的正相关关系。随着生产力的不断增长,人均收入提高,城市化不断加深,大量农村劳动力从农业部门进入城市非农部门工作,并将手中的农地流转出去。因此,选择留下的农户可以经营更多土地。同时,现代农业技术和农业机械的普及也加强了农业生产经营中的规模效应,使得大农场和大农户相对更有优势。然而,我国农地的流转和交易受到了土地和户籍制度局限性的严重制约。近年来,虽然各级政府试图推动农业用地在合理范围内流转,但收效不大。一方面,这是由于土地所有权不明确,土地流转的交易成本很高;另一方面,由于户籍制度的影响,农民流转土地的意愿较低。我国的农业经营规模(约 0.5 公顷)不但远远低于世界平均水平(约 6 公顷),也与我国的整体经济发展水平很不相称。1990—2012 年,我国人均 GDP 持续高速增长,但我国的农业经营规模却并未显著增长,这与世界其他国家的发展趋势并不一致。2012 年,我国农业经营规模远远

---

① Meng X. Labor Market Outcomes and Reforms in China[J]. Journal of Economic Perspectives,2012,26(4):75-102.

低于同等发展水平国家的均值①。

我国农业生产过于分散和农业经营规模偏小的现状,严重阻碍了我国农业生产效率的进一步提高,也是我国农业污染严重的主要原因。一方面,农业生产无法适度集中到生产效率和经营能力更高的农户手里,造成生产效率损失,农业生产的规模效应大打折扣;另一方面,由于受规模所限,小农户从学习和采用现代农业科技中得到的回报不足,因此往往缺少相应的激励去学习现代农业生产知识和管理方式,也缺少相应的激励和资金去装备现代农业机械,只能通过大量投入劳动力和农用化学品来保证产量,不仅效率低下,更造成严重的生态破坏和环境污染。

近年来农业领域的研究发现,不同经营规模的农户在农业污染上存在很大差异。与生产经营规模较大的农户相比,小农户在每单位土地上的化肥和农药使用量显著更多,因此对环境和生态的破坏也更为严重②。

四、中国农业和农村的未来发展方向

在未来几十年里,中国的农业和农村怎样才能走出一条高效、宜居、环保、和谐的共同富裕之路? 其实,答案就藏在前文的分析中:中国农村的共同富裕之路,关键依然在于充分尊重农民的基本权利和自由选择,让人口、土地和资本更高效、更自由地流动起来。

农村要变得更富有更宜居,关键在于实现农业的高效和可持续发展,而这又离不开农业的规模化经营。从微观的角度看,农民的钱包要能鼓起来,根本的办法还是扩大农业的经营规模。从宏观的角度看,要提高农业的生产效率,降低农业的污染,核心的办法也在于扩大农业经营规模。

只有实现了农业的规模化经营,农业生产才能集中到生产效率和经营能力更高的农户手里,提高农业的整体生产效率,并充分发挥农业生产的规模效应。农业经营规模上去之后,农户才能有充足的激励去学习现代化农业科技和经营管理方式,以及去装备现代农业机械,从而进一步提高农业效率,并减少对生态的破坏和环境的污染。只有农业生产效率提高了,才能减少对国外粮食进口的依赖,把饭碗更稳地端在自己手里。

农业规模经营的先决条件是农业土地和劳动力等要素的高效和自由流动,这需要我们对土地和户籍制度进行相应的改革。只有当农民有了更明确的处置土地以及收益

---

① 这里我们需要注意户均农地面积与前面提到的农均农地面积的区别。我国农均农地面积主要由农业就业人数决定,而户均农地面积不仅受到农业就业人数影响,也受农地流转的范围和规模影响。举个极端例子,假如某个村庄的土地由100户农户平均拥有,而每个农户有两个劳动力。再假设从某年开始,每个农户有1个劳动力进城工作,但剩下的那个劳动力经营农地,即土地没有发生流转。在这种情况下,农均农地面积增加了一倍,户均农地面积却没有任何变化。

② Wu Y, Xi X, et al. Policy Distortions, Farm Size, and the Overuse of Agricultural Chemicals in China[J]. Proceedings of the National Academy of Sciences of the United States of America,2018,115(27):7010-7015.

的权利,农村土地流转的交易成本才能降下来,土地的流转和交易才能变得更活跃,而农业土地才有可能集中到生产和经营效率更高的农户手里。

另外,农业土地的适度集中和规模化经营与农村居民的进一步非农化和高效自由的人口流动紧密相关,两者相辅相成。只有更多的农村居民彻底融入效率更高的城镇部门,留下来的那些农民才能获得更多的土地。这就意味着,我们需要改变户籍制度中阻碍人口流动的不合理部分。

首先,逐步取消劳动力市场上基于户籍的歧视性政策,本地居民与流动人口公平竞争。其次,取消在基本公共服务上对流动人口的歧视性政策,流动人口也能和本地居民一样,在医疗、教育、养老等方面平等地享受基本的公共服务,让农村户籍的家庭在城市里也能老有所养、幼有所教,不但在城市"落地",而且"生根",完全融入城市生活。只有这样,我们才能从根源上解决农村的留守老人、留守妇女和留守儿童问题。

这些改革是实现公民基本权益和公平公正的必然要求,但同时也是新形势下充分调动和高效利用人力资源的重要举措。在我国人口出生率持续走低、青壮年劳动力资源不再丰裕的大趋势下,让农村的闲置劳动力来广泛参与城镇劳动力市场,就有了迫切的现实意义。更重要的是,让更多的农村儿童在更为现代的城市环境下成长,让他们在质量更高的城市地区学校接受教育,就等于是用人力资源的"红利"来代替即将消失的人口数量的"红利"。这也是我们践行以人民为中心的发展观的应有之义。

╠═══ **思考题** ═══╣

1. 从国家统计局的网站上,我们可以获得 1978—2020 年我国的城乡居民消费数据。我们会发现,1978—2020 年,我国城镇居民实际消费水平增长 10.4 倍,农村居民实际消费水平增长 16.1 倍,而我国全体居民实际消费的增长却比二者都要高,达到 20.2 倍。这是可能的吗?

2. 我国为什么会进口那么多大豆?

3. 农业人口越多,对于发展农业就越有利吗?

4. 为什么说农业经营规模对中国农业和农村的发展至关重要?

第 5 章

城市化：理论、进程与改革

在经济发展的过程中，城市化可以说是最为重要的经济现象。经济从农业向工业和服务业不断升级的结构转型，在空间上就表现为人口从农村向城市的迁移。同时，大城市在发展服务业上具有强大的规模经济效应，因此，不同规模的城市之间将出现分工协作、优势互补的发展格局，大城市由于其强大的创造就业的能力不断吸引人口流入。中国的城市化进程伴随着人口从小城市向大城市的迁移和集中，这个现象也是全世界范围之内普遍存在的。但是如果做横向比较，中国的城市化率相较于其他国家历史同期是偏低的。中国的大城市人口也长期受到政策的严格管制，大城市成长为都市圈的进程也受到传统体制的制约。本章将解释经济发展与城市化、城市体系之间的关系。当然，我们也会解释一些从计划经济时期遗留下来的制度如何影响了城市化的模式，以及整个中国经济发展进程，其中，尤其重要的就是人口、土地这两个重要的生产要素市场的影响。

本章由四节构成：第一节回顾经典的城市化理论，主要是刘易斯的二元经济理论，并讨论中国的城市化与经典理论的异同，其中的关键就在于劳动力流动是否存在障碍；第二节讨论中国城市化和城市发展的若干理论问题，包括城市和农村的关系、城市体系中的大中小城市关系、城市群和都市圈的关系、都市圈内部的中心和外围关系；第三节介绍中国城市化和城市发展的进程，尤其是传统体制如何制约了城市化，以及城乡和区域经济发展如何兼顾发展和平衡；第四节则讨论中国城市化和城市发展的改革方向，包括户籍、土地、公共服务等方面。

第一节　城市化的经典理论与中国的城市化

人们通常用经济发展水平来区分发展中国家和发达国家，而另一个重要的指标是产业和人口的结构。发达国家的产业结构通常以工业和服务业为主,尤其是服务业在 GDP 中比例达到 60％甚至 80％以上,而发展中国家则处在工业化的过程当中,其中低收入国家的经济结构甚至可能以农业为主。工业和服务业的发展往往集中在城市,而农业则集中在农村地区,因此,经济发展水平又与城市化水平相关,发达国家通常有 75％甚至高达 90％的人口居住在城市地区,而发展中国家的城市化率则较低。

总结而言,发展中国家的经济结构具有两方面的二元特征。

第一,在经济结构方面,同时存在相对先进的工业和服务业,以及相对落后的农业,经济发展过程表现为工业和服务业在 GDP 中所占份额逐步提高。

第二,在人口结构方面,发展中国家人口中,农村人口比重较高,城市化水平较低,经济发展过程同时表现为城市化水平的不断提高。

那么,这个工业化和城市化的过程是怎样完成的呢? 1954 年,经济学家刘易斯在英国《曼彻斯特学报》上发表了一篇论文《劳动无限供给条件下的经济发展》[①]。在经济学发展史上,这篇论文首次完整地提出了一个针对经济发展过程的二元经济模型,开创了经济学研究经济发展和结构转型的先河,至今仍然是我们分析经济发展过程的基础。刘易斯荣获 1979 年度诺贝尔经济学奖,主要就是因为他在发展经济学研究中做出的开创性贡献。

一、刘易斯模型

刘易斯的二元经济模型中存在两个部门,为了简化,我们称之为传统部门和现代部门。或者为了更为贴近发展中国家的实际,我们可以称传统部门为农业,称现代部门为工业和服务业。工业和服务业有强大的规模效应,在空间上往往集聚在城市里发展,而农业则主要在农村,我们也可以将传统部门称为农村,将现代部门称为城市。这样,这个二元经济的工业化进程伴随着工业和服务业的提高,而城市化则伴随着城市人口在总人口中比重的提高,这两个进程是一致的。出于简化,我们就以农村来指代传统部门,而以城市指代现代部门。

特别需要强调一下,工业化进程并不一定是工业在经济中的比重持续提高,经济发展到一定阶段之后,服务业比重越来越高,而工业比重可能是先上升后下降的,但经济发展后期出现工业比重下降,不能说是工业化的倒退。因此,在经济发展的意义上,工业化进程指的是工业和服务业的比重提高的过程。

在经济发展的早期,当城市经济还不发达的时候,发展中国家的农村存在着大量的

---

① Lewis W A. Economic Development with Unlimited Supplies of Labour[J]. The Manchester School, 1954, 22 (2): 139-191.

剩余劳动力。剩余劳动力就是指这样一部分劳动力：当减少这部分劳动力的时候，农业的产出并不减少，增加这部分劳动力，农业的产出也不增加。什么时候会出现这样的情况呢？当农业的土地数量给定，而人口-土地比率非常高的时候，农业的产出是由土地数量决定的，人口的增减并不能改变农业产量，这时剩余劳动力就存在了。

在经济发展的过程中，一国只有发展现代部门才能吸收剩余劳动力，提高全体人民的生活水平。为什么城市的现代部门可以持续地创造就业岗位呢？现代工业和服务的特点是，它们的发展不再受制于土地数量的约束，只要能够不断地积累资本，城市总是可以源源不断地创造劳动力需求。在二元经济中，一个部门的产量是受制于土地，还是可以通过资本积累不断提高，这是区分传统部门和现代部门的核心特征。这意味着在经济发展过程中，城市化水平不断提高是一个必然的过程。如果担心农村劳动力进城找不到工作，那就相当于在担心城市部门没有经济增长和创造就业的空间了，这时经济发展也就停滞了。然而实际情况是，一个国家的发达程度总体上来说是与其城市化水平高度相关的，发展水平提高，就伴随着工业化和城市化进程不断加快。这里先介绍刘易斯模型，再结合中国的数据做国际比较。

在刘易斯模型中，经济发展将出现两个阶段。

在第一个阶段，随着城市不断创造新的劳动力需求，一些农村地区的剩余劳动力向城市转移，但这部分剩余劳动力的流出不影响农业的总产量。不妨假定，所有农村劳动力在农村是共同分享农业产出的，于是当农业产出给定时，农民的平均产出也是不变的。这时，一个农村剩余劳动力只要在城市部门能够获得高于农业平均产出的工资水平，剩余劳动力就不断地转移到城市。

经济发展的关键阶段就是第二阶段。这时，农业边际劳动生产率为零的剩余劳动力已经全部转移到了城市现代部门，在这个阶段劳动力如果继续从农业流出，必然导致农产品总产量下降，只有用资本和机器替代劳动才能避免农产品产量下降。这时，城市部门如果要雇用新的劳动力，就必然要提高工资与农业竞争劳动力。这时，随着农业劳动力的边际生产力逐步提高，城市部门将出现持续的工资水平的上升，呈现出劳动力短缺的现象。

刘易斯模型刻画了上述经济发展过程。这个产生于 20 世纪 50 年代的简单模型没有进一步刻画农村的变化，同时，其城市的发展也仅仅被简化为一个资本不断积累的过程。尽管如此，如果进一步推论的话，在经济发展进入第二阶段以后，一个国家在城市部门出现的工资水平持续上升将带来一系列的变化。在通常情况下，资本的价格（即利率）是相对比较稳定的，而当工资快速上升之后，劳动相对于资本就越来越贵，于是城市部门将出现资本替代劳动的技术进步和产业升级，一些劳动密集型的产业将逐渐迁离本地。同时，在农业中，随着劳动力的持续减少，一方面，人均土地面积将持续增加，以家庭为单位的生产方式将逐渐被大农场的模式所替代；另一方面，同样由于农业劳动越来越贵,农业的机械化也将成为必然趋势。

专栏 5-1

刘易斯"二元经济模型"

　　刘易斯"二元经济模型"可以用一个被修正的劳动供给-需求模型来表示。在图 5-1 中,LS 表示的是城市工业和服务业的劳动力供给曲线。这条曲线与通常的劳动供给曲线的关键差别是它有一段水平的部分 W_0T,这部分就是农村(农业)中仍然存在剩余劳动力的阶段。正如前面所说,这时农业劳动力转移到城市的工业和服务业,但农业的产量并不下降,只要城市部门付一个最低水平的工资,而这个工资扣除掉流动成本后能够高于农村的平均收入,就会有人愿意去城市工作。这段水平的劳动供给曲线就是所谓"无限弹性的劳动供给曲线",换言之,工资不变,但劳动供给可以一直增加。

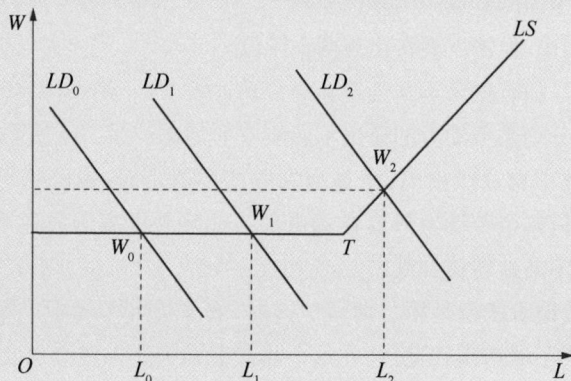

图 5-1　刘易斯"二元经济模型"

　　T 所在的位置就是"刘易斯拐点"。在到达 T 点之后,如果城市部门要进一步增加劳动力雇用,就需要进一步减少农业部门的劳动力,而由于剩余劳动力已经吸纳完毕,农业劳动力的减少将影响农业产出。这时城市增加劳动力数量,就产生了与农业部门的竞争,必须付出更高的工资水平。于是,劳动力供给曲线的形状变成斜率为正向上倾斜状。

　　再来看劳动力需求曲线。图 5-1 中,有一组向右下倾斜的劳动力需求曲线。每一条劳动力需求曲线对应于一个资本存量水平。随着现代工业服务业资本积累水平的不断提高,劳动力需求曲线不断向右移动。

　　在整个二元经济的发展过程中,随着劳动力需求曲线从 LD_0 右移到 LD_1,城市工业、服务业的劳动力数量从 L_0 增加到 L_1，这时，工资水平维持在 W_0 的状态。之后，劳动力需求曲线进一步右移到 LD_2，这时整个经济越过了刘易斯拐点，工资水平提高到 W_2。当劳动力需求曲线出现一个连续移动的过程的时候，工资水平就从保持在 W_0 开始，在 T 处出现一个拐点，之后工资水平出现连续的上升趋势。

二、二元经济模型

通常来说，一个高度简化的理论能够为我们分析现实提供一个很好的起点，而如果要更好地利用这样的理论来理解现实，就还需要看到现实与理论的差距，对理论进行适当的修正。刘易斯模型隐含的假设是一个完全竞争的劳动力市场，不存在劳动力从农村流向城市的制度性障碍，工资完全由劳动力市场的供给与需求曲线共同决定，不存在任何垄断性的市场力量来改变由市场决定的工资水平。相应地，流入城市的劳动力规模也是由市场供求共同决定的。然而，中国二元经济发展中的制度背景与刘易斯模型的假设不符，城市内部因户籍而存在着社会分割，这形成了城乡之间和地区之间的劳动力流动障碍。

在刘易斯模型中，城市内部的产业工人没有类似于户籍这样的身份差异，无论他是城市的原有居民还是来自农村的新移民，拿的都是产业工人的工资。根据这一模型，在出现"刘易斯拐点"之前，城市工业部门的工资是几乎不变的，工业的剩余都成了资本拥有者的利润。然而，长时间以来在中国所发生的事实则是，在城市劳动力市场上，相较于本地城镇户籍劳动力，不拥有本地城镇户籍的劳动力工资收入更低，更难进入相对较高收入的行业和职业。此外，由于公共服务的获得与户籍身份挂钩，社会保障体制仍然存在城乡间和地区之间的分割，劳动力流动面临着额外的制度成本。因此，我们需要一个存在劳动力流动障碍的二元经济模型，来理解中国城乡二元经济的发展。

相对于劳动力自由流动的状态，在一个存在劳动力流动的制度成本的二元经济模型中，能够理解中国经济长期存在的以下三个现象。

第一，劳动力流动规模和城市化水平被压低了。尽管中国的城乡间和地区间劳动力流动规模巨大，但如果不是因为制度性的障碍，其中有相当大一部分居民应该早就转化为居住和工作地的户籍人口，而不是"非本地户籍的常住人口"。根据 2020 年第七次人口普查的数据，城市化率接近 64%，但同时流动人口总数达 3.76 亿，其中大量在居住地被计入城镇常住人口，但并不拥有当地的户籍。

第二，城市化水平远远落后于工业化水平。在刘易斯模型中，工业化和城市化是同步的，城市持续地进行资本积累，工业化水平不断提高，同时，这一过程带来持续增长的劳动力需求，吸引农村劳动力转入城市，城市化水平不断提高。但在中国，工业和服务业的 GDP 长期处于 90％左右，远远高于人口的城市化率。

第三，城乡间和地区间的收入和福利差距巨大。一方面，由于存在劳动力流动的制度障碍，城乡间劳动力流动规模被压低了，于是农村劳动力的边际生产力和人均收入也被压低了。另一方面，在城市里，与城镇户籍相挂钩的各种公共服务和福利（如教育、最低生活保障和廉租房）相当于给城市户籍人口额外增加了一块实际收入。在上述背景下，中国城乡间的人均收入差距曾长期维持在三倍左右，如果将公共服务和福利包括在内，则实际差距更大。由于中国不同地区的城市化水平差异巨大，在城乡间收入差距巨大的情况下，农村人口比例较高的地区的人均收入水平也被相应"压低"了。当然，也需要指出，在 2003 年之后，中央加大了对于欠发达地区和农村的转移支付，地区间的差距开始缩小，城乡间收入差距扩大的趋势也在 2003 年之后得到了遏制，在 2009 年后则出现了城乡差距逐步缩小的新趋势。

在刘易斯理论中，没有考虑劳动力的技能（教育水平）的差异，很容易被人质疑，会不会城市化缺乏为农村劳动力创造就业机会的能力。实际上，这个担心是多余的，在城市经济中存在强大的"技能互补性"（skill complementarities），也就是说，高技能和低技能的劳动力在生产和生活两个环节都是互补的，城市经济越是现代化，越是在生产里需要大量辅助岗位（如操作工、司机），同时，在生活服务业里产生大量需求（如餐饮、快递、网约车）。研究显示，越大的城市，失业率越低，特别是教育水平较低的外来劳动力失业率越低[1]。

城乡间的劳动力流动障碍会造成城市部门的劳动力供给不足，特别是低技能劳动力相对供给不足，相应地，城市化进程和经济增长速度也被压低了。同时，现有制度拉开了城市外来人口与城市原居民之间的福利差距，也将导致社会不和谐。因此，在制度上逐步降低对于劳动力流动所形成的障碍，既有利于推进城市化和经济发展，同时也有利于消除城市内部的"新二元结构"，从而有利于社会和谐[2]。

第二节　中国城市化和城市发展的若干理论问题

一、城市和农村的关系

城市化的进程本质上就是农村人口不断进城的过程。在经济发展水平不断提高的

---

① 陆铭，高虹，佐藤宏. 城市规模与包容性就业[J]. 中国社会科学，2012(10)：47-66.
② 对于经济学理论模型有兴趣的读者，请进一步参见以下两篇论文，加深对于中国城市化进程的制度障碍及其影响的理解，这两篇论文都是在刘易斯理论基础上结合中国的实际做的理论研究。陈钊，陆铭. 从分割到融合：城乡经济增长与社会和谐的政治经济学[J]. 经济研究. 2008(1)：21-32；刘晓峰，陈钊，陆铭. 社会融合与经济增长——城市化和城市发展的内生政策变迁理论[J]. 世界经济，2010(6)：60-80.

过程中,城市地区集聚了制造业和服务业,不断创造就业岗位,为农村进城移民提高收入水平和改善生活质量创造条件。以人为本的发展应该尊重城市化和城市发展的客观规律。未来如果中国下决心推进人口城市化,将形成巨大的发展动力,使得城市和农村同时获得更好更快的发展。

那么,在城市化进程中,如何实现乡村振兴? 乡村振兴并不是要把农民留在农村。乡村振兴应以尊重城市化的规律为前提,通过"人出来、钱进去"来实现。从农村来看,人口的流动将出现分化。一部分人群自愿迁往城市地区工作和生活,追求更高的收入,并享受城市的服务。与此同时,另一部分人群自愿留在农村地区,在农村发展农业、旅游、自然资源等产业的时候,留守人群的人均资源占有量也将提高,农业生产出现规模化和现代化,相应所需的资本和技术进入农村,农民的收入提高。不仅如此,随着农业规模化和现代化的推进,农业生产的平均成本将下降,在国际市场上,中国农产品的价格竞争力将有所提高,对于其他国家农产品进口的依赖程度将有所下降。当前,伴随着城市化进程的提高,中国农村的农场面积正在上升,城乡间人均收入差距正在逐步缩小。

如果城市化能够持续推进,将使得中国在未来 20 年的时间里仍然能够延续人口红利,让城市地区的制造业和服务业获得源源不断的劳动力。换言之,虽然人口总量红利消失了,但城乡结构调整仍然能够使经济增长的主要部分获得持续增加的劳动力。从劳动力的结构来看,城市地区的产业升级不仅需要大量高技能劳动者,也需要大量低技能劳动者从事生产环节里的辅助性岗位以及生活服务业工作,从而有利于创造就业和缓解贫困。

更为顺畅的城市化进程还将有利于实现国内国际两个循环相互促进。从国内来说,外来人口在城市的安居乐业将释放巨大的消费需求。有研究发现,城镇地区外来人口比本地人口人均消费低 16%～20%[①]。户籍制度的改革如果能够让城市外来人口实现市民化和安居乐业,如果由此他们的消费得到释放,将极大提升内需,特别是服务业需求,这有利于提高外来人口的生活水平。与此同时,大量城市外来人口本身就是服务业劳动供给的主体,这样一来,中国经济中服务业占比偏低的结构性问题也得到有效的解决,有助于形成以国内大循环为主体、国内国际双循环相互促进的新发展格局。

在城市化进程中,面对农村地区出现的空心化现象应理性看待。只有在农村人口进一步减少的过程中,农业才能实现规模化和现代化,留守人口的人均收入才能提高,农民才可能成为有吸引力的职业。当前出现的农村地区大量留守人员是老人、妇女和儿童的现象,不能简单归因于城市化进程,而应看到这是由于长期以来的城乡分割制

---

① Chen B, Lu M, Zhong N. How Urban Segregation Distorts Chinese Migrants' Consumption [J]. World Development, 2015, 70: 133-146.

度,导致城市地区难以让农村进城人口举家迁移。减少农村发展的空心化带来的社会问题,要促进城乡融合,推动自愿进城的农民举家迁移,即"人出来",而不是通过城市化的抑制让人口回到农村。当然,也要看到城市化是一个慢慢提升的过程,即使不利于城市化的体制和观念因素全部消除,农村也仍然长期存在大量的留守人口,需要通过转移支付来改善农村地区的生活质量,对贫困人口提供生产和生活的扶助,这也是"钱进去"的含义。

二、城市体系中的大中小城市关系

一个国家内不同规模的城市是一个城市体系,它是由大中小城市以及小城镇共同组成的。不同条件的地区所形成的经济规模有差异,所能容纳的人口也有差异。一些地理自然条件较好并且成为区域经济发展中心的地区,能够形成特大和超大型城市,目前国家已经批准了九个国家级中心城市。其他的城市围绕着中心城市形成城市网络。

不同规模的城市功能也有所不同,以中心城市为核心,其他中小型城市与中心大城市之间形成分工协作、优势互补、协调发展的格局。中心城市形成现代服务业的集聚,在金融、贸易、科技、文化、教育等产业上居于城市网络的核心位置。在中心城市周围的中小城市往往布局着一些制造业。距离沿海港口比较近的城市制造业更偏向于出口导向型,而内陆地区中小城市的制造业以服务内需为主。在超大和特大城市周围的中小城市还有可能承载一些居住功能,形成以超大和特大城市为中心的都市圈[①]。都市圈范围之内的农村更多服务都市圈范围之内的农产品需求,并发展乡村旅游和休闲产业。反过来,中心城市还为周围其他中小城市提供一些特别依赖于人口规模的服务消费,如商贸、文化、医疗、教育、都市旅游等,从而成为消费中心城市。

距离中心城市更远的中小城市到中心城市的运输成本比较高,因此其经济发展的比较优势是农业、旅游和自然资源产业。这些产业的经济总量分别受制于农业的土地、旅游业的游客接待能力和自然资源总量。相应地,在经济总量受限的情况下,能够容纳的人口总量也受到局限,有些外围地区成为人口流出地区,反而有利于提高人均资源,有利于产业的规模化和现代化。一些县城主要将发挥两个功能:一是连接农村地区与大中城市,成为服务农业、旅游和自然资源产业的节点;二是为周边农村地区人口就近享受教育、医疗等公共服务提供便利。

在认识大小城市之间的关系的时候,需要克服中国大城市太大的认识误区。事实上,中国的城市管辖范围远远大于欧美日的城市,中国的大城市其实已经是国外都市圈

---

① 都市圈是指以大城市为核心,紧密连接周边中小城市所形成的通勤圈,外围的中小城市有一定比例的就业人口居住在外围,但却就业于中心城市。

的概念,不能直接将中国的地级市或直辖市的人口与其他国家的城市(city)去做比较。在世界范围内,大城市与周边中小城市紧密相连形成都市圈,是普遍的城市发展模式。研究显示,人口大国也会伴随着更大规模城市的发展。相对于中国超大人口规模的国情,当前中国排名大约前 30 位的大城市和周围的都市圈仍然有成长的空间,但却受到了户籍制度和土地制度的制约①。其中,在土地方面,中国城市的建设用地供应受到建设用地指标的制约,如果一些有潜力的大城市受制于建设用地指标的供应,就无法与周边其他中小城市形成一体化发展的都市圈。

三、城市群和都市圈的关系

当前中国已经进入城市群带动区域经济发展的新阶段。未来在中国东部沿海地区的京津冀、长三角和粤港澳三大城市群,将成为引领中国经济发展的三个引擎,成为世界级的城市群。成都、重庆一带的城市群将成为中国城市群的第四极。武汉、郑州、西安等其他国家级中心城市又各自带动周围城市形成区域性的城市群。不同的城市群由于发展条件的差异,各自的量级和辐射范围也不同。

城市群内部的良性发展状态是既要有大城市,也要有小城市,不同城市之间存在相互分工,产业结构根据自身的发展条件出现差异化。城市之间既有竞争也有合作,但是在现代化的阶段,城市间的合作大于竞争。从理论上来讲,如果不同规模的城市之间功能是互补的,那么核心城市经济越强大,对外围中小城市的辐射带动作用是越强的。中心城市更多地承担着研发、设计、金融、贸易等功能,邻近的中小城市更多地承担着制造功能,更远一些的城市则更多发展农业、旅游和自然资源等产业。如果人口等生产要素自由流动,经济和人口同步向中心城市周围集中,那么城市群内部的不同城市就可以实现人均 GDP 意义上的平衡发展,这是一种兼顾效率的平衡发展。

但是,人们往往把平衡发展误解为"均匀发展",同时,部分地方官员追求本地 GDP 增长、招商引资和税收的最大化,于是在城市群发展中也出现了一体化发展的障碍。一方面,人们误认为城市群内部的中小城市应该从中心城市承接更多的产业,当然,对于一些大量占用劳动和土地的制造业,向外围城市转移是顺应规律的;另一方面,又认为中心城市向外的产业疏散是城市群内部平衡发展的路径。各个城市之间甚至出现招商引资和产业发展的恶性竞争,相互之间存在"断头路"等市场分割现象。

未来,在城市群发展过程中,中心城市及其周边地区将形成相互紧密连接的都市圈,并形成带动整个城市群发展的增长极。根据不同的发展条件和功能定位,中国需要在未来形成几十个围绕着中心城市、半径大约在 30~80 公里的都市圈。这些都市圈的

---

① Li P, Lu M. Urban Systems: Understanding and Predicting the Spatial Distribution of China's Population[J]. China & World Economy, 2021, 29(4): 35-62.

人口将持续增长,相应地,中国已经启动以都市圈为单位的城市和区域规划,突破既有城市间甚至省(区、市)之间的行政边界,推进都市圈范围之内的一体化。

当前的都市圈发展需要避免两个在既有行政管理体制之下出现的不良倾向。第一种情况是,有一些都市圈应该做得更大,但却碰到了行政管辖边界的障碍。围绕着上海和深圳建设的都市圈就是这样的典型。这类都市圈围绕着特大和超大城市,需要随着人口和经济活动的集聚,发展成跨越行政管辖边界的都市圈,需要突破既有的以行政管辖范围为界限的城市规划,在都市圈范围之内规划人口、土地、基础设施建设和公共服务提供等。在都市圈的核心大城市需要进一步解放思想,放松对于人口和土地的管制,充分发挥增长极作用。与此形成对照的是第二种情况,那就是一些大中城市自身的经济体量不够大,对人口的吸纳能力也不够大,但是却在最大化本地 GDP 和税收动机之下盲目做大,最终却可能导致投资过度、回报低下。

四、都市圈内部的中心和外围关系

随着都市圈的概念得到重视,都市圈的中心城市如何发展,尤其是它的郊区部分如何发展,正成为需要破局的问题。

从现状来看,在有可能建成都市圈的特大和超大城市,特别是北京、上海等地,中心城市的郊区仍然有大片的农田和绿地,中心城市与都市圈范围内的中小城市也没有紧密连接。相比之下,在东京都市圈距离市中心 50 公里范围之内的地方,城市是连片发展的;同时,轨道交通从中心城区出发呈网状布局,人口沿着轨道交通沿线布局,并且人口密度沿着轨道交通梯度下降。

对于上述差异,规划者常常提出,在中国城市郊区保留大片的农田和绿地是为了防止城市无序蔓延。但是如果换一个看问题的角度,都市圈本身就是以中心城市为核心,紧密连接周围其他中小城市的"日常通勤圈"。都市圈概念之所以有实际的意义,就是因为在 50 公里甚至更长半径范围之内的城市之间存在紧密的联系,它是核心大城市巨大的规模经济效应所催生的结果。既然如此,中心城市和周边的中小城市之间就具有大量互动的需要,既可能是中心城市的现代服务业要服务于周边城市的制造业,也可能是周边城市为中心城市工作人口提供居住和生活服务,还可能是周边城市居民到中心城市享受多样化和高质量的消费服务业。

面向未来,在中国的一线城市建成国际化的都市圈的愿景之下,在中心城市的郊区将形成城乡融合发展区。中心城市和周边的中小城市之间将形成更为紧密的连接,相互之间将有更加高密度和快速度的轨道交通网络进行连接,相互之间的通行将更为便捷,外围越来越多的人口将在中心城市就业。这样一来,在轨道交通沿线的土地开发强度有必要加强,这既能提高城市土地的经济密度,也能够为更多工作在中心城区的人口提供相对来说接近工作地点的居住场所,减少长距离的通勤。与此同时,连片发展也并不意味着所有的土地都用于城市建设。在网络状的轨道交通线之间，适当布局郊野公园，可以兼顾城市的生态保护和宜居发展。

第三节　中国城市化和城市发展的进程

从人均收入的角度看，"十四五"时期，中国正处于从中高收入国家向高收入国家迈进的过程。中国的城市化率仍然低于发达国家的水平，而在区域上，中国的国土面积相当于整个欧洲，因此，加快建设全国统一大市场，实现城乡间和区域间资源优化配置，能够给下一阶段的中国经济增长带来巨大的体制性和结构性红利。

一、城市化和城市发展的经济规律

针对中国的城市化和城市发展现状，需要讨论城市化、城市体系和市民化进程三个方面问题。这三个问题实际上涉及三组关系，分别为农村与城市、大城市与小城市、人口流入地区本地人与外地人的关系。

第一，农村与城市的关系。图 5-2 展示了人均 GDP 和城市化率之间的关系，其中每个圆点表示一个国家的情况，可以发现在全世界范围内，经济发展水平越高的国家其城市化率也越高。三角形图例表示的是中国的城市化进程，可以发现，与历史相比较，中国经济水平的高速发展带来了城市化水平的快速提高，这是符合经济规律的。但是，与其他国家同样经济发展水平之下的状态相比，中国的城市化率始终低了

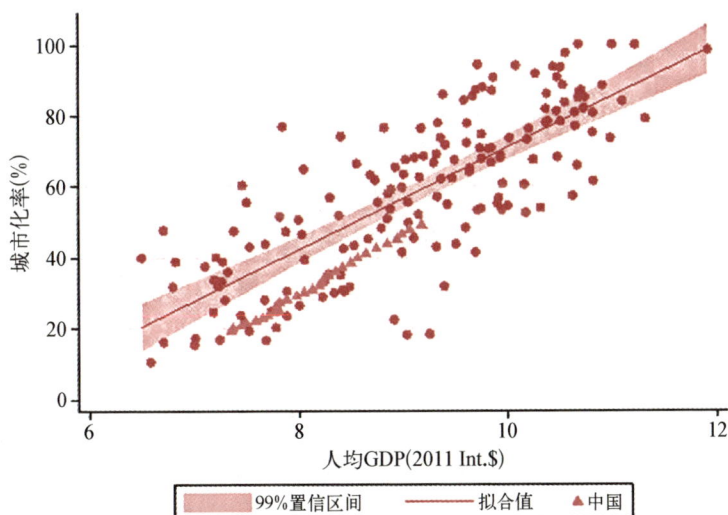

图 5-2　全球各国的人均 GDP 与城市化率

约 10%。

将中国与同处东亚文化的日本、韩国放在一起比较可以发现,日本和韩国随着经济发展水平提高,其城市化率的变化路径几乎是完全重合的(见图 5-3)。但是与日本和韩国相比,中国由城市常住人口所代表的城市化率存在明显的差距。此外,若用本地城镇户籍的人口来计算中国城市化率,则城市化率水平更低,因为当前中国的城市常住人口中有大约 1/3 没有本地的城镇户籍。

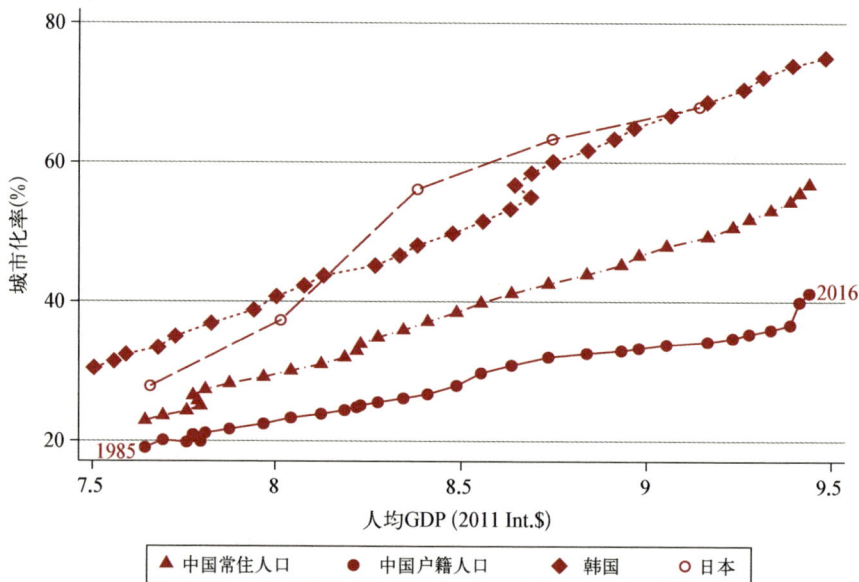

图 5-3　日本、韩国以及中国的人均 GDP 与城市化率

第二,大中小城市之间的关系。在中国存在一个被广泛接受的观点,认为中国的大城市已经太大了。但是实际上,中文语境下的城市通常是指地级市和直辖市,中国城市的范围远远大于欧洲、美国和日本的市,他们的市相当于中国的县和区。例如,上海的管辖范围相当于东京市及周围大约 20 个市。图 5-4 展示了上海及其周边地区夜晚灯光情况,如果使用夜晚灯光连成片的定义来看中国城市发展,可以发现上海中心城区和郊区,以及毗邻的江苏省、浙江省的中小城市,其实还没有形成一个连片发展的都市圈。

第三,本地人与外地人的关系。由于户籍制度仍然没有得到完全的改革,中国城市内部实际上有大量的非本地城镇户籍的人口。城镇户籍人口占总人口的比重远低于按常住人口统计的城市化率,而且两者的差距还呈现出扩大的趋势(见图 5-5)。在部分大城市中,非本地户籍的外来人口里有超过一半的人已经在当地居住超过 5 年,有 20% 的人居住已经超过 10 年,但是仍然没有本地户籍。

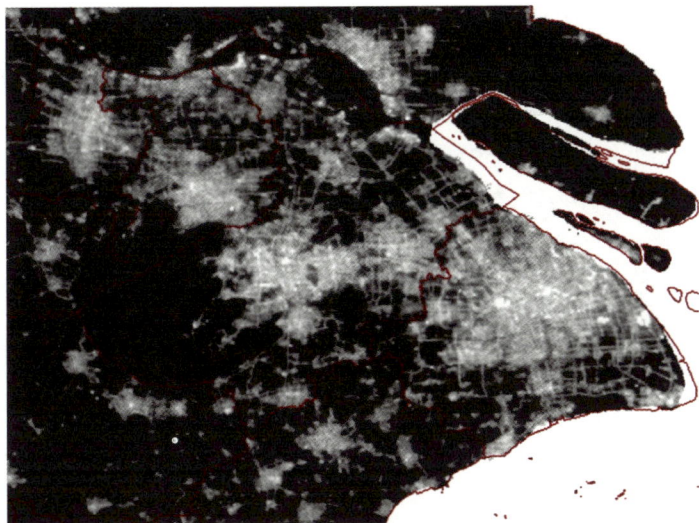

图 5-4　上海市及周边地区 2016 年夜间灯光图

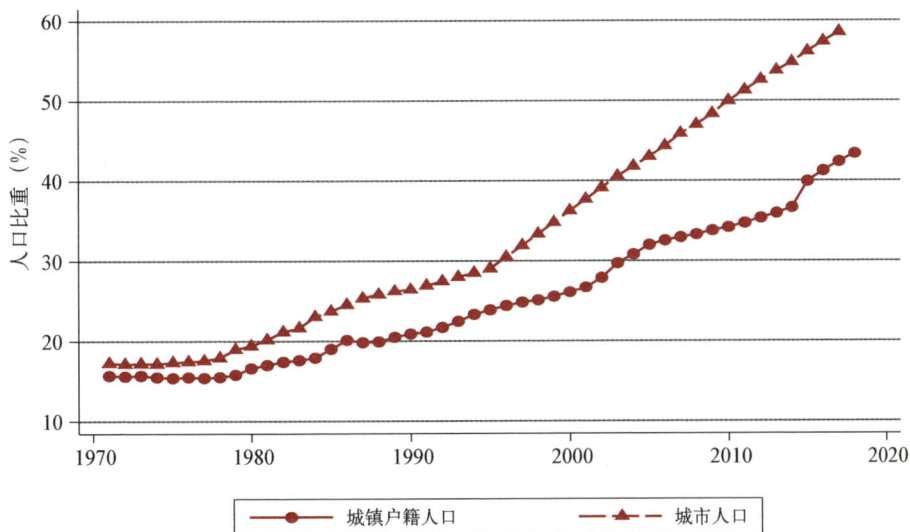

图 5-5　中国城镇户籍人口与城市人口比重（1970—2020 年）

二、城市化和城市发展的趋势

理解了有关城市化和城市发展的经济规律，就不难理解当前中国城乡和区域发展的趋势了。

中国的人口在向沿海地区和大城市周围集中。在这种情况下，人口会怎样流动呢？如果对比第六次人口普查到第七次人口普查期间的中国各省区市人口变化情况，可以清楚地看到,人口增长的区域就是经济规模较大的区域。只要中国经济未来进一步提高现代化水平,沿海地区和大城市周围仍然将引领国家发展,那么也将继续成为人口流入地。

从人口流入地的分布来看,也能够看到城市群发展的状态,京津冀、长三角、珠三角、成渝双城经济圈,以及中西部、东北的一些大城市周围成为人口流入的地区。当然同时也需要注意,人口增长的城市群内部也并不是每个地方都是人口流入的,城市群内相对外围的地区(如粤东、粤北、苏北、皖北)人口也是负增长的。其实,在那些人口负增长的地级市,人口负增长的区域主要是郊县和农村,人口在向它们的中心城区集中,而这本身就是城市化的过程。真的连中心城区的人口也在减少的地级市,数量大约占全国的 20%①。

专栏5-2

区域经济的中心-外围模型

要理解城市体系和不同规模的城市的空间分布,新经济地理学的中心-外围模型是很好的理论工具。在工业化时代,地理区位本身具有对区域比较优势的决定性作用,这些因素中,最为重要的区位因素在于到核心大城市的距离。中心-外围模型讨论了距离中心城市的远近和城市经济发展潜力的关系,其主要的观点是,在制成品的生产存在规模经济效应和产品运输成本的条件下,一个地区到经济中心的距离与其市场潜力之间,存在"∽"型三次曲线关系,即随着到经济中心距离的增加,市场潜力先下降后上升,在距离达到一定程度之后,市场潜力随距离增加又开始下降(见图5-6)②。在远离经济中心的位置是不是会出现"次中心"(如图5-6中

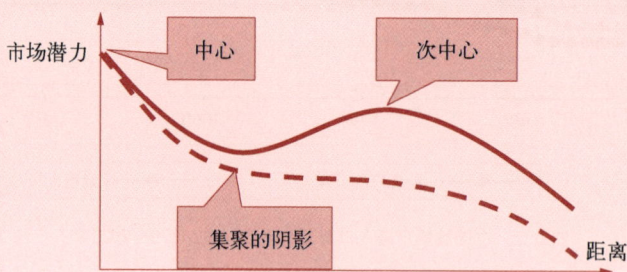

图5-6 中心-外围模型示意图

① 关于经济集聚和人口流动的详细分析,请参见陆铭. 向心城市:迈向未来的活力、宜居与和谐[M]. 上海:上海人民出版社,2022;陆铭. 空间的力量:地理、政治与城市发展[M]. 3版. 上海:格致出版社,2023;陆铭,向宽虎,李鹏飞,等. 分工与协调:区域发展的新格局、新理论与新路径[J]. 中国工业经济,2023(8):5-22.

② 关于中心-外围模型,可参见:Fujita M, Krugman P R, Venables A. The Spatial Economy:Cities, Regions, and International Trade[M]. Cambridge:MIT Press, 1999.

的实线)取决于人口总规模和距离两个因素,人口规模越大,越是远离经济中心,越有可能出现"次中心";而在距离经济中心不够远的位置,则有可能出现生产要素向经济中心的集聚,从而产生"集聚的阴影"。

针对中国的研究也发现,即使 2003 年后的区域政策更加偏向于推动欠发达地区的发展,以沿海三大城市群(特别是其核心大港口)为中心的中心-外围模型仍能够很好地解释中国城市间 GDP 规模和人均 GDP 差距[1]。

实际上,中国的城市体系还存在着第二重中心-外围格局,即城市的经济和人口规模沿着到中心大城市距离而呈现出先下降再上升的格局。因此,在中国城市体系中,出现了随着到沿海三大城市群的核心大港口距离和到中心大城市距离增加,而呈现出的"双重中心-外围格局"[2]。

三、城市化与区域经济发展

那么,在城市向城市群发展的过程中是否会引起区域经济发展的不平衡? 在农业社会和计划经济遗留下来的传统思维中,平衡被理解为经济和人口的均匀分布,而这种平衡天然地与现代经济的集聚发展相矛盾。但是,如果我们将平衡理解为人均 GDP 的差距小,那么,其实人口的自由流动有利于缩小地区间差距。通过对比中国、美国和日本的区域经济发展历程,可以看到集聚与平衡的关系。图 5-7 分别展示了三个国家内部不同城市间 GDP 规模、人口规模和人均 GDP 的基尼系数[3],其中实线表示的是不同城市之间 GDP 规模的差距,虚线表示的是不同城市之间人口规模的差距,点状线表示的是不同城市之间人均 GDP 的差距。从图中可以发现,美国的实线和虚线非常接近,说明虽然 GDP 高度集中在少数地区,但是由于人口也同步高度集中在少数地区,结果不同城市之间的人均 GDP 的差距很小,显示出了"在集聚中走向平衡"的状态。日本的GDP 和人口的集中程度略低于美国,但也同样呈现出 GDP 和人口同步集中,而城市间人均 GDP 差距大致平衡的状态。

再来看中国,中国的 GDP 集中程度与日本大致相同,但是人口的集中程度低于日本和美国,也明显低于中国自己的 GDP 集中程度,从而导致中国城市之间的人均 GDP差距是远大于美国和日本的。随着时间推移,可以发现中国的人口集中程度是在慢慢提高,相应地,不同城市间的人均 GDP 差距总体上在慢慢下降,说明整个中国处于"在集聚中走向平衡"的道路上。

① 陆铭,李鹏飞,钟辉勇. 发展与平衡的新时代——新中国 70 年的空间政治经济学[J]. 管理世界,2019(10)：11-23.
② 陆铭,向宽虎,李鹏飞,等. 分工与协调：区域发展的新格局、新理论与新路径[J]. 中国工业经济,2023(8)：5-22.
③ 基尼系数是度量差距的指标,取值在 0～1,基尼系数大表示差距大。

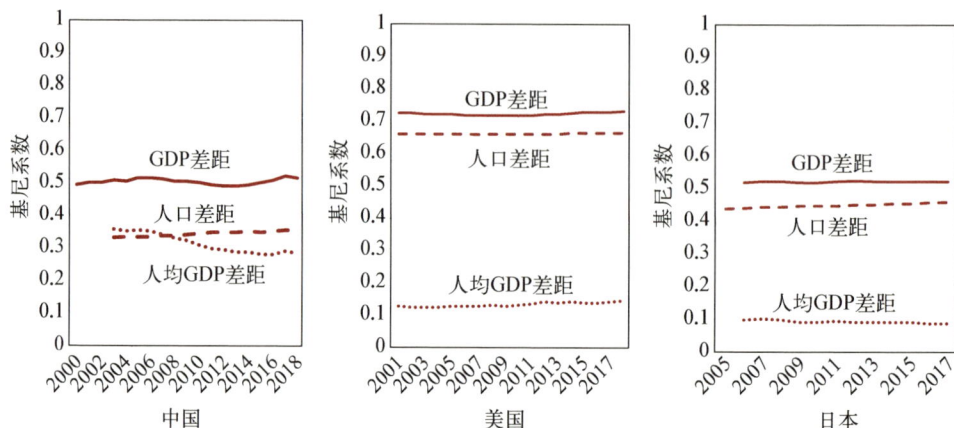

注：美国大都市统计区数量为384个，数据来自美国经济分析局官网；为保证中国不同年份的基尼系数可比，在计算时只考虑在2000—2016年连续存在的城市，共包括235个地级及以上城市，数据来自历年《中国城市统计年鉴》；日本都府道县数量为47个，数据来自日本统计局官网。

图5-7 中国、美国、日本历年地区间GDP、人口总数和人均GDP基尼系数

然而，在传统的思维模式之下，中国社会各界曾经认为经济的集聚是不利于区域间的平衡发展的。经济和人口向东部沿海和大城市集中，被认为出现了"虹吸"内陆地区和中小城市的资源。在这样的认识下，中国曾经为了追求区域间的平衡发展，限制东部特别是大城市的土地供应，鼓励中西部小城市进行城市扩张①，结果导致了对土地有需求的人口流入地区没有足够的城市建设用地供给，有供给的地方没有足够的需求。

显然，中国出现了人口流动方向和城市建设用地供应之间的"空间错配"。在人口流出的中西部地区，建设用地的指标被用来建设了大量的工业园和新城。但中西部内陆地区的地理自然条件不够好，大量的新城又建设得特别大，且建在远离主城区的地方，结果导致很多工业园空置，新城缺乏住房需求，最终成为"空城"。而且，地方政府的新城建设还伴随着地方政府的债务，但是由于新城建设超标，位置偏僻，投资回报率较低，进而低效率的新城建设也进一步提高了地方政府的负债率②。

土地供给与人口的错位配置对不同城市的房价产生了不同的影响。在土地供应收紧的东部大城市和人口流入地，房价快速上升。形成对照的是，在土地供应放松的人口流出的中西部的中小城市，甚至出现了房价相对工资下降的现象。在一些土地和住房供给跟不上人口增长的大城市，高房价体现出了住房短缺，而不能简单地等同于房价泡沫③。

此外，快速的土地扩张使得中国城市的建成区面积扩张快于城市人口增长，结果是中国城市建设呈现出了低密度模式。相关数据显示，2000—2015年，中国城市平均人口

---

① 中国城市的建设用地供应体制源于计划经济时期，由中央层面向地方分配建设用地指标，在2003—2017年，中西部地区在全国的城镇土地供应中所占份额是逐步提高的。

② 常晨，陆铭. 新城之殇——密度、距离与债务[J]. 经济学（季刊），2017，16(4)：1621-1642.

③ 韩立彬，陆铭. 供需错配：解开中国房价分化之谜[J]. 世界经济，2018(10)：126-149.

密度下降了一半左右(见图 5-8)。低密度的城市建设模式对于服务业的发展是非常不利的,因为大多数服务业是需要供求双方见面的,低密度的城市则增加了发展服务业的成本。

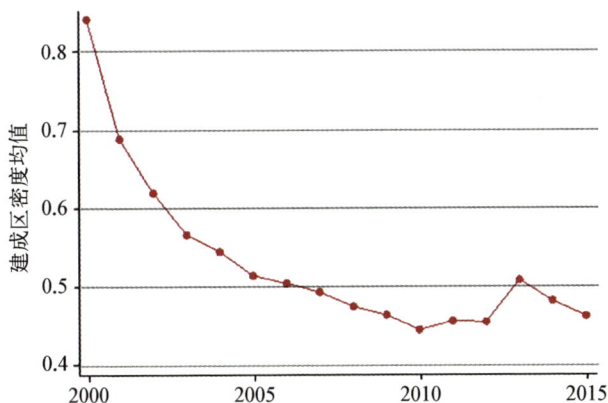

图 5-8　中国城市平均人口密度(2000—2015 年)

当前中国服务业在 GDP 中所占比重较低。通过将中国与 OECD 国家进行比较(见图 5-9),可以发现,OECD 国家随着经济发展水平提高,其服务业在 GDP 中所占的比重不断增加。通过国际比较可以看到,虽然中国的服务业与人均 GDP 水平也是同步上升的,但与 OECD 国家历史同期相比,中国服务业在 GDP 中所占的比重是偏低的。中国服务业发展不充分在一定程度上就与城市化和大城市发展受到抑制有关①。

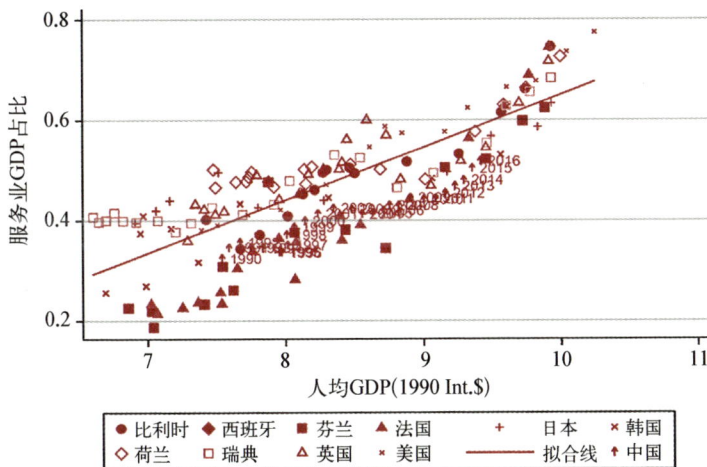

图 5-9　OCED 国家与中国的人均 GDP 与服务业的 GDP 占比

① 钟粤俊,陆铭,奚锡灿.集聚与服务业发展：基于人口空间分布的视角[J].管理世界,2020(11)：35-47.

第四节　中国城市化和城市发展的改革方向

《中华人民共和国国民经济和社会发展第十四个五年规划和 2035 年远景目标纲要》（以下简称"'十四五'规划"）已经明确提出"完善新型城镇化战略,提升城镇化发展质量"的发展目标,以及"坚持走中国特色新型城镇化道路,深入推进以人为核心的新型城镇化战略,以城市群、都市圈为依托促进大中小城市和小城镇协调联动、特色化发展,使更多人民群众享有更高品质的城市生活"的发展思路,作为中国未来城市化和城市发展的改革方向的顶层设计。同时,为更好地推进新型城镇化战略,"十四五"规划进一步提出加快农业转移人口市民化、完善城镇化空间布局、全面提升城市品质三方面的重点工作任务。

具体来说,对农业转移人口市民化,"坚持存量优先、带动增量,统筹推进户籍制度改革和城镇基本公共服务常住人口全覆盖,健全农业转移人口市民化配套政策体系,加快推动农业转移人口全面融入城市",要通过"深化户籍制度改革,健全农业转移人口市民化机制"实现。

在完善城镇化空间布局时,"发展壮大城市群和都市圈,分类引导大中小城市发展方向和建设重点,形成疏密有致、分工协作、功能完善的城镇化空间格局。推动城市群一体化发展,建设现代化都市圈,优化提升超大特大城市中心城区功能,完善大中城市宜居宜业功能,推进以县城为重要载体的城镇化建设"。

为提升城市品质,必须"加快转变城市发展方式,统筹城市规划建设管理,实施城市更新行动,推动城市空间结构优化和品质提升。转变城市发展方式,推进新型城市建设,提高城市治理水平,完善住房市场体系和住房保障体系"。

在"十四五"期间以及更为久远的时期内,人口城市化,并向中心城市周围的都市圈以及沿海地区集聚,是城乡和区域发展的客观规律。为此,需要加快实施以中心城市为带动的都市圈和城市群发展战略,促进各类生产要素合理流动和高效集聚,在集聚中走向平衡,在发展中促进相对平衡。

第一,强化都市圈的增长极作用。在城市群发展进程中,根据规模和功能定位差异,围绕中心城市建设半径 30～80 公里的都市圈,以轨道交通连接起都市圈内的中心城市和周边中小城市,强化其增长极作用。在人口流出地,加强自身比较优势和专业化分工,提高人均资源占有量和人均收入,推进农业规模化和现代化,提升农业国际竞争力。

第二,深化户籍制度改革。城乡间和地区间更为自由的人口流动可对冲人口红利下降的负面影响,有利于提高劳动力资源的利用效率,缓解城市(特别是发达地区的大城市)的劳动力短缺。随着经济发展水平的提高，服务业占比将持续提高，可以创造大量就业，特别是有利于低技能劳动力充分就业和缓解贫困。未来要重点推进城区人口500 万以上大城市的户籍制度改革，加快长期稳定居住和就业人群的落户进程。

第三，加强流动人口子女的教育投资。为步入高收入国家行列做准备，需要进一步普及 12 年教育，其重点对象是农村户籍儿童。随着流动人口越来越多，需要加强在人口流入地的教育机会均等化，促进留守儿童和进城随迁子女在父母所在城市获得更优质的教育，既有利于流动人口家庭团聚，又有利于人力资源大国建设。特别是在超大城市，人口老龄化和产业集聚带来大量劳动力需求，而面向外来人口子女的教育资源严重不足。对此，应通过政府、市场和社会三方协同，增加教育投入。随着 12 年教育的进一步普及，在人口流入地，特别是在特大和超大城市，将面临大量新增的高中阶段教育需求，对此趋势应早做准备。

第四，增强土地和住房管理的灵活性。土地和住房供应与人口流动方向相一致，真正做到需求牵引供给，供给创造需求。在人口持续增长和房价高企的城市要增加建设用地供应，加强低效利用的工业和商服用地向住宅用地灵活转换，建设更多商品房和公租房，适度放松容积率管制，并在保障安全的前提下，提高对城中村等低成本居住形态的包容度。在人口流出地区要做减量规划，公共服务适度地向中心城区集中。要进一步修改完善土地管理法律法规，加快建设全国统一的市场，使人口流出地闲置的建设用地和农村宅基地复耕产生的建设用地指标，在更大范围内进行跨地区交易和再配置，提高农民在指标异地交易中的收益。

第五，公共服务和基础设施的供给优化。人口集聚背后是人民对于美好生活的向往，通过减少人口集聚来治理城市病是得不偿失的。应从供给侧加大改革力度，在人口持续流入的大城市和都市圈，优化公共服务和基础设施的数量、质量、结构和布局。相关投资既可直接拉动经济增长，又可拥有可持续的回报，还可以缓解城市病，减少外来人口市民化的压力，从而实现经济增长、生活宜居和社会和谐三个目标的共赢。

2019 年 8 月 26 日，中央财经委员会召开了一次非常重要的会议，制定了区域协调发展战略。这次会议可以说是标志性地改变了中国城乡和区域发展的政策。会议指出要按照客观经济规律调整完善区域政策体系，发挥各地区比较优势，促进各类要素合理流动和高效集聚。其中特别指出要增强中心城市和城市群等经济发展优势区域的经济和人口承载能力。在这之前，非常流行的思想是认为城市的承载能力是可以测算出来的，并以此为依据来设置人口总量控制目标。但是这次会议指出，要增强中心城市和城市群等经济发展优势区域的经济和人口承载能力。在一些优势地区承载更多的经济和人口的同时，有些地理条件相对偏远的地方就更多地承载整个国家发展的粮食安全、生态安全和边疆安全等功能。不同地区要推进基本公共服务均等化，在发展中营造平衡。

2020 年，《中共中央 国务院关于构建更加完善的要素市场化配置体制机制的意见》

发布,提出了户籍和土地制度的改革方向。在户籍制度改革方面,"推动超大、特大城市调整完善积分落户政策,探索推动在长三角、珠三角等城市群率先实现户籍准入年限同城化累计互认。放开放宽除个别超大城市外的城市落户限制,试行以经常居住地登记户口制度。建立城镇教育、就业创业、医疗卫生等基本公共服务与常住人口挂钩机制,推动公共资源按常住人口规模配置"。

在土地制度改革方面,"完善土地管理体制。完善土地利用计划管理,实施年度建设用地总量调控制度,增强土地管理灵活性,推动土地计划指标更加合理化,城乡建设用地指标使用应更多由省级政府负责……探索建立全国性的建设用地、补充耕地指标跨区域交易机制"。

━━━ 思考题 ━━━

1. 请列举一下在农村生活的好处与坏处,同样,也列举一下在城市生活的好处与坏处。然后,再列举一下分别生活在小城市和大城市的好处与坏处。请问:你觉得一个人选择居住地的时候是在做理性的选择吗? 在政策上,有理由去限制人口的自由流动、城市化和大城市的发展吗?

2. 在刘易斯理论中,当"刘易斯拐点"到来之后,城市会出现工资上升的拐点。请问:你觉得可以用实际生活中出现的工资上升的拐点来反推"刘易斯拐点"到来了吗? 有观点认为,中国的东部在 2004 年之后出现了"刘易斯拐点",而中西部却没有到达这个点。请问:在刘易斯模型中,会出现一个国家的不同地区在不同时间到达"刘易斯拐点"吗? 请找一些研究文献,思考一下,在 2004 年后人口流动的城市(特别是大城市)出现工资上升的拐点,可能有哪些原因?

3. 中国存在大量农村留守儿童,你认为这种现象是怎么产生的? 应该鼓励农村进城务工人员返乡照顾孩子吗? 如何解决留守儿童问题?

4. 与发达国家历史同期(相同人均 GDP 水平时)相比,中国的城市化率偏低,服务业在就业和 GDP 中的占比也偏低,请问其中有逻辑上的联系吗?

5. 很多人认为,经济学只在乎效率,对此,你认同吗? 你认为在城乡和区域经济发展中,效率和平等是不是矛盾的?

第 6 章

户籍制度和劳动力流动

发展经济学研究经济是如何发展的。这往往可以描述为一个传统落后的农业国家向一个现代发达的工业国家转变的过程。这个过程也会表现为劳动力从农业部门向工业部门的流动。本章的重点就是考察中国经济发展过程中的劳动力流动，或者更确切地说，是城乡劳动力流动。一谈到中国的城乡劳动力流动，户籍制度就无法绕开。所以，本章第一节先从历史的角度考察户籍制度的产生、户籍制度对城乡分割的影响，以及我们是如何一步步地由城乡分割向城乡融合转变的。第二节从经验事实与理论逻辑两个方面展开对中国城乡劳动力流动的分析，特别强调源于西方实践的传统发展经济学经典理论并不一定适用于对中国现象的解释，我们需要中国的发展经济学模型来刻画与理解中国的城乡劳动力流动及其含义。第三节会展望中国未来的城乡劳动力流动，从政策操作的角度说明未来应如何进一步实现城乡融合，完成劳动力的结构转型。

第一节　户籍制度、城乡分割与城乡融合

本节首先从户籍制度产生的历史背景出发，依据客观材料来梳理其演变过程。再从不同的角度进行分析，试图回答为什么会产生这种基于户籍制度的城乡分割。最后，本节将进一步考察围绕户籍制度所形成的不同层次的城乡分割，以及我们是如何一步步地从城乡分割向城乡融合过渡的。

一、户籍制度的历史背景及其演变

中华人民共和国成立之初，并不存在基于户籍制度的城乡分割。表 6-1 是对新中国户籍制度变迁大事记的一个整理，我们希望借此客观材料来梳理户籍制度的演变。从中可以看到，1949—1957 年，政策对于人口迁移并没有特别的限制，只要求办理相关

手续,主要是出于人口管理以及对犯罪活动的打击的目的。相应地,1949—1958 年就成为户口迁移最频繁的时期。当时的一项研究指出了城镇单位从农村招用临时工的数目日趋扩大:"从近几年的情况看,每年不下二百万人次,1956 年达到三百余万人次,是一个不小的数目。过去由于对招工的程序、手续规定得不够严格,产生了不少弊病。例如有些单位本来有多余人员或者当地其他单位有多余人员,需用临时工的时候不从现有人员中调剂解决而却另从社会上招用;有些单位往往过多地招用,造成严重的窝工现象……"[①]

表 6-1　户籍制度变迁大事记

时　间	事　件
1954 年 9 月	第一届全国人民代表大会第一次会议通过了我国首部《中华人民共和国宪法》,其中规定公民有"居住和迁徙的自由"
1954 年 12 月	内务部、公安部、国家统计局发出联合通知,要求建立农村户口登记制度
1956 年 3 月	全国第一次户口工作会议要求在短时期内建立一套比较严密的户口管理制度,以便"发现和防范反革命和各种犯罪分子活动"
1957 年 12 月	中共中央、国务院发布《关于制止农村人口盲目外流的指示》,要求进一步加强户口管理,控制人口流动
1957 年 12 月	《国务院关于各单位从农村中招用临时工的暂行规定》指出单位用人必须由劳动部门统一调配
1958 年 1 月	《中华人民共和国户口登记条例》正式确立户口迁移审批制度和凭证落户制度,首次以法规形式限制农村人口迁往城镇
1962 年 4 月	公安部发出《关于处理户口迁移问题的通知》,指出:"对农村迁往城市的,必须严格控制;城市迁往农村的,应一律准予落户,不要控制。"
1975 年 1 月	第四届全国人大第一次会议通过的《中华人民共和国宪法》删除了"居民有居住和迁徙的自由"的条款
1977 年 11 月	国务院批转《公安部关于处理户口迁移的规定》,强调"从农村迁往市、镇,由农业户口转为非农业户口"。从此,"农转非"一词开始流行起来
1984 年 1 月	《中共中央关于一九八四年农村工作的通知》开始了我国小城镇户籍制度改革,允许务工、经商、办服务业的农民自理口粮到集镇落户
1985 年 7 月	公安部决定对流动人口实行"暂住证""寄住证"制度,允许暂住人口在城镇居留

---

① 马文瑞. 关于"国务院关于各单位从农村中招用临时工的暂行规定"的说明[J]. 山西政报,1958(1):21-22.

时 间	事 件
1985 年 9 月	全国人大常委会颁布实施《中华人民共和国居民身份证条例》,规定凡 16 岁以上的中华人民共和国公民,均须申领居民身份证
1992 年 8 月	公安部下发了《关于实行当地有效城镇居民户口制度的通知》,开始实行"蓝印户口"
2001 年 3 月	公安部规定全国小城镇中有固定住所和合法收入的外来人口均可办理小城镇户口
2003 年 6 月	十届全国人大常委会第三次会议通过了《中华人民共和国居民身份证法》,中国的户籍管理开始向信息化管理、身份证管理迈进
2008 年 10 月	中央提出,统筹城乡社会管理,推进户籍制度改革,放宽中小城市落户条件,使在城镇稳定就业和居住的农民有序转变为城镇居民
2013 年 11 月	《中共中央关于全面深化改革若干重大问题的决定》指出,要"创新人口管理,加快户籍制度改革,全面放开建制镇和小城市落户限制,有序放开中等城市落户限制,合理确定大城市落户条件,严格控制特大城市人口规模"
2014 年 7 月	印发《国务院关于进一步推进户籍制度改革的意见》,指出建立城乡统一的户口登记制度,取消农业户口与非农业户口性质区分和由此衍生的蓝印户口等户口类型,统一登记为居民户口,体现户籍制度的人口登记管理功能

资料来源:表中部分内容来自求是网。

从表 6-1 中可以看到,1957 年年底中央开始了对农村户籍人口流动的控制。1957 年 12 月出台的政策《关于制止农村人口盲目外流的指示》,明确使用了"制止"这样的词语。这里所谓"盲目外流"的农村人口并非真正毫无目的、没有归宿地盲目流动,事实上他们多以临时工的形式被城镇单位所招用。所以,真正要阻止"盲流",就得管理城镇单位的用工制度。1957 年 12 月出台了《国务院关于各单位从农村中招用临时工的暂行规定》,规定单位的用人必须由劳动部门统一调配。1958 年 1 月,中央又出台了《中华人民共和国户口登记条例》,该条例正式确立了户口迁移审批制度和凭证落户制度,由此,居住和迁徙的自由事实上首次以法规的形式受到限制。1975 年,宪法删除了"居民有居住和迁徙的自由"条款,农村人口迁往城镇从此以后变得难上加难。

从表 6-1 中也可以看到,自 2008 年起,户籍制度改革的步伐有所加快。从放宽中小城市落户条件,到提出有序放开中等城市落户限制,合理确定大城市落户条件。到 2019 年,大城市落户条件全面取消,特大城市全面放宽落户限制。如今,户籍制度改革正在进一步深化,落户限制也在逐步放宽。

二、以户籍制度为基础的城乡分割

为什么会形成以户籍制度为基础的城乡分割这样的制度呢？本节从四个方面来阐释，涉及历史起点、赶超战略、利益固化、经济分权。

(一) 历史起点

中华人民共和国成立之初，人口多、农村土地少、城市资本少的现状是客观事实。从这样的历史起点出发，形成以户籍制度为基础城乡分割的政策就不难理解。只有这样，农村的大量剩余劳动力才不会涌入城市，才不会加剧城市中本来就已经存在的失业或隐性失业问题。随着城市招用临时工现象的普遍出现，在 1956 年前后，政府就感到了在城市内部安排就业的压力，而后来提出的"上山下乡"的号召也可以理解为缓解上述压力的一种应对。与此同时，政府加强了对农民进城的限制，对"盲目"进城者的措施从起初的"劝止"转变为"收容""遣返"。

(二) 赶超战略

赶超战略被认为是导致城乡分割政策的一个重要原因[①]。所谓赶超战略，就是指借助政府干预（如扭曲产品和要素的价格、以计划代替市场）来动员资源，实现中国经济在产业结构上达到甚至超越当时发达国家水平的发展战略。赶超战略使发展工业特别是重工业成为国家的战略性手段。在经济基础尚显薄弱的新中国，这就需要更多的资源由农业转移到工业，于是，实行"工农业产品价格剪刀差"成为形成城市倾向政策的通常手段。这种扭曲的价格体系需要农业部门为工业的发展做出巨大的牺牲。因此，以农业补贴工业的模式仅仅依靠扭曲的产品价格体系还难以长期维持，必须从制度上阻止劳动力要素从相对受损的农村地区向受益的城市地区的自由转移。于是，一个必要的措施就是严格的户籍制度的管理，把农民留在土地上，而户籍制度正是城乡分割政策赖以存在的基础。

(三) 利益固化

随着改革开放的推进，上述理由似乎已经不再成立。例如，人民公社制度早已取消，价格体系已经不再受政府的控制，赶超战略基本上得到了矫正，城市的冗员问题也由于国有企业改革而得到基本解决，城市建立起比较完善的失业保障制度。但是，户籍制度并没有因此而消失。

---

① Yang D T, Cai F. The Political Economy of China's Rural-Urban Divide[J]. Working Paper No. 62 of Center for Research on Economic Development and Policy Reform, Stanford University, 2000.

这就引出了另一种对城乡分割局面得以长期存在的解释：利益固化。改革开放之后，户籍制度继续得以存在，这很可能与事实上形成了城市与农村两大利益群体有关。城市是受益者，农村是受损者，城市作为既得利益者往往希望继续借助户籍制度来维护自己的利益[①]。

（四）经济分权

改革开放过程中实施的经济分权模式也可能是导致城乡分割得以维持的重要原因之一。在分权体制下，地方政府追求以 GDP 总量扩张为指标的经济增长速度。相比于农业，工业的份额更大，也更容易产生波动。于是，地方政府往往对更能拉动地方经济增长的工业发展较为关心，忽视了对农业的支持和对农村的建设。

不过，我们也应当看到，中央对"三农"（农业、农村、农民）问题越来越重视。例如，"中央一号文件"原指中共中央每年发布的第一份文件，现在已经成为中共中央重视农村问题的专有名词。2004—2025 年连续 22 年发布了以"三农"为主题的中央一号文件，强调了"三农"问题在中国社会主义现代化时期"重中之重"的地位。这也预示着，未来我们将会进一步沿着从城乡分割走向城乡融合的道路继续迈进。

三、从城乡分割到城乡融合

户籍制度所造成的城乡分割在不同阶段有着不同的表现。我们从地理上的分割、劳动力市场上的分割、城市公共服务上的分割以及政策话语权上的分割这四个层次展开分析。这一逻辑也体现出现实中正发生着不同层次上的城乡融合，有助于我们理解未来中国城乡劳动力流动的发展趋势。

（一）地理上的城乡分割

地理上的城乡分割首先是指，在相当长的一段时期内，农民被束缚在土地上，不能进城务工。在户籍制度实行的初期，与农业补贴工业的赶超战略相适应，农村人口必须以计划低价向城市供应粮食，与此同时，城市的消费品供应也受到各种票证配额的控制，最为重要的便是所谓的"粮油关系"——粮油关系依附于户籍制度之上，城镇居民在变更户籍时必须同时迁移粮油关系。在城市内部，企业除了与职工保持工资就业关系之外，还向职工提供医疗、住房、养老等各方面的福利。不同性质企业提供

[①] 这个解释和相关研究的结论是一致的。例如，更多针对发展中国家的研究也认为，大多数发展中国家的政治结构造成城乡居民在谈判地位和政策影响力上存在严重的不对等（详见：Lipton M. Why Poor People Stay Poor: Urban Bias in World Development[M]. Cambridge, MA: Harvard University Press, 1977; Bates R. Markets and States in Tropical Africa[M]. Berkeley: University of California Press, 1981）。杨涛和蔡昉也认为，在政府放弃了赶超战略之后，城市居民仍然给政府施加了压力以保持其相对福利水平不下降（同前注）。

的福利有所不同,因此劳动力在城市内部不同企业之间的流动也变得相当困难,而作为人口绝大多数的农村人口被排除在了这种福利保障制度之外。由于票证这一城市稀缺资源分配凭证的存在,相比之下,劳动力从农村流入城市更是难上加难。农民要进城必须得先换到粮票,出省还要获得全国粮票。由于在城市内部没有粮油关系,并且无法获得住房、副食品、燃料供应等福利保障,农村人口进了城也难以久留。至于农民想进城获得城市户口,那更是难上加难。在 1977 年发布的《公安部关于处理户口迁移的规定》中明确指出,要严格控制由农业人口转为非农业人口以及从其他城市迁往北京、上海、天津这三个城市,至于从镇迁往市、从小市迁往大市、从一般农村迁往市郊的人口迁移,也被要求适当控制。在户籍制度以及与之相配套的统购统销制度的同时,人民公社制度更是对农村社会实行组织化的严格控制,农民被彻底束缚于土地之上。

随着 20 世纪 80 年代乡镇企业的快速发展,农村经济结构中非农产业的比重相应上升,政府开始提倡农民"离土不离乡,进厂不进城",政策上也对农民进城尤其是进入小城镇有所放宽。始于 1984 年的小城镇户籍制度改革允许务工、经商、办服务业的农民自理口粮到集镇落户。进入 20 世纪 90 年代,在经历连续三年卖粮难之后,政府开始允许农民"自带口粮"进城务工经商。1993 年前后,全国各地先后取消粮票,农民进城的障碍进一步被消除。从此我们就看到了规模一年比一年更大的"民工潮"。至此,在地理维度上,由城乡分割向城乡融合的转变终于完成。

(二) 劳动力市场上的城乡分割

随着大量农民工进城,劳动力市场上的城乡分割也开始有所表现。外来人口由于不拥有本地户籍,因而在收入、就业所处行业、职业、岗位等方面都处于劣势。这种体现劳动力市场分割的歧视现象,甚至可能体现为地方法规的形式。

早期进城的农民工还受到城市部门对外来人员的严格管理,当时如果没有暂住证,就可能被城市管理部门收容遣送[①]。有些大城市曾向雇用农民工的单位征收外来人口管理费,而该费用被用于充实本地的社会保障基金。显然,这也是城市政府从城市本地人口利益出发制定城乡政策的一个例证。2003 年 1 月,《国务院办公厅关于做好农民进城务工就业管理和服务工作的通知》发布,要求各地清理并取消对农民工就业的不合理限制。此后,各地相应出台了相关法规,要求取消对各类企业使用农民工的行政审批,取消对农民进城务工就业的职业工种限制,取消所有专为农民进城务工就业设置的审批、登记项目等。

---

① 2003 年,在社会上掀起了对收容遣送制度的大讨论,先后有八名学者上书人大,要求就此对收容遣送制度进行审查。2003 年 6 月 20 日,国务院总理温家宝签署国务院令,公布《城市生活无着的流浪乞讨人员救助管理办法》,标志着《城市流浪乞讨人员收容遣送办法》被废止。

所以,在劳动力市场上,由城乡分割向城乡融合的转变也在逐渐实现。虽然劳动力市场上有形的歧视容易消失,但无形的歧视可能还会长期存在。例如,农民工普遍面临的工资拖欠问题受到国家领导人的重视。

(三) 公共服务上的城乡分割

城乡分割还体现在户籍与居民所能享有的公共服务的联系上,也就是说,在城市内部还存在着公共服务上的城乡分割。

在农民工进城的初期,城市的发展规划并没有将农民工的住房、子女教育、社会保障等需求纳入城市公共品提供的考虑范围。事实上,各地在对农民工的子女教育、妇幼保健、社会保障等方面或多或少地都存在制度性的歧视。一些地方的公办学校对义务教育年龄的农民工子女要收更多的借读费、赞助费,或者干脆将这些农民工子弟推向市场化办学机构,或是条件简陋的民办简易学校。虽然农民工往往更多地从事作业条件较为艰苦的工作,但工伤保险、医疗保险等急需的社会保障也只覆盖了少数的农民工群体。而且,由于户籍制度的存在,他们无法在城市养老。虽然 2003 年《国务院办公厅关于做好农民工进城务工就业管理和服务工作的通知》出台后,一些地方性法规中也出现了诸如"农民进城务工就业与社会保障等方面要与城镇居民同等对待""要采取多种形式,接收他们的子女在当地全日制公办中、小学入学,在入学条件等方面与当地城镇居民学生一视同仁"这样的规定,但事实上差异仍然存在。例如,在社会保障方面,实际的情况往往是"同城不并轨,异地难衔接"。也就是说,外来人口的社会保障水平要低于城市本地户籍人口,更为重要的则是社会保障异地难以衔接的问题。在子女入学方面,最近几年各地政府逐渐开始由本地财政出资为外来农民工子弟提供基础教育,但想要进入城市里各类办学质量较好的公办学校,外来人口还是会因为户籍问题而面临巨大的困难。

虽然以上几个方面的确对外来人口平等享有城市本地的公共服务造成一定障碍,但是公共服务上的城乡分割最关键的一点表现是高考名额或高考资格问题。即便外地人口子女可以入学,但到了高考之际,没有本地户口的考生还是得返回其户口所在地参加高考。高校普遍会给所在地的考生分配更多的入学名额,而中国最好的大学大都集中于大城市。特别是长三角、珠三角以及北京等地集中了大量的名牌高校,而这些地区恰恰也是外来人口流动的主要目的地。外来人口在此就业、纳税、缴纳社会保障,但他们的子女却必须回到户籍省份参加高考,难以享有本地的高考资格。

(四) 政策话语权上的城乡分割

城乡分割的种种表现对进城务工的农民不利,这反映出,与城市人口相比,外来务工农民相对缺乏政策话语权。这就是话语权上的城乡分割,是导致一系列其他城乡分割形式的最为根本的原因。

在中国的政治体制之下,公众影响政策的一个重要渠道是各级人民代表大会制度。然而,在人民代表大会制度中,农民代表的比例严重偏低。历史上,农民与城市人口长期难以做到"同票同权"。1995 年修改后的《中华人民共和国全国人民代表大会和地方各级人民代表大会选举法》规定,按照农村每一代表所代表的人口数四倍于城市每一代表所代表的人口数的原则分配名额。党的十七大报告中提出"建议逐步实行城乡按相同人口比例选举人大代表"。到了 2010 年,这一"同票同权"的转变终于得以实现。这表明,中国正沿着政治上城乡融合的正确方向前进。

当然,这条路还没有走完。在做到同票同权之后,能否选出真正代表广大农民群众利益的代表? 这是向城乡融合继续迈进的第一步;而更为重要的则是第二步,即进城务工的外来人口在成为城市常住人口之后,能否在务工的城市选出他们的利益代言人。一个更能实现政治上或政策话语权上城乡融合的做法是,城市的人大代表不按户籍而是由全体常住人口选举产生,能最大限度上便于异地进城务工人员在其居住和工作地行使政治权利。

最后需要指出,导致城乡分割的制度成因并非只有户籍制度,城乡二元的土地制度是另一个重要因素。根据现有法律,农村土地归集体所有,商业性的开发都需要先将土地性质变更为国有,而这样的商业开发产生的利益往往是城市化过程中农村土地的升值所致,但由于集体土地不能直接商业化,农民就无法在土地的商业化过程中充分分享土地升值的好处。

随着政府对"三农"问题的日益重视,我们看到一些有利于农村发展的政策变化正在发生。例如,早在"十五"(2000—2005 年)之初,中国就开始了以减轻农民负担为中心,取消"三提五统"等税外收费、改革农业税收为主要内容的农村税费改革。2005 年12 月 29 日,十届全国人大常委会第十九次会议高票通过决定,自 2006 年 1 月 1 日起废止《农业税条例》,取消除烟叶以外的农业特产税,全部免征牧业税。我们期待,在党和政府的高度重视之下,农民能够有更多的政策话语权,中国向城乡融合的转变能够翻开新的篇章。

第二节　城乡劳动力流动:中国事实与理论解释

本节围绕中国的经济发展考察有关中国城乡劳动力流动的重要特征事实,从理论上阐释中国城乡劳动力流动背后的逻辑,提供相应的事实依据,从中国的制度背景出发对中国的城乡劳动力流动进行新的理论诠释。

一、中国的劳动力流动：特征事实

改革开放以来,随着户籍管制程度的降低和人口流动约束的放松,中国的人口流动愈发频繁,第七次人口普查数据显示,中国的流动人口为 3.76 亿人,平均每四个人中就有一个是流动人口(见图 6-1)。从时间趋势上看,全国流动人口规模在改革开放 40 多年来持续增长,从 1982 年不到 700 万人扩大到 2020 年的 3.76 亿人,占全国总人口的比重从不到 1% 提高到约 27%。近十年来,中国的流动人口增长了 1.54 亿,增幅高达 70%,远高于人口的增长速度,人口流动十分活跃。

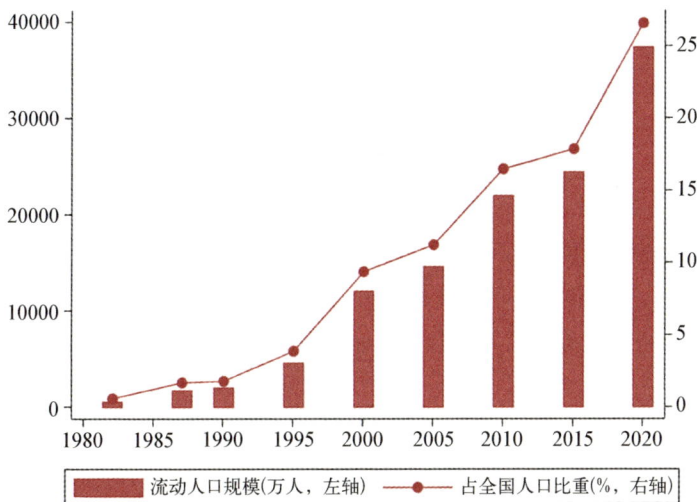

注：流动人口指居住地与户口登记地所在的乡镇街道不一致且离开户口登记地半年以上的人口,不包括市辖区内人户分离的人口。
数据来源：1982 年和 1987 年流动人口数据来自《中国流动人口发展报告 2018》,其他数据根据历次全国人口普查和 1% 人口抽样调查数据计算得到。

图 6-1　中国流动人口规模及其占全国人口比重

(一) 流动人口的空间分布

随着人口流动的不断增加,人口的空间分布有了很大的改变。第七次人口普查发布会指出,我国人口持续向沿江、沿海地区和内地城区集聚,长三角、珠三角、成渝城市群等主要城市群的人口增长迅速,集聚度加大。从区域看,我国人口愈发向东部发达地区集聚(见图 6-2)。2020 年,我国东部地区、中部地区、西部地区的人口占比分别为 42.9%、29.8% 和 27.1%。从时间趋势上看,2000—2020 年,东部地区人口持续上升,中部地区人口持续下降,而西部地区人口先下降后上升,但总体上呈下降趋势,表明我国的人口向东部发达地区集中的趋势仍然明显。

从流动范围看,跨省的人口流动规模逐渐增加,但人口流动仍以省内流动为主。

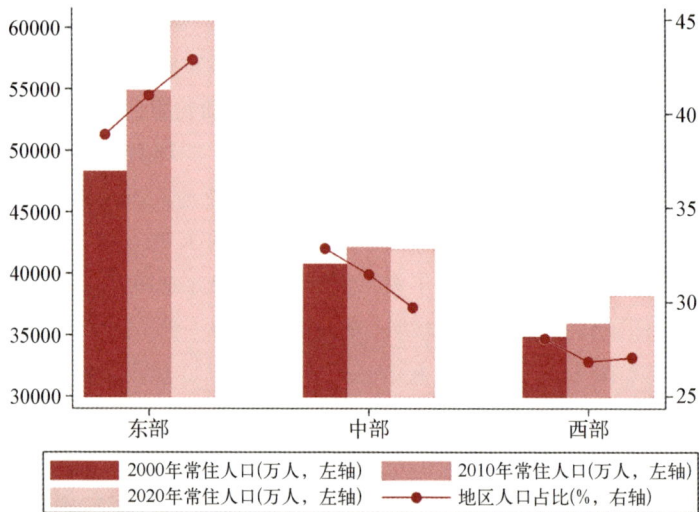

数据来源：根据历次全国人口普查数据计算得到。

图 6-2　人口的区域分布

如图 6-3 所示，2000—2010 年跨省流动人口从 4 242 万人增长到 8 588 万人，数量上翻了一番，在 2010—2020 年也增长了约 4 346 万人，增长近 51%。20 年来，跨省流动人口占流动人口总数的比例稳定在 1/3 左右，表明省内流动依然是人们在流动时的主要选择。

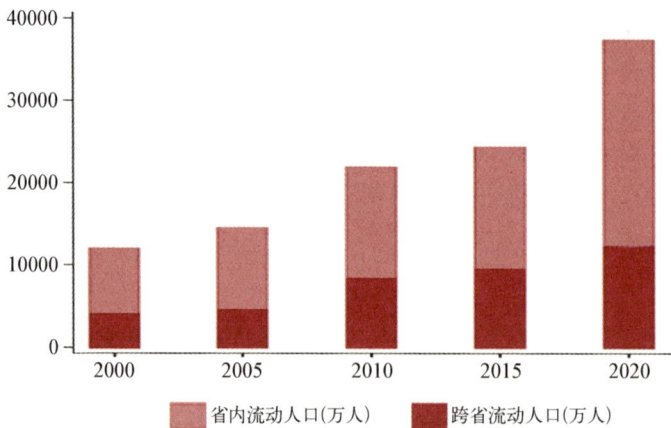

数据来源：根据历次全国人口普查和 1% 人口抽样调查数据计算得到。

图 6-3　流动人口的跨省流动和省内流动

从城乡角度看，从乡村到城市的城乡流动仍然是人口流动的主要类型，而城市间的城城流动的规模也在飞速增长。2000 年、2010 年和 2020 年，城乡流动人口占总流动人口的比重分别为 52.2%、63.2% 和 66.3%。城城流动的人口规模也增长迅猛，在

2020 年达到了 8 200 万人,比 2010 年增加了 3 500 万人,增幅高达 74％[①]。

(二) 流动人口结构

从年龄上看,我国流动人口的平均年龄逐渐上升,2015 年我国流动人口平均年龄为 31 岁,比 1982 年增加了近 4 岁。从构成上看,流动人口主要以劳动年龄人口(尤其是青壮年劳动力)为主,儿童与老人占比相对较低。改革开放以来,我国 16～44 岁青壮年流动人口占流动人口的比重从 45.7％上升到 2010 年的 71.1％,2015 年则略微下降为 68.5％,与我国人口红利的变化基本同步。我国流动儿童和流动老人的占比则不断减小,0～15 岁的流动儿童占比和 60 岁及以上老人占比在 1982—2015 年分别下降了 24.8％和 6.0％(见图 6-4)。

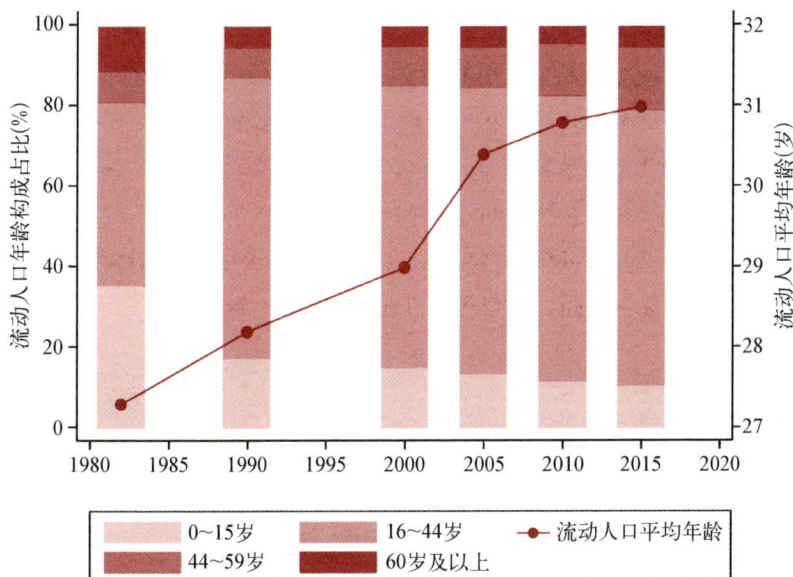

数据来源:《中国流动人口发展报告 2018》。

图 6-4 流动人口年龄构成

从受教育程度分析,我国 6 岁以上流动人口的平均受教育程度始终高于全国平均水平,且平均受教育程度得到大幅度提升,从 1982 年平均未完成小学 6 年教育提升至 2015 年基本完成九年义务教育。从构成上看,文盲和小学学历的流动人口占比不断下降,从 1982 年的 67.9％下降到 2015 年的 17.7％,跌幅达到 73.9％。流动人口中初中学历占比较高,在 2000 年达到顶峰,占流动人口的比重近 50％,随后逐渐下降。与之相

---

① 聂日明,潘泽瀚. "七普"公报中的流动人口新态势[EB/OL]. 澎湃新闻,2021-5-14, https://www.thepaper.cn/newsDetail_forward_12658600.

对应的是高中和大专及以上流动人口比例的不断提高,大专及以上流动人口占比的提升尤为明显,尤其是经历了高校扩张之后,大专及以上流动人口从1990年仅2%迅速增长到2000年的7.2%,之后也一直保持增长势头(见图6-5)。

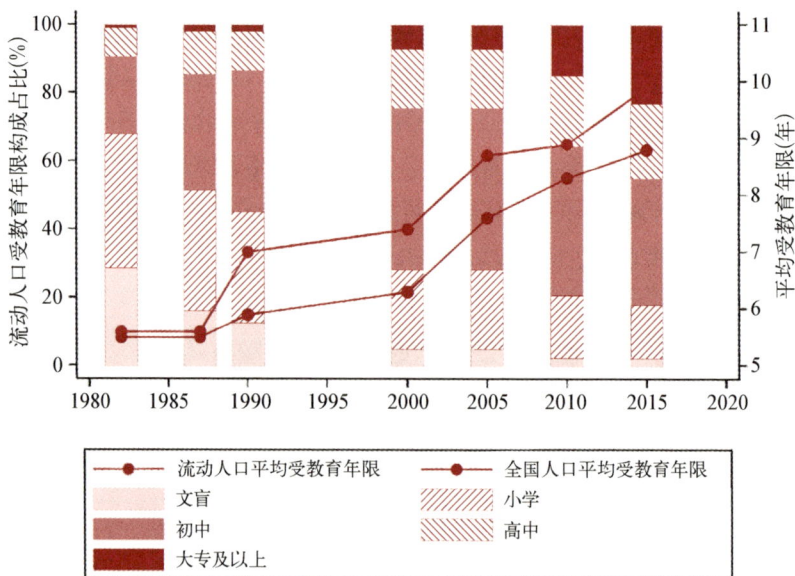

数据来源:《中国流动人口发展报告2018》。

图6-5 我国6岁及以上流动人口受教育年限构成

(三) 农民工流动与就业

农民工是我国流动人口的主要组成部分,近年来,我国农民工人数不断攀升,其就业结构和收入水平也发生很大变化。

从农民工数量上看,2009—2019年农民工数量持续上升;2020年受到疫情影响,农民工人口比2019年略有下降。在务工地点选择上,超过一半的农民工选择外出务工,而非本地就业。但在外出务工的农民工中,跨省流动的农民工占比逐渐下降,从2008年的53.3%下降到2020年的41.6%,省内就业的外出农民工规模不断扩大,占比也逐渐攀升,短距离的省内流动成为农民工外出务工的主要选择(见图6-6)。

在就业结构上,农民工逐渐向第三产业转移。第二产业本是农民工就业的主要选择,2012年有57.1%的农民工选择在第二产业就业;随着中国结构转型的推进,新兴服务业不断兴起,农民工的就业结构也发生了一些变化,在第三产业就业的农民工数量逐渐增加,在2018年之后,第三产业超越第二产业,成为农民工就业占比最高的产业(见图6-7)。

数据来源：2008—2020 年《全国农民工监测调查报告》。

图 6-6　农民工数量及流动情况

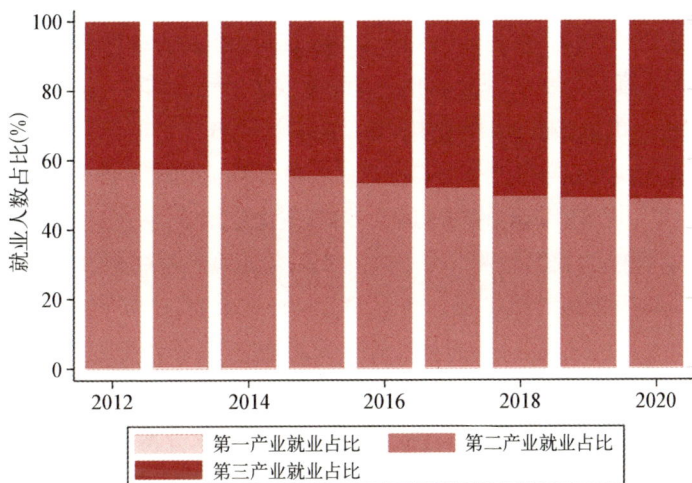

数据来源：2012—2020 年《全国农民工监测调查报告》。

图 6-7　农民工在三产就业结构变化

（四）劳动力配置效率

人口流动的过程是劳动力资源空间再分配的过程,劳动力的自由流动有助于提高劳动力要素的配置效率。过去,我国劳动力流动面临诸多阻碍,迁移成本高昂,导致劳动力无法流向生产率最高的地区,造成了劳动力的空间错配。近几十年来,随着政策的逐渐放松,劳动力流动的阻碍逐渐减小,但仍然存在。

劳动力流动阻碍的存在造成了巨大的效率损失,降低劳动力流动成本有助于生产率的提高和福利的改进。有实证研究通过构建模型测算了我国内部劳动力流动成本降低带来的效率提升①。该研究发现,2000—2005 年我国劳动力流动成本的降低,使得总劳动生产率提高了约 5%,且总福利增加了 11%。但同时该研究也指出,中国的劳动力流动成本依然很高,如果劳动力流动成本能进一步降低则效率提升更为显著,每个工人创造的实际 GDP 增加近 13%,福利增加 46%。

二、城乡劳动力流动的经典理论

上述特征事实为我们描绘了中国劳动力流动,尤其是城乡劳动力流动的主要特征事实。伴随工业化而产生的城乡劳动力流动,或者更为确切地说,劳动力由农业部门向非农部门的流动,是中国劳动力流动的主要构成。这也是中国城市化的过程,体现出城市非农部门的人口集聚对劳动力的不断吸纳。接下来从理论抽象的角度来分析上述劳动力流动的原因及影响。

(一) 人口迁移的"推拉理论"

"推拉理论"是较早的一个关于人口迁移的理论,能够帮助理解城乡劳动力流动。该理论认为,人口流动是由人口流出地中那些导致人口流出的因素,以及人口流入地中那些促使人口流入的因素共同作用的结果。前者是人口迁移的"推力",后者是人口迁移的"拉力"。后来,又有学者把推力与拉力之外的体现流动成本的一些因素考虑其中。这些因素包括流入地与流出地的距离远近、语言文化差异等。

"推拉理论"能够为我们理解中国的城乡劳动力流动提供基本的理论解释。农村劳动力进城务工,当然是为了追求更加美好的生活。在农村,由于存在大量的剩余劳动力,农村的人均收入水平较低,生活条件较差。相比之下,城市非农业部门的发展创造出较多的就业机会,特别是建筑业、餐饮等服务业在改革开放之初对外来务工人员形成较大的劳动力需求。可以说,"推拉理论"为我们理解城乡劳动力流动提供了基本的逻辑框架。

(二) 刘易斯模型与"刘易斯拐点"

在 1954 年发表于《曼彻斯特学报》的论文中,刘易斯提出了一个关于人口流动与经济发展的二元经济模型。这个经典的理论在发展经济学中通常被称为刘易斯模型②。第 5 章已经介绍了该模型的大致情况,这里不再重复。需要进一步强调的是,这一模型

① Tombe T, Zhu X. Trade, Migration, and Productivity: A Quantitative Analysis of China [J]. American Economic Review, 2019, 109(5): 1843-1872.

② Lewis W A. Economic Development with Unlimited Supplies of Labour. The Manchester School, 1954, 22(2): 139-191.

被用来刻画随着城市工业部门的发展,农村剩余劳动力向城市工业部门转移的过程。之所以称其为二元经济模型,是因为该模型描述的是传统落后的农业与现代发达的工业并存的一种二元经济结构。在这样的二元经济中,农村存在大量的剩余劳动力,其劳动力的供给弹性几乎无穷大。因此,农业部门对城市工业部门的劳动力供给曲线在一开始几乎是水平的,但是随着极低生产率的农村剩余劳动力全部转移完成,农村的劳动力供给不再是无限弹性的。此时,劳动力需求的增加就导致工资水平的上升。于是,以工资上升为特征的"刘易斯拐点"就出现了。"刘易斯拐点"也因此被视为发展中国家农业劳动力从富余走向短缺的一个转折点。

专栏6-1

拉尼斯-费景汉模型与张培刚的贡献

拉尼斯-费景汉模型(Ranis-Fei model)[1]对刘易斯模型做了两个重要扩展。其一,农业部门并非仅提供剩余劳动力,还为工业部门提供农产品剩余。因此,农业生产率的提高就对二元经济结构的转化至关重要。其二,农业部门和工业部门的平衡增长。两位作者之一的费景汉出生于北京,先后求学于中国的燕京大学以及美国的华盛顿大学与麻省理工学院。

关于拉尼斯-费景汉模型的这两个扩展,其实早在 20 世纪 40 年代,张培刚就已经在其哈佛大学的博士毕业论文《农业与工业化》中形成了相关的观点[2]。张培刚将农业看作工业化的基础和必要条件,比较全面和系统地从食粮、原料、劳动力、市场、资金(包括外汇)五个方面提出并阐明了农业对工业化的重要作用。而关于拉尼斯-费景汉模型中农业和工业平衡增长的思想,张培刚的博士论文也有论述。他对于工业化的定义比其他学者更宽泛,更重视农业发展。那些将工业化理解为单纯发展制造业,而不顾及甚至牺牲农业的观点和做法是片面的。张培刚的观点有助于我们克服这种片面性。

值得一提的是,为发展经济学做出奠基性贡献的张培刚先生从哈佛大学毕业时,放弃了在哈佛大学任教的机会,于 1946 年回到母校武汉大学担任经济系主任一职(后调动到现在的华中科技大学);后来在哈佛大学获得硕士学位的谭崇台先生于 1948 年也回到母校武汉大学任职。他们两位都为发展经济学在中国的传播做出了杰出的贡献。

---

[1] Ranis G, Fei J C H. A Theory of Economic Development[J]. American Economic Review, 1961, 51(4), 533-565.

[2] 张培刚的博士毕业论文《农业与工业化》曾获哈佛大学经济学科最佳论文奖和大卫·威尔士奖,并先后在美国与中国出版。

(三)"民工荒"与"刘易斯拐点"

2002—2003年,中国的城乡劳动力流动出现了一个从来未曾有过的现象,那就是人口向内陆地区的回流。当时,河南、四川、重庆、湖北、湖南、安徽这六个传统的人口输出地出现了人口的增长。与此同时,长三角、珠三角的外来人口却开始出现明显的下降。于是,产生了"民工荒"这一说法。

伴随着"民工荒"现象的出现,学术界也逐渐出现一种声音,认为中国的"刘易斯拐点"已经到来。我们不妨结合刘易斯模型来讨论一下"刘易斯拐点"的说法是否适用于解释中国出现的"民工荒"现象。

刘易斯模型是高度抽象与简化的,其中有三点需要我们特别注意。第一,这个模型没有考虑现代工业部门内部劳动力之间的工资差异。第二,其刻画的是一个完全竞争的劳动力市场。第三,本质上它是一个静态模型,所有的变化均来自工业部门劳动力需求的上升。但是,这三个关键的出发点对我们理解中国的城乡劳动力流动不仅没有帮助,甚至可能带来误导。

先看工业部门内劳动力之间的工资差异。在刘易斯模型中,城市内部的产业工人没有类似于户籍这样的身份差异,无论他是城市的原住民还是来自农村的移民,拿的都是产业工人的工资。根据这一模型,在出现"刘易斯拐点"之前,城市工业部门的工资是几乎不变的,工业的剩余都成了资本家的利润。用马克思的话来说,那体现的是工人阶级与资本家阶级的矛盾。然而,在中国所发生的事实则是城市户籍人口的工资在不断上涨,而外来务工者的收入却没有显著提高,两者的差距不断扩大。或者说,城市工业部门内部本地人口与外来人口之间存在矛盾。所以,理解中国城乡劳动力流动中的工资变化,必须引入城市内部的二元户籍分割,这显然是刘易斯模型所不具备的。

再看劳动力市场的非竞争性。刘易斯模型中不存在任何垄断性的市场力量来改变由市场决定的工资水平。相应地,流入城市的劳动力规模也是由市场供求共同决定的。于是,工资水平的上升,或者说刘易斯模型中拐点的出现,就是工业部门劳动力需求上升的结果。

回过来看看中国的情况。户籍制度的存在及其内涵的变化始终都影响着中国的城乡劳动力流动,这并非刘易斯模型所能刻画的。例如,早期一些城市所收取的外来务工人员管理费,便是制度性地减少了企业愿意支付给民工的工资。至于取消农业税这样的惠农政策,则直接提高了农民的保留工资,这可以被视作劳动力供给曲线的垂直上移,这样的变化也会引起劳动力的回流以及工资的上涨。

类似地,城市对非本地户籍劳动力的"友好"程度,也是刘易斯模型刻画的市场力量之外影响农村劳动力转移的因素。今天,大城市的公共服务也没有完全一视同仁地向外来务工者开放。这些因素都会导致劳动力供给曲线垂直上移。也就是说,为了吸引农村劳动力的转移,企业必须支付更高的工资成本。

最后,在刘易斯模型中,一切的变化源于城市工业部门劳动力需求的上升。所以,按照刘易斯模型,拐点到来是件好事,这意味着传统农业开始迈向现代农业。在刘易斯模型里,企业用工成本上升也不是问题。这是企业对劳动力的派生需求上升的结果,恰恰说明工业在增长,有能力向劳动者支付更高的工资。或者说,在刘易斯模型中是不可能出现"用工荒"现象的。现实中出现的"用工荒"现象,反映出城市工业部门要么客观上没有能力,要么主观上不愿意让进城务工者分享更多的利润。事实上,这两种情况很可能都存在。前者反映出中国工业部门始终徘徊于产业链低端,没有及时进行产业升级这一潜在问题。后者则再次反映出中国的劳动力在劳资谈判中始终处于弱势地位这一事实。仅仅用"刘易斯拐点"这样的名词无法揭示出这些潜在的现实问题,甚至让我们误以为中国的农业从此就会加速走上现代化的道路。

简单概括来说,在刘易斯的模型中,"刘易斯拐点"的出现必定带来工资的上升。但是在现实中,工资上升并不必然意味着"刘易斯拐点"的到来。"刘易斯拐点"这样的术语建立在刘易斯模型中的前提假设基础之上,但这些假设并不符合中国的实际情况。所以,在对类似"民工荒"这类现象的讨论中,应该更多从政治经济学的视角来理解中国城乡发展过程中的劳动力流动。

三、中国劳动力流动的政治经济学分析

中国劳动力流动中出现的这些特征事实与传统发展经济学理论的描述完全不同。经典的发展经济学理论表明,经济发展就是城市化、工业化和城乡差距缩小的过程。解开这个"谜"的关键在于我们应当从政治经济学的视角去理解中国的城市化过程。下面,我们沿着三个层次的问题展开分析:为何存在劳动力流动中的城乡分割? 城乡分割的可能后果是什么? 如何实现从城乡分割向城乡融合的转变①?

(一) 为何存在劳动力流动中的城乡分割

随着城市资本的不断积累以及赶超战略的调整,以户籍制度为核心的城乡分割并没有消失,而是在城市尤其是特大城市中仍然存在。这背后的逻辑应该如何理解? 一个可能的角度是考虑城市的政策制定者,也就是地方政府。我们有理由认为,如果没有任何其他影响因素,地方政府会更加关心本地户籍人口的利益。这将对城乡劳动力流动的相关政策造成怎样的影响呢?

---

① 相关的分析可以参考:陈钊,陆铭. 从分割到融合:城乡经济增长与社会和谐的政治经济学[J]. 经济研究,2008 (1):21-32.

一方面,城市的政策可能会直接降低流动人口所能获得的福利。例如,早期某些城市中就存在着由城市政府施加的对农民工工资的歧视性规定,如早期的外来务工人员管理费。另一方面,城市可能通过各种政策手段控制外来流动人口的规模。这将导致更多的农民滞留在农村,会压低农村的人均收入水平。我们可以将农村的人均收入水平理解为他们流入城市寻找非农就业机会时的保留工资。所以,城乡分割的政策最终压低了城市工业部门的用工成本。

(二) 城乡分割的可能后果

虽然城乡分割的政策压低了城市工业部门的用工成本,有利于城市工业部门的积累,但这并不必然真的就对城市有利。这样的城乡分割并不利于城市内部不同户籍人口之间的融合,会从以下两个方面造成社会福利的损失,甚至也对城市发展带来不利影响。第一,不论是收入方面还是公共服务获取上的差异,都会造成城市内部不同户籍人口之间的福利不平等,这不利于提升对非本地户籍人口的幸福感或满意度。第二,这样的城市是不够和谐的。这种不和谐显然不利于城市的社会稳定。

更为重要的是,这样的城乡分割政策实际上相当于施加了一种劳动力流动的成本,这将阻碍城乡劳动力资源的市场化配置,对全社会的福利造成损害。简单来说,由于城乡分割的存在,滞留在农村的劳动力中,有一部分人在城市工业部门边际产出更高。如果能够降低劳动力流动成本,他们就会从边际产出较低的农业部门转移到边际产出较高的工业部门,这些会增加全社会的总产出。所以,城乡分割并不利于全社会福利的最大化,这也被现有的实证研究所证实①。

(三) 从城乡分割到城乡融合

前文主要围绕城乡分割这一现象展开讨论。但现实中,我们的确观察到从城乡分割到城乡融合的转变也正在发生。2000年,中央政府对农民工的政策有了更为积极的调整,在《国民经济和社会发展"十五"计划纲要》中,政府提出了"打破城乡分割体制""改革城镇户籍制度,形成城乡人口有序流动的机制,取消对农村劳动力进入城镇就业的不合理限制"。2001年3月底,国务院批转的公安部《关于推进小城镇户籍管理制度改革的意见》中规定,在县级市市区、县人民政府驻地镇及其建制镇,只要有"合法固定的住所、稳定的职业或生活来源的人员及与其共同居住生活的直系亲属,均可根据本人意愿办理城镇常住户口"。同时,还规定要切实保障在小城镇落户人员"在入学、参军、就业等方面与当地原有城镇居民享有同等权利,履行同等义务,不得对其实行歧视性

---

① Tombe T, Zhu X. Trade, Migration, and Productivity: A Quantitative Analysis of China[J]. American Economic Review, 2019, 109(5): 1843-1872.

政策"。

现实中上述积极的政策调整在大城市推广会有更大的难度,但也的确已经有一些城市开始主动从制度上加大对农民工利益的保护。例如,2006 年 12 月,作为全国吸纳农民工最多的城市之一的深圳市发布实施了首个推动农民工工作的综合性文件《深圳市人民政府关于进一步加强农民工工作的意见》,提出在农民工子女教育、住房、维权、社会保障、技能培训等方面,实现户籍居民与农民工平等待遇的长期目标。

2011 年以来,在推进城乡融合方面一个较为显著的变化就是城市公共租赁房开始向非本地户籍人口开放。例如,上海市 2010 年出台了《贯彻〈本市发展公共租赁住房的实施意见〉的若干规定》,将公共租赁住房的准入条件确定为"持有《上海市居住证》应达到两年以上,并且连续缴纳社会保险金(含城镇社会保险)应达到一年以上"。并且,"各区(县)制定具体准入条件时,申请人员与本市就业单位签订劳动或工作合同的年限可设定不同标准,对具有本市常住户口的申请人员可根据工作性质设定年限标准,对持有《上海市居住证》人员可根据居住证类型设定年限标准"。这至少意味着,外来人口在享有城市低收入者的住房保障政策上也开始有了盼头。

2013 年 11 月,《中共中央关于全面深化改革若干重大问题的决定》为进一步的城乡融合提供政策指引。该决定指出要推进农业转移人口市民化,逐步把符合条件的农业转移人口转为城镇居民,创新人口管理,加快户籍制度改革,全面放开建制镇和小城市落户限制,有序放开中等城市落户限制,合理确定大城市落户条件,严格控制特大城市人口规模。2014 年 7 月,《国务院关于进一步推进户籍制度改革的意见》也要求,建立城乡统一的户口登记制度,取消农业户口与非农业户口性质区分和由此衍生的蓝印户口等户口类型,统一登记为居民户口,体现户籍制度的人口登记管理功能。

在上述政策调整的背后,我们可以尝试寻找从城乡分割到城乡融合转变的若干逻辑。在国家层面,城乡融合不仅有利于减少劳动力资源错配,增进社会福利,而且能缩小城乡差距。这与一直以来中国政府对增长与发展目标的追求是一致的,也与近来政府所提出的共同富裕在精神上一以贯之。在地方层面,即便我们仍然假定地方政府只考虑本地户籍人口的利益,但是至少有两种力量促使地方政府更多考虑外来人口的利益。其一,城市内部的社会和谐。我们前面已经指出,城乡分割导致城市内部不同户籍的人群之间存在公共服务分享等福利差异,随着城市内部外来人口越来越多,由此产生的社会不和谐最终也会损害城市户籍人口的利益。相反,让外来人口分享公共服务,却可能是双赢的做法。其二,城市之间的竞争。中国有很多处于相近发展水平的城市,这些城市在吸引外来人口时处于相互竞争的状态。于是,通过落户提供公共服务就成为重要的竞争手段。专栏 6-2 就反映出城市对人才的激烈竞争。

专栏 6-2

城市"抢人大战"

"抢人大战"方兴未艾。你推出"仅凭学生证和身份证就可以完成在线落户"，我把"人才落户门槛降低到中专学历"；你打造"大学生留汉新政 2.0 版"，我酝酿"鹏城英才计划"……据报道，买房打折、租房补贴、落户降标、项目资助、一次性奖励等，正成为多地吸引人才的"抓手"。

"发展是第一要务，人才是第一资源，创新是第一动力"，各地重视人才，纷纷向人才示好，无疑值得称道。但坊间也有不同声音，认为这是为了去库存、兴楼市，还有网友称这是受政绩观驱使，比如为满足打造中心城市的需要。此外，一些专家分析"抢人"折射我国经济版图出现新变化，有的城市暴露出人口红利式微危机，唯有积极集纳人才，才有增长动力。种种观点，不一而足，无论如何持论，都不能否认各地追逐人才是件大好事，在白热化的"抢夺"中，人才是最大最直接的受益者。

"抢人大战"，带来多赢。一座尊重人才的城市必有温度，一座人尽其才的城市必将前途无量。相反，如果城市对外来人口千方百计地设置藩篱，乃至对人才充满傲慢与偏见，眼中只有精英而无人才，人才的价值就难以更好地显现，知识的分量就无法更好地彰显。退一万步说，即便相关城市争抢人才含有"小算盘"成分，看中背后的政绩，只要对城市发展，对人才发展有利，人们也乐见其成。

资料来源："城市抢人大战"：抢人容易留人难[N].人民日报,2018-05-05.

第三节　中国城乡融合的经验与未来方向

本节会聚焦户籍制度变迁中的困难以及未来的可能方向。通过讨论户籍制度及其内涵分析政策调整的核心障碍所在，以及未来可能的突破。

一、中国城乡融合的经验

户籍制度的内涵是在不断变化的。从最初对城乡劳动力流动的空间分割到民工潮的出现，户籍制度的演变体现出城市发展的需要。但是，与二三线的中小城市相比，在最迫切需要外来劳动力的东部沿海地区大城市，尤其是以北京、上海为代表的特大城市，户籍制度改革的步伐却相对缓慢。其背后反映的是特大城市在这项改革中所面临的两大政策难点：对城市公共服务能力的担忧和对城市人口承载能力的担忧。

（一）特大城市的公共服务

人们担忧，由于城市公共服务能力有限，外来人口的分享将导致本地户籍人口所能享有的公共服务被稀释，来自户籍人口的抱怨将对本地政府产生压力。所以，在中国的特大城市，虽然进城农民工也被纳入社保体系，但是其子女受教育的发展权利仍受到限制。一方面，虽然义务教育阶段的农民工随迁子女可以在就业所在地的中小学申请借读[①]，但事实上，大量的经验事实告诉我们，民工子弟想要拥有平等的入学权利并不容易[②]。另一方面，对于高中阶段适龄人口，如果没有本地的户籍，他们仍然难以就地入学。以上海为例，除非父母拥有"人才引进类"居住证[③]，否则外来人口的孩子难以在上海的高中借读。那么，非城市本地户籍人口的随迁子女，在城市高中借读后，能否继续参加城市当地高考并报考当地大学？这就引出了异地高考这个争论已久的话题。

中国最好的大学主要集中于东部沿海地区的大城市，特别是外来人口较为集中的长三角、珠三角以及北京等地集中了大量的名牌高校，而每所高校往往会给当地的考生分配更多的入学名额。对异地高考的限制意味着外来人口虽然在城市中就业、纳税、缴纳社会保障，但他们的子女却必须回到户口所在省份参加高考，难以享有大城市考生易于被本地名牌高校录取的"特殊优待"。这一制度背后所反映的恰恰是对稀缺的优质教育资源享有权利可能被稀释的担忧。

在这一点上，上海的做法略有突破，但仍存在政策阻碍。上海人事局和教育委员会文件规定，持有人才引进类居住证的外来人才子女，属于高中生的可以转学到上海居住证所属地区普通高中或重点高中就读，参加高考的可报考任何外地大学在上海招生的学校，并享受 20 分加分政策[④]，同时也可报考上海任何一所部属院校，享受与上海户籍学生其他同等的高考政策待遇。在这一规定中我们可以看到，非部属的本地高校，似乎理所当然地被视为本地的一种公共资源，即使是仅占非户籍人口少数的引进人才，其子女也被排除在这一稀缺资源之外。

除了子女高考机会之外，城市的保障性政策也难以平等地惠及外来人口。例如，随着城市住房价格的不断上涨，越来越多的城市推出了面向住房困难群体的经济适用房、

① 2006 年 4 月 1 日起试行的《上海市中小学学籍管理办法》规定："借读生是指非本市户籍、但具备在本市中小学就读条件的学生。即本市蓝印户口；持有一年及以上《上海市居住证》、且在有效期内人员的义务教育阶段适龄子女；持有效期内《上海市居住证》的引进人才高中阶段适龄子女。"

② 相关的研究可参见：谢建社，牛喜霞，谢宇. 流动农民工随迁子女教育问题研究——以珠三角城镇地区为例[J]. 中国人口科学，2011(1)：92-100。

③ 上海人口登记类型原为三类，即本市户籍、居住证与暂住证，其中居住证适用对象为引进人才。从 2004 年 10 月起，上海的居住证适用范围有所扩大，在上海市居住的境内来沪人员中，有稳定职业和居所的，都可以申领《上海市居住证》。但新的居住证按人才引进类、就业类、投靠类对持有者进行区别对待。

④ 从历年情况来看，上海本地的高中毕业生，不太愿意报考在上海招生的外地大学。

廉租房政策,但外来人口基本被排除在这一政策惠及面之外,从而导致城市公共服务在城市常住人口中的又一区别性对待。类似地,这一制度背后所体现的仍然是对非户籍人口挤占稀缺资源的担忧。

不能忽视的是,有时公共服务能力有限的背后所隐藏的原因可能是城市的偏见。以教育为例,由于中国大城市的户籍人口自然出生率是偏低的,如果只是服务于城市本地户籍人口,公办的中小学资源总量上并非真正稀缺。然而,我们所看到的却是城市中心的一些公办学校招生不足。其中一部分的原因在于教育资源分布往往集中于城市中心区域,而城市人口导入区往往在次中心或郊区;另一部分的原因则是,一些公办学校对外来人口子女入学设置了无形的障碍,甚至一部分城市户籍人口不愿意让自己的子女与外来人口的子女成为同班同学。这些现象所反映的是对外来人口在心理上的排斥或偏见。消除这种现象的最好办法就是让户籍不再成为区分人群的特定标签。此外我们也应该意识到,外来人口进入城市分享公共服务这块"蛋糕"的同时,也在为城市做大公共服务的"蛋糕",其中的机制既包括基于个人付费的直接机制,也包括加快城市经济增长的间接机制,更包括城市内消除社会分割、增进社会和谐所带来的潜在好处。

(二) 城市的人口承载力

导致特大城市户籍制度改革步伐缓慢的另一大政策阻碍来自对城市承载能力的担忧。更为具体的类似担忧是,户籍门槛降低后,外来人口可能为了享受公共服务而涌入城市,而城市对人口的承载能力却有限。并且,这还可能拉大城市内部的收入差距,甚至出现拉美的城市贫民窟难题。

人口承载力这个说法值得我们进一步深思。从未来发展的趋势来看,城市人口规模的扩张还取决于基础设施改善、治理能力提升等因素。在这些方面,中国的特大城市并非没有潜力。说到城市人口承载力,我们还会听到城市因空间有限、资源有限等原因而必须进行规模控制这样的说法。甚至会有人从上述逻辑出发来算一笔账,预测出城市所能容纳的人口极限是多少。为了更进一步认清这一问题,我们在讨论城市人口承载能力时,有必要区分物理上的城市人口承载能力与实际上的城市人口承载量(均衡的人口规模)。前者受自然、技术条件的制约,在短期内或许并不容易改变。但事实上,城市均衡的人口规模不太可能达到物理空间上的承载能力,因为在此之前市场的力量一定会阻止人口进一步增长。市场的力量会借助城市的生活成本、宜居程度等因素,使实际人口承载量处于一个均衡水平。

此外,人们通常只关注外来人口的进入对城市承载能力造成的压力,却很少讨论城市现有人口的退出对城市承载能力的释放。这一点之所以被忽视,是因为现有的本地户籍人口很少愿意离开城市,而这恰恰又与目前公共服务提供水平在地区间存在较大差距有关。因此,在北京这样的大城市,即使有些人愿意在退休后就去郊县甚至更远的地方居住,但等到年老体弱有了更多的医疗服务需求时,他们又不得不回到市区。也就是说,通过加快推进地区与城乡间的公共服务均等化,城市的承载能力就不会成为限制城市人口流入的瓶颈。

外来人口的自由流入也并不必然导致城市贫民窟的出现。拉美、非洲出现城市贫民窟的根本原因是城市倾向政策导致的城乡人口福利的巨大差异以及城市公共服务对农村转移劳动力的排斥。拉美国家土地占有的高度集中产生大量失地农民,而非洲国家农业生产状况不景气,再加上拉美、非洲国家在其城市化历史上都实行了城市倾向的政策,因而农村人口大量过剩并进入城市滞留。此外,许多拉美与非洲国家城市与农村人口的社会保障水平相差较大,进入城市的农民由于无法享受城市的社会保障而转化为城市贫民,最终导致城市病的出现①。上述逻辑至少给我们提供了两个方面的政策启示。第一,城市贫民窟在中国没有出现,是因为农村耕者有其田的土地制度保障了农民起码的生活质量。然而,随着征地现象越来越普遍,失地农民不断出现,如果他们难以通过合理的征地补偿来分享土地增值的收益,并且又不能获得与城市相当的公共服务的话,就可能成为未来城市病的诱因之一。第二,户籍政策对农村剩余劳动力转移所起的限制作用使农民更多滞留于土地上,其结果是城乡收入或福利差距的扩大。如果较低收入的农民进城后不能获得平等的公共服务,这反而会成为诱发城市贫民窟出现的原因之一。

二、中国城乡融合的未来方向

未来中国应当如何从现实出发为户籍制度的进一步改革寻求突破呢? 我们不妨从三个方面考虑可能的方向:扩大公共服务,完善付费机制,措施先易后难。

(一) 分步骤地扩大公共服务

外来人口一旦获得城市户籍身份,就能够平等分享该城市的公共服务,而其中最为重要的便是子女教育与低收入人群保障政策。也正因为如此,给定城乡与地区间公共服务水平的较大差距,大城市在短期内就难以完全放开户籍。但是这并不表示户籍制度改革无法通过向外来人口扩大公共服务来寻求突破。不同城市完全可以根据各自的公共服务提供能力,有选择、分步骤地扩大公共服务分享的范围。一旦公共服务在本地户籍人口与外来人口之间的差异足够小,放开户籍也就水到渠成。

---

① 关于这方面的研究可以参考: Herrmann M, Khan H A, Rapid Urbanization, Employment Crisis and Poverty in African LDCs: A New Development Strategy and Aid Policy [EB/OL]. 2008 - 07 - 08, http://mpra. ub. uni-muenchen. de; Economic Commission for Latin America and the Caribbean (ECLAC). Shaping the Future of Social Protection: Access, Financing and Solidarity[R]. UN LC/G. 2295(SES. 31/4), 2006: 107-138.

由于城乡与地区间公共服务提供水平极不均衡，城市扩大公共服务之后，可能导致外来人口出于分享公共服务的目的而流入大城市。这就需要中央政府借助城乡间、地区间公共服务均等化的配套措施来缓解大城市的人口导入压力，使政策的变迁更易平稳进行。

（二）完善公共服务付费机制

理论上来说，如果我们能够建立有效的城市公共服务付费机制（可能是间接的付费机制），那么就不必担忧因外来人口的分享而挤占原有户籍人口所享有的公共服务。所以，建立与完善公共服务的付费机制是当前户籍制度改革的关键突破口。

事实上，城市中的创业者或就业者即使没有本地户籍，也在以诸如纳税这样的方式为城市提供的公共服务而付费。循此思路，只要外来人口在城市中拥有一定年限的就业、纳税与缴纳社会保障费用的记录，他们就应该有权分享部分公共服务。此外，现实中也存在一些市场手段提供付费机制，例如，择校费便是更为针对性的对子女教育的付费机制。外来人口如果在城市购买房产，那么事实上就是在借助土地出让金向城市付费。因此，向外来人口扩大公共服务的提供在理论上完全说得通。在具体的操作层面，以下两点可以考虑。

第一，建立可灵活使用公共资金的付费机制以适应人口流动的需要。一部分公共服务，如基础教育，具有较强的正外部性，并且由于劳动力的跨地区流动使地方政府缺乏投入的激励，因此，国家应当对这类公共服务有所投入，而不是依赖户籍所在地的地方政府。对于中央财政投入的这部分公共服务资金，可以划拨到个人专用的账户之中，随着劳动力的流动，该资金就可以由个人携带到人口导入区作为当地的公共服务投入。可跨地区使用的"教育券"制度就具有这样的性质。个人社会保障账户资金的跨地区可衔接也具有类似特点[①]。在实际操作中，这需要中央政府的投入划拨到个人而非户籍所在地政府，这样，伴随劳动力跨地区流动，公共服务的异地"购买"才可能实现。

第二，建立与居住地挂钩的付费机制。城市中部分公共服务是与居住地挂钩的，如幼儿园、义务教育阶段的公办中小学校教育。现实中这些公共服务往往根据事先划定的居住范围，首先满足落户于该居住范围内的本地户籍人口的需要。但事实上，无论是本地户籍人口还是外来人口，都同样地在为这类公共服务付费。不论是择校费还是房价转化而来的土地出让金，这些付费机制显然并不必然与户籍相关。因此，这类公共服务不应对外来人口区别对待。

---

① 这一点目前已经确立，只是在实践中，个别地区仍存在着操作上的障碍。

（三）措施先易后难

对于最为棘手的高等教育资源以及保障性政策这两类公共服务,可以根据推进阻力的大小,按照先易后难的原则寻求突破。

对于高考,如果我们视高等教育机会为一种全国性的纯公共品,那么每个公民都应该机会平等。中国最优秀的高校绝大多数集中于大城市,大城市往往也对本地的高等学校有大量的投入,因而自然也就倾向于偏向本地户籍生源的招生规则。这一现状给进一步的改革带来较大压力。

但是相较而言,职业教育却可以成为现阶段让外来人口子女分享城市教育资源的突破口。职业教育长期以来都不受城市本地户籍人口的青睐,因而这样的做法并不会引起当地户籍人口的反对。与此同时,政府如果能够全面开放职业教育市场,吸引海内外资金、优质办学机构在国内开办职业教育机构,那么就能够在更短时间内改变人们对国内职业教育"低端化"的认识,并且更好地借鉴国外先进的职业教育发展理念。这也能够使现有的高校人才培养模式更为多元化,能够在体制外寻求平等高考机会的突破,是更为现实易行的做法。

至于保障性政策,付费机制可能存在,但难以完全建立,因为本质上此类政策的受益者是弱势的低支付能力群体。最明显的例子是,对于城市最低生活保障费这项政策,其背后的逻辑一定是较高收入者对最低收入群体的一种转移支付,所以对于这类城市公共服务,不可能有完全的付费机制。只要付费机制不完全,向外来人口完全放开公共服务的阻力就一定存在。但如果这类公共服务的获取资格与个人在城市的社会保障缴费历史挂钩,那么相应的阻力应该会大大减小,政策调整也就更有可操作性。以保障房政策为例,虽然 2011 年 9 月国务院提出要将在城镇稳定就业的外来务工人员纳入公租房保障范围,但真正能落实这一政策的大城市却很少。2014 年公租房和廉租房并轨运行,惠及中低收入人群。2015 年公租房扩大至非户籍人口,2021 年,以公租房、保障性租赁和共有产权住房为主体的住房保障体系建立,保障房住房类型及覆盖人群进一步扩大,新市民、青年人群及引进人才均被纳入保障范围。然而,目前面向农业转移人口的住房覆盖率还很低,将流动人口纳入住房保障体系,是未来地方政府的政策设计方向。

思考题

1. 有一种观点认为,中国的户籍制度客观上也导致中国长期以来都具有低劳动力成本优势,这使得中国在加入 WTO 之后从国际贸易上获得了巨大的好处。对此,你有何评论?

2. 对于城市"抢人大战",有一种观点认为,这会造成经济相对落后地区的人才流失,导致地区发展失衡。请谈谈你对这一问题的看法。

3. 你认为大城市应该向在本地就业的外来户籍家庭提供更平等的子女受教育机会吗? 请说明具体的原因。

4. 请总结对比中国各阶段户籍制度、保障性住房制度与人才引进制度的特点和关联。

第7章

生育政策与人口转变

  人口与经济发展的关系一直受到学术界的广泛关注,同时,在当前生育率低和人口老龄化的背景下,人口问题和生育政策也备受各国政府关注。作为人口大国,中国一直致力于人口和经济社会的协调发展,独生子女政策为中国经济的高速增长提供了人口红利,但同时也带来了人口老龄化压力。为应对人口和经济发展新形势,中国政府逐步将生育政策调整为全面二孩、三孩政策,以促进人口长期均衡发展。老龄化带来的劳动力数量和质量下降会对劳动力生产和经济增长产生负面影响。但同时,随着人工智能和新兴技术的迅速发展,智能化技术在生产和养老领域的应用也为应对老龄化挑战提供了新的可能性。中国作为人口众多的发展中大国,人口转变与生育政策的持续优化成为当下的重要任务之一,其对于促进人口与经济社会可持续发展、更好利用人力资本红利以及缓解人口老龄化带来的压力有着重大意义。

  本章聚焦于对人口问题和人口政策的讨论。第一节介绍人口与经济的一般理论,梳理不同学派的经济学家对人口与经济理论的阐述以及出生率等人口经济学的基本概念;第二节介绍人口与经济发展的关系,包括人口的数量增长和质量增长对经济发展的影响,以及人口红利和人力资本红利;第三节梳理中国人口政策的演进以及相关政策的经济社会影响;第四节介绍了人口老龄化问题的现状以及相关的研究。

第一节　人口与经济的一般理论

  对于人口与经济的关系的讨论一直受到经济学家们的广泛关注。最早是威廉·配第、亚当·斯密、大卫·李嘉图等英国古典经济学家们,他们把人口看作经济运行中的一个内在因素,研究了人口与财富增长、人口与资本积累等方面的关系。托马斯·马尔萨斯则是最早的正式开展人口研究的经济学家,其代表作《人口原理》深入阐述了人口过剩与经济发展的关系,对人类思想产生了深远影响。马克思、恩格斯正是以批判马尔萨斯理论为开端构建了自己的人口理论。之后,现代经济学逐步发展,凯恩斯学派的约翰·凯恩斯、阿尔文·汉森等学者对于人口问题也非常重视,他们把人口因素纳入有效需求的框架中,分析了人口增长如何通过影响消费和投资需求影响经济。由此可见,经济学家们大都重视人口经济问题的研究,将人口因素纳入各自的经济理论范畴,由此形成了不同的人口经济理论。

一、古典经济学家的人口经济理论

17世纪中叶至19世纪初,英法一些古典经济学家开始分析资本主义人口现象,并且形成了从经济、财富生产的角度研究人口现象的古典经济学派人口经济学理论。其中亚当·斯密和大卫·李嘉图在其分配理论中对于人口问题的阐述最具代表性。

1. 亚当·斯密的人口经济理论

亚当·斯密(1723—1790)是古典经济学派的主要代表人物,被誉为"古典经济学之父",他著有代表作《国富论》《道德情操论》等,在经济上主张自由市场、自由贸易与劳动分工。亚当·斯密的人口经济理论将人口、劳动和生产相结合。

亚当·斯密认为,与一般商品社会需求决定社会生产类似,社会对人口的需求也支配着人口的生产,"生产过于迟缓,则加以促进;生产过于迅速,则加以抑制"[①]。他从劳动价值论的角度分析了人口与财富的关系,具体而言,他认为增加国民财富的途径有两种:一是提高生产率,即分工;二是增加从事生产劳动的人数,人口增加,从事劳动的人数增加,国家的财富也因此增加。另外,他通过分析工资的本质,进而分析了经济增长与劳动力需求的相互关系,认为全社会的国民财富分配有三种基本形式,即劳动工资、地租和利润,而对于劳动者的需求主要取决于用于支付工资资金的多少。他指出:"对工资劳动者的需求,必随一国收入和资本的增加而增加。收入和资本没有增加,对工资劳动者的需求决不会增加。而收入和资本的增加,就是国民财富的增加。所以,对工资劳动者的需求,自随着国民财富的增加而增加。国民财富不增加,对工资劳动者的需求决不会增加。"[②]

最后亚当·斯密得出结论:劳动需求决定人口需求并决定人口生产。同时,他认为

---

① 亚当·斯密的代表作《国民财富的性质和原因的研究》,通常简称《国富论》。书中阐述了国家的财富来源和经济发展的原理,并且说明财富在社会各阶层自然分配的秩序。亚当·斯密认为市场经济的本质在于分工与交换,他不仅强调市场机制为"看不见的手"的无形力量,更凸显出经济体系存在着表面现象与内部实质联系的双重性。这本书是人类首度针对政治经济原理进行逻辑严谨的科学论证。该书总结了近代各国资本主义的发展经验,对国民经济的运行过程作了系统的整体描述,是现代经济学的集大成之作。本书也被誉为"西方经济学的'圣经'"。

② [英] 亚当·斯密. 国民财富的性质和原因的研究(上卷)[M]. 郭大力,王亚南,译. 北京:商务印书馆,1974:63.

人口绝对水平的增长是国民财富增长的动因和标志,经济发展导致人口增长和劳动需求的增加,而人口和劳动力的增长又会促进生产力增加和生产物需求增长,所以,斯密认为对于一国的繁荣而言,最明确的标识是居民人数的增长。

2. 大卫·李嘉图的人口经济理论

大卫·李嘉图(1772—1823),英国古典政治经济学的主要代表人物之一,也是英国古典经济学理论的完成者,他著有《政治经济学及赋税原理》,继承和发展了亚当·斯密的自由主义经济理论,认为限制政府的活动范围、减轻税收负担是促进经济增长的最好办法。李嘉图的人口经济理论也是对亚当·斯密相关思想的继承和发展。

李嘉图将人口分析和工资问题相联系,他认为劳动力的买卖具有市场价格(即工资),参与劳动的人口随着工资的涨跌而增减。同时,人口增减就是对这种劳动力变化的反应,劳动力需求的增加导致了人口需求的增加。李嘉图依据农业中土地的边际报酬递减规律指出,人口的增长常常是持续的,而土地的数量有限,质量又有差异,在土地上按照比例关系投入资本的各种增加部分使生产率减退,在边际报酬递减规律下,土地的生产力和资本积累率最终赶不上人口增长率,从而导致人口对生活资料的压力。因此,他认为,解决压力"仅有的补救办法不是减少人口,而是更迅速地积累资本"[①]。

二、托马斯·马尔萨斯的人口经济理论

托马斯·马尔萨斯(1766—1834),英国人口学家和经济学家,著有《人口原理》《政治经济学原理的实际应用》等,其人口经济理论主要反映在《人口原理》这部著作中。

1. 理论背景

18 世纪末 19 世纪初,英国刚经历了产业革命,经济发展的同时人口迅速增加。资本主义机器工业的发展使得英国成为先进的工业大国,资产阶级成为统治阶级,而工人农民的生活状况却日益恶化,陷入贫困和失业的境地。同时,法国大革命的冲击使得英国劳动人民反对贫困的斗争热情高涨,阶级矛盾进一步激化。在这一背景下,马尔萨斯的人口思想逐渐形成。

2. 理论假设——两个前提和两个级数

马尔萨斯的人口经济理论以"人具有两条自然规律"的前提为起点:第一,食物是人类生存所必需的;第二,两性间的情欲是必然的,而且几乎会保持现状。他认为人

[①] [英]大卫·李嘉图. 李嘉图著作和通信集(第一卷)[M].北京:商务印书馆,1983:82-83.具体而言,出自李嘉图所著《政治经济学及赋税原理》。该书的核心思想是劳动价值论,核心问题是分配问题。该书分析了社会中三个阶级(地主、工人和资本家)在社会产品分配方面的规律,发现商品的相对国内价值决定于生产这些产品的必要劳动量,利润与工资是互成反比例而变化的,而工资是随必需品成本的变化而变化的。

具有食欲和性欲这两个前提是"人类本性的固定法则",从这两个前提出发,就可以得到两个级数的假设:"人口若不受到抑制,会按几何比率增加,而人类所需的生活资料则是按算术比率增加的。"[①]由此,人口的增殖速度明显快于生产资料的增速,所以人口增长必然超过生活资料的增长,但是人口自然法则要求二者保持平衡,于是就需要一些"妨碍"阻止人口的增加。

3. 理论内容——三个原理

基于以上假设,马尔萨斯将其对于人口的观点总结为三个原理。

第一是人口制约原理:"人口增加必然受到生活资料的限制。"第二是人口增殖原理:"生活资料增加,人口必然增加。"第三是人口均衡原理:"占优势的人口增殖力会以某种方式被抑制,从而使现实人口与生活资料相平衡",这一点也是马尔萨斯人口经济理论的核心。以上三个原理即"人口原理",说明人口增殖速度超过生活资料增长速度是一种自然规律,人口和生活资料会存在不平衡,但在人口增殖力和土地生产力的作用下,最终会实现平衡,这种平衡就是某种"抑制"的产物。

4. 解决途径——两种抑制

马尔萨斯认为,保持人口和生活资料平衡的途径是通过两种"抑制"的机制。第一,积极抑制。一般来说,死亡率随着生活水平的下降而上升,可以通过灾荒、贫困、战争等手段抑制人口增加。第二,预防性抑制。出生率还会随生活水平的下降而下降,即通过晚婚、禁欲(不结婚)等道德抑制的方式可以降低生育率,减少人口增加。他认为其中起到决定性作用的是积极抑制,即通过种种灾难缩短人类寿命,恢复被破坏的平衡,所以他认为灾难是人口和生活资料实现均衡过程中的产物,人类的发展也离不开灾难。

5. 引申拓展——四个结论

根据《人口原理》中的人口经济理论,马尔萨斯引申出以下四个结论。

第一,贫困和罪恶是人口规律作用的结果,而不是社会经济和政治制度造成的,社会改革不能消除人口增长的压力,任何试图实现平等的改革都会趋于失败。第二,私有制是人口自然法则的作用,只有私有制才能抑制人口的过快增长,以使得人类不至于生育过多子女。第三,工人的工资受到人口规律的支配,随着工人数量的增加而减少,最后被压制在最低水平。第四,济贫法的作用只会适得其反,"供养贫民以制造贫民"的济贫法只会使得人口增加,造成更多贫困,摆脱贫困的方法是通过自然的"抑制"强制实现人口与生活资料的平衡。

[①] 马尔萨斯. 人口原理[M]. 北京:商务印书馆,1959:5,43. 该书是英国人口学家马尔萨斯创作的人口学著作,首次出版于1798年,书中主要内容包括四个方面:第一方面,提出了构建人口理论的两个前提;第二方面,提出了两个级数的理论;第三方面,提出了通过被动型抑制人口和主动型抑制人口的方式来减少人口;第四方面,阐述了人口波动规律的理论。

6. 影响评价

马尔萨斯的人口经济理论有着重要的地位和影响。他的思想对于两位伟大的进化学学者(达尔文和华莱士)都有强烈的影响。物种起源的进化论理论就是受到马尔萨斯理论的启发而诞生的,同时,马尔萨斯的理论也对如今社会的人口、资源、经济发展研究有着重要的意义。但是,马尔萨斯的人口经济理论也存在一些问题,诸多知名学者对其进行了批判,其中最具代表性的就是马克思和恩格斯。恩格斯评价,在马尔萨斯的人口论中体现了经济学家的不道德已经登峰造极,这也催化了马克思和恩格斯的相关人口理论[①]。具体而言,马尔萨斯这一理论的主要不足在于马尔萨斯用抽象的人口规律代替了历史的人口规律,马克思评价说:"每一种特殊的、历史的生产方式都有其特殊的、历史地起作用的人口规律。抽象的人口规律只存在于历史上还没有受过人干涉的动植物界"[②],马尔萨斯把生产力低下归咎于人口过剩,但事实上在马克思看来这是资本主义私有制统治的经济后果。

三、凯恩斯学派的人口经济理论

约翰·凯恩斯(1883—1946),现代西方经济学最有影响力的人物之一,他为现代西方宏观经济学奠定了基础,提出了边际消费倾向递减规律、资本边际效率递减规律和流动性偏好陷阱三大理论,著有《就业、利息和货币通论》[③](以下简称《通论》)等经典著作,而他的人口经济理论主要包括早年的过剩人口理论以及后期《通论》中的人口与有效需求相关理论。

1. 凯恩斯早期的过剩人口思想及转向

在 1930 年之前,凯恩斯追随马尔萨斯的人口理论,他认为人口过快增长会阻碍经济的发展。同时,他认为第一次世界大战之后英国实际工资水平的停滞不前正是由于人口增长过快,马尔萨斯的"过剩人口的魔鬼"又再次出现在欧洲。

在经济大萧条之后,西方国家在面临经济停滞、大量失业的同时,人口自然增长率也大幅下降,凯恩斯的人口经济思想开始转向对于人口增速减慢的担忧,他认为这是引起经济停滞的主要原因。同时,他认为目前经济的问题在于失业,失业不是由于生产力的不足,而是由于有效需求的不足,这就是他在《通论》中提到的人口经济理论。

2. 凯恩斯《通论》中的有效需求不足理论

在《通论》中,凯恩斯利用有效需求不足理论来解释经济危机、失业和人口过剩的关

---

① 马克思恩格斯全集(第 3 卷)[M].北京:人民出版社,2002:465.马克思和恩格斯的人口理论将人口与经济的作用看作一种辩证关系,认为经济对人口起决定作用,人口对经济存在反作用。

② 马克思恩格斯全集(第 23 卷)[M].北京:人民出版社,1972:692.

③ 《就业、利息和货币通论》反映了 20 世纪 30 年代经济大危机时期充分暴露出来的某些实际情况,如失业严重、资本产品大量过剩等,并提出了缓解这些矛盾的对策,为当时束手无策的资本主义世界指出了一条摆脱困境的出路。这本书标志了现代西方宏观经济学的诞生。

系。凯恩斯认为,有效需求决定了劳动力市场的就业量。有效需求是劳动供给曲线和劳动需求曲线交点处的总需求值,在交点处,雇主的预期利润达到最大值。他认为,有效需求的不足是导致失业的根本原因。有效需求通常包括消费需求和投资需求,所以有效需求不足是由消费不足和投资不足引起的。对于这两点,人口都起着重要作用:人口缩减会导致消费减少,造成消费有效需求不足,引起失业;同时,人口缩减会造成悲观的资本市场预期,抑制投资和生产,减少投资有效需求,造成失业。

凯恩斯认为,强调自由经济、反对政府干预经济的思想是不对的,这会导致有效需求不足的持续,进而导致危机和失业的持续恶化。对此,凯恩斯提出的解决方法是:实行国家干预经济的政策,刺激消费和投资,以扩大有效需求,消除失业,实现充分就业。

3. 凯恩斯关于人口下降的经济后果理论

凯恩斯在《通论》中就特别强调投资需求不足造成的失业,所以在《人口减少的若干经济后果》一文中,他从有效需求出发探究了人口与资本需求之间的关系。

首先,凯恩斯认为,人口增长趋势已经发生了改变,这种改变将面临诸多经济后果。一个正在减少的人口将使人类面临比从前维持繁荣时更多的困难。接着,凯恩斯指出,资本需求取决于三个要素:人口、生活水平和资本技术。具体而言,人口增长会对经济发展产生有利影响,一个正增长的人口对资本需求有非常重要的影响,在一个人口正在增长的趋向乐观主义的时代,一般来说,资本需求总是趋于超过而不是低于所希望的①。同时,凯恩斯指出技术发明有助于提高生活水平,从而增加消费需求,最终增加资本有效需求。对于资本技术,凯恩斯认为需要结合技术的类型和时代特征进行具体分析,现代发明技术更多属于资本节约型,因此技术进步会导致资本需求倾向下降。在三个因素中,凯恩斯认为人口增长与生活水平的提高对增加资本需求更为重要。进一步,在人口由上升转化为下降后,如果生活水平没有足够提升,会导致资本需求减少,有效需求不足,进而产生失业和经济危机。

4. 凯恩斯与马尔萨斯理论的异同:"两个魔鬼"理论

"两个魔鬼"理论反映出了凯恩斯和马尔萨斯观点的联系和区别。"两个魔鬼"中的第一个是"过剩人口魔鬼",即马尔萨斯的人口经济理论中人口过剩(人口增长超过生活资料增长)阻碍经济发展、降低生活水平的思想。第二个是"失业魔鬼",即凯恩斯针对大萧条现象提出,实际生活水平的提高需要依靠增加投资和消费实现,虽然人口缩减有利于提高生活水平,但却导致有效需求不足,进而失业人口增加,对经济产生负面影响。

---

① Keynes J M. Some Economic Consequences of a Declining Population[J]. The Eugenics Review, 1937, 29(1): 13-17.

对此,凯恩斯的看法是人口增长减慢在免除"过剩人口魔鬼"的同时,由于减少了有效需求,释放了"失业魔鬼",所以,他呼吁采取一些措施防止人口的减少,从而缓解后者对经济带来的负面影响。

凯恩斯学派主要代表人物除凯恩斯外,还有英国经济学家哈罗德、罗宾逊和美国经济学家汉森、萨缪尔森等。凯恩斯学派以"有效需求不足"理论为核心,研究了经济危机和失业问题,分析了人口增长和经济发展之间的关系,形成了凯恩斯学派人口经济理论。凯恩斯学派的人口经济理论的基本思想是:把资本主义国家大量的失业人口归因于"有效需求不足",强调人口下降不利于经济增长,主张以国家干预经济的办法来实现充分就业,解决过剩人口问题。

四、出生率:定义和概念,出生率变化趋势等

出生率、生育率等指标可以反映一定时间内地区的人口水平,对于国家或地区预测人口变化趋势以及制定人口政策有着基础性的意义。

出生率(birth rate)[①]反映了一段时间(通常为一年)内的人口出生水平,其定义为当年出生人数与平均总人数(或期中总人数)之比[②]。一般来说,育龄妇女的生育率是影响出生率变动的重要因素,生育率水平是出生率水平的基础:妇女生育率愈高,出生率也愈高;生育率愈低,出生率也愈低。同时,出生率变动还受到地区经济发展水平、育龄妇女占比、地区的人口政策以及生育观念等因素影响。

生育率(fertility rate)是反映妇女生育强度的指标,它是影响人口增长速度的核心因素,是预测人口趋势和制定人口政策的重要依据。生育率的主要度量有以下一些分类。首先,一般生育率(general fertility rate)指当年出生人数与育龄期(通常为 15~49岁)妇女人数之比。其次,由于一般生育率通常会受到育龄妇女的年龄结构、已婚比例等因素影响,于是衍生出分年龄生育率(age-specific fertility rate)这一概念,分年龄生育率是指当年特定年龄段(如 20~24 岁)妇女生育的子女数量与该年龄段妇女人数之比,这一指标通常在不同年龄段有所不同,这一不同对反映生育政策效果、预测人口趋势有着重要作用。最后,总和生育率(total fertility rate)是指假定妇女按照当年各年龄组生育率度过育龄期,平均每个妇女在其育龄期生育的子女数量,通常计算方式为将所有年龄组生育率等权重相加。总和生育率随分年龄生育率变动而变动,能综合反映一定人口的生育水平,是衡量生育水平最常用的指标之一。达到生育更替水平的总和生育率需要高于 2.0,即每对夫妇平均生率 2 个子女,这一指标在发达国家通常为 2.1。由于发展中国家通常死亡率更高,这一指标在发展中国家也更高。

---

① 美国人口咨询局(PRB). 人口手册(第六版)[R]. 2010:10.
② 中国统计年鉴(2020)。

专栏7-1

总和生育率的计算实例①

图7-1展示了2008年美国的总和生育率的计算过程。列(1)为妇女的数量，列(2)为生育数量，列(3)为分年龄生育率的结果，该结果也表示妇女在其育龄期每个年龄段生育的"可能性"。将每个年龄段的生育率乘以5，就得到了她在每个年龄段(每5年期间)将生育的孩子的数量。把所有年龄段的生育率加总，可以估计她到育龄期满(即49岁)时将有多少孩子——也就是总和生育率。

女性年龄	(1) 妇女的数量	(2) 生育数量	(3) 分年龄生育率 (2)÷(1)
15-19	10,351,380	434,758	0.042
20-24	10,215,379	1,052,184	0.103
25-29	10,398,034	1,195,774	0.115
30-34	9,663,798	956,716	0.099
35-39	10,401,596	488,875	0.047
40-44	10,597,300	105,973	0.01
45-49	7,109,000	7,109	0.001

合计 = 0.417
总和生育率(TFR)=分年龄的生育率 * 5 = 2.09

图7-1　总和生育率计算示例

2008年，美国的总和生育率为2.09。也就是说，如果2008年的分年龄生育率在她们一生中保持不变，那么2008年美国的每名育龄期妇女将拥有2.09个孩子。

世界各国的出生率和生育率变化趋势也存在一些典型特征。图7-2和图7-3分别是世界和中国的总和生育率与出生数量变化趋势图。从图中不难发现以下事实：首先，第二次世界大战后，世界各国的出生率和生育率总体呈下降趋势，全球人口平均出生率从20世纪60年代的30‰以上降至2019年的18‰，降幅近一半；其次，发达国家的生育率普遍比发展中国家更低，具体而言，工业发达和城市化程度较高的国家或地区(如西欧、日本以及北美)出生率和生育率普遍较低，相对地，工业比较落后、农业占主导地位以及城市化程度不高的国家或地区(如非洲、拉美以及西亚)出生率和死亡率较高；最后，当前发达国家的生育率普遍低于生育更替水平(总和生育率达到2.1)。另外，我国的总和生育率在20世纪90年代后也已低于生育更替水平。依据第七次全国人口普查

---

① 美国人口咨询局(PRB). 人口手册(第六版)[R]. 2010：11.

数据,我国育龄妇女总和生育率仅为 1.3①,从全球来看,这一数值已处于较低水平。

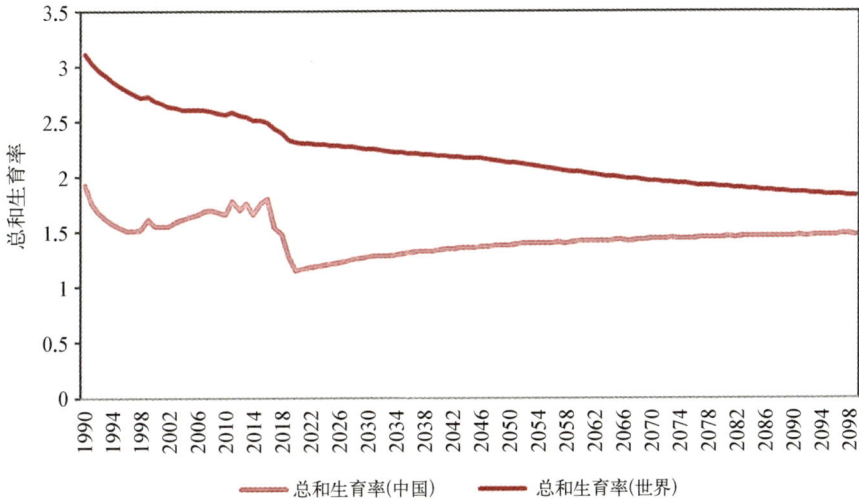

注:横轴代表年份,纵轴代表总和生育率(每个女性育龄期的生育数量)。2022 年前为真实数据,2022 年后为联合国人口司的预测数据。
数据来源:United Nations, Department of Economic and Social Affairs, Population Division. World Population Prospects 2022;Data Sources[R]. UN DESA/POP/2022/DC/NO. 9.

图 7-2　世界和中国总和生育率变化

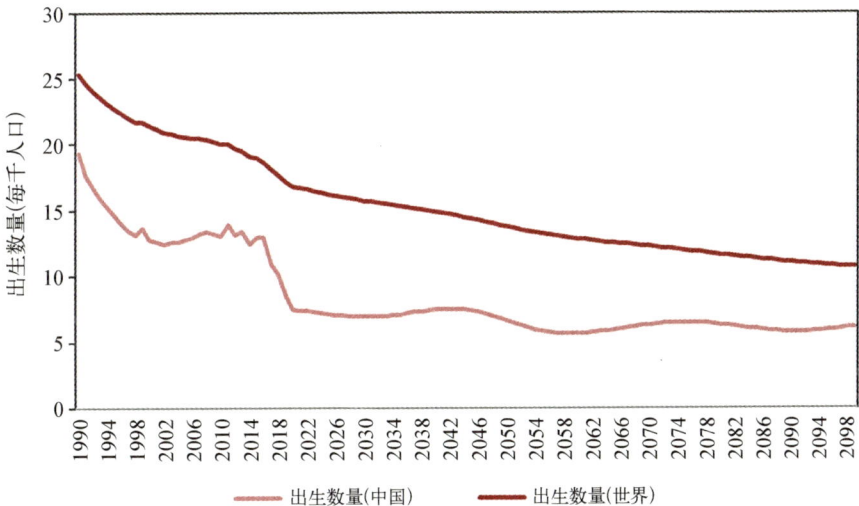

注:横轴代表年份,纵轴代表出生数量(每一千人的新生儿个数)。2022 年前为真实数据,2022 年后为联合国人口司的预测数据。
数据来源:United Nations, Department of Economic and Social Affairs, Population Division. World Population Prospects 2022;Data Sources[R]. UN DESA/POP/2022/DC/NO. 9.

图 7-3　世界和中国出生数量变化

① 国家统计局,http://www. stats. gov. cn/ztjc/zdtjgz/zgrkpc/dqcrkpc/ggl/202105/t20210519_1817705. html.

人口出生率和生育率的变化与各个时期各国的经济、社会、文化状况以及人口政策有着很大关系,它们也会直接影响国家和地区未来的人口总量和人口结构的变化,进而影响社会经济发展。

第二节　人口对经济发展的影响

一、人口增长对经济发展的影响

人口因素在经济发展中起着至关重要的作用,人口增长如何影响经济发展也是一个存在争议的话题:一方面,根据马尔萨斯的人口理论,人口增长会阻碍经济发展;另一方面,亚当·斯密在《国富论》中把人口增长看作经济增长的动因和标志,由此也产生了悲观主义和乐观主义两个派别的观点。明确人口增长与经济发展之间的关系究竟是相互促进还是相互制约,是制定人口战略政策的重要依据,接下来对不同观点进行梳理。

(一)悲观主义的观点

20 世纪 50—70 年代的普遍观点是悲观论,即人口增长阻碍了经济发展,这一观点的主要代表人物有莱宾斯坦[①]、纳尔逊[②]、科尔和胡佛[③]、鲁普莱希特和沃伦[④]、梅多斯[⑤]、卡森[⑥]等,他们也提出了很多不同的模型和理论用以分析推理。

莱宾斯坦在其著作《经济落后和经济增长》中提出了"临界最小努力"发展模型。和马尔萨斯类似,他认为人口是经济发展的内在因素,而经济发展只有超过人口最低生活水平的限度时才能真正实现经济增长。

科尔和胡佛在《低收入国家的人口增长和经济发展》一书中从人口规模、人口增长速度和人口年龄结构三个方面分析了人口增长与经济发展的关系。他们使用资本形成和资本产出比例变动模型(即哈罗德-多马模型),基于印度背景计算并预测发现,30 年

① Leibenstein H. A Theory of Economic-Demographic Development[M]. Princeton:Princeton University Press, 1954:1-204; Hicks J R, Leibenstein H. Economic Backwardness and Economic Growth[M]. New York: Harvard University Press, 1957.

② Nelson R R. Theory of the Low-Level Equilibrium Trap in Underdeveloped Countries[J]. American Economic Review, 1956, 46:894-908.

③ Coale A, Hoover E. Population Growth and Economic Development in Low Income Countries[M]. Princeton: Princeton University Press, 1958.

④ Ruprecht T K, Wahren C. The Impact of Population Growth on National Economic Development[J]. Development Digest, 1972, 10(1):18-22.

⑤ Meadows D H. The Limits to Growth[M]. New York:MIT Press, 1972.

⑥ Cassen R H. Population and Development:A Survey[J]. World Development, 1976, 4(10-11):785-830.

后,高生育率假定下国家的人均收入比低生育率假定下低了 40%,即人口增长对经济发展存在抑制作用。沿袭他们的思路,有不少人口学家从数量上探究了人口增长的经济后果,如鲁普莱希特和沃伦研究发现,相比生育率不下降的假定,在生育率下降假定下,10 年后的人均收入高出 3%～5%。

在悲观主义的观点中,梅多斯等人的著名作品《增长的极限》一书提出的零增长理论引人注目。他们设计的世界动态模型以人口增长、粮食供应、资本投资、资源消耗和环境污染五个因素为参数。由于人口倍增,世界资源耗竭、粮食短缺以及污染严重的时间迫近,书中提出"人越多越穷,越穷人越多"的观点,认为未来发展的唯一出路是人口和经济的零增长,以达到全球性的均衡状态。这一理论在学术界引起了巨大反响,在引起众多争议的同时,也引发了人口经济学家对于人口增长与资源环境问题的重视和思考。

(二) 乐观主义的观点

20 世纪 60 年代后,一些经济学家再次提出人口促进经济增长的观点,这一观点的主要代表人物有库兹涅茨[1]、克拉克[2]、西蒙[3]、托达罗[4]、舒尔茨[5]等。

库兹涅茨认为人口的持续增长是与稳定或相对提高的人均产品一同实现的,根据现代经济增长的事实,他认为人口增长对经济发展有正的影响。西蒙对于人口与经济的关系进行了长期研究,他指出"人口增长将有助于创造更为美好的未来",主张人口增长对经济增长有着正效应,且这一效应在不同国家有所不同:在发达国家,人口增长通过知识进步和规模经济产生促进经济的正效应;在发展中国家,经济增长的正效应则是通过个人和社会的转化实现的,如工时增加和生产技术转变。舒尔茨强调了人力资本对于经济发展的关键作用,一般而言,人力资本的积累也与人口增长密切相关。托达罗对于诸多西方人口增长促进经济发展的观点进行了总结:"人口多能提供一个必要的消费需求,并引致生产上的优化规模经济,能降低生产成本,并能为达到更高的产量提供充裕和低廉的劳动力。如果考虑到在第三世界的许多农业地区仍然有许多可耕作但未开垦的土地,假如有更多的人耕种这些土地,将会极大地提高农业产量这一因素的话,这些地区实际上还人口稀少。"

[1] Kuznets S S. Modern Economic Growth: Rate, Structure, and Spread[J]. Journal of Political Economy, 1966, 37(145): 475-476.

[2] Clark C. Population Growth and Land Use[M]. New York: St. Martin's Press, 1967.

[3] Simon J L. The Economics of Population Growth[M]. Princeton: Princeton University Press, 1977; Simon J L. The Ultimate Resource[M]. Princeton: Princeton University Press, 1981.

[4] Todaro M P. Economic Development in the Third World[M]. London: Longman, 1981.

[5] Schultz T W. Investment in Human Capital[J]. The American Economic Review, 1961, 51(1): 1-17.

（三）其他观点

对于人口增长与经济发展的关系，不同学者通过不同角度的观察分析得到了对立的观点，而这也促使部分经济学家和人口学家将人口增长与经济发展之间的关系看作可变以及错综复杂的，持这一观点的主要有坎南、麦克尼克尔等学者①。

坎南早在 1929 年的适度人口理论中就提出人口增长与经济发展之间有着可变的关系，因此人口规模存在最大收益点。此外，美国国家科学院②在 1971 年的报告中指出，人口增长率和人均收入增长率不存在统计上的联系。1984 年，美国人口学家麦克尼克尔的文章对于人口增长与经济发展的关系进行了回顾和重新思考，他认为人口增长对经济发展的影响有着决定性作用，但同时他也指出，迅速的人口增长对于为争取创造人均产品的持续增长所作的努力是一个严重的负担。

综合上述关于人口与经济发展关系的研究结果，结论如下：人口因素对经济增长的影响方向是不确定的；另外，它的影响也不是独立的，往往与其他因素一道发挥作用，产生一种或正面或负面的增强效果。李维森③指出：一般来说，悲观主义者多是从土地和可枯竭资源角度出发来立论；而乐观主义者多是从技术进步和刺激有效需求出发来立论。他认为，随着争论的深入，会有越来越多的学者将人口增长与经济发展的关系看作可变的和错综复杂的，而非单纯的正反馈或者负反馈关系。穆光宗④则结合中国背景指出，人口增长所呈现的并非全是负面效应，而且人口增长的正负效应在一定的历史条件下是可以转化的。

二、人口数量与人口质量理论

人口经济理论的发展是一个逐渐由数量经济理论向质量经济理论演进的过程。第二次世界大战之后，西方主要资本主义国家的经济重新崛起以及"亚洲四小龙"的经济成功，都离不开现代科学技术的发展。于是，人口学家和经济学家开始再次思考人口与经济的问题，进而衍生出了人口质量和经济关系以及人口数量和人口质量关系的相关理论。具体而言，舒尔茨开创了人力资本理论，被称为"人力资本之父"；此外，贝克尔、丹尼森等人也对人力资本理论发展起到了关键作用。本节将具体介绍最具代表性的贝

① Cannan E. A Review of Economic Theory[M]. London：P. S. King and Son，1929；Geoffrey M. Consequence of Population Growth：An Overview and Assessment[J]. Population and Development Review，1984，10(2)：191-212；Kelley A C. Economic Consequences of Population Change in the Third World[J]. Journal of Economic Literature，1988，26(4)：1685-1728.

② National Academy of Sciences. Rapid Population Growth：Consequences and Policy Implications[M]. London：Johns Hopkins University Press，1971.

③ 李维森. 西方学者在人口增长对经济发展的影响问题上的争论[J]. 经济研究，1988(7)：74-80.

④ 穆光宗. 人口增长效应理论：一个新的假说[J]. 经济研究，1997(6)：49-56.

克尔的数量-质量替代理论及相关研究。

（一）一般理论

贝克尔[①]的相关人口数量与质量的替代命题（quantity-quality trade-off）着眼于家庭的生育选择。该理论最早出现在 20 世纪 60 年代，到 80 年代基本完善，这一理论也称为家庭对孩子的需求理论，是当代西方微观人口经济学的重要理论。

贝克尔将子女看作家庭生产的"家庭商品"，拥有影子价格，表现为抚养孩子的机会成本。贝克尔最初的理论认为家庭的生育选择可能取决于家庭收入、子女的抚养成本（反映子女质量）和父母对节制生育的认知（反映子女数量）等因素。同时他还指出，在生育行为中，子女的数量和质量之间存在替代关系。根据这一理论，当家庭面临着预算约束（budget constraint）和信贷市场失灵（credit market failure），并且父母对子女一视同仁时，由于家庭资源的稀缺性，子女数量的增多将导致父母只能对每个子女进行更少的人力资本投资，从而家庭中子女的数量与质量之间便会存在负向关系。贝克尔认为，由于家庭对于质量的需求弹性更大，所以家庭收入增加，父母将更多提高子女的质量而非更多地生育子女。

（二）研究文献

对于人口质量和数量替代理论的检验有助于为世界各国当前和未来的人口政策提供微观经济学理论基础，所以诸多经济学者都致力于对这一问题进行实证研究。发达国家的经验证据表明，家庭规模和孩子的教育程度之间存在负相关关系，即家庭规模的扩大很大程度上解释了子女成就的下降[②]。也有部分研究基于中国背景展开，以探究这一理论在发展中国家的适用性。其中有研究[③]发现家庭规模和子女质量之间存在负相

---

① Becker G S. An Economic Analysis of Fertility[J]. Demographic and Economic Change in Developed Countries. National Bureau of Economic Research, Inc. , 1960: 209-240. 这篇文章将微观经济理论用于生育率分析。具体地，这篇论文采用消费者的选择理论，父母对于子女，是用金钱来计算"投入"与"产出"，其中时间、感情等因素也可以折合成"金钱"。父母将子女看作一种特殊的效用资源，类似于耐用消费资料，并在质和量两个维度，权衡"投入"和"产出"。所以，生育孩子是一种消费行为，作为消费者的父母，遵循的是效用最大化原则。于是，父母对孩子质和量的选择，是家庭内部影响生育率的决定性因素。其他论文还有：Becker G S, Lewis H G. On the Interaction between the Quantity and Quality of Children[J]. Journal of Political Economy, 1973, 81(1-2): 113。

② Hanushek E A. The Trade-Off between Child Quantity and Quality[J]. Journal of Political Economy, 1992, 100 (1): 84-117; Black S E, Devereux P J, Salvanes K G. The More the Merrier? The Effect of Family Size and Birth Order on Children's Education[J]. The Quarterly Journal of Economics, 2005, 120(2): 669-700.

③ Li H, Zhang J, Zhu, Y. The Quantity-Quality Trade-Off of Children in a Developing Country: Identification Using Chinese Twins[J]. Demography, 2008, 45(1): 223-243. 这篇文章基于中国背景，测试了家庭中孩子数量和质量之间的权衡。利用 1990 年中国人口普查的数据，研究了家庭规模对中国儿童教育成就的影响。由于家庭规模的选择存在内生性，所以作者选取双胞胎引起的家庭规模的外生性变异作为工具变量，发现家庭规模对孩子教育的负面影响，且这一影响在公共教育系统更不发达的中国农村家庭更明显。本文证明在发展中国家存在孩子的数量-质量权衡。

关关系,证明了在发展中国家存在孩子的数量-质量替代。同时,有学者[①]使用双重差分法估计独生子女政策对城乡生育率差距的影响,研究表明中国数量-质量替代并未带来人力资本的提升。平均而言,中国计划生育政策降低了下一代的人力资本水平约1‰～2‰。这揭示了关于人口控制政策的传统理论的局限性。张俊森[②]进一步指出,尽管计划生育政策可能提高了独生子女的人力资本质量,但是计划生育的实施还导致了农村生育率高于城市生育率(农村一胎为女孩的家庭允许生二胎)。由于农村整体的教育投入较低、人口基数高,城乡生育率差异将导致教育程度较低的人群占总体的比例上升,抵消了人力资本质量的提升效应。所以,通过控制人口数量以提高人力资本效应的这一机制是存在的,但效果较弱。

三、人口红利的经济效应

(一) 人口红利的相关概念

人口红利的理论在1997年首次由哈佛大学教授大卫·布鲁姆与杰佛瑞·威廉森提出[③]。这两位经济学家认为1965—1990年东亚经济增长奇迹中至多有1/3(以人均收入衡量)都可能要归功于人口结构变化所带来的人口红利。

人口红利是指因为劳动人口在总人口中的比例上升,所伴随的经济增长效应。它通常发生在人口过渡时期晚期,此时人口从高生育率、高死亡率向低生育率、低死亡率转变,少年儿童人口数量和比例快速下降,老年人口数量和比例缓慢上升,劳动年龄人口抚养负担较轻,使得整个国家呈现高储蓄、高投资和高增长的局面。当人口负担系数小于或等于50%,称为人口机会窗口期。"人口机会窗口期"指的是在一个时期内,高速城市化导致生育率迅速下降,少儿与老年抚养负担均较轻,总人口中劳动适龄人口比重上升,从而在老年人口比例达到较高水平之前,形成一个劳动力资源相对丰富、对经济发展十分有利的黄金时期。一个国家或地区如果恰好处于人口年龄结构最有生产性的阶段上,并且能够对这种人口红利加以充分利用,经济增长就可以获得一个额外的源泉,从而创造经济增长奇迹。

需要注意的是,人口机会窗口期只是提供了有利于经济社会发展的潜在人口机会,

① Wang X, Zhang J. Beyond the Quantity-Quality Tradeoff: Population Control Policy and Human Capital Investment[J]. Journal of Development Economics, 2018(135): 222-234. 这篇论文获得了第八届"张培刚发展经济学优秀成果奖"。论文研究了中国的独生子女政策对下一代人口的人力资本水平的影响。在现实中,中国的计划生育政策在城市远比在农村执行得严格,而农村的人力资本投资水平远远低于城市。因此,计划生育政策可能会显著提高农村城市生育比,并进一步影响全国的平均人力资本水平。论文强调这一人口结构变化效应可能会抵消数量-质量替代效应对人力资本水平的正向影响。

② 张俊森. 中国人口政策与劳动力质量[J]. 中国人力资源社会保障, 2019(9): 57.

③ Bloom D E, Williamson J G. Demographic Transitions, Human Resource Development and Economic Miracles in Emerging Asia[R]. NBER Working Paper 6268, 1997: 1-94.

并不会自动转化为现实的经济红利。只有当经济社会发展的教育、就业、收入分配、投资、生产、消费、进出口等方面政策和措施与人口机会窗口期相互匹配时，才能够把潜在的人口机会转变为现实的经济红利。具体措施如公共卫生事业的实质进步、有效的计划生育政策、教育水平的大幅度提高，以及有助于形成灵活有效的劳动力市场、对外开放和提高储蓄的经济政策的实施[①]。反之，一旦丧失人口机会，很可能会错过发展良机。

（二）人口红利的经济效应

"亚洲四小龙"的经济腾飞与中国改革开放以来的经济奇迹，都是成功收获人口红利的典范，也体现出了人口红利对经济的促进作用。具体来看，人口红利可以从以下两个方面促进经济增长。

一方面，增加劳动力供给。宏观上，人口数量的大幅增长将直接导致进入生产领域的劳动力人数大幅上升；微观上，社会抚养比的逐渐降低使家庭负担逐渐减小，家庭中可以有更多的人参与社会生产劳动，为经济增长提供更多的生产力。以中国为例，改革开放以来，中国具备劳动年龄人口比重大这一潜在人口优势，劳动的参与率和就业率均保持在较高水平上，改革开放期间劳动密集型产业迅速扩张，得以大规模吸纳就业，从而把人口年龄结构优势转化为中国经济的比较优势[②]。

另一方面，增加储蓄和资本积累。根据储蓄的生命周期理论[③]，个人在劳动年龄时期的收入高于消费，剩余部分将作为储蓄积累下来，因此劳动年龄人口即"储蓄人口"；而在少儿时期和老年时期，个人无收入来源，只有消费，因此少儿和老人属于"消费人口"。相应地，当一个国家或地区处于人口红利期时，人口抚养比迅速降低使得劳动力负担减轻，同时劳动力人口不断增长，"储蓄人口"占比增大，从而为社会带来了高储蓄率，资本获得大量积累，为经济发展创造了条件。

四、人口红利到人力资本红利的转变

（一）人口红利的不可持续性

人口红利固然对经济发展起到了重要的作用，但它是建立在"人口机会窗口"这一概

---

① Bloom D, Canning D, Sevilla J. French Version of a Research Brief that Describes Work Documented in The Demographic Dividend: A New Perspective on the Economic Consequences of Population Change[J]. MR-1274-WFHF/DLPF/RF, 2003.

② 蔡昉. 人口转变、人口红利与经济增长可持续性——兼论充分就业如何促进经济增长[J]. 人口研究, 2004(2): 2-9. 这篇文章援引国际经验, 把人口转变引致的不同人口年龄特征阶段看作经济增长的一个额外源泉, 或人口红利; 论证了通过高储蓄率、充足的劳动力供给和低抚养比, 中国人口转变对改革开放以来高速经济增长的贡献; 揭示了人口红利即将消失的趋势, 由此提出最大化促进就业是维持人口对经济增长正面效应的关键。

③ Modigliani F, Brumberg R E. Utility Analysis and the Consumption Function: An Interpretation of Cross-Section Data[M]//Kurihara K., ed. Post Keynesian Economics. NJ: Rutgers University Press: 388-436.

念前提下的,一旦人口转变离开这个阶段,人口年龄结构因老龄化而在总体上不再富有生产性,人口抚养比也会随之上升,通常意义上的人口红利便相应丧失[①]。同时,蔡昉[②]进一步结合中国现实指出,如果把资本积累的情况与人口抚养比一同考虑,中国的人口红利不会延续至 2030 年以后,实际上目前已经越过其最丰裕的收获期并开始迅速衰减。

(二) 人口红利与人力资本红利

生育率下降、劳动年龄人口减少、人口老龄化等都是社会发展的必然结果,因此,数量型的人口红利的消失使得劳动密集型优势减弱,传统要素对于经济增长的驱动力下降,这是经济发展的阶段性特征。同时,人口结构的变化中劳动力质量的提高与高素质劳动力占总人口比重的上升,将进一步释放"新人口红利",即形成质量型的"人力资本红利"。人力资本红利是指人力资本收益减去人力资本投资,一般而言,相较于人口红利,通过提高人口质量、实现人力资本的累积的人力资本红利对于经济增长的作用更加显著。一方面,人力资本具有高收益率,能够缓解劳动力短缺或劳动力不足,即要素短缺问题;另一方面,人力资本的提升更有助于增大要素的边际产出,实现技术进步[③]。

(三) 中国的人力资本红利现状

进入 21 世纪以来,随着家庭经济改善、经济水平提升、教育普及范围扩大和高等教育扩招等因素,我国 15~25 岁的青年劳动力人口更多选择继续进行深造,劳动参与率下降。同时,我国有效抚养比从 2005 年开始不断增加,人口红利逐渐减弱,经济增长率相应出现下降。因此,人力资本红利的形成和扩大有助于缓解人口红利消失对我国经济的不利影响,助力中国经济实现中高速增长、迈向中高端水平。

中国的人力资本红利体现在就业人员占总人口比例基本稳定和劳动年龄人口人均受教育年限的不断提高等方面。新中国成立以来,特别是改革开放以来,我国教育制度

① 蔡昉. 人口转变、人口红利与刘易斯转折点[J]. 经济研究,2010,45(4):4-13. 这篇论文从理论上尝试揭示人口转变与二元经济发展的一致关系,即两个过程具有共同的起点、相关和相似的阶段特征,甚至重合的变化过程;进而利用人口预测结果等经验材料,论证和检验人口红利逐渐消失和刘易斯转折点到来的判断。论文还指出,保持稳定的经济增长,尽早进入高收入国家的行列,是缩小"未富先老"缺口的关键和唯一途径。为此,这篇论文就挖掘第一次人口红利的潜力、创造第二次人口红利的条件,以及依靠转变发展方式获得新的经济增长源泉提出政策建议。

② 蔡昉. 中国的人口红利还能持续多久[J]. 经济学动态,2011(6):3-7. 文章回顾中国经济增长中的人口红利,即在过去 30 年中人口因素对中国经济增长的贡献,在此基础上,探讨在劳动年龄人口增速放缓、剩余劳动力渐趋枯竭、人口老龄化的条件下,中国如何保持经济增长的可持续性。文章目的主要在于揭示和论证在第一次人口红利式微乃至消失后,仍然可以产生第二次人口红利,避免"人口负债",即通过教育深化提高劳动生产率,保持和延伸中国产业的竞争优势,通过养老保障制度安排创造新的储蓄源泉,以及通过劳动力市场制度安排,扩大人口老龄化时期的劳动力资源和人力资本存量。

③ Acemoglu D, Dell M. Productivity Differences Between and Within Countries[J]. American Economic Journal: Macroeconomics, 2010, 2 (1):169-88. 这篇文章使用美洲 11 个国家的劳动力收入数据,发现美洲许多国家国内城市之间以及各国之间的收入存在巨大差异,这些差异有一半可以用人力资本差异解释。于是,作者提出了一个简单的模型,用各国技术差异和各国内部生产效率的差异解释了这种收入差异。

不断完善,教育经费支出不断增加,大学持续扩大招生规模,人口受教育水平正在经历前所未有的快速提升。根据第七次人口普查数据,近 10 年间,中国人口教育水平有新的较大幅度跨越。2020 年,中国每 10 万人中具有大学文化程度的达到 15 467 人,比2010 年第六次人口普查时高出 6 537 人,高中文化程度的相应比例同期也有升高,初中文化程度、小学文化程度比例以及不识字率则在降低。同时,义务教育推行、高中教育普及,特别是高等教育进入大众化阶段等一系列教育改革发展举措,未来还将推动中国人口教育水平不断迈向新的高度,从而以更加优质充裕的人力资源夯实创新驱动发展战略的根基,把人口红利转化为人力资本红利,为经济高质量发展释放新动力、激发新活力。

五、人口老龄化

人口老龄化改变了人口结构,导致劳动力年龄人口占比下降,缩减了劳动力资源,同时造成社会抚养比提高、养老金开支份额上升等问题。老龄化还可能改变社会的消费结构和投资储蓄水平,对经济社会发展产生深远影响。

(一) 人口老龄化对经济社会的影响

1. 对劳动力规模和劳动生产率的影响

人口老龄化进程中,劳动力年龄人口占比会不断下降,劳动力年龄人口萎缩。如图 7-4 所示,欧洲、北美、东亚、东南亚以及拉美等地区未来的劳动力人口占比都有下降

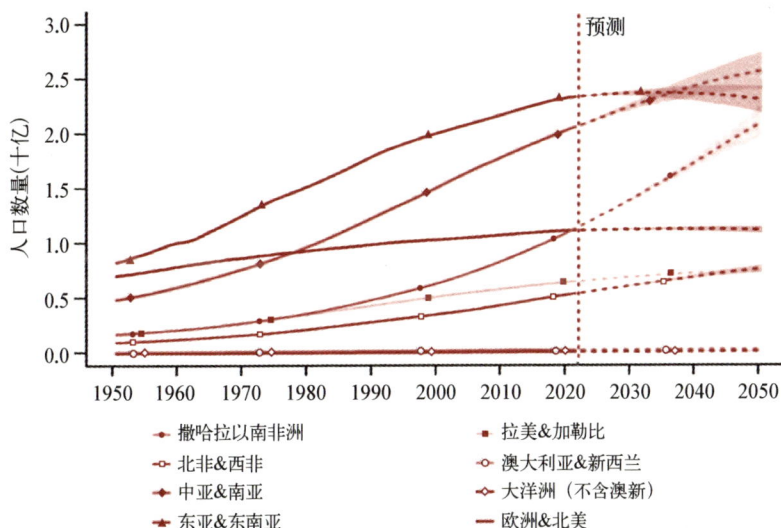

*1950—2022年估算,2022—2050年95%预测间隔

数据来源:United Nations,Department of Economic and Social Affairs,Population Division. World Population Prospects 2022;Data Sources[R]. UN DESA/POP/2022/DC/NO. 9.

图 7-4 1990—2050 年全球各地区 25~64 岁人口数量

趋势,且近期的人口占比趋势图斜率趋于平缓也意味着劳动力增速的下降。作为生产中最重要的要素之一,减慢的劳动力增速意味着较低的经济增长速度。

同时,人口老龄化会使得劳动力年龄人口也趋于老化,即劳动力人口中的年长者比例增加、劳动力人口的平均年龄增加的"人口高龄化现象"。日本的老龄化过程中,劳动人口平均年龄就从 1950 年的 34.49 岁增加到 1970 年的 35.75 岁。中国目前也出现了这种趋势,劳动年龄人口中 45 岁以上的大龄劳动力占比从 1990 年 19% 上升到 1999 年 24%,且预计到 2030 年会上升到 36%。劳动力的老化会削弱创新的力量,妨碍劳动生产率的提高,尤其是在新兴产业不断涌现的现代市场经济体制下,这一影响会更加明显。有很多相关研究证明了这一点,文献已经指出人口老龄化对劳动生产率和经济增长有负面影响[1]。其中,基于中国 28 个省(区、市)的面板数据发现,年龄结构的差异和各省(区、市)的经济发展有着密切关系。同时,很多研究对这一影响进行了解释,劳动力超过一定年龄后,记忆力、学习能力等认知能力下降,劳动生产率也可能随之下降。还有研究发现年长者缺乏创新精神和企业家精神,阻碍劳动生产率提升。

2. 对劳动人口和公共支出的影响

伴随着人口老龄化进程的推进,老年人口比重逐渐超过少年儿童人口比重,老年人会成为社会的主要抚养对象,增加劳动年龄人口的社会抚养比,且随着人均寿命的不断延长,劳动年龄人口的供养负担进一步加重。同时,老龄化会使得社会经济负担日益加重,退休老年人口的养老金支出、医疗费用、社会福利和社会保障费用的快速增长会对政府、企业、社会都形成较大压力。另外,老年人消费的医疗卫生资源一般是其他人群的 3~5 倍,随着年龄增长,老人同时患多种慢性疾病的情况普遍存在,共患疾病现象导致老人医疗服务需求和社会医疗费用压力持续增加。据欧盟预测,2050 年发达国家的全部养老金成本和老年人健康保险金支出将上升到占 GDP 的 17.8%。相关研究也多集中于人口老龄化与政府支出、社会保障以及福利等问题[2],研究中的一个共识是人口

① Lindh T, Malmberg B. Age Structure Effects and Growth in the OECD, 1950-1990[J]. Journal of Population Economics, 1999(12): 431-449; Zhang H, Zhang H, Zhang J. Demographic Age Structure and Economic Development: Evidence from Chinese Provinces[J]. Journal of Comparative Economics, 2015, 43(1): 170-185; Green D A, Riddell W C. Ageing and Literacy Skills: Evidence from Canada, Norway and the United States[J]. Labor Economics, 2013, 22: 16-29; Aksoy Y, Basso H S, Smith R P, Grasl T. Demographic Structure and Macroeconomic Trends[J]. American Economic Journal Macroeconomics, 2019, 11(1): 193-222; Liang J, Wang H, Lazear E P. Demographics and Entrepreneurship[J]. Journal of Political Economy, 2018, 126(S1): 140-196.

② Razin A, Sadka E, Swagel P. The Aging Population and the Size of the Welfare State[J]. Journal of Political Economy, 2002, 110(4): 900-918; Anderson T M. Fiscal Sustainability and Demographics — Should We Save or Work More? [J]. Journal of Macroeconomics, 2012, 34(2): 264-280; 曾毅. 中国人口老化、退休金缺口与农村养老保障[J]. 经济学(季刊),2005(3): 1043-1066;刘穷志,何奇. 人口老龄化、经济增长与财政政策[J]. 经济学(季刊),2013,12(1): 119-134;龚锋,余锦亮. 人口老龄化、税收负担与财政可持续性[J]. 经济研究,2015,50(8): 16-30.

老龄化会加大社会保障支出,加重政府财政负担,进而影响社会总福利和经济增长。

3. 对消费储蓄投资的影响

对家庭来说,人口老龄化会使得家庭收入水平降低,消费向老年人倾斜,影响其他家庭成员的消费水平提高。对于社会来说,由于老年人口消费水平相较劳动人口更低,人口老龄化可能会导致社会的消费总量的萎缩。同时,根据储蓄的生命周期理论,老年人在退休后通常处于负储蓄状态,因此,随着社会中老年人口比例的上升,整体储蓄率将受到负面影响。随着人口老龄化进程的加深,社会整体的储蓄水平还可能进一步下降。

一国的投资主要源于公共投资和个人投资,由于老年人预期收入少、储蓄水平低、风险承担能力弱,人口老龄化会对个人投资产生不利影响。同时,人口老龄化使得老年人口占比上升,经济体中生产者比例下降,消费者比例上升。相较于抚育少儿的人力资本投资,赡养老人更多为消费性支出,这种消费性支出随着老龄化的加深而增加,使得国民收入中用于消费的部分增加,就会相应减少用于社会生产的投资资本积累。此外,老龄化带来的政府养老相关财政支出增加,会对公共投资产生不利影响。总体来看,人口老龄化会减少投资,进一步降低未来的经济增长速度。

对此,很多中外学者基于经济理论和实证进行了一系列研究,提供的证据表明人口老龄化会降低国民储蓄率[①]。其中,使用不同的计量方法对世界范围内 98 个国家的历史数据进行了计量分析,结果显示老年抚养比对国民储蓄率的边际影响系数为 $-0.77 \sim -0.13$,说明人口老龄化会降低国民储蓄率。陈彦斌等人预测并分析了未来 20 年人口老龄化对中国国民储蓄率的影响。研究发现,在未来人口老龄化是拉低中国国民储蓄率的最主要因素。

4. 对产业结构的影响

人口老龄化还会对产业结构产生一定影响。老年人口的增加会增加对于老年消费品以及养老服务的需求。为了满足这一需求,会促进"老年产业"的发展,这在一定程度上对经济发展可能产生正向影响。同时,劳动力的短缺也会促使国家转变经济增长方式,更新产业结构。这也意味着用技术、技能、服务、金融等密集型产业部分替代业已形成的劳动密集型产业,同时,还可能催生出人工智能取代人力的新兴技术产业,促进产业结构升级。

[①] 胡翠,许召元. 人口老龄化对储蓄率影响的实证研究——来自中国家庭的数据[J]. 经济学(季刊),2014,13(4):1345-1364;陈彦斌,郭豫媚,姚一旻. 人口老龄化对中国高储蓄的影响[J]. 金融研究,2014(1):71-84;汪伟,艾春荣. 人口老龄化与中国储蓄率的动态演化[J]. 管理世界,2015(6):47-62;Modigliani F,Cao S L. The Chinese Saving Puzzle and the Life-Cycle Hypothesis[J]. Journal of Economic Literature,2004,42(1):145-170;Loayza L,Schmidt-Hebbel K,Serven L. What Drives Private Saving Across the World?[J]. The Review of Economics and Statistics,2000,82(2):165-181;Weil D N. The Saving of the Elderly in Micro and Macro Data[J]. The Quarterly Journal of Economics,1994,109(1):55-81.

对此,也有一些新兴的文献探究了人口老龄化如何促进经济体的产业升级以及自动化智能化生产技术的应用[①]。其中,有研究根据香港的产业重组经验,发现一个产业的就业份额每增加1%,其劳动力的平均年龄就会下降0.60岁。劳动力的年龄结构可能通过与特定行业的人力资本的相关性对一个经济体的产业升级产生影响。特定行业的人力资本减少了老年工人离开衰退行业的动力,提高了年轻工人加入增长行业的动力。

阿西莫格鲁等学者进行了一系列关于人工智能与老龄化方面的研究[②],通过实证研究初步发现,老龄化越严重的国家,越倾向于更早、更多地使用人工智能(机器人)从事生产活动。其2019年的论文基于模型和实证研究进一步指出,老龄化将导致21～55岁的劳动人口数量减少,为了减弱老龄化对生产活动的冲击,企业将更多地使用机器人替代劳动。所以,人口老龄化会促进智能化生产技术的发展和使用。他们利用跨国数据和美国通勤区数据的研究发现,老龄化导致更大程度的工业智能化,即更密集地使用机器人,且这种自动化生产技术的替代效应在制造业中更强。同时,他们认为智能化资本在提高了劳动生产率的同时还降低了劳动份额。他们2020年的论文也指出,每1 000个工人所拥有的机器人数量增加1个,就会减少0.18%～0.34%的劳动需求,于是人工智能可能在这一方面缓解人口老龄化的负面影响。

---

① Han J, Suen W. Age Structure of the Workforce in Growing and Declining Industries: Evidence from Hong Kong [J]. Journal of Population Economics, 2011, 24: 167-189; Abeliansky A, Prettner K. Automation and Demographic Change [J]. Center for European Governance & Economic Development Research Discussion Papers, 2017.

② Acemoglu D, Restrepo P. Secular Stagnation? The Effect of Aging on Economic Growth in the Age of Automation [J]. American Economic Review, 2017, 107 (5): 174-179. 作者通过散点图和时间趋势图呈现一些特征事实:人口老龄化与经济增长的关系不是呈现正相关关系。为了解释这个现象,作者先使用普通线性回归、固定效应模型、工具变量法、长差分(long-difference)等方法进行回归分析,进而使用一个理论模型进行了更为严谨的推理,得出结论。老龄化越严重的国家,越倾向于更早、更多地使用人工智能(机器人)从事生产活动,所以技术的内生响应尤其是替代人力的技术应用导致了老龄化与经济增长的正相关关系。

Acemoglu D, Restrepo P. The Race between Man and Machine: Implications of Technology for Growth, Factor Shares, and Employment [J]. American Economic Review, 2018, 108(6): 1488-1542. 这篇论文的框架是研究"技术"在"资本"的作用下,对"劳动力"因素的影响。基于这一方法,这篇文章指出,人工智能对劳动力市场的影响分为两个部分:一部分是人工智能取代人的工作;另一部分是创造新的职位。因此,智能化生产对就业的影响机制是相对复杂的。它取决于资本利率和劳动力价格的相对水平,而劳动力价格又会受到人工智能化程度的影响。

Acemoglu D, Restrepo P. Artificial Intelligence, Automation and Work [J]. NBER Working Paper 24196, 2018. 这篇文章使用一个统一的经济框架研究了自动化和人工智能对劳动力、工资和就业需求的影响。

Acemoglu D, Restrepo P. Demographics and Automation [J]. NBER Working Paper 24421. 这篇论文针对美国722个通勤区的实证分析也发现,老龄化程度越高的地区,其机器人集成企业数量也相应越多。这一正向关联在对中等年龄(24～55岁)劳动力依赖较高的行业中尤为明显。

Acemoglu D, Restrepo P. Robots and Jobs: Evidence from US Labor Markets [J]. Journal of Political Economy, 2020, 128(6): 2188-2244. 文章从美国通勤区这一行政规划视角,将商品服务的可贸易性纳入机器人分析的传统理论框架,构建了各个通勤区的机器人渗透量,利用1990—2007年美国的数据进行了定量研究。结果表明,机器人对就业和工资都产生了显著的负向影响,具体地,每1 000个工人所拥有的机器人数量增加1个,就会减少0.18%～0.34%的劳动需求。这意味着,美国制造业中每增加1个机器人,平均会取代3.3名工人。

（二）中国的人口老龄化及其影响

中国的人口老龄化问题具有一些突出的特点,如超快的老龄化进程、超大的老年人口规模、超高的老龄化水平以及城乡倒置的老龄化格局等,这也使得基于中国背景的老龄化问题研究意义重大。

已有诸多中外学者基于中国背景对老龄化问题的经济社会影响以及应对之策进行了研究,关于老龄化究竟对经济发展起到了促进还是阻碍作用,学者们的观点莫衷一是。部分学者认为人口老龄化会对经济产生不利影响。袁志刚和宋铮[①]基于一个世代交叠模型指出,人口老龄化的年龄结构与中国的低消费倾向有着重要的关系。汪伟[②]则通过理论模型和实际模拟指出,人口老龄化对经济增长产生了负面效果,降低了家庭储蓄和教育投资。也有学者认为,人口老龄化可能会促进经济发展。蔡昉[③]认为,人口老龄化将诱发人力资本投资对物质资本投资的替代,从而有利于经济增长;汪伟等[④]则通过实证研究指出,人口老龄化不仅促进了中国第一、二、三产业间结构的优化,还推动了制造业与服务业内部技术结构的优化。还有学者保持中立态度。在迭代模型的基础上研究发现,老龄化程度增加虽然降低了家庭储蓄率,但并不必然导致经济的衰退,其对经济增长的影响具体取决于老龄化程度、资本产出弹性、教育部门资本投入产出弹性等参数[⑤]。

同时,对于中国老龄化时代的政策如何制定,经济如何发展,经济学者们也做了不少探索。例如,龚峰和余锦亮[⑥]认为,延长退休年龄,扶持老龄产业发展,提高社会养老保障水平,从而增强老年人的消费能力和意愿,提升老年人口的消费水平,是老龄化社会改善财政可持续性的重要途径之一。汪伟等则认为,由于人口老龄化与产业结构升级并不是对立的,中国应当顺应人口老龄化的趋势,在宏观经济政策上做好顶层设计,并充分利用人口老龄化对产业结构升级的诱发作用,推动产业结构高级化。

尽管学术界对于中国的人口老龄化有着多元的观点和看法,但是,意识到人口老龄化给经济带来的机遇和挑战,制定适宜的应对之策,是政府和学者都需要进一步思考和探讨的必然之路。

（三）人工智能新兴科技与人口老龄化

关于老龄化问题与人工智能、新兴产业,中国也在不断思考及探索如何利用人工智能

① 袁志刚,宋铮. 人口年龄结构、养老保险制度与最优储蓄率[J]. 经济研究,2000(11): 24-32.
② 汪伟. 人口老龄化、生育政策调整与中国经济增长[J]. 经济学(季刊),2017,16(1): 67-96.
③ 蔡昉. 人口转变、人口红利与经济增长可持续性——兼论充分就业如何促进经济增长[J]. 人口研究,2004(2): 2-9.
④ 汪伟,刘玉飞,彭冬冬. 人口老龄化的产业结构升级效应研究[J]. 中国工业经济,2015(11): 47-61.
⑤ 刘永平,陆铭. 从家庭养老角度看老龄化的中国经济能否持续增长[J]. 世界经济,2008(1): 65-77.
⑥ 龚锋,余锦亮. 人口老龄化、税收负担与财政可持续性[J]. 经济研究,2015,50(8): 16-30.

应对老龄化社会的挑战。2019年《国务院办公厅关于推进养老服务发展的意见》提出要持续推动智慧养老服务发展，实现5G、人工智能、物联网等新一代科学技术与养老服务的有效融合。另外，随着人工智能的发展，"机器换人"已经成为产业升级的大方向之一，越来越多的劳动密集型企业引入工业机器人替代简单重复劳动或危险系数较高的人工岗位。一旦机器人技术成熟，劳动密集型企业将逐渐转化成资本密集型企业，可以解决劳动力总量不足的问题。也有诸多研究开始关注新兴科技背景下中国的人口老龄化问题。

在人口老龄化日趋严重的同时，中国生产智能化发展迅速，工业机器人拥有量和使用工业机器人的企业数量均在快速增长。根据国际机器人联盟（International Federation of Robotics，IFR)的数据，2000年中国机器人当年新安装数量为380台，存量为930台，2018年当年新安装数量已经达到154 032台，存量已经达到649 447台。程虹等人的研究显示，使用机器人的企业比例在2008年以前不足2%，而到了2017年这一比例已经提升至13%，年均增长率达23%[①]。伴随着人工智能成为新一轮科技革命和产业变革的核心力量，生产智能化替代一部分人工，减少了劳动力需求的不足，提升了劳动生产率，由此可能抵消老龄化的不利影响。

对此，有许多学者就中国的老龄化问题与人工智能的关系进行了探索[②]。其中，陈秋霖等人基于跨国面板数据和中国省级面板数据，构建二阶段最小二乘法回归模型并得出结论，人口老龄化导致的劳动力短缺会促使经济体更多地应用智能化生产，人口老龄化是人工智能发展的诱因；同时，智能化生产对当地生产总值有正向影响，有助于抵偿人口老龄化所造成的经济增长放缓，人工智能是应对老龄化的重要工具。加之机器人使用对我国企业的生产效率、质量能力和管理效率具有重要的促进效应，新兴科技在生产领域的应用对于老龄化问题的缓解可能起到一定作用，基于此，陈彦斌等人通过构建含有人工智能和老龄化的动态一般均衡模型，研究发现人工智能主要通过三条机制应对老龄化的冲击，进而促进经济增长：一是提高生产活动的智能化和自动化程度从而减少生产活动所需的劳动力；二是提高资本回报率从而促进资本积累；三是提高全要素生产率。

由此，在人口老龄化的背景下，人工智能和智能化生产技术能够有效应对人口老龄化对经济发展的不利影响。在中国这样一个未来将面临更加严重人口老龄化问题的国家，应充分发挥科技发展对劳动生产率的正向影响，将"人口红利"转向"人工智能红利"，以维持未来中国经济的持续增长。

① 程虹，陈文津，李唐. 机器人在中国：现状、未来与影响——来自中国企业-劳动力匹配调查（CEES）的经验证据[J]. 宏观质量研究，2018(3)：1-21.
② 陈彦斌，林晨，陈小亮. 人工智能、老龄化与经济增长[J]. 经济研究，2019,54(7)：47-63；陈秋霖，许多，周羿. 人口老龄化背景下人工智能的劳动力替代效应——基于跨国面板数据和中国省级面板数据的分析[J]. 中国人口科学，2018(6)：30-42,126-127；宋旭光，左马华青. 工业机器人投入、劳动力供给与劳动生产率[J]. 改革，2019(9)：45-54.

第三节 中国人口政策及其经济社会影响

一、中国人口政策及其演进

新中国成立以来,中国经历了高速的发展,在经济、文化等领域都取得了举世瞩目的成绩,同时,社会经济发展一定会伴随着人口政策的变革和人口转变。作为世界人口大国之一,中国的人口生育政策在实践中进行着不断的调整和完善,以适应人口形势和人口结构的巨大变化,接下来对我国人口政策的变化进行梳理。

(一) 20 世纪 50—60 年代:多有反复

这一阶段的人口政策从鼓励生育到限制生育思想萌芽,再到政策停滞。新中国成立后,国民生产和生活从战争中恢复过来,同时,政府也全力支持和宣传鼓励生育,导致生育高峰和人口迅速增长,1953 年第一次人口普查时全国人口已达 6 亿。这引起了政府的关注,节制生育的思想开始萌芽。马寅初于 1955—1957 年首次提出实施计划生育的建议,但在随后的"大跃进"期间被搁置。接着,中央在 1962 年出台了《关于认真提倡计划生育的指示》,提出在城镇和人口密集的农村地区实施计划生育,并随后设立国家和各省(区、市)计划生育委员会。然而,受政治运动的影响,1966 年"文化大革命"开始后计划生育再次中断。

(二) 20 世纪 70—80 年代:建立推行

1949—1969 年,我国人口仅用短短 20 年的时间就翻了一番,这也促使计划生育政策快速推进。20 世纪 70 年代初,毛泽东指出人口必须得到控制。1971 年,国务院批转《关于做好计划生育工作的报告》,并于 1973 年正式提出"晚、稀、少"政策,即晚婚(女性 23 周岁以上,男性 25 周岁以上)、稀生(生育间隔 3 年以上)和少生(最好 1 个,最多 2 个)。随着"文化大革命"的结束,计划生育政策的执行逐渐回到正轨,限制生育的政策逐渐发挥效用。1978 年,中央明确提出提倡一对夫妻生育孩子的数量"最好一个,最多两个",同年,计划生育第一次以法律形式载入宪法。这一时期的计划生育工作取得了良好的效果,生育率和人口增长率都快速下降。

(三) 20 世纪 80 年代至 20 世纪末:收紧稳定

这一阶段计划生育政策进一步得到贯彻执行,政策、机构都逐步稳定下来。由于中国人口基数大、增长速度快,在国家百废待兴、全力转轨以经济建设为中心之后,人口对生产力的压力使得政府希望尽快控制住人口增长速度。1980 年,中共中央发表《关于控制我国人口增长问题致全体共产党员、共青团员的公开信》，提倡"一对夫妇只生育一个孩子"，"独生子女政策"基本成型。1982年9月，党的十二大把计划生育确定为基本国策。1984年，考虑到一孩政策的实行在农村地区遭遇的阻力，国家计生委放宽政策，"开小口堵大口"：允许第一个孩子为女孩的农村家庭生第二个孩子。此后，各省、自治区、直辖市从自己的经济、社会、资源、环境和人口发展态势出发，于20世纪80年代末到90年代初都各自制定了本地区的计划生育条例，并开始稳定执行。大部分农村地区实行"一孩半"政策，即第一胎生育女孩的家庭被允许再生育一胎，少数民族地区也依照规定实行二孩或三孩政策。这一阶段的生育率下降不仅受政策的影响，随着社会经济的发展和城市化的进程，城市现代化的生活方式也使得年轻人的生育观念发生了巨大变化，20世纪末我国总和生育率下降到1.5左右。

（四）21世纪至今：完善调整

进入21世纪后，我国人口形势发生了重大变化。劳动力可持续性、人口老龄化以及人口结构性问题开始显现，生育率低迷问题导致限制生育的政策得到反思，计划生育政策再次进入调整通道。为了适应人口形势的新变化，完善和调整生育政策成为必然选择。2002年开始施行《中华人民共和国人口与计划生育法》，全国各地陆续制定双独二孩政策。2013年开始，我国正式启动计划生育政策改革进程，2013年3月组建国家卫生和计划生育委员会。同年11月，十八届三中全会通过的《中共中央关于全面深化改革若干重大问题的决定》中提出"坚持计划生育的基本国策，启动实施一方是独生子女的夫妇可生育两个孩子的政策"。2015年12月，十二届全国人大常委会第十八次会议表决修改了《中华人民共和国人口与计划生育法》，全面二孩政策于2016年1月1日起正式施行。2021年7月20日，《中共中央 国务院关于优化生育政策促进人口长期均衡发展的决定》正式发布，并于2021年8月再次修改《中华人民共和国人口与计划生育法》，进一步优化生育政策，实施一对夫妻可以生育三个子女的政策及配套支持措施，我国生育政策也进入了新的阶段。

二、独生子女政策的经济社会效应

新中国成立以来，中国人口无论在数量、结构，还是在生育等方面，都发生了重要变化。在经历了新中国成立以来的三次人口出生高峰（新中国成立之初、三年困难时期之后、改革开放之后）后，出生率一直维持在12‰的低水平稳态。剧烈的人口转型使得中国成为世界上人口转变最快的国家之一，这一转变与我国自1979年开始实施的独生子女政策密切相关，而研究这一政策带来的一系列经济社会效应，对于预测未来人口形势、制定后续人口政策都有着基础性意义。接下来将介绍实证研究中对于独生子女政策的社会经济效应的探讨。

（一）对生育率的影响

我国生育率经历了两次转变。第一次转变发生在新中国成立初期,从 20 世纪 60 年代中期开始,总和生育率从 6.0 以上的高位迅速下降,到 90 年代初,已经下降到更替水平 2.1 以下;第二次转变发生在改革开放后,总和生育率由更替水平继续下降到 2000 年 1.5 左右的"很低生育率",此后中国的总和生育率一直维持在 1.5～1.6 的水平。这种生育率的下降不仅有政策因素的影响,也有社会经济因素的影响。

部分学者认为独生子女政策在中国生育率下降过程中具有关键作用[1]。其研究发现相较于农村家庭,城市家庭不太可能生育第二个或第三个孩子,这种城乡差距在独生子女政策之后扩大:城市地区生育二胎的概率在河北省和山西省下降了 50%,在上海市下降了 86%(在独生子女政策实施后,上海市城区几乎没有家庭生育二胎)。也有学者持不同观点,他们认为生育控制只是加速了生育率下降,社会经济特征本身的作用更重要[2]。随着社会经济的发展、城市化的进程和女性接受教育年限的延长,女性在职场中发挥越来越重要的作用,人们的婚姻、家庭观念发生转变,生育观念和生育模式也随之变动。例如,研究指出,鉴于全球生育率与人均 GDP 之间的负相关性,以及中国在过去几十年间经济的飞速增长,即使没有独生子女政策,中国的生育率也将达到较低的水平。此外,有学者[3]将生育率的显著下降归因于 20 世纪 70 年代末的"晚婚,晚育,少生"运动,认为中国 20 世纪 80 年代以来的经济快速发展对中国的生育率降低有显著的促进作用。

（二）对子女教育的影响

正如人口数量-质量替代理论所预测的那样,随着家庭中子女数量的减少,投资于每一个子女的资源更多,由此计划生育政策可能提高了独生子女的人力资本质量。对

[1] Poston D L, Gu B C. Socioeconomic Development, Family Planning, and Fertility in China[J]. Demography, 1987, 24(4), 531-551; Ahn N. Effects of the One-Child Family Policy on Second and Third Births in Hebei, Shaanxi and Shanghai[J]. Journal of Population Economics, 1994, 7(1), 63-78; McElroy M, Yang D T. Carrots and Sticks: Fertility Effects of China's Population Policies[J]. The American Economic Review, 2000, 90(2), 389-392; Li H, Zhang J, Zhu Y. The Effect of the One-Child Policy on Fertility in China: Identification Based on the Differences-in-Differences[J]. Chinese University of Hong Kong, Department of Economics, Discussion Papers, 2005. Ebenstein, A. The "Missing Girls" of China and the Unintended Consequences of the One Child Policy[J]. Journal of Human Resources, 2010, 45(1): 87-115.

[2] Cai Y. China's Below-Replacement Fertility: Government Policy or Socioeconomic Development? [J]. Population and Development Review, 2010, 36(3): 419-440; Wang F, Cai Y, Gu B. Population, Policy, and Politics: How Will History Judge China's One-Child Policy? [J]. Population and Development Review, 2013 (38): 115-129.

[3] Whyte M W, Feng W, Cai Y. Challenging Myths About China's One-Child Policy[J]. The China Journal, 2015 (74): 144-159.

此,学者们进行了一系列实证研究,其中部分研究表明,独生子女政策提高了子女上学机会[1]。有学者把有双胞胎的家庭看作独生子女政策背景下的自然实验[2],利用 2002 年在昆明市进行的中国儿童双胞胎调查,在计划生育政策实施相对严格的昆明地区[3],比较生育双胞胎的家庭与没有生育双胞胎的家庭子女的教育程度差别。结果发现,独生子女政策导致的生育率下降对儿童的人力资本投入的影响最为积极。使用上限估计来计算独生子女政策对中国人力资本发展的影响,结果表明该政策使儿童入学率提高了 4%,上大学的比例增加了将近 9%,学校成绩提高了 1%,良好或极佳的身体健康水平提高了接近 4%[4]。但同时也有研究认为,人口政策对子女教育的效应是不显著或是微弱的[5]。有研究[6]使用有二胎资格和未经批准的超生罚款两个指标,以及两者之间的相互作用,作为衡量生育率影响的手段,发现在大多数情况下,以入学率、中学毕业情况和学年(根据年龄和性别进行标准化)三项教育成果作为量化指标,儿童数对教育程度的影响在统计学上是不显著的。中国的教育水平一直在上升。然而,现有研究表明,独生子女政策造成的生育率变化对儿童教育仅有较小甚至微弱的影响,这与其他发展中国家的实证一致[7]。

(三) 对家庭个人的影响

计划生育政策除了对家庭的生育和子女教育产生影响,还有可能对家庭的其他行为产生影响,如婚姻状况、劳动供给、人口迁移、家庭消费储蓄等。研究发现遵守独生子女政策的家庭,妻子的受教育程度和丈夫的职业有关,但丈夫的受教育程度和妻子的职业无关[8]。有学者[7]使用超生率残差(即显示独生子女政策的执行力度的代理变量)作为自变量,并以结果变量差异的残差作为因变量,使用 1982 年和 2000 年人口普查数据,发现更宽松的独生子女政策常常导致更低的离婚率,收紧独生子女政策会增加男性

① Becker G S. A Treatise on the Family[M]. Cambridge, MA: Harvard University Press, 1991.

② Rosenzweig M R, Zhang J. Do Population Control Policies Induce More Human Capital Investment? Twins, Birth Weight and China's "One-Child" Policy[J]. Review of Economic Studies, 2009, 76(3): 1149-1174.

③ 在昆明,第一胎生育一个孩子的家庭,95%以上只有一个孩子;第一胎生育双胞胎的家庭,99%以上只有两个孩子。

④ 使用双胞胎作为自然实验是一种简洁和有价值的方法,但它有一些限制。例如,双胞胎的健康状况可能与一胎出生不相当:双胞胎的出生体重可能更低,而出生体重通常用来简单评估出生时健康状况。

⑤ Liu H. The Quality-Quantity Trade-off: Evidence from the Relaxation of China's One-Child Policy[J]. Journal of Population Economics, 2014, 27(2): 565-602.

⑥ Li B, Zhang H. Does Population Control Lead to Better Child Quality? Evidence from China's One-Child Policy Enforcement[J]. Journal of Comparative Economics, 2017, 45(2): 246-260.

⑦ Fitzsimons E, Malde B. Empirically Probing the Quantity-Quality Model[J]. Journal of Population Economics, 2014, 27(1): 33-68.

⑧ Zhang J, Spencer B G. Who Signs China's One-Child Certificate, and Why? [J]. Journal of Population Economics, 1992, 5(3): 203-215.

的劳动供给以及促进人口迁移[1]。黄炜等就中国计划生育政策的经济社会效应进行研究,发现严格的生育限制会导致更高的受教育程度、更多的白领工作机会、更晚的婚龄和更低的生育率,同时还会增加家庭收入、消费和储蓄,也会提高妇女地位[2]。

专栏 7-2

经典文献介绍:Fertility Restrictions and Life-Cycle Outcomes: Evidence from the One-Child Policy in China

黄炜等发表在《经济与统计评论》(*Review of Economics and Statistics*)的论文考察了中国计划生育政策的经济社会效应。论文使用人口普查、中国城镇住户调查、中国家庭追踪调查数据,通过不同省(区、市)、不同时期的超生惩罚差异,构造连续型双重差分,将 1989—1995 年期间增加超生惩罚的省(区、市)和未增加超生惩罚的省(区、市)进行对比,具体实证策略如下:

$$Y_{ijbt} = \beta_0 + \beta fine_{jb}^{6-20} + \delta_{bt} + \delta_j + T_j + \varepsilon_{ijbt}$$

其中,Y 表示结果变量,如高中毕业率、结婚率、(妇女)生育数等;下标 i 表示个体,j 表示户口所在省(区、市),b 表示出生年份,t 表示调查年份。文章的核心解释变量 $fine$ 表示出生年份为 b 的群体在 6 岁到 20 岁之间超生罚款率的平均值,衡量的是生育控制的严格程度。同时,模型中还控制了出生组-年份固定效应、省(区、市)固定效应以及省(区、市)线性出生时间趋势。文章主要关心的系数 β 衡量了样本群体青少年时的生育限制对一系列结果变量的影响。

研究结果发现严格的生育限制会导致更高的受教育程度、更多的白领工作机会、更晚的婚龄和更低的生育率。进一步地,严格的生育限制还会增加家庭收入、消费和储蓄,也会提高妇女地位。同时在观念上,严格的生育限制还提高了女性的幸福感、婚姻满意度等主观感受。

(四) 其他影响

独生子女政策也产生了一些社会问题,如严格的生育限制导致了性别比例失衡、瞒报人口等问题。1995 年的一项研究发现对生儿子的偏好会导致性别失衡,导致初婚市

---

[1] Zhang J. The Evolution of China's One-Child Policy and Its Effects on Family Outcomes[J]. The Journal of Economic Perspectives,2017,31(1):141-159.

[2] Huang W,Lei X,Sun A. Fertility Restrictions and Life-Cycle Outcomes:Evidence from the One-Child Policy in China[J]. Review of Economics and Statistics,2021,103(4):694-710.

场的不平衡①。有学者②指出,1991 年中国加大了独生子女政策执法力度和惩罚力度,导致 2000 年中国 0～4 岁儿童中的 19％没有向政府报告,这一比例是 1990 年人口普查时的两倍多。

三、二孩政策的效果评估

考虑到人口低生育率等现象可能带来的人口老龄化、劳动力供给不足等负面效应,我国人口政策开始进入调整转型,其中全面二孩政策于 2016 年 1 月 1 日正式全面施行。全面二孩政策旨在应对中国生育率降低、人口老龄化问题,接下来进一步分析全面二孩政策的效果、存在的问题和"低生育率陷阱"问题及解决办法。

(一) 中国二孩政策介绍

1. 二孩政策

二孩政策是中国实行的一种生育政策,规定符合条件的夫妇允许生育二孩,包括单独二孩、全面二孩两种方案。值得注意的是,二孩政策是指允许一对夫妻生育两个孩子,也就是说,允许"二孩"而不是"二胎",如已经生育双胞胎的夫妻就不能再次生育。

二孩政策在我国的发展历程主要分为以下几个阶段:在二孩政策正式实施前,各地已经试行了很多放松计划生育的政策,如双独二孩、农村"一孩半"政策等;2013 年 11 月 15 日,随着《中共中央关于全面深化改革若干重大问题的决定》发布,中国"坚持计划生育的基本国策,启动实施一方是独生子女的夫妇可生育两个孩子"的单独二孩政策;2015 年 10 月,《中国共产党第十八届中央委员会第五次全体会议公报》指出:"坚持计划生育的基本国策,完善人口发展策略,全面实施一对夫妇可生育两个孩子政策,积极开展应对人口老龄化行动",我国正式开启全面二孩政策。

2. 二孩政策短期效果明显

如图 7-5 所示,2016 年和 2017 年,中国出生人口分别为 1 786 万人和 1 723 万人,2017 年中国出生人口较 2016 年有所下降,但仍保持较高规模,高于"十二五"时期年均出生 1 644 万人的水平。其中,2017 年二孩出生占比进一步提高,达到 51％,比上年提高 5 个百分点,这也说明政策产生了短期效果。同时,由于全面二孩政策主要针对之前蓄积起来的有继续生育需求的育龄妇女,随着政策的放开,这些人群都集中在相对短的时间段之内生育,这样就会产生生育堆积现象。2018 年和 2019 年二孩堆积效

① Tuljapurkar S, Li N, Feldman M W. High Sex Ratios in China's Future[J]. Science, 1995, 267(5199): 874-876.

② Goodkind D. The Astonishing Population Averted by China's Birth Restrictions: Estimates, Nightmares, and Reprogrammed Ambitions[J]. Demography, 2017, 54(4): 1375-1400.

应进一步显现,这两年总和生育率为 1.495 和 1.47,高于 2015 年 1‰人口抽样调查的结果 1.05。

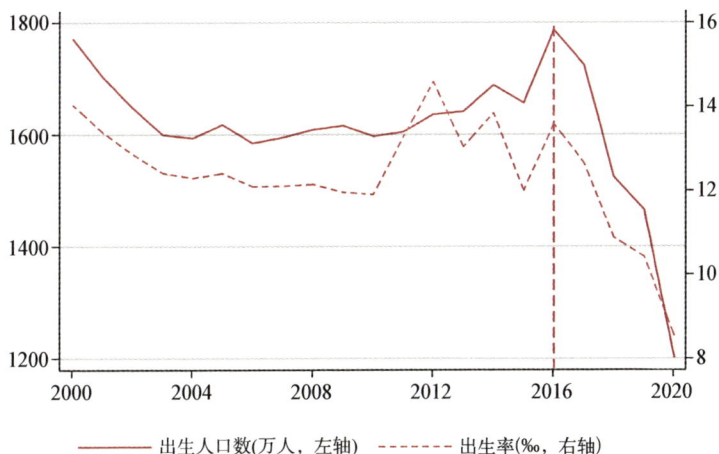

数据来源:中国人口和就业统计年鉴。

图 7-5 2000—2020 年我国出生人口数及出生率

专栏 7-3

人口普查和人口抽样调查数据库

人口普查是在国家统一规定的时间内,按照统一的方法、统一的项目、统一的调查表和统一的标准时间,对全国人口普遍地、逐户逐人地进行的一次性调查登记。人口普查工作包括对人口普查资料的搜集、数据汇总、资料评价、分析研究、编辑出版等全部过程。人口普查每 10 年进行一次,尾数逢 0 的年份为普查年度。新中国成立以来,我国已经成功进行过七次全国人口普查,分别在 1953 年、1964 年、1982 年、1990 年、2000 年、2010 年和 2020 年。一般来说,人口普查采用普查员入户查点询问、当场填报的方式进行登记。登记的主要内容包括姓名、性别、年龄、民族、户口登记状况、受教育程度、行业、职业、迁移流动、社会保障、婚姻、生育、死亡、住房情况等。

人口抽样调查数据库是指根据一定的研究目的,从被研究的人口总体中随机抽出一部分人作为样本进行调查,并依据调查所得的数据,推断全部人口相应各项指标数值的一种非全面调查。根据人口抽样组织方式的不同,有简单随机抽样、分类(层)抽样、多阶段抽样、等距抽样、整群抽样、典型社区估算等多种形式。除了人口普查已经包括的基础信息,抽样调查更加灵活,还包括根据社会热点和需要及时调整的内容。

虽然人口普查能够全面反映人口总量、结构等信息，但是每 10 年开展一次，所以需要在非普查年份开展抽样调查，以及时、准确掌握人口的发展变化情况。

3. 对二孩政策效果的担忧

二孩政策导致的生育堆积现象使得政策效果持续显现，然而，对这一政策的长期效果也存在一些担忧。由于中国人口年龄结构的变化，育龄妇女人数呈现逐年减少趋势。如图 7-6 所示，2017 年 15～49 岁育龄妇女人数比 2016 年减少 400 万人。其中，20～29 岁生育旺盛期育龄妇女人数减少近 600 万人。同时，中国妇女初婚和初育年龄也呈现不断推迟的趋势。这些因素使得 2017 年中国一孩数量出现下降，其占比相较于 2016 年降低 5 个百分点。从图 7-5 可看出，尽管二孩出生人口和比例上升，但整体出生人口总量下降，2019 年我国出生人口 1 465 万人，比 2018 年减少 58 万人，人口出生率为 10.48‰，比 2018 年下降 0.46 个千分点，且二孩政策短期冲击过后，我国总和生育率仍在下降，已低于 1.5 的警戒水平。长期来看，政策放开后总体出生人口远不如预期。

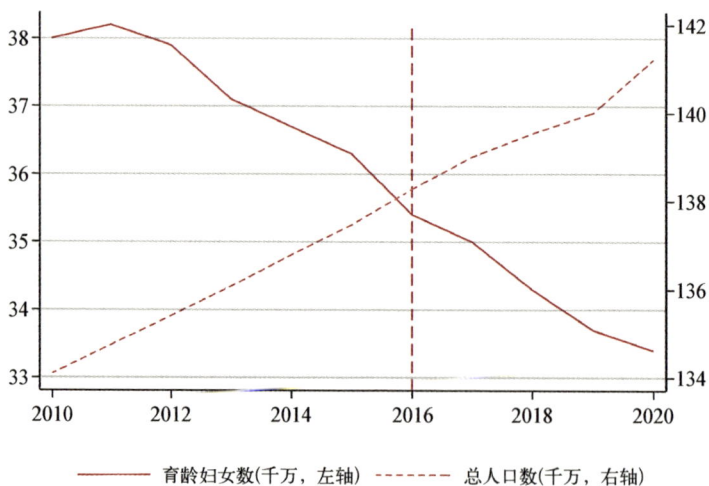

数据来源：2010 人口普查以及国家统计年鉴数据。

图 7-6　2010—2020 年我国 15～49 岁育龄妇女数

(二)"低生育率陷阱"问题

1. 中国的"低生育率陷阱"

中国在半个世纪内完成了生育率从高到低的转变，低生育率已持续多年。一般认为,总和生育率 2.1 为生育更替水平,而总和生育率低于 1.5 就掉入"低生育率陷阱",此时如果不大力鼓励生育,生育率很难再回升。2017—2019 年中国的生育率分别是 1.58、1.495 和 1.47,但其中有 0.3~0.4 的生育率归因于二孩堆积效应。所以,如果扣除二孩堆积效应,这几年的生育率仅为 1.1~1.2。同时,一孩生育率也持续低迷。2010—2015 年,抽样调查的一孩生育率分别仅为 0.73、0.67、0.80、0.78、0.72 和 0.56,中国陷入了"低生育率陷阱"。

导致"低生育率陷阱"的经济社会特征主要有以下五个方面。第一,结婚率降低。2013 年我国民政部门办理结婚登记 1 346.9 万对,到 2019 年已经跌破 947.1 万对,结婚数降低了 30%。第二,结婚年龄推迟,晚婚意味着晚育,进而影响人口结构。第三,精英化抚养的观念和重质量轻数量的生育模式逐步深入人心,这种观念导致了整体的生育率低迷,同时,这一观念也推高了育儿成本,进一步抑制了生育意愿。第四,房价收入比偏高、托育服务短缺等社会问题也压抑了城市居民的生育意愿。第五,中国女性参加工作比例高,职业发展压力大,事业和生育存在两难选择。

2. 亚洲国家的低生育率理论

中国作为亚洲诸多发展中国家中的一员,其生育转变并非特例,而且和亚洲诸多国家/地区相似。亚洲的生育转变以东亚和东南亚为先导,中国、印度和印度尼西亚等人口大国主导了亚洲人口的变化轨迹。日本的生育率下降最早,在 20 世纪 50 年代很快下降至更替水平;韩国的生育率下降发端于 20 世纪 60 年代,20 年后降低到与日本相近的低生育水平;而亚洲其他几个人口过亿的国家(如印度、印度尼西亚、巴基斯坦、孟加拉国、菲律宾等),其生育率下降过程与亚洲平均水平较为一致[1]。

探究亚洲国家低生育率的原因,社会经济发展和政府主导的计划生育都起到了重要作用:生育转变的初始推动力来自社会发展和经济腾飞带来的生育意愿下降,而政府主导的计划生育运动有效减少了非意愿的生育,在社会经济发展和计划生育服务的共同作用下实现了较快的生育率下降[2]。综合现有研究,亚洲国家的低生育率主要由以下三个因素造成。

第一,社会经济发展。一般来说,随着经济的发展,社会逐渐处于平稳状态,社会竞争激烈且阶级固化导致孩子的养育成本上升,生育率下降[3]。对此,很多基于中国背景

① Jones G, Straughan P T, Chan A. Ultra-low Fertility in Pacific Asia: Trends, Causes and Policy Issues[M]. London: Routledge, 2009: 1-240.

② Mcdonald P. Fertility transition hypotheses [M]//Alam I, Leete R. The Revolution in Asian Fertility Dimensions Causes & Implications. Oxford: Clarendon Press, 1993;郑真真. 生育转变的多重推动力:从亚洲看中国[J]. 中国社会科学,2021(3): 65-85,205.

③ Guinnane T W. The Historical Fertility Transition and Theories of Long-Run Growth: A Guide for Economists [J]. Journal of Economic Literature, 2011, 49(3): 589-614.

的研究也支持这种观点①。

第二,政府导向政策。政府大多积极倡导计划生育,鼓励晚婚和减少生育数量,同时提供避孕服务,且由于很多亚洲国家的政府具有较强的中央集权化功能,政府干预可发挥较大作用②。根据世界银行的分析③,在社会经济状况和计划生育工作力度均对生育率下降有独立贡献的同时,较强的计划生育工作力度会缩小因社会经济差距导致的避孕率和生育率差距。

第三,文化现实因素。受到亚洲的印度教、佛教以及儒家文化影响,亚洲的家庭系统具有更强大的社会组织特点,代际责任感更强,更注重父母责任和子女教育,家庭会加大养育子女的投入,促进生育率下降④。同时,由于亚洲国家强大的家族主义和父权制的长期存在,以及家庭内部传统性别分工的延续,经济和社会的现代化发展与家庭中的传统习俗发生交锋,导致女性面临较严重的工作-家庭冲突;育儿设施相对有限,女性不得不面临工作时间长、工作时间不灵活、不友好的育儿假等工作环境。劳动力市场对女性的歧视、大城市的住房问题等也对婚姻和生育起到了抑制和推迟作用⑤。

3. 如何应对"低生育率陷阱"?

对于"低生育率陷阱"的应对方法,一些普遍的社会观点认为要解决民众在生育和养育方面的实际困难和后顾之忧:教育、基础设施等规划要更有前瞻性,兴办公立托儿所、幼儿园,延长义务教育,对农村贫困家庭给予生育补贴等,为育儿提供各种便利。同时,应该进一步提高女性社会地位,在就业等方面充分保障她们的基本权益。最后,可以在教育、医疗、就业、税收方面切实减轻父母抚养孩子的压力,让普通家庭生得起孩子、养得起孩子。

同时,生育政策上也需要相应配合,在全面放开生育的同时大力鼓励生育。我国"十四五"规划和2035年远景目标纲要中提到,要实施积极应对人口老龄化国家战略:制定人口长期发展战略,优化生育政策,增强生育政策包容性,改善优生优育全程服务,发展普惠托育服务体系。要降低生育、养育、教育成本,促进人口长期均衡发展,提高人

① Potson D, Gu B. Socioeconomic Development, Family Planning, and Fertility in China[J]. Demography, 1987, 24(4): 531-551.

② Caldwell J C. The Asian Fertility Revolution: Its Implications for Transition Theories[M]//Alam I, Leete R. The Revolution in Asian Fertility Dimensions Causes & Implications. Oxford: Clarendon Press, 1993.

③ Robinson W C, Ross J A. The Global Family Planning Revolution: Three Decades of Population Policies and Programs[J]. World Bank Publications, 2007, 39(2): 153-155.

④ Leete R, Alam I. Fertility Transition of Similar Cultural Groups in Different Countries[M]//Alam I, Leete R. The Revolution in Asian Fertility Dimensions Causes & Implications. Oxford: Clarendon Press, 1993.

⑤ Anderson T, Kohler H-P. Low Fertility, Socioeconomic Development, and Gender Equity[J]. Population and Development Review, 2015, 41(3): 381-407;计迎春,郑真真. 社会性别和发展视角下的中国低生育率[J]. 中国社会科学,2018(8): 143-161,207-208.

口素质。同时,2021 年 7 月三孩政策的实施,也进一步体现了我国对于"低生育率陷阱"的积极应对。

第四节　人口老龄化

一个国家的人口由不同的年龄结构群体组成,人口年龄构成按每一个年龄组的人口比重来计算,一般分为 0～14 岁(少儿儿童人口)、15～64 岁(劳动年龄人口)和 65 岁以上(老年人口)三组。人口的年龄结构也随着经济社会的发展不断发生变化。如果总人口中老年人口的比重不断提高,则具有人口老龄化趋势。人口老龄化是指总人口中因年轻人口数量减少、年长人口数量增加而导致的老年人口比例相应增长的动态变化过程。它是由人口生育率降低和人均寿命延长导致的:一方面,人口生育率下降使得儿童占比降低;另一方面,人均寿命延长导致老年人口的绝对数量增加。两者都会导致老年人口的占比增加。根据 1956 年联合国《人口老龄化及其社会经济后果》确定的划分标准,当一个国家或地区 60 岁及以上老年人口占总人口比例超过 10% 或者 65 岁及以上老年人口数量占总人口比例超过 7% 时,则意味着这个国家或地区进入老龄化。

改革开放以来,我国在创造了经济社会发展奇迹之外,也高速地完成了人口再生产模式的转型,步入低生育率水平国家,但同时,人口年龄结构的转型也使得中国迎来了人口老龄化时代(见图 7-7)。从新中国成立到改革开放前,两次人口出生高峰以及死亡率的迅速下降为老龄化进程奠定了基础。改革开放之后,伴随着生育率下降并且稳定在较低水平以及人均寿命进一步提高,我国的人口老龄化进程逐步开启。1999 年,我国老年人口[1]达到 1.32 亿,占总人口的比重超过 10%,标志着我国步入老龄化社会,成为世界上最大的人口老龄化国家。随着 20 世纪中期出生高峰的人口陆续进入老年,我国的老龄化进程也在加快。根据第七次人口普查公报,从人口结构看,近 10 年间,中国已跨过了第一个快速人口老龄化期,2020 年,中国大陆 60 岁及以上的老年人口总量为 2.64 亿人,已占总人口的 18.7%。2000 年我国步入老龄化社会以来的 20 年间,后 10 年老年人口增速明显超过前 10 年,这主要与 20 世纪 50 年代第一次出生高峰所形成的人口队列相继进入老年期紧密相关。"十四五"时期,20 世纪 60 年代第二次出生高峰所形成的更大规模人口队列也会相继跨入老年期,使得中国的人口老龄化水平从最近几年短暂的相对缓速的演进状态扭转至增长的"快车道"。同时,老年人口高龄化趋势日益明显:80 岁及以上高龄老人正以每年 5% 的速度增加,到 2040 年将增加到 7 400 多万

---

[1] 考虑当时的中国法定退休年龄仍为 60 岁,此处统计老年人口占比为 60 岁以上人口。

人。可以预见,未来几十年将是人口老龄化问题全面爆发的时期,也必将给社会经济发展的各个方面带来深远影响。

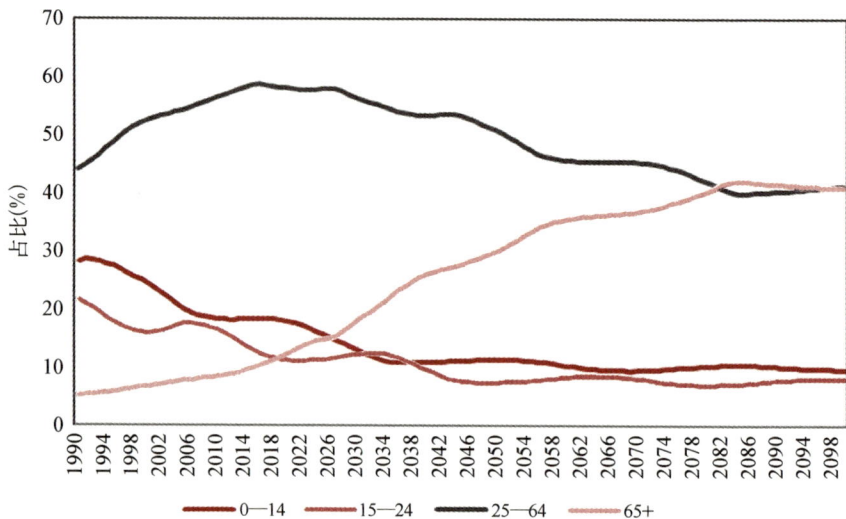

注:横轴代表年份,纵轴代表不同年龄群组个体的占比。2022 年前为真实数据,2022 年后为联合国人口司的预测数据。

数据来源:United Nations,Department of Economic and Social Affairs,Population Division. World Population Prospects 2022:Data Sources[R]. UN DESA/POP/2022/DC/NO. 9.

图 7-7　1990—2100 年中国各年龄人口占比

╌╌╌╌ **思考题** ╌╌

1. 请利用统计数据,使用 Excel 和 Stata 软件,分析描述我国人口老龄化现状以及地区差异。(提示:可以利用国家统计局《中国统计年鉴》中分地区年龄构成数据)

2. 如何评估二孩政策的政策效果?请叙述评估的结果变量、可使用的数据以及实证方法。(提示:可类比第三节中对于独生子女政策的评估)

3. 结合人口与经济增长的关系相关理论,论述我国人口政策演变过程中,人口与经济的关系如何演变。

4. 什么是人口红利?试论我国人口红利的成因、发展过程与未来趋势。

5. 试对比评述马尔萨斯与凯恩斯学派的人口经济理论。

第8章

医疗卫生体系发展与健康改善

2015 年诺贝尔经济学奖获得者安格斯·迪顿在其作品《逃离不平等》中指出,人类文明的发展史就是逃离死亡与贫困的历史,人均预期寿命自工业革命后(特别是细菌技术普及后)出现大幅度的增长。经济发展和技术进步必然伴随着人类健康的改善,同时人类健康的改善也会进一步促进经济社会的发展。中国作为世界上最大的发展中国家,1949 年以来,在医疗卫生和人民健康事业上取得了巨大成就。随着中国经济持续增长,人均预期寿命从新中国成立初的 35 岁提升至 2019 年的 77.3 岁,被世界卫生组织誉为"发展中国家的典范"。中国的医疗卫生体系发展和居民健康改善与中国经济发展息息相关,与中国转轨经济体制的发展密不可分,因此了解中国经济的发展,医疗健康保障体系是十分重要的维度。本章将从理论和中国实践出发,介绍发展中国家医疗卫生体系的发展和健康改善,从中国的发展历程中总结典型事实、理论基础和可推广的经验。

本章主要内容包括:第一节介绍健康经济学中的经典理论模型即格罗斯曼模型(Grossman model),从个体视角理解健康需求的产生以及健康的生产;第二节从理论角度探讨经济发展、人口转型对医疗服务需求变化的影响,特别是探索在中国背景下特有的经济社会因素对医疗服务需求的影响;第三节回顾中国医疗卫生体系从新中国成立初至今的发展历程;第四节梳理总结中国医疗卫生体系对居民健康的经验证据。

第一节　格罗斯曼模型和健康需求

国家医疗卫生体系的发展与国民健康状况的改善,本质上是由需求方和供给方相互作用的结果,随着经济的不断发展,国民对健康服务的需求也在相应地发生改变。格罗斯曼模型将健康视为一种可以由个体内生决定的需求,取决于对收益和成本的权衡取舍,从而做出最优的健康需求决策。因此,这个模型对于一系列健康现象提供了有力的微观个体层面的解释。

健康状况在一定程度上可以由个人进行选择,表现在如果一个人多锻炼身体、健康饮食等就可以改善自身的健康。因此,从经济学上来讲,健康的选择同其他消费品一样也会占用时间,这样从事有益健康的活动就会面临机会成本,个体健康的决策就面临权衡取舍。为了刻画个人对健康的需求和决策,米歇尔·格罗斯曼于1972年提出健康需求模型,将健康同时视为一种消费品、一种用于生产快乐的投入品以及一种资本品,个人对自己的健康能够控制和决策。这个模型为我们从经济学角度理解个体对健康的需求提供了很多的理论解释[①]。

一、静态格罗斯曼模型

(一)单期效用函数

格罗斯曼模型假设在任何给定时期,个人效用来源于两类消费品:一是健康;二是非健康消费品,即健康之外的其他消费品。因此,此处健康作为如同食品或者电子游戏一般的消费品,直接带来效用改善。此时,个人在时期 t 的效用如下:

$$U_t = U(H_t, Z_t) \tag{8-1}$$

其中, H_t 是健康水平; Z_t 是复合物品,包括健康之外的所有物品,也可以称之为家用品(home good)。需要注意的是,医疗服务需求并没有直接出现在效用函数中,它影响效应的方式是间接的,即先影响健康 H,然后 H 再影响效用。

(二)时间约束

对于消费者而言,通过选择 H 和 Z 的消费量来最大化个人的效用水平,而所面临的预算约束主要是时间的约束,如一天只有24小时。因此,在给定时期 t,个人可支配的时间为 Θ,预算约束如下(简单起见,此处省略下标 t):

$$\Theta = T^W + T^Z + T^H + T^S \tag{8-2}$$

其中, T^W 是工作时间, T^Z 为娱乐时间, T^H 是用于促进健康的时间, T^S 为生病时间。在模型中,不同时间代表的每一项活动所起的作用均不同,影响效用的方式也不同。每一小时工作时间 T^W 会产生收入,收入可以用来购买娱乐品,如电子游戏机(提高了家用品 Z 的消费)或者购买医疗服务(提供了健康 H)。然而,为了生产 Z 仅购买

① Grossman M. On the Concept of Health Capital and the Demand for Health[J]. Journal of Political Economy, 1972, 80(2): 223-255.

电子游戏机还不够,还需要花时间 T^Z 进行娱乐;同理,消费者购买了医疗服务或者跑步机,但为了生产健康,必须花时间 T^H 使用它们。

生病是另外一种不同的活动,生病时间 T^S 不能提高 H 和 Z,因此不能提高效用,但它却产生了机会成本,因为生病一小时意味着没办法从事其他活动。因此,生病时间是消费者不得不失去的时间。在模型中,T^S 完全由 H 决定,而不是个人主动选择的。

(三) H 和 Z 的生产

在格罗斯曼模型中,H 和 Z 都无法在市场上买到,需要个人将其在市场上买到的商品与时间结合起来去生产效用的两种投入物:H 和 Z。换言之,对于健康 H 和家用品 Z 的生产,有两类投入物:市场商品和个人时间。令 M 表示用于生产健康的市场商品(投入物),如医疗服务或体育锻炼设备;令 J 表示用于生产家用品的市场商品,如拼图板或电子游戏。

尽管 H 和 Z 相似,但它们之间至少存在着一种重要区别:家用品 Z 是流量(flow),在每一期,Z 都被生产出来,然后被消费掉;相反,健康 H 是个存量(stock),它能一期又一期地积累或消耗。也就是说,个人十年前做出的健康决策,也会影响其今天的健康状态;而家用品带来的快乐,明天就会被忘记,因此对明天的 Z 并没有贡献。

综上所述,我们可以得到决定 H 和 Z 的生产函数:

$$H_t = H(H_{t-1}, T_t^H, M_t) \tag{8-3}$$

$$Z_t = Z(T_t^Z, J_t) \tag{8-4}$$

其中,M_t 表示时期 t 用于生产健康的市场投入物,如疫苗和跑步机;J_t 表示时期 t 用于生产家用品的市场投入物,如电子游戏和戏剧门票;H_{t-1} 为上一期健康水平的存量。

(四) 市场预算约束

除了时间约束外,个人还将面临收入约束,假设个人在时期 t 工作,每小时能挣 ω 元[1],因此可以得到个体面临的预算约束如下[2]:

$$p_M \cdot M_t + p_J \cdot J_t = \omega \cdot T_t^W = Y_t \tag{8-5}$$

其中,Y_t 为收入,M_t 和 J_t 的价格分别是 M_t 和 J_t。

---

[1] 格罗斯曼模型没有规定小时工资是如何决定的,但它假设个人的教育和其他因素一起决定了其面对的工资水平。

[2] 模型中不考虑储蓄的情况,因此假定个人必须将收入完全花完。

上面提到的时间约束和预算约束不是独立的,而是通过工作时间 T^W 相联系,例如,如果个人病得厉害以至于没有时间工作,那么就没有钱来购买用于生产 M 和 Z 的投入物(M 和 J)。

(五) 生病时间和生产时间

接下来,我们进一步考察健康水平 H 和生病时间 T^S 之间的关系。二者的联系比较直观:在任何给定时期,个人越健康,其生病时间就越短,生产时间就会越长。我们将生产时间记为 T^P,则有下式:

$$T^P = \Theta - T^S = T^W + T^Z + T^H \tag{8-6}$$

在格罗斯曼模型中,健康对生产时间的边际报酬是递减的。也就是说,如果个人已经足够健康,生病时间很少,那么额外一单位健康带来的生产时间也很少。相反,如果个人非常不健康,那么即使健康增加一点点,生产时间也能增加很多(或者说,生病时间也能减少很多)。这也体现了健康在格罗斯曼模型中的第二个角色,即作为一种投入品,用于产生生产时间。如图 8-1 所示是疾病避免(illness-avoidance)函数,它刻画了 T^S 与 H 之间的关系。健康水平 H 的增加能减少生病时间 T^S,但随着 H 增加,每一单位 H 对 T^S 的影响(即 T^S 的减少量)是递减的。

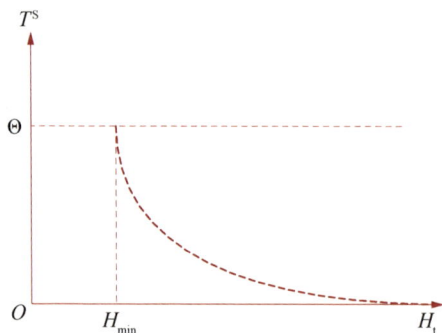

注:当健康 H 增加时,生病时间 T^S 降低。在 $H_{\min}$ 处,不存在任何生产性的时间,因为健康水平太低。

图 8-1 疾病避免函数

值得注意的是,在 H 轴上有一个标记为 $H_{\min}$ 的点,在此点上,T^S 等于 Θ。这表明整个时期都是生病时间,没有任何时间进行工作、娱乐甚至寻求医疗服务。这样,格罗斯曼模型也为死亡提供了一种经济学意义上的定义[①]。当 $H > H_{\min}$ 时,降低生病时间 T^S 的唯一方法在于提高健康水平。因此,用于促进健康的任何市场投入品或个人时间,制造出了额外生产时间。这个新产生的生产时间可进一步用于继续投资能促进健康的活动(T^H),也可用于工作(T^W)或玩耍(T^Z)。降低生病时间的最终目的,是有更多的生产时间生产 H 和 Z。

---

① 个人没有任何生产时间,而且不能产生任何额外健康;在余下的各个时期,个人健康一直维持在 $H_{\min}$ 水平,这实际上等于死亡。

健康在格罗斯曼模型中的三个角色

1. 健康是一种消费品。它直接进入个人在每个时期的效用函数。因此,健康本来就会给个体带来效应改善,具有消费品的价值。

2. 健康是一种投入品(生产要素)。更高的健康水平意味着更多的生产时间 T^P,而 T^P 有助于 H 和 Z 的生产。

3. 健康是一种资本。与家用品不同,健康能从一个时期持续到下个时期,并且一直持续下去。健康能够跨期积累(或消耗),因此,促进今天的健康能导致明天更健康。

二、模型最优化

(一) H 和 Z 的生产可能性边界

生产可能集描述了个人在给定预算约束和时间约束下能实现的 H 和 Z 的所有组合。生产可能集的边界称为生产可能性边界(production possibility frontier, PPF)。由于格罗斯曼模型中个人面对的约束与典型决策模型中个人面对的约束不同,我们有必要考察当前背景下 PPF 是什么样子。图 8-2 所示为格罗斯曼模型中的生产可能性边界。

在经典的两个商品的个人决策模型中,生产可能性边界为图 8-3 中虚线的形状,即两种商品之间的关系为相互替代关系,此消彼长。然而,健康 H 和家用品 Z 的关系则不然,当健康水平 H 很低时,个体是没有资源来生产家用品 Z 的,故等于零,真实的可能性边界为图 8-2 中实线。

对于图中的 A 点,个人健康水平极差,全部时间都是生病时间 T^S,因此,个人没有时间工作、娱乐或者促进健康,无法生产任何家用品(参见图 8-2),即 $Z=0$。

对于图中的 B 点,个体处于较低的健康水平,位于疾病避免函数比较陡峭的那一段上(参见图 8-2)。在这种情形下,即使健

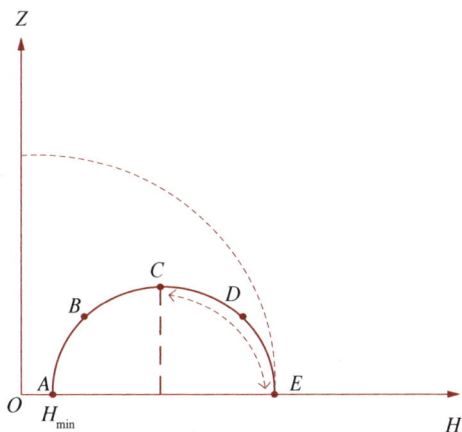

注:健康与家用品并非如经典消费者决策模型中那样为相互替代的关系(即虚线所示),而是满足实线所示的倒 U 型关系。其中,A 点到 C 点的区域为免费午餐区域,因为此时个人家用品 Z 的增加不需要以牺牲健康 H 为代价。C 点到 D 点的区域为权衡区域,因为此时个人增加健康 H,必须牺牲家用品 Z。

图 8-2 格罗斯曼模型中的生产可能性边界(PPF)

康水平稍微提高一点,也能产生很多的生产时间。所以,我们将 A 点和 C 点之间的 PPF 称为免费午餐区域(free-lunch zone);在促进健康上花一小时,使得生病时间减少了(或生产时间增加了)一小时。这就意味着个人家用品 Z 的增加,不需要以牺牲健康 H 为代价。

对于图中的 C 点,免费午餐的好处利用结束了。在促进健康上花一小时,产生的生产时间 T^P 正好为一小时。如果个体进一步再增加 H,此时在促进健康上花一小时,所产生的生产时间的增加小于一小时,因此需要放弃一定的家用品的生产。

对于图中的 D 点,处于所谓的权衡区域(trade-off zone)。从 C 点到 E 之间的所有点都属于权衡区域。此时,个体位于疾病避免函数比较平缓的那一段上(参见图 8-1)。在这种情形下,H 的增加只会使得生病时间减少一点点。为了使得 H 继续增加,必须牺牲 Z 的一些产量。

在 E 点,个人将所有时间和金钱都花在健康上,完全忽略家用品 Z 的生产。于是,H 达到最大值,Z 等于零。

(二) 最优化决策

综上可知,个人选择关于 H 和 Z 的最优组合一定处于图中 C 到 E 的区域,因为如果其处于免费午餐区域(A 点和 C 点之间),可以通过进行资源转移,同时增加 H 和 Z,而更多的 H 和 Z 会使得其效用更大。这样,最优配置必定位于生产可能性边界上的权衡区域。具体选择哪个配置,取决于个人对健康和家用品的偏好。正如图 8-3 所示,我们画出来三条典型的无差异曲线:U_0,U_1 和 U_2。其中,U_2 代表的效用水平最高,而 U_0 最低。U_1 与 PPF 的切点(F 点)是最优配置,因为它可行且产生了最高效用。尽管 U_2 效用水平更高,但已超出个人能力之外,而 U_0 尽管可行,但是效应水平低于 U_1。

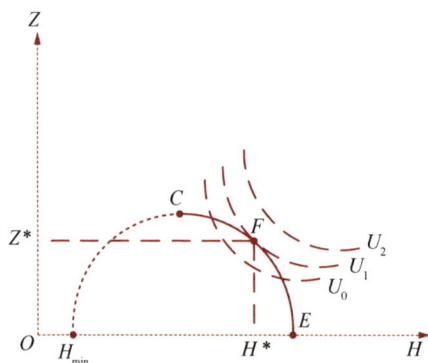

图 8-3　最优决策与无差异曲线

最优配置表明个人选择的健康水平 H^* 小于最大 H 值。个人愿意放弃一些健康来换取其他商品,因为这能够增加其效用水平。也就是说为了实现效用最大化,个人需要在健康和家用品之间做出权衡,从而使得 H^* 小于最大 H 值。

(三) 模型启示

(1) 在格罗斯曼模型中,健康作为正常的消费品进入效用函数,这就意味着其具有收入效应。即随着居民收入水平的提高,个体会不断提高健康水平,而医疗服务需求的增长是提高健康水平的一个重要途径。这也解释了为什么随着经济水平和收入水平的提高，个体对健康、医疗服务的需求会不断增加。同时，健康具有投入品的性质，由于健康水平的提高可以增加生产时间，所以当收入水平的提高使得单位生产时间的价值提高，也会增加个体对健康和医疗服务利用的需求。

（2）个人的总生产时间 T^P 取决于其健康水平 H，图 8-4 描绘了这种关系。当然这个关系源于图 8-1，因为存在 $T^P + T^S = \Theta$，所以这两个图反映了同一个关系：健康和生产能力之间的关系。显然，健康水平 H 的增加能使生产时间 T^P 增加，但随着 H 的增加，额外一单位 H 对 T^P 的影响减少。增加健康 H 的途径之一是购买医疗服务，因此，随着健康水平的提高，健康的边际产出不断下降，故医疗服务的边际报酬也递减。当健康水平处于很差的情况时，医疗服务边际报酬则很高，患者的需求和支付意愿也较高。

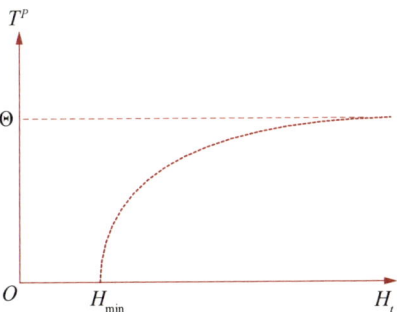

图 8-4　健康水平和生产时间的关系

（3）健康与社会经济地位（socioeconomic status，SES）密切相关，受过良好教育的人或富人的期望寿命更长，健康问题更少，这种相关性被称为 SES 健康梯度（SES health gradient）。对此，格罗斯曼模型提出了一种解释：梯度产生的原因在于受过良好教育的人可以更高效地生产健康，表现在受过良好教育的人可以更准确地理解医生指令，更熟悉地购买药物。因此，对于受教育程度高的个体，在给定健康水平上，他们健康投资的报酬率更高。

第二节　经济发展与人口转型对医疗服务需求的影响

本节将从理论的角度探讨经济发展、人口转型对医疗服务需求变化的影响，特别是探讨在中国背景下特有的经济社会因素对医疗服务需求的影响，这些因素包括经济高速增长、公共服务提供地区间差异、人口老龄化速度快、城乡收入差距大等。

一、中国的典型事实：城乡居民预期寿命、健康状况和经济增长的关系

新中国成立以来，经济发展首先经历了计划经济体制，此后又经历了社会主义市场经济体制转轨。自改革开放并进行社会主义市场经济改革以来，中国经济取得了举世瞩目的成就，同时期中国居民的健康状况也得到了极大的改善。国际上较为通用的衡量健康的指标之一是婴儿死亡率，如图 8-5 所示为不同国家婴儿死亡率和人均 GDP 随

时间变化的趋势图,反映了各个国家 1980 年和 2003 年婴儿死亡率和人均 GDP 的关系,其中放大的标记为中国。总体可以发现,经济更发达地区的婴儿死亡率更低,人均 GDP 和婴儿死亡率呈现出较为明显的负相关关系;随着人均 GDP 的提高,中国的婴儿死亡率也呈现出下降趋势。

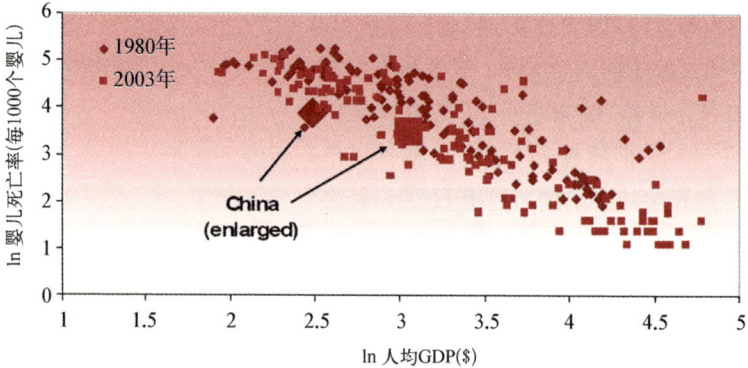

资料来源:世界卫生组织(WHO). China:Health,Poverty and Economic Development[R]. 2005.

图 8-5　不同国家婴儿死亡率和人均 GDP 关系

图 8-6 进一步描绘了中国的婴儿死亡率和人均 GDP 随时间变动的趋势。中国经济增速从 20 世纪 90 年代开始呈现高速增长,特别是 2001 年加入世界贸易组织,迎来进一步的高速增长。婴儿死亡率在过去 30 年总体呈下降趋势。20 世纪 90 年代初,婴儿死亡率呈现高速下降,这主要得益于医疗服务的可及性增强,特别是医疗服务资源的

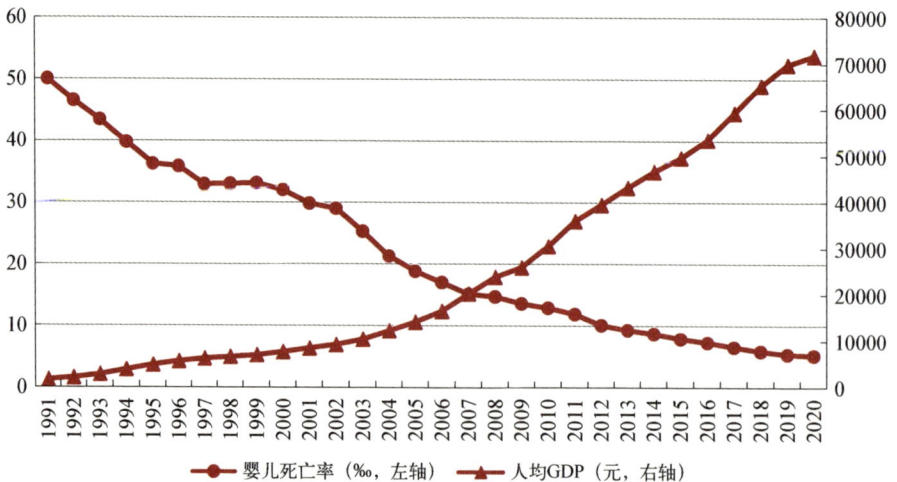

数据来源:中国统计年鉴。

图 8-6　中国婴儿死亡率和人均 GDP 的变化趋势

不断提升,并鼓励社会办医,使得公立和民营的医院在这一阶段蓬勃发展,人民的预防性服务和基本医疗服务需求得到了极大的满足。进入 21 世纪初,婴儿死亡率下降呈现平缓的趋势,而 2003 年至今又呈现出较快的死亡率下降,主要的原因在于我国基本医疗保险的不断完善,特别是 2003 年后,基本医疗保险体系实现了长足发展,覆盖人数和保障待遇均有明显的提升。

与婴儿死亡率的变动趋势一致,过去 30 年间居民的平均预期寿命也持续上升(见图 8-7),从 1990 年的 68.55 岁上升至 2015 的 76.44 岁。国际经验表明,经济转型可能会对居民的健康状况产生短暂性的不利影响,但中国过去 30 年的产业结构从以第一、第二产业为主的结构,逐渐转变为以第三产业服务业为主的结构,与此同时,人均预期寿命保持相对稳定的增长趋势,这也表明中国很好地处理了经济结构转型和居民健康之间的关系。

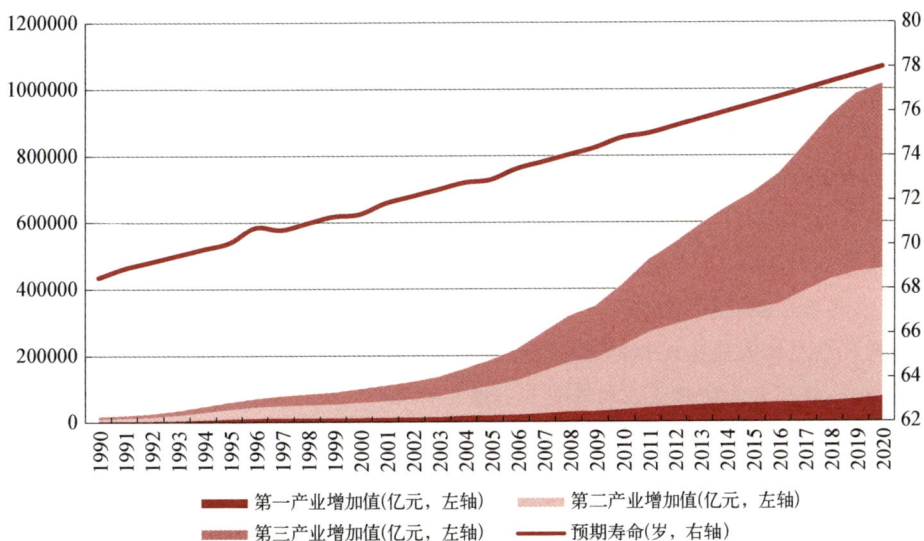

注:2020 年为线性外推的结论,非真实值。
数据来源:中国统计年鉴。

图 8-7　中国人均预期寿命和产业结构变化

图 8-8 进一步给出了全球范围内不同的转轨国家 1990—2000 年的预期寿命变化情况,可以发现大部分国家转轨的过程会影响居民的健康改善,表现为预期寿命改善幅度的下降,特别是俄罗斯和乌克兰出现了人均预期寿命的下降。对比其他转轨经济体,中国居民的健康状况得到了较好的改善,1990—2000 年,预期寿命增加约 3 岁,这也表明中国是为数不多的能较好应对转轨对居民健康冲击的国家。尽管中国在健康改善方面表现突出,但仍旧没有实现政府制定的健康目标,1991 年中国政府制定的居民健康目标在 2000 年仅部分达到。事实上,国际上的普遍经验均表明制定恰当的目标十分困

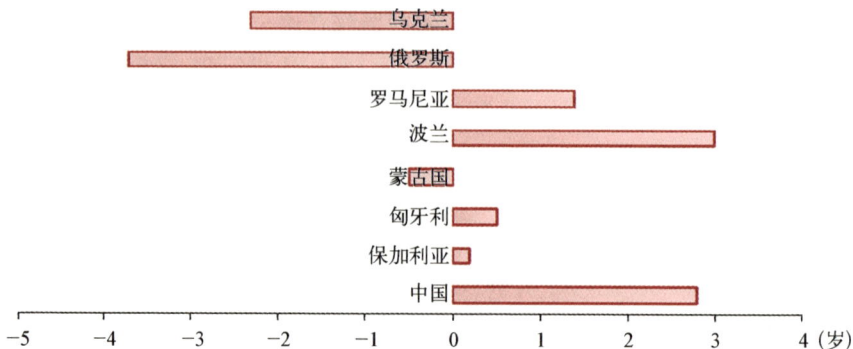

资料来源：世界卫生组织（WHO）报告，"China: Health, Poverty and Economic Development", 2005。

图 8-8　预期寿命变化幅度（1990—2000 年）

难，监督目标的实现则更加困难。

专栏 8-2

中国国民健康改善：目标与结果

　　为了衡量中国医疗健康改革过程中的成效，政府和学界制定了一系列独特的衡量指标。其中，国家统计局制定了衡量小康社会的经济指标，涵盖了金融、教育、健康等方面共计 16 个指标，其中与健康相关的指标包括平均预期寿命、婴儿死亡率、农村基层医疗机构数量、人均日蛋白质摄入量等。到 2000 年，16 个小康指标中有 3 个指标未能达到预期目标，约 10% 的人口没有达到人均日蛋白质摄入量标准，20% 的区县未能建立农村基层医疗服务体系。

　　中国社会科学院制定了包括 28 个指标在内的评价体系，其中 3 个指标与健康相关，分别是每万人的医生数量、平均预期寿命和农村地区饮用自来水人群的比例。直到 2001 年，中国社会科学院的报告指出这 3 项衡量健康的指标仍未能达到预定的水平，缺口分别是 18%、4% 和 35%。

　　此外，国务院发展研究中心也提出了一个衡量小康社会发展的评价指标体系，包括 16 个指标，其中 2 个指标与居民的健康水平相关，包括平均预期寿命和饮用洁净水的人群比例。

资料来源：2004 中国可持续发展战略报告。

二、医疗服务需求的影响因素

（一）经济增长的影响

　　在经典的健康需求模型中，医疗卫生服务费用增长源于健康需求带来的引致需求，年龄、收入、教育水平等因素均影响健康需求[①]。在现实中,影响医疗费用增长的因素更为复杂,长期以来一直是医疗卫生领域的重要研究问题之一。早期的研究认为,收入是医疗费用增长的重要因素[②]。之后的研究开始关注医疗保险的影响,医疗保险降低了消费者面对的医疗服务价格,可能促进医疗费用增长,即产生道德风险。诸多经典文献已经对此有大量讨论[③]。后来的研究发现,在控制非医疗技术因素后(如收入、医疗保险、年龄结构变化等),1940—1990 年,大约有 25%～50%的医疗费用增长可以由剩余的残差项解释,认为其中很大部分来自医疗技术创新[④]。也有研究发现,如果新的医疗技术能产生更为便宜的治疗方法,则医疗费用将会减少[⑤]。

(二) 人口老龄化的影响

有研究发现,随着老龄化进程的加速,年龄结构变化有可能是导致医疗费用增长的重要诱因。这些研究主要运用跨国数据进行验证,但结果各异。一些关于美国及经合组织(OECD)国家的研究发现,人口老龄化并不是影响医疗费用的主要因素[⑥]。1970—2002 年,美国和 OECD 国家的实际人均医疗费用以每年 4%～5%的速度增加,而 65 岁以上人口占比的每年增加幅度很小,因而年龄结构本身对人均医疗费用年增长速度的贡献仅为 0.3%～0.5%,只占其中的 1/10 左右[⑦]。还有研究提出"不相干"假说,认为影响医疗费用水平的关键因素并不是年龄,而是距离死亡的时间,在估算

① Grossman M. On the Concept of Health Capital and the Demand for Health[J]. Journal of Political Economy, 1972, 80(2): 223-255.
② 如研究发现,在 13 个发达国家的人均医疗费用变化中,90%均可以由收入解释,同时收入弹性为 1.51～1.31(医疗服务为奢侈品)。Newhouse J P. Medical Care Expenditure: A Cross-National Survey[J]. Journal of Human Resources, 1977, 12(1): 115-125; Newhouse J P. Cross-National Differences in Health Spending: What Do They Mean? [J]. Journal of Health Economics, 1987, 6(2): 159-162.
③ Manning W G, Marquis M. S. Health Insurance: The Trade-off Between Risk Pooling and Moral Hazard[J]. Journal of Health Economics, 1987(15): 609-639; Hurd M D, McGarry K. Medical Insurance and the Use of Health Care Services by the Elderly[J]. Journal of Health Economics, 1997(16): 129-154.
④ Newhouse J P. Medical Care Costs: How Much Welfare Loss[J]. Journal of Economic Perspectives, 1992, 6(3): 3-21.
⑤ Cutler D M, et al. Are Medical Price Declining? Evidence from Heart Attack Treatment[J]. Quarterly Journal of Economics, 1998, 113(4): 991-1024; Cutler D M, McClellan M B. Is Technological Change in Medicine Worth It? [J]. Health Affairs, 2001, 20(5): 11-29; Chandra A, Skinner J S. Technology Growth and Expenditure Growth in Health Care[J]. NBER Working Paper 16953, 2011.
⑥ Gerdtham U G, Jönsson B. International Comparisons of Health Expenditure: Theory, Data and Econometric Analysis[M]//Culyer A J, Newhouse J P (eds). Handbook of Health Economics, vol. 1. Amsterdam: Elsevier Science, 2000: 11; Baltagi B H, Moscone F. Health Care Expenditure and Income in the OECD Reconsidered: Evidence from Panel Data[J]. Economic Modelling, 2010, 27(4): 804-811.
⑦ White C. Health Care Spending Growth: How Different Is the United States from the Rest of the OECD? [J]. Health Affairs, 2007, 26(3): 154-161.

老龄化对医疗费用影响程度时，更需要关注距离死亡时间[①]。然而，也有一些研究发现，老龄化推动了医疗费用增长，并测算了相应的医疗费用弹性[②]。

(三) 城乡收入差距的影响

与发达国家相比，我国人口老龄化对医疗费用的影响有两方面的特点。一方面，我国医药卫生体制处于快速变革之中，对不同时期出生的人可能有不同影响。另一方面，伴随着人口老龄化，城乡之间老年群体的医疗支出差距将逐步缩小。现有对我国人口老龄化与医疗费用的研究大多采用汇总数据（如某一时期一个地区的人均医疗费用）进行估计，某一地区内个体差异性较大，地区层面的平均值掩盖了不同个体在医疗支出和健康及收入等变量上的差异，会有较多偏误，而且不能估计单纯的年龄效应对未来医疗费用增长的影响[③]。另外，现有研究均未区分年龄效应和出生组效应，会高估年龄效应，尤其是农村的年龄效应，低估城乡老年医疗费用支出缩小导致的费用增加[④]。所谓出生组效应，是指个体在初始时期的生活和卫生条件对健康持续的累积性影响[⑤]。在相同年龄时，年轻一代的医疗费用相对于父辈可能下降也可能上涨。采用半参数的估计方法，区分年龄效应、出生组效应和时间效应，对美国 1996—2007 年医疗消费面板数据的研究结果表明，如果不考虑出生组效应，会高估 60 岁以上群体的医疗费用[⑥]。

我国城乡居民在医疗消费方面存在较大差距，尤其是农村老人医疗消费需求在很大程度上受到抑制。过去很多年，农村居民医疗支出随年龄的变化呈现出与常规不一致的模式。高梦滔和姚洋对 2003 年年初 8 个省 1 428 户农户的 8 414 个样本调查数据的研究发现，25～34 岁的青壮年人群看病的概率和费用显著低于儿童和中老年人群，但

① Zweifel P, Felder S, Meiers M. Ageing of Population and Health Care Expenditure: A Red Herring? [J]. Health Economics, 1999, 8(6): 485-496.

② Hitiris T, Posnett J. The Determinants and Effects of Health Expenditure in Developed Countries[J]. Journal of Health Economics, 1992, 11(2): 173-181; Jönsson B, Eckerlund I. Why Do Different Countries Spend Different Amounts on Health Care? Macroeconomic Analysis of Differences in Health Care Expenditure[M]// OECD (ed.), A Disease-based Comparison of Health Systems. What Is Best at What Cost? Paris: OECD Publishing, 2003: 104-119. 具体见上文的综述。由于跨国研究存在数据统计口径、时间跨度以及数据类型的不同，均会影响研究结果，因此，近年来更多的研究转向使用一国内部的微观数据。

③ 何平平. 经济增长、人口老龄化与医疗费用增长——中国数据的计量分析[J]. 财经理论与实践, 2006, 27(2): 5; 余央央. 老龄化对中国医疗费用的影响——城乡差异的视角[J]. 世界经济文汇, 2011(5): 16.

④ Feng J, Lou P, Yu Y. Health Care Expenditure over Life Cycle in the People's Republic of China[C]. Asian Development Review Conference: The PRC's Future, Reforms and Challenges, 2014.

⑤ Ryder N B. The Cohort as a Concept in the Study of Social Change[J]. American Sociological Review, 1965, 30 (6): 843-861.

⑥ Jung J, Tran C. Medical Consumption over the Life Cycle: Facts from a U. S. Medical Expenditure Panel Survey [J]. Empirical Economics, 2014(47): 927-957.

64 岁以后的医疗费用呈下降趋势[①]。阎竣和陈玉萍对湖北、四川两省 4 个县 50 357 个样本的调查发现,老年人(65 岁及以上)占用的医疗资源份额仅比其人口份额高 6 个百分点,老年人比非老年人的自报患病率高 30 个百分点,住院率低 5 个百分点,人均住院和门诊支出分别低 775 元和 328 元[②]。

第三节　中国医疗卫生体系发展沿革以及健康成效

本节主要回顾中国医疗卫生体系从 1949 年至今的发展历程,这一发展历程既是经济增长与健康需求之间一般关系的体现,也反映出我国特定的经济体制改革和医疗卫生体制改革的效果。在此基础上,本节将进一步考察不同时期的健康成效,以及不同发展时段的经验对于发展经济体具有的借鉴意义。

一、新中国成立之初的医疗卫生体系(1949—1978 年)

(一) 城镇医疗服务体系

在新中国成立之初,医疗卫生体系也效仿苏联的"国家福利模式"——医院是全民所有,国有企事业单位工作的劳动者到医院看病以及在医院开药所花费用即医疗费用全部由企业或国家负担。进一步,中国政府还提出了"面向工农兵、预防为主、团结中西医、卫生工作与群众运动相结合"的四项卫生工作方针。该方针为中国卫生事业的发展指明了方向,其中"预防为主"尤为关键,贯穿了中国公共卫生事业发展的全过程。围绕着"预防为主",中国政府自上而下地建立起了全国范围内的卫生防疫体系,各省(自治区、直辖市)、市、县逐级组建了卫生防疫站,在国家卫生部公共卫生局(1953 年更名为卫生防疫司)的统一领导下,负责急、慢性传染病,环境卫生,食品卫生,学校卫生,劳动卫生,以及卫生监督等各项卫生防疫工作,初步建立了中国的公共卫生体系。

但是,随着城市化进程和国有企业的增加,国家职工看病群体越来越大,政府用于医药的支出逐渐增加,财政负担不断加重。与此同时,国家还需要对国有医院进行财政补贴以维持其运行。1954 年以后,政府取消了对医院的补贴措施,允许医院通过药品加成(即医院在药品的进销流程中可获取 15% 的利润)来补充医院财

---

① 他们还发现农村地区生命周期医疗费用的特点:女性在 20~34 岁时期的医疗消费高于男性。这是由于女性在生育年龄时,其非市场价值在家庭资源分配中占主导地位。参见高梦滔,姚洋. 性别、生命周期与家庭内部健康投资——中国农户就诊的经验证据[J].经济研究,2004(7):115-125.

② 阎竣,陈玉萍.农村老年人多占用医疗资源了吗? 农村医疗费用年龄分布的政策含义[J].管理世界,2010(5):5.

政拨付的不足。

在医疗保障方面,我国初期的医疗保障体系主要包括公费医疗、劳保医疗以及合作医疗(见表 8-1),其中公费医疗和劳动医疗主要针对城镇地区的人员,政务院于1951 年 2 月颁布了《中华人民共和国劳动保险条例》,建立了新中国第一项基本医疗保障制度,即"劳保医疗"。劳保医疗主要保障百人以上的国营企业的职工及其直系亲属,其待遇水平规定在职职工可享受免费医疗服务,而其直系亲属则享受半费医疗;缴费方式按照各企业职工工资总额的一定比例进行缴纳。卫生部于 1952 年发布了《国家工作人员公费医疗预防实施办法》,即所谓的"公费医疗"。这是新中国成立以来第一份关于医疗保障的行政法规,其主要保障人群是机关事业单位的工作人员以及在读的大专院校学生,其保障形式是国家免费为这部分人群提供医疗卫生服务[①]。

表 8-1　中国早期的医疗保障体系

地区	医保类型	建立时间	结束时间	保障人群	缴费方式	保障方式
城镇地区	劳保医疗	1951 年	1998 年	国企职工及其家属	个人按工资比例缴费	免费或半费医疗
	公费医疗	1952 年	1998 年	机关事业单位及大专院校学生	无须缴纳费用	免费医疗
农村地区	合作医疗	1968 年	20 世纪 80 年代初期解体	农村居民	个人自愿参加缴纳	合作基金支付

(二) 农村医疗服务体系

新中国成立初期,整体经济落后且人口众多,而大量的居民集中在缺医少药的农村地区。为了扭转这一不利局面,中国农村卫生事业主要进行了三项制度创新,包括"赤脚医生""农村合作医疗"以及"三级医疗卫生服务网"。

赤脚医生是出现于 20 世纪 60—70 年代的独特群体(见图 8-9),标准定义是"农村非正式医疗人员"。他们具有一定的医疗知识和能力,由基层政府指派和领导,但却没有正式编制和固定薪金,需要一边务农维持生活,一边为当地百姓行医送药。他们大多来源于代代相传的医学世家,或是知识分子中略通医理者,因为他们大多数时间需要光着脚在田地里劳作,因此被称为"赤脚医生"。赤脚医生为中国早期公共卫生发展做出

---

① 虽然城镇地区建立起了医疗保障制度,但是查阅早期的资料可以发现,受制于积弱的经济,城镇地区医疗保障体系基本处于"有体系无能力,有免费无医疗"的状态。

了巨大贡献,这种低成本服务帮助中国在短期内解决了农村基层的卫生问题,在一定程度上改善了农村居民的健康状况[①]。

除了赤脚医生外,合作医疗和三级医疗卫生服务网也为中国农村卫生事业做出了巨大贡献,被世界卫生组织和世界银行誉为"花最少的钱,实现最大的健康收益"。合作医疗是由农民自愿参加,个人缴费、集体扶持和政府资助多方筹资,以大病统筹为主的农民医疗互助共济制度,该制度使得农村居民能够看得起病,尤其是大病,缓解了农民因病致贫和因病返贫的现象。三级医疗卫生服务网是指农村县、乡、村逐级建立起来的农村卫生服务体系,以县级医疗卫生机构为龙头,乡镇卫生院为主体,村卫生室为基础,共同承担农村县域内预防保健、基本医疗、卫生监督、健康教育、计划生育技术指导等任务,帮助实现了"小病不出村、一般疾病不出乡、大病基本不出县"的目标。

在"预防为主"方针的引领下,以及在三项制度尝试下,中国早期公共卫生得以快速发展。这一时期中国公共卫生事业的发展依靠的是"计划型体制"的力量,在卫生资源有限、传染病肆虐的情况下,中国政府利用计划分配、举国体制、人民力量对有限的资源进行合理配置,为解决公共卫生问题、保障居民健康发挥了重要作用。

20 世纪 60 年代后期至 80 年代初期,农村地区普遍建立起了城乡三级医疗卫生服务网,并且由赤脚医生作为农村地区合作医疗的主要执行者,为保障农村地区医疗健康做出了突出的贡献[②]。新中国成立初期的农村医疗卫生保障制度可以概括为城乡三级医疗卫生服务网、合作医疗以及赤脚医生。但是随着改革开放的推进,农村地区的合作医疗因无法继续维持,因此在相当长的一段时间内,农村地区的居民面临的是自费医疗服务[③]。

专栏 8-3

中国赤脚医生的实践

1978 年,世界卫生组织在阿拉木图召开国际初级卫生保健大会,发表了《阿拉木图宣言》。中国赤脚医生的经验是初级卫生保健运动的主要灵感来源,这些卫生工作者生活在他们所服务的社区,专注预防而不是治疗,同时结合西医和传统医学来教育人们并提供基本治疗。

---

① Liu Y. The Impact of Early Childhood Access to Community Health Workers: Evidence from China's Barefoot Doctors[J]. Working paper, University of Pittsburgh, 2021.
② 关于早期中国农村地区的医疗保障制度研究,参见李德成. 合作医疗与赤脚医生研究(1955—1983 年)[D]. 浙江大学,2007.
③ 截至 1991 年,全国范围内约 94.6% 的农村地区需要靠自费看病。

时任中国卫生部农村卫生管理司副司长张朝阳介绍,赤脚医生计划对《阿拉木图宣言》产生了深远的影响。"世卫组织在20世纪70年代的研究发现了与卫生成本负担和卫生资源分配不均有关的问题。为了解决不平等问题,它在九个国家进行了研究,其中包括在中国的四个合作中心。中国的经验启发世卫组织启动了到2000年人人享有健康的计划。"

由中央政府发起但主要由地方管理的赤脚医生计划起源于20世纪50年代。赤脚医生这个名字在20世纪60年代末因《人民日报》的一篇社论而流行起来,是毛主席在1968年提出的。赤脚医生这个名字起源于上海,因为南方的农民经常赤脚在水田里干活。但中国的乡村医生早就在那里了。1951年,中央宣布基本医疗保健由村卫生员和防疫人员提供。1957年,全国已有20多万名乡村医生,使农民每天都能在家得到基本的医疗保健服务。赤脚医生计划只是20世纪60年代医学教育的改革。在缺医少药的地区,村医可以进行短期培训(三个月、六个月、一年),然后回到村里务农行医。

尽管赤脚医生这个词已不再使用,但该计划已经发展了几十年,并且从未停止过。20世纪80年代初,国务院指示赤脚医生在考试合格后,可以成为"乡村医生"。考试不及格的人,在村医的指导下,做卫生员执业。村医和农村卫生员仍然承担着最基本的卫生工作,如预防、教育、妇幼保健、收集疾病信息等。随着社会和经济的发展,乡村医生提供的医疗服务质量也在不断提高。

资料来源:China's Village Doctors Take Great Strides[R]. Bulletin of the World Health Organization (WHO),2008,86 (12):909-988.

二、徘徊探索的医疗卫生体系(1978—2009年)

(一) 放权让利的公立医院改革

1978年,中国开始进行改革开放,将重心放在经济建设之上,医疗卫生事业也以此为契机而开展改革。1979年,卫生部、财政部、国家劳动总局联合发布《关于加强医院经济管理试点工作的意见》,标志着我国医疗改革第一阶段的开始,其着重强调要加强医院的经济管理方式,国家对医院的经费补助准备实行"全额管理、定额补助,结余留用"的制度[①]。在1992年发布的《卫生部关于深化卫生改革的几点意见》中,更是提出要加强经营开发,增强卫生经济实力,支持有条件的单位办成经济实体或实行企业化管理,做到自主经营、自负盈亏[②]。从集中到鼓励自主的放权政策,无疑是为了在减轻国家财

---

① 卫生部,财政部,国家劳动总局.关于加强医院经济管理试点工作的意见[R].北京,1979.
② 卫生部.关于深化卫生改革的几点意见[R].北京,1992.

政负担的同时,促进医院之间的竞争,让市场开始发挥作用而提高医疗服务体系的效率。

1985 年,各地开始在医疗机构中试行经济承包责任制和院长负责制,意在扩大医疗机构中的人事、财务和经营管理的自主权。医院经营管理责任制首次打破了公立医院政府办、政府管的模式,是所有权、经营权分离最初的探索和尝试。但经营管理者所拥有的管理自主权仍十分有限,常常是有责无权,尽责缺乏必要的条件,或有责无利,尽责缺乏内在的动力。同时,对于人事制度、分配制度等方面经营管理者仍无法触及,因此改革的效果有限。

总体上,目前我国公立医院管理的自治程度还比较低。卫生主管部门对公立医院的监督往往表现为直接的行政干预,集中体现在医院的财政、资产以及人事调配管理由卫生行政主管部门直接决定,医院的决策权受到较大限制。另据调查发现,从医院管理的角度看,医院内部管理者手中可以约束员工的工具相对有限,他们缺乏聘用和解雇员工的权利,也较难利用奖金进行惩罚。因此,只能依靠劝说等口头办法来调动医疗和护理人员的积极性,借以提高医疗服务的质量和数量①。

具有较强行政管理色彩的管理模式使得医疗机构无法按市场规律确定服务价格,医院的挂号费、手术费、治疗费等定价低廉,这种状况也促使医院和医生从其他途径获取收入。医生设法通过让病人多住院、多检查、多用药、用贵药等手段,获得更大的经济利益②。与此同时,医疗机构投入品的市场化程度却日益提高,一些行业(如医药、医疗器械行业)的竞争性在不断加强。以药品为例,在市场化改革过程中,药价的管理从改革开放前的全部管制到目前部分管制,药价实行政府指导价、政府定价和市场调节价三种形式,其中占市场份额六成的药品价格由企业自主确定。同样,医疗器械行业也经历了这一相似的过程,已由国家垄断转变为市场主导。医药和医疗器械生产面临的竞争态势日益加剧,但这一领域的竞争并非表现为价格竞争,而以营销竞争的方式为主。

(二) 城镇医疗保险体系的改革:从公费医疗到职工和居民医疗保险

新中国成立之初,我国建立起了公费和劳保医疗保障制度,在计划经济向市场经济转变的过程中,传统的医疗保障制度逐步失去了自身存在的基础,中国医疗保障的制度背景开始经历重大变化。随着改革开放在各个经济领域不断展开,医保制度的改革也逐渐拉开序幕。

20 世纪 80 年代初期,一些企业和地方就已经自发开始对传统医疗保障制度的改革

---

① Anderson G F,梅俊杰. 医改与中国的医院管理[J]. 社会科学文摘,2006(4):16-17.
② 蔡江南,胡苏云,黄丞,等. 社会市场合作模式:中国医疗卫生体制改革的新思路[J]. 世界经济文汇,2007(1):1-9.

探索,如医疗费用定额包干或仅对超支部分按一定比例报销,以及实行医疗费用支付与个人利益挂钩的办法等。这些改革实践的持续发展也为职工个人负担医疗费用进行前期铺垫,呈现出一种由公费医疗制度向适度自费制度的过渡。1984年4月28日,卫生部和财政部联合发布《关于进一步加强公费医疗管理的通知》,开始探索由传统公费医疗制度转向通过社会统筹方式进行的医疗保险制度。1988年3月25日,经国务院批准,由卫生部牵头,国家体改委、劳动部、卫生部、财政部、医药管理总局等八个部门共同参与了医疗制度改革方案的研究,对医疗改革试点进行了指导,并于同年7月推出了《职工医疗保险制度设想(草案)》。1989年,卫生部、财政部颁布《关于公费医疗管理办法的通知》,在公费医疗开支范围内对具体的自费项目进行了说明。同年3月,国务院批转了国家体改委《一九八九年经济体制改革要点》,提出在丹东、四平、黄石、株洲进行医疗保险制度改革试点,同时在深圳、海南进行社会保障制度综合改革试点。其中最为著名的是1994年国家体改委、财政部、劳动部、卫生部共同制定了《关于职工医疗制度改革的试点意见》,并经国务院批准在江苏省镇江市、江西省九江市展开了著名的"两江试点"①。

1998年,《国务院关于建立城镇职工基本医疗保险制度的决定》发布,明确了医疗保险制度改革的目标任务、基本原则和政策框架,要求在全国范围内建立覆盖全体城镇职工的基本医疗保险(简称"城镇职工医保")制度。这标志着我国城镇职工医疗保险制度进入了全面发展阶段,主要覆盖的范围是城镇地区所有用人单位,并且实施强制参保原则,个人和用人单位共同缴纳费用,待遇水平实行风险共担原则,从根本上解决了原有劳保医疗和公费医疗的弊端。我国城镇职工基本医疗保险制度自建立以来,制度覆盖面不断扩大,对保障城镇职工身体健康和促进社会和谐稳定起到了十分重要的作用。

为了进一步达到制度全覆盖,针对居住在城镇地区且没有正规就业单位的人群或儿童、学生等,2007年中国政府决定开展城镇居民基本医疗保险(简称"城镇居民医保")制度试点,在有条件的省(区、市)选择城市,进行以大病统筹为主的城镇居民基本医疗保险制度试点。城镇居民基本医疗保险试点从2007年下半年开始启动,2008年总结试点经验、继续推广,2010年在全国范围内推开。其主要覆盖的人群是城镇地区非就业人员,包括不属于城镇职工医保制度覆盖范围的其他城镇地区人员。至此,中国在居民医疗保险覆盖方面实现了制度的全覆盖,基本摆脱了20世纪医疗保障体系薄弱的困境(见图8-9)。

---

① "两江试点"初步建立了医疗保险"统账结合"即社会统筹与个人账户相结合的城镇职工医疗保险模式。经过扩大试点,这一模式也取得了良好的社会反应。与此同时,全国不少城市按照"统账结合"的原则,对支付机制进行了一些改革探索。

1984年4月《关于进一步加强公费医疗管理的通知》

1994年4月《关于职工医疗制度改革的试点意见》

2007年7月《国务院关于开展城镇居民基本医疗保险试点的指导意见》

1988年7月《职工医疗保险制度设想草案》

1998年12月《国务院关于建立城镇职工基本医疗保险制度的决定》

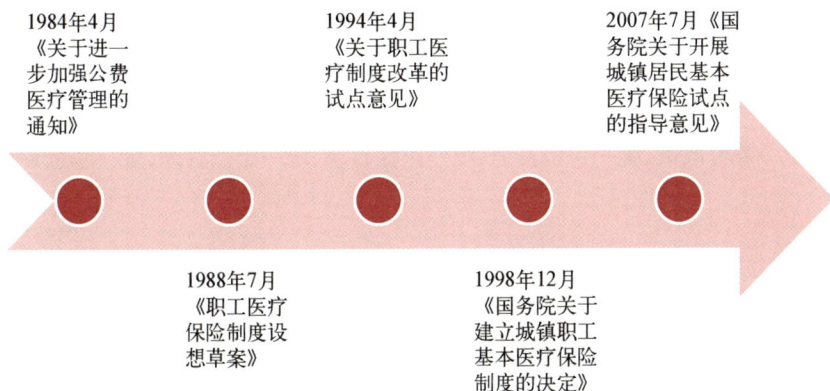

图 8-9　中国城镇医疗保险体系的改革历程

（三）农村合作医疗的重建：新型农村合作医疗保险

20 世纪 80 年代初期，农村开展经济体制改革，实行家庭联产承包责任制，家庭重新成为农业生产的基本经营单位，集体经济逐渐解体；以集体经济为依托的合作医疗失去了主要的资金来源。此外，合作医疗在运行过程中也存在着管理不善、监督不力等问题，导致合作医疗大面积解体，濒临崩溃。农村医疗保障出现缺位，导致不少农民因病致贫、因病返贫，与此同时，随着经济发展和生活水平的提高，一些地区农民的医疗卫生需求逐渐提高，农民更加关注卫生与健康问题，而轻视预防的合作医疗制度难以满足农民的需求。此外，城镇地区医疗保障制度的逐渐完善也推动农村地区新的医疗保险制度逐渐建立。

此后，为了解决农村地区长期处于医保真空状态的问题，国务院于 2003 年转发了卫生部等部门《关于建立新型农村合作医疗制度的意见》，意见指出：到 2010 年，在全国建立基本覆盖农村居民的新型农村合作（简称"新农合"）医疗制度；个人或家庭以自愿的方式参加保险，采取个人缴费、集体扶持和政府补贴的方式筹集资金，其待遇给付方式遵循风险共担原则。

2016 年，《国务院关于整合城乡居民基本医疗保险制度的意见》发布，将新农合和城镇居民医保合并为城乡居民医保（简称"居民医保"）。到 2020 年，居民医保参保人数为 10.2 亿人，其中 70% 以上为农村居民。

城乡居民医保制度的整合大致可分为两个阶段：第一阶段是 2016 年以前各地级市自发进行的两保整合；第二阶段是 2016 年之后由中央统一推动的城乡居民医保整合。第一阶段的两保整合统一了保险经办部门和医保信息系统，合并了城镇居民医保和新农合的资金池，使用统一的医保药品目录和医保定点机构。故此第一阶段整合的地级市基本上实现了"四统一"，截至 2015 年年底，已有 1/5 的地级市完成整合。2016 年 1

月,国务院正式出台文件,明确提出要整合城镇居民基本医疗保险和新型农村合作医疗两项制度,从而建立起统一的城乡居民基本医疗保险制度。自此,城乡医保整合的第二阶段正式拉开帷幕。从整合内容来看,各地基本都按照"六统一"的要求进行,即统一覆盖范围、统一筹资政策、统一保障待遇、统一医保目录、统一定点管理、统一基金管理。

专栏8-4

美国医疗体系简介

美国医疗体系的特色在于其医疗保险制度的安排,美国医保体系以私人医疗保险和公共医疗保险两者占主导。对于处于劳动年龄阶段的年轻人,其医疗保险主要是雇主帮助购买私人医疗保险。在全美有超过1 200家私人保险公司提供医疗保险,这些保险公司主要由50个州政府而非联邦政府监管。这些公司提供数以万计的不同医疗保险计划,每个计划都有自己的保费、承保服务列表和成本分摊。此外,公共医疗保险体系包括老年人医疗保险(Medicare)和医疗救助(Medicaid)。老年人医疗保险主要覆盖老年人、残疾人或严重疾病的患者,医疗救助主要保障贫困人口的医疗需求,包括儿童、退伍军人和自营职业者。

截至2012年,大约有17%的美国人口没有医疗保险;同时,美国医疗费用支出占全国GDP的18%,是所有发达国家中最高的。2010年,美国出台《平价医疗法案》(Affordable Care Act, ACA),极大地改变了美国医疗保健系统,并且大大减少了没有医疗保险的美国人数量。从2014年开始,没有医疗保险的消费者将不得不支付税款,超过一定规模的雇主将必须向其全职员工提供保险,否则须支付罚款。该体系下,还需要建立保险交易所,以覆盖在美国最难获得保险的自雇人士和小雇主。ACA对控制费用增长的作用较小,但确实有助于扩大保险覆盖范围。

在美国,医疗成本控制是一个重大的问题。目前,最主要的控费手段是为患者设置较高的起赔额,同时设置共付段、最高支付限额等。此外,也有许多保险计划对供给方进行控费,如疾病诊断相关分组(diagnosis related groups, DRG)支付体系。最近的创新包括建立责任关怀组织(accountable care organization, ACO)和重组初级护理、以患者为中心的医疗家庭支付(patient-centered medical home, PCMH)系统。绩效支付系统和电子医疗记录同时也在进行测试。

三、新一轮医药卫生体制改革(2009年至今)

(一)"新医改"基本成效:健康水平的提高和就医负担的下降

医疗保障体系不仅对居民健康水平的提升起到了推动作用,更为重要的是有效缓解了中国居民看病就医的负担。图 8-10 报告了中国卫生支出及居民个人负担变动趋势。从图中可以发现,我国卫生总费用从 2000 年以来经历了快速的增长,从 2000 年的 4 586.63 亿元增长到 2016 年的 37 274.65 亿元(以 2000 年为基期进行不变价调整),增长约 7.1 倍。正是这一阶段我国基本医疗保险制度不断建成,其中政府和社会卫生支出在这一阶段的增长速度也较快,分别增长了约 14.8 倍和 12.1 倍。此处定义个人负担比例等于个人卫生支出占个人和社会卫生支出之和的比例,便可以得到个人医疗负担在过去 16 年中的变化趋势。21 世纪初期居民的医疗支出中个人负担比例接近 70%,随着全面医疗保险体系的建成,截至 2016 年个人的负担比例约41.1%,个人负担比例在过去 17 年中下降了约 41%,低于中央政府规定的 50%标准线。这表明中国医疗保障体系的不断完善,对于缓解居民个人医疗负担起到了举足轻重的作用。

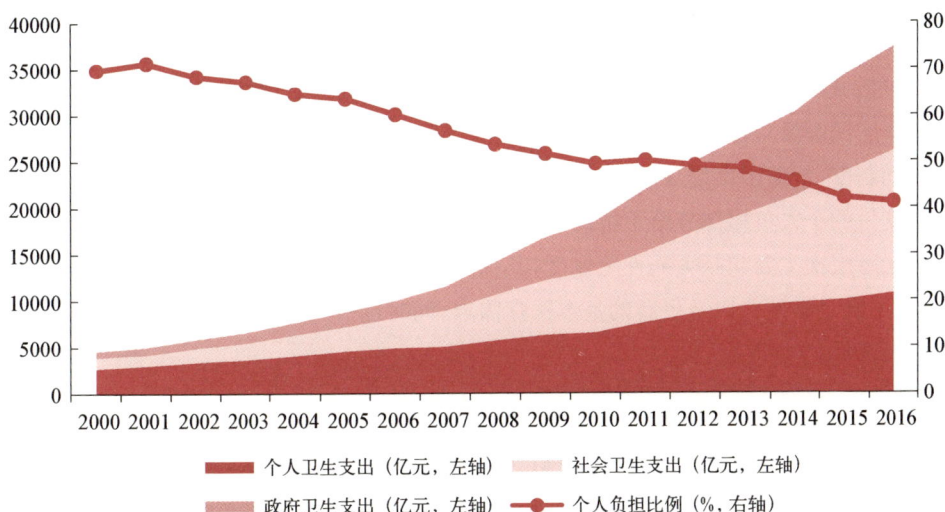

注:(1) 数据来源于 2017 年《中国卫生和计划生育统计年鉴》;(2) 其中各项卫生支出均以 2000 年为基期,进行不变价调整;(3) 此处定义个人负担比例=个人卫生支出/(个人卫生支出+社会卫生支出);(4) 社会卫生支出包括社会医疗保障支出等其他支出,个人卫生支出包括享受各种医疗保险制度的居民就时自付的费用。

图 8-10 中国卫生支出及居民个人负担变动趋势图

(二) 覆盖全民的基本医保网络

2009 年是新一轮中国医药卫生体制改革的起始时间,也是全民医保体系加快建立健全的重要转折点。2009 年 3 月 17 日,《中共中央 国务院关于深化医药卫生体制改革的意见》发布,标志着新医改拉开序幕,意见明确了保基本、强基层、建机制的基本原则和实现人享有基本医疗卫生服务的目标。意见也明确指出,要加快建设和完善以基本医疗保障为主体,其他多种形式补充医疗保险和商业健康保险为补充,覆盖城乡居民的多层次医疗保障体系。因此,为了建立完善多层次的医疗保障体系,国家发展改革委等六部门于 2012 年 8 月 24 日发布《关于开展城乡居民大病保险工作的指导意见》,以及 2015 年 8 月 2 日又发布《国务院办公厅关于全面实施城乡居民大病保险的意见》,标志着在基本医疗保险体系之上又增加了大病保险保障制度。作为基本医疗保险体系的托底,民政部等四部门于 2009 年 6 月 11 日发布《关于进一步完善城乡医疗救助制度的意见》,国务院办公厅于 2015 年 4 月 21 日转发民政部等部门《关于进一步完善医疗救助制度全面开展重特大疾病医疗救助工作的意见》,建立并完善了医疗救助制度。此外,为了保障极少数需要急救,但因身份不明、无能力支付医疗费用等原因而无法及时获得治疗的人群,2013 年 2 月 22 日发布《国务院办公厅关于建立疾病应急救助制度的指导意见》。

以新医改作为契机,中国政府已经建立起了全世界覆盖人口最多的多层次全民医保网络,基本健全了公共医保体系。目前,我国的医疗保障体系可以概括为"三横三纵",如图 8-11 所示。主体保障层次是基本医疗保险,其特点是全覆盖、保基本、普惠,分别包括城镇职工医保、城镇居民医保和新农合三项制度(城镇居民医保和新农合合并为城乡居民医保);作为基本医疗保障的托底保障层次的主要是医疗救助制度和疾病应急救助制度,帮助困难群众参加基本医疗保险,并享受基本医保的待遇,同时对于患者无力支付的个人负担部分给予帮助;为了进一步防止因病致贫、因病返贫的情况出现,更高保障层次主要包括大病保险制度,其保障群体主要是参加基本医疗保险的人群;此外,为了满足多元化以及更高的基本医疗需求,同时也引入补充保险或商业健康保险供参保者选择。

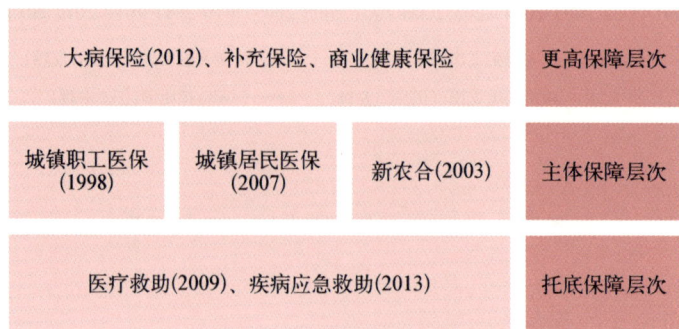

大病保险(2012)、补充保险、商业健康保险			更高保障层次
城镇职工医保(1998)	城镇居民医保(2007)	新农合(2003)	主体保障层次
医疗救助(2009)、疾病应急救助(2013)			托底保障层次

图 8-11　中国社会医疗保障体系

(三) 覆盖城乡的医疗卫生服务体系

《中共中央 国务院关于深化医药卫生体制改革的意见》指出,2011 年基本医疗保险制度要全面覆盖城乡居民,并实现城镇职工基本医疗保险、城镇居民基本医疗保险和新型农村合作医疗参保率均达到 90％以上。随着政策的推行,截至 2017 年年末,参加职工基本医疗保险人数达 3.03 亿,参加城乡居民基本医疗保险人数达 8.74 亿,基本实现了参保人员的全覆盖[①]。

2008 年以来,城镇职工医保的参保人数稳步提升,2015 年参保人数较 2008 年增长约 44.5％。新农合参保人数在 2010 年以前呈现连续增长趋势,2011 年后呈现出不断下降的趋势,这是由于 2011 年后全国部分地区开始陆续合并新农合和城镇居民医保为城乡居民医保。城镇居民医保参保人数呈现出迅速扩大的趋势,2015 年参保人数较 2008 年增加 219％。总体而言,基本医疗保险覆盖人群稳中有增,2015 年覆盖人数超过 13 亿,基本实现了基本医疗保险的全覆盖。

专栏 8-5

英国医疗体系简介

英国的国家卫生服务体系(National Health Service, NHS)建立于 1948 年,为所有的英国居民提供卫生保健服务。主要通过税收进行筹资(约 75％),少部分通过国家医疗保险(约 20％)和使用者付费(约 5％)进行筹资。该体系以人头为基础向全科医生支付费用,而医院医生则主要以工资为基础。除了 NHS,还存在私人医疗服务体系,大约 11％的英国人购买私人医疗保险。

全科医生是英国医疗卫生体系的另一大特点,也被称为医疗保健系统的守门人。全科医生不是政府雇员,而是自营职业者,从按人头付费的合同中获得大约一半的收入。全科医生通常治疗常规病症并将患者转诊至医院以获得更专业的护理。一旦到达医院,患者便由专科医生治疗,医院同时为他们配备床位。

英国在提供全民医疗保健服务的同时,其医疗保健支出占比并不高。虽然患者可以相对容易地获得基本医疗服务和急诊护理,但是专科服务预约需要较长时间,同时对新技术的应用也有所限制。尽管英国实现了全民医疗服务覆盖,但在筹资和卫生服务利用方面存在相当大的地区差异。1991 年,撒切尔对 NHS 进行改革,将医疗服务购买者和提供者分离,把预算基金分配给卫生服务的购买者即卫生当局,让其来购买服务。这样,提供者之间就会产生竞争,以便能与购买者签订合同,由此提高效率,创造激励机制。但 2000 年以来,NHS 出现了两个主要问题:第一,能力限制,即医生和护士短缺以及急性病床数未知;第二,养老院病床的短缺意味着难以将老年患者从医院转出,妨碍医院接受新入院者。

---

① 资料来源于人力资源和社会保障部发布的《2017 年度人力资源和社会保障事业发展统计公报》。

第四节　医疗卫生体系对居民健康影响的中国证据

这一节梳理总结中国医疗卫生体系对居民健康影响的中国经验证据，包括医疗保险制度的影响、特定医疗服务政策的影响等，这些经验证据对医疗服务体系中的一些制度设计、改革措施进行评估，可以为评估改革成效提供更为可信的事实证据。

一、基本医疗保险的影响

中国公共医疗保障体系的构建从 20 世纪末、21 世纪初起步，先后建立并完善了城镇职工基本医疗保险、新型农村合作医疗以及城镇居民医疗保险，利用将近十年时间建成了全球覆盖人口最多的公共医疗保障体系，基本保障了人民的基本医疗服务需求。这些政策的推行也为学术研究提供了不可多得的准自然实验条件。因此，有一系列的文献针对政策的实施进行了效果评估，也研究保险的实施对于医疗支出的影响。其具体的文献分类如表 8-3 所示。

表 8-3　关于中国的政策评估类研究

内　容	文　　献	主　要　结　论
城镇职工医保	Liu & Zhao（2006）；Huang & Gan（2017）	成本分摊，使得门诊医疗支出减少，缓解了道德风险
新农合	Lei & Lin（2009）；Wagstaff et al.（2009）；Cheng et al.（2015）	促进了医疗服务的利用，但是对医疗费用的影响较为微弱，保障作用有限
城镇居民医保	Liu & Zhao（2014）	促进了医疗服务的利用，但是并没有减少自付费用支出

针对 1998 年实施的城镇职工基本医疗保险政策，使用来自镇江的实验数据考察改革前后居民自费医疗费用的变化情况，根据慢性病、收入、受教育以及工作情况将样本分为四组，发现所有组别的个体在改革后的医疗费用都增加了，并且发现弱势群体的自费费用相对下降，因此改革更加有利于弱势群体[1]。使用 1991—2006 年中国健康与营养调查数据（China Health and Nutrition Survey，CHNS），利用城镇职工医保的建立作为准实验，实证检验患者成本共担在改革前后的变化对于医疗服务需求的

---

[1] Liu G G, Zhao Z. Urban Employee Health Insurance Reform and the Impact on Out-of-Pocket Payment in China [J]. The International Journal of Health Planning and Management，2006（3）：211-228.

影响。结论发现：由于医疗改革，患者自付医疗费用增加，从而使得非住院的医疗支出减少，但是住院的医疗支出并没有减少①。

专栏8-5

CHNS 数据库

CHNS 数据库，即中国居民健康与营养调查数据库。该数据库旨在考察国家和政府实施的健康、营养等方面的政策的效果，以及中国社会经济转型如何影响其人口的健康、营养状况。调查样本包含中国 15 个省（区、市），共约 7 200 户家庭和约 30 000 个受调查个体，为中国家庭的健康营养状况提供了一个具有普适性的微观层面的统计数据。该数据由北卡罗来纳大学教堂山分校的卡罗来纳人口中心（Carolina Population Center at the University of North Carolina at Chapel Hill）和中国疾病防控中心营养与健康所共同发布。相关数据网站：https://www.cpc.unc.edu/projects/china。

针对 2003 年试点实施的新农合，使用中国健康与营养调查数据评估新农合政策对于医疗服务利用和自费医疗支出的影响，结论发现新农合的实施增加了预防性医疗服务的需求，但对自费医疗支出和正规医疗支出影响并不显著，从而认为新农合的保障作用仍旧非常有限②。利用来自项目调查的数据，评估 2003 年新农合试点以来的政策效果，发现新农合的推广增加了门诊和住院的人数，但是对于患者的自付医疗费用却没有发现影响③。利用 2005 年和 2008 年中国老年健康影响因素跟踪调查（Chinese Longitudinal Healthy Longevity Survey，CLHLS），实证检验新农合的实施对于中国农村老年人的健康水平和医疗支出的影响，结论发现新农合显著改善了老年人的日常生活活动和认知能力，但是发现对自费医疗支出并没有显著的影响④。

针对 2007 年城镇居民医保的实施，利用 2006 年和 2009 年中国健康与营养调查，估计城镇居民医保对健康服务利用和支出的影响，利用不同城市政策实施时间的差异作为个人参保的工具变量，从而发现城镇居民医保显著增加了正规医疗服务的利用，包

------

① Huang F，Gan L. The Impacts of China's Urban Employee Basic Medical Insurance on Healthcare Expenditures and Health Outcomes[J]. Health Economics，2017，26(2)：149-163.

② Lei X，Lin W. The New Cooperative Medical Scheme in Rural China：Does More Coverage Mean More Service and Better Health? [J]. Health Economics，2009，18(S2)：S25.

③ Wagstaff A，Lindelow M，Gao J，et al. Extending Health Insurance to the Rural Population：An Impact Evaluation of China's New Cooperative Medical Scheme[J]. Journal of Health Economics，2009，28(1)：1.

④ Cheng L，et al.，The Impact of Health Insurance on Health Outcomes and Spending of the Elderly：Evidence from China's New Cooperative Medical Scheme[J]. Health Economics，2015. 24(6)：672-691.

括住院和门诊服务,但对自付医疗支出并没有影响[1]。

除了对三类公共医疗保险政策的评估之外,还有研究利用中国的三项微观实证调查数据,检验了医疗保险对患者负担的影响,发现中国的医疗保险计划并没有为患者减少就医负担,反而增加了灾难性支出的风险。进一步的分析发现:一方面,中国政府对基本医疗服务(特别是医保目录内的服务)压低价格,以保证低收入人群可以负担得起;另一方面,对于高技术的医疗服务无过多干预,导致高技术的医疗服务所蕴含的利润更高。这一政策设计的本意是为了解决看病贵的问题,但效果恰恰相反,使得医疗供给方放弃低利润的服务,只供给高利润、高技术的医疗服务,进而使病患的医疗负担不降反升[2]。

总之,关于中国医疗保险对患者个人自付费用影响的研究主要集中于公共医疗保险政策实施时的效果,因此,大多数结果表明并没显著降低患者的自付医疗费用。随着我国基本医疗保险覆盖面的推开,医疗保障程度也在不断提高,在当前医疗保障程度的背景下,评价医疗保险的减负降贫效果更为必要,同时给出医疗保险保障程度的福利分析,将有助于改善医疗保险制度,促进社会福利增进。

关于中国公共医疗保险体系的研究,可以归纳为表 8-4。

表 8-4 中国公共医疗保险研究文献

作 者	数 据	保险市场	检验方法	检验结论	不 足
Wang et al. (2006)	调查数据	新农合	PCP 检验	存在逆向选择效应	混淆了逆向选择和道德风险
封进和宋铮 (2007)	农调队	新农合	结构模型	逆向选择和道德风险均不严重	数据不足
Zhang & Wang (2008)	调查数据	新农合	PCP 检验	存在逆向选择,但不随时间变化	混淆了逆向选择和道德风险
朱信凯和彭廷军 (2009)	国家统计局调查数据	新农合	PCP 检验	存在逆向选择	数据缺少丰富的个人信息
臧文斌等(2012)	城居保试点评估入户调查	城镇居民医保	PCP 检验	存在逆向选择	没有识别道德风险和逆向选择

较早研究中国公共医疗保险中逆向选择问题的学者针对在中国试点的新农合保险计划,利用中国某个贫困农村的调查数据,检验了逆向选择效应是否存在,结论发现健

[1] Liu H, Zhao Z. Does Health Insurance Matter? Evidence from China's Urban Resident Basic Medical Insurance [J]. Journal of Comparative Economics,2014,42(4):1007-1020.

[2] Wagstaff A, Lindelow M. Can Insurance Increase Financial Risk? The Curious Case of Health Insurance in China [J]. Journal of Health Economics,2008,27(4):990-1005.

康更差的个体更加愿意参加新农合①。同样是针对新农合保险,Zhang & Wang 利用中国贵州省凤山乡 2002 年开始实施的新农合,采用 PCP 检验方法对逆向选择效应进行动态估计,发现自评健康更差的人更加可能参加医疗保险,而且这一效应并没有随着时间改变,作者认为具有逆向选择效应②。

封进和宋铮通过构建异质性个体决策行为模型,根据历史数据估计个体效用函数和决策环境,并预测个体在现行的保障制度下的决策行为,其研究结论发现较少的缴费金额、较低的医疗支出倾向使得逆向选择效应较小③。朱信凯和彭廷军(2009)利用2006 年 12 月 31 日第二次全国农业普查的基础数据(普查的内容包括是否参保,以及户主的年龄、受教育程度、是否外出打工以及家庭人均收入等变量),对新农合参保中所存在的逆向选择效应进行检验,其检验结论发现存在逆向选择。但是由于使用普查数据,并没有丰富的健康变量,逆向选择的证据并不明显。早期的这些研究基本使用的检验方法是 PCP 检验,因此,无法克服 PCP 检验无法区分逆向选择和道德风险的缺陷,导致其逆向选择效应的证据可能来自道德风险的干扰④。

针对这一问题,臧文斌等利用城镇居民基本医疗保险试点评估调查数据,对我国城镇居民医保和城镇职工医保中所存在的逆向选择问题进行检验,其结论指出逆向选择效应存在。为了区分逆向选择效应和道德风险的干扰,其利用城镇居民医保大病统筹、门诊不报销的政策特征,发现保险对住院服务利用率的影响大于对门诊的影响,从而支持了逆向选择效应的存在。但是其仅从经验上证明逆向选择的存在,并没有具体估计效应的大小⑤。

我国商业健康保险市场发展并不充分,仍旧处于初级阶段。因此,关于商业健康保险的研究也较为缺乏,其中,早期的研究利用中国私人保险市场数据,对信息不对称问题进行研究,结论发现健康风险越高的人越倾向于购买额外的补充保险,同时这一群体也倾向于购买更低等级的基本医疗保险。因此,在中国私人医疗保险市场上,不仅存在逆向选择,还存在道德风险。利用中国健康与营养调查数据(2000—2006 年),运用部分观测的二元 Probit 估计方法,对商业健康保险市场中供需双方各自的风险选择行为进行分析,结论发现城乡居民在选择商业保险时具有显著的逆向选择行为。但是该研究对于保险公司的定价机制了解不多,因此没有充分控制保险公司定价因素,从而也就无

① Wang H, Zhang L, Yip W, et al. Adverse Selection in a Voluntary Rural Mutual Health Care Health Insurance Scheme in China[J]. Social Science & Medicine, 2006, 63(5): 1236-1245.

② Zhang L, Wang H. Dynamic Process of Adverse Selection: Evidence from a Subsidized Community-Based Health Insurance in Rural China[J]. Social Science & Medicine, 2008, 67(7): 1173-1182.

③ 封进, 宋铮. 中国农村医疗保障制度: 一项基于异质性个体决策行为的理论研究[J]. 经济学(季刊), 2007, 6(3): 841-858.

④ 朱信凯, 彭廷军. 新型农村合作医疗中的"逆向选择"问题: 理论研究与实证分析[J]. 管理世界, 2009(1): 79-88.

⑤ 臧文斌, 赵绍阳, 刘国恩. 城镇基本医疗保险中逆向选择的检验[J]. 经济学(季刊), 2012, 12(1): 47-70.

法真正识别逆向选择来源的私人信息[①]。利用中国健康与养老追踪调查的基线调查数据,采用经典 PCP 检验的实证设定,对中国商业补充医疗保险市场的逆向选择问题进行检验,研究结果发现患有慢性病与购买保险之间存在正相关关系,但效果十分微弱,因此认为逆向选择效应并不重要[②]。

以上研究的一个共同缺陷是没有很好地刻画商业保险公司的定价行为,如果不能完全控制商业保险公司的定价行为,所得到的保险和事后风险的关系不仅混杂着参保个人隐藏的私人信息,同时也混杂了保险公司的选择行为,无法得到准确的结论。

总之,由于数据的缺乏以及保险市场的不发达,关于中国问题的研究目前仍旧处于起步阶段,还需要有一批文献填补研究的不足。仍旧有待解决的问题包括区分中国医疗保险市场的逆向选择效应和道德风险效应、公共医保制度和私人医保之间的关系以及医疗保险充足性等方面。相较于国外的研究,国内针对医疗保险体系的研究仍旧任重道远,因此,未来的研究必须在借鉴国外医疗保险市场研究的基础上,结合中国本国的制度特色,展开具有理论和实践意义的研究。

二、医疗服务体系的影响

我国医疗资源总体供给不足、结构配置失衡是导致"看病难"的重要原因,医疗供给方激励机制错位是"看病贵"的主要原因[③]。

就看病贵问题,学者们认为必须破除"以药养医、以械养医"的医生激励机制[④],为此我国于 2012 年开始陆续试点取消药品加成政策。部分文献对此政策进行评估发现,尽管取消药品加成确实降低了患者的药品花费,但是患者的护理费和治疗费支出明显增加,最终总的医疗花费也增加了[⑤],这也意味着取消药品加成并不能有效缓解看病贵问题。正如刘小鲁指出,当取消药品加成,医生虽然放弃"以药养医",但会相应提高"以械

① 刘宏,王俊.中国居民医疗保险购买行为研究——基于商业健康保险的角度[J].经济学(季刊),2012,11(4):1525-1548.
② 薄海,张跃华.商业补充医疗保险逆向选择问题研究——基于 CHARLS 数据的实证检验[J].保险研究,2015(9):65-81.
③ 周其仁.病有所医当问谁:医改系列评论[M].北京:北京大学出版社,2008;申曙光,张勃.分级诊疗、基层首诊与基层医疗卫生机构建设[J].学海,2016(2):48-57.时任国务院副总理孙春兰同志在十三届全国人大常委会第七次会议专题询问现场指出,目前人民群众看病难看病贵问题仍然突出.
④ 朱恒鹏.医疗体制弊端与药品定价扭曲[J].中国社会科学,2007(4):15;陈钊,刘晓峰,汪汇.服务价格市场化:中国医疗卫生体制改革的未尽之路[J].管理世界,2008(8):7;寇宗来."以药养医"与"看病贵,看病难"[J].世界经济,2010(1):49-68;杜创.价格管制与过度医疗[J].世界经济,2010(1):49-68.
⑤ Zhang Y, Ma Q, Chen Y, Gao H. Effects of Public Hospital Reform on Inpatient Expenditures in Rural China[J]. Health Economics, 2017(4):421-430;陈醉,宋泽,张川川.医药分开改革的政策效果——基于医疗保险报销数据的经验分析[J].金融研究,2018(10):17;Fu H, Li L, Yip W. Intended and Unintended Impacts of Price Changes for Drugs and Medical Services: Evidence from China[J]. Social Science & Medicine, 2018, 211:114-122;Wu B. Physician Agency in China: Evidence from a Drug-Percentage Incentive Scheme[J]. Journal of Development Economics, 2019(140):72-89.

养医"①。为此，北京市于 2019 年 6 月起成为全国首个试点取消医用耗材加成的地区，目前尚未有实证文献对此进行评估。此外，于近期试点推出的药品带量采购政策和以公益性为导向的公立医院薪酬制度改革也意在缓解看病贵问题，目前也尚未有实证文献对此进行评估。

就看病难问题，其关键在于我国优质医疗资源过度集中于三级医院，基层医疗机构的实力整体较弱，导致三级医院看病难②。尽管我国从 2009 年起开始推动基层医疗卫生机构综合改革，加大财政投入，旨在补强基层医疗资源短板，但收效甚微，基层就医人数占比不升反降。为此，2015 年我国开始出台一系列推进分级诊疗制度的举措，其中较为重要的两项举措分别是基层就医享受更高的医保待遇和全面推行家庭医生签约制度。但总体来讲，这两项举措并未能取得预期效果。赵绍阳等人研究发现，医保补偿机制的设计对引导基层就医效果微弱，不足以改变当前多数人对大医院的偏好③；高和荣指出，家庭医生制度目前面临签而不约的情况，这主要是因为我国缺乏合格的全科医生，大部分签约患者仍倾向于到大医院就诊④。

事实上，看病难和看病贵问题内在逻辑是一致的，即优质医疗资源过分集中，不仅会造成获取优质医疗时的"难"，而且资源集中所产生的卖方垄断将会导致各种形式的医疗价格的"贵"。也正是为了能够真正促进优质医疗资源下沉，2017 年起我国开始试点探索医疗联合体模式，通过纵向医疗资源整合，促进优质资源下沉，实现分级诊疗。

针对美国的研究更加关注垂直整合后对医疗服务质量和花费的影响。从理论上讲，这一影响的结果是不确定的。一方面，医院垂直整合提高了治疗的协同性，降低了不同服务机构之间的交易成本，有助于改善质量和降低费用；另一方面，垂直整合也加强了三级医院的垄断定价能力，从而不利于质量改进和费用下降⑤。实证文献也没有得到较为一致的结论。就医疗质量而言，部分研究发现垂直整合后的医院可以更高效地将病人转至护理机构，从而有助于改善患者健康⑥，但是对仅整合了家庭护理机构的医院来讲，健康改善的效果则不明显⑦；就医疗费用而言，一些研究表明医院垂直整合会增

① 刘小鲁. 管制、市场结构与中国医药分离的改革绩效[J]. 世界经济，2011(12)：23.

② 赵绍阳，尹庆双，臧文斌[J]. 医疗保险补偿与患者就诊选择——基于双重差分的实证分析[J]. 经济评论，2014(1)：3-11；朱恒鹏，昝馨，林绮晴. 医保如何助力建立分级诊疗体系[J]. 中国医疗保险，2015(6)：9-11；申曙光，张勃. 分级诊疗、基层首诊与基层医疗卫生机构建设[J]. 学海，2016(2)：48-57.

③ 赵绍阳，尹庆双，臧文斌. 医疗保险补偿与患者就诊选择——基于双重差分的实证分析[J]. 经济评论，2014(1)：3-11.

④ 高和荣. 签而不约：家庭医生签约服务政策为何阻滞[J]. 西北大学学报(哲学社会科学版)，2018，48(3)：48-55.

⑤ Gaynor M，Town R J. Provider Competition[M]//Borras P，McGuire T E，Pauly M (eds). Handbook of Health Economics. Amsterdam：Elsevier，2000：499-637.

⑥ Rahman M，Norton E C，Grabowski D C. Do Hospital-Owned Skilled Nursing Facilities Provide Better Post-Acute Care Quality？[J]. Journal of Health Economics，2016(50)：36-46.

⑦ Konetzka R T，Stuart E A，Werner R M. The Effect of Integration of Hospitals and Post-Acute Care Providers on Medicare Payment and Patient Outcomes[J]. Journal of Health Economics，2018(61)：244-258.

加医疗费用支出和保险支出[①],但也有一些文献并未发现垂直整合对医疗费用产生显著的影响。

专栏8-6

新加坡医疗体系简介

新加坡有着独特的医疗保健体系,其中主要的保险形式是由储蓄支持的强制性自我保险。值得一提的是,尽管 2011 年新加坡人均国内生产总值约为 60 000 美元,但新加坡的医疗保健支出仅占国内生产总值的 4%(2012 年)。医疗体系的核心是强制性的基于收入的个人储蓄计划(Medisave),要求消费者将其收入的 6%～8%(考虑年龄,最高为每年 41 000 美元)存入健康储蓄账户(Health Saving Account, HSA)。该 HSA 可用于消费者的任何医疗保健服务,包括购买医疗保险的保费。健康账户上未使用的资金可用于支付未来的医疗费用以及其他亲属或朋友的医疗费用,如果超过 65 岁,则可以兑现用作额外收入,但存在限制。

另一项补充保险计划(Medishield),主要用于支付因长期住院治疗或针对特定慢性病延长门诊治疗而产生的费用,该项目不覆盖已患有严重疾病者和 85 岁以上的患者等。截至 2011 年,Medishield 项目覆盖大约 65% 的人口。同时,政府还建立了第二个免费的灾难性支出保险计划(Medifund),旨在帮助保障 Medisave 和 Medishield 覆盖范围外的医疗费用,消费者能从这个灾难性保险基金中获取的金额取决于他们的财务状况和社会地位。

新加坡的医保系统还包括一个私人可选的保险计划,涵盖长护险,被称为 Eldershield,消费者一旦达到 40 岁就会自动注册该项目,但他们可以自愿选择退出。大多数医疗服务都可以获得补贴,但在补贴之外,消费者也必须为几乎所有服务自掏腰包。补贴取决于消费者的收入,消费通常可以选择不同的覆盖水平。

新加坡医疗服务有公共和私人两个部分,公共部门服务于大多数住院、门诊和急诊。私营部门服务于大多数初级和预防性护理。新加坡的医疗保健体系因其医疗保健支出占 GDP 比例较低而获得了积极的宣传,但其他国家难以复制。该系统更有利于高收入家庭,因为他们有更多的资金存于健康储蓄账户。

[①] Cuellar A E, Gertler P J. Strategic Integration of Hospitals and Physicians[J]. Journal of Health Economics, 2006(1): 1-28; Baker L C, Bundorf M K, Kessler D P. Vertical Integration: Hospital Ownership of Physician Practices is Associated with Higher Prices and Spending[J]. Health Affairs, 2014(5): 756-763; Konetzka R T, Stuart E A, Werner R M. The Effect of Integration of Hospitals and Post-Acute Care Providers on Medicare Payment and Patient Outcomes[J]. Journal of Health Economics, 2018(61): 244-258.

┈┉ **思考题** ┉┈

1. 在格罗斯曼模型中,个人决定健康 H 和家用品 Z 的投资。下图描述了典型个人关于健康和家用品的生产可能性边界(PPF):

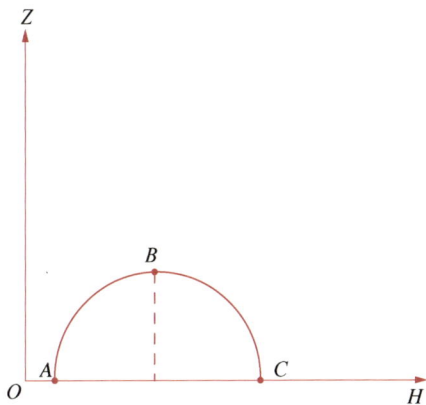

(1) 简单描述 A 点和 B 点之间的图形为何是上图画出的形状。

(2) 简单描述 B 点和 C 点之间的图形为何是上图画出的形状。

(3) 如果个人具有典型偏好,其会选择 PPF 曲线上位于 A 点和 B 点之间的点吗? 请使用图进行说明。

2. 影响医疗服务需求的宏观因素和微观因素有哪些? 请说明。

3. 我国基本医疗保险体系包括哪些层次? 它们的作用分别是什么?

4. 请总结我国医疗卫生体系发展历程与特点。

第<i>9</i>章

教育普及与人力资本积累

　　本章对人力资本的相关理论和实证研究进行介绍,同时介绍中国背景下的教育普及问题。第一节对人力资本的基本理论及其发展历史进行概述。第二节介绍早期的人力资本理论,概括其基本思想、贡献与局限性。第三节介绍现代人力资本理论的形成与发展。第四节对中国背景下的人力资本理论进行探讨,重点介绍人力资本的测算与人力资本投资(教育)回报率的估计问题。

第一节　人力资本理论概述

　　广义上说,资本是人类创造物质和精神财富的各种社会经济资源的总称。从创造财富的主体的角度来看,资本可分为物质资本和人力资本。物质资本指物质产品形式的资本,包括厂房、机器、设备、原材料、土地、货币等。人力资本则是指体现于人自身的资本,即对生产者进行教育、职业培训等支出及其在接受教育时的机会成本的总和,表现为蕴含于人自身的各种生产知识、劳动与管理技能以及健康素质的存量总和。无论物质资本还是人力资本,都有着两个基本的属性:一是需要投资才能积累;二是有助于财富的创造,进而可以带来价值和利润。

　　人力资本思想最早可追溯至 17 世纪威廉·配第的学说,他在政治经济学中首次提出劳动价值论的基本观点和原理。20 世纪 60 年代,西奥多·W. 舒尔茨发表了关于人力资本的系统阐述,标志着人力资本理论的正式诞生。此后,雅各布·明瑟、加里·贝克尔等人的理论也大大丰富了人力资本的学说,为这一研究领域带来了革命性的进展,基本奠定了现代人力资本理论的框架。近年来,随着计量经济理论和实证技术的快速发展,人力资本理论不断向精细化、定量化的方向演进。进入 21 世纪以来,基于中国背景的人力资本研究也有了长足的进展。从基本的人力资本估算问题,到城乡人力资本的对照,再到健康、教育、人口流动、就业等社会民生问题,中国学者对人力资本问题的研究正逐渐深入社会的方方面面,深刻地影响经济社会的发展,改变着公众的认知。

专栏 9-1

相关人力资本学说著作介绍(一)

关于威廉·配第的学说,可参考《赋税论》《政治算术》等著作。其中,《赋税论》是威廉·配第政治经济学观点最具代表性的论述,其从增加国家财富的观点出发,探讨了税收的原理、原则以及税种分类等重要的财政内容,进而形成关于劳动价值的深刻反思和论述①。关于舒尔茨的学说,可参考其代表性著作《论人力资本投资》,该书系统地提出了人力资本理论,论述了人力资本特点、人力资本投资的回报、人力资本与经济增长等重要问题,为第二次世界大战后的经济发展问题提供了重要而独特的解释②。关于明瑟(又译明塞尔)的学说,可参考其著作《人力资本研究》,它论述了教育与收入之间的相关关系,为人力资本的回报率测算提供了一个重要的实证范式,对相关领域的实证研究有着深远的影响③。关于贝克尔的学说,可参考其代表性著作《人力资本》,它从微观角度入手研究人力资本理论,通过微观的均衡分析法,建立了人力资本投资的均衡模型④。

第二节 早期的人力资本思想

早期的人力资本思想主要由劳动价值论衍生而来。理论方面的主要代表人物包括威廉·配第、亚当·斯密、大卫·李嘉图和阿尔弗雷德·马歇尔。

专栏 9-2

相关人力资本学说著作介绍(二)

关于亚当·斯密的学说,可参考《国富论》《道德情操论》等著作。其中,《国富论》是西方经济学历史上具有奠基性意义的重要著作,它首度针对政治经济原理进行逻辑严谨的科学论证,被誉为"西方经济学的《圣经》"⑤。关于李嘉图的学

---

① [英]威廉·配第.赋税论[M].邱霞,原磊,译.北京:华夏出版社,2006.
② [美]西奥多·W.舒尔茨.论人力资本投资[M].吴珠华,等译.北京:北京经济学院出版社,1990.
③ [美]雅各布·明塞尔.人力资本研究[M].张凤林,译.北京:中国经济出版社,2001.
④ [美]加里·贝克尔.人力资本[M].陈耿直,等译.北京:机械工业出版社,2016.
⑤ [英]亚当·斯密.国民财富的性质和原因的研究(上卷)[M].郭大力,王亚南,译.北京:商务印书馆,1974:63.

说,可参考其代表作《政治经济学及赋税原理》,该书以劳动价值论为核心思想,论述了商品的价值与交换价值、地租、利润与工资等重要问题,提出了商品的相对国内价值决定于生产这些产品的必要劳动量的重要观点,揭示了地主、工人和资本家三大阶级在社会产品分配方面的规律①。关于阿尔弗雷德·马歇尔的思想,可参考其著作《经济学原理》,该书综合了作者所在时代的各种经济学理论,在古典经济学的范式下吸收了边际效用学说,推动了新古典经济学的诞生与演变②。

英国的威廉·配第首次提出劳动价值论的基本观点和原理,他认为一种商品的价值取决于生产它所耗费的劳动量,商品交换以它们所包含的劳动量为依据,用劳动时间测量商品的价值量。他提出,"劳动是财富之父""土地是财富之母",由此,劳动和土地、物质资本一样也是不可或缺的生产要素。与"劳动"并列的"技艺"也是创造价值的一项要素,有"技艺"的人在劳动中创造的价值比没有"技艺"的人要大。这里的"技艺",本质上蕴含着与人力资本相似的概念,而威廉·配第的这一论述,被认为是人力资本理论的雏形。

亚当·斯密在前人理论认识的基础上,进一步地从劳动价值论中提炼出人力资本的概念。他发现了简单劳动和复杂劳动的区别,指出在相同的时间里更复杂的劳动可以创造更多的交换价值,而从事劳动的复杂程度取决于劳动者的"才能"。亚当·斯密将"才能"视为一种独立的生产资本,他认为一切有用的才能都可以为生产者或商人创造利润,而学习一项才能是需要花费成本的,在付出了相应的学习成本后,这项才能便"固定"在了学习者身上,为其创造更多利润,因此才能也是一项固定资产。这项特殊的固定资产,无论对个人,还是对整个社会都具有生产上的重要意义。基于此,亚当·斯密明确了人们学习有用的技能是一项投资活动,学习所花费的费用便是投资的成本,而学会的才能所带来的利润和价值则是投资的回报。由此,人力资本便和通俗意义上的生产性资本一样具有了投资品的属性和意义。

大卫·李嘉图的思想则是对亚当·斯密的继承和延续。李嘉图认为,对一个国家而言,其国民的个人能力也是一项重要的资本,而这项资本的实现与积累也需要通过投资来完成,因为任何技能的学习都是要付出费用的。与李嘉图相似,萨伊也指出,任何技艺和能力的形成都需要付出一定的成本,而一旦形成,便可提高劳动生产率,因此,"技艺"和"能力"也可以被视作一项资本。

阿尔弗雷德·马歇尔进一步指出了教育在人力资本积累过程中的重要性。他认为

---

① ［英］大卫·李嘉图. 政治经济学及赋税原理［M］. 周洁,译. 北京：华夏出版社,2005.
② ［英］马歇尔. 经济学原理［M］. 廉运杰,译. 北京：华夏出版社,2005.

优良的教育即使对于普通的工人也是非常重要和有价值的,教育是物质财富生产过程中重要的环节和手段,教育与生产资料同样重要,都是创造物质财富必不可缺的要素。马歇尔把解决贫困的希望寄托于教育,认为缺乏技能和谈判力量的工人只会得到较低的工资,这导致穷人的健康和教育水平无法提高。马歇尔的理论不但强调了人力资本的积累与生产属性,更关注了人力资本投资的具体形式(教育),他的这一洞见为后世的人力资本研究指明了重要的方向。直到今天,教育和培训仍被视作最重要的人力资本投资。

在实证研究方面,早期的学者们也做了一些测算人力资本的初步尝试。威廉·配第估计了英国人口的货币价值,并对男人、女人、儿童的货币价值进行了分类测算,以此来估计国家的经济实力,以及战争、瘟疫等造成的人口死亡和人口迁移所带来的经济影响。法尔从税收的角度,对英国农业工人的价值进行了估算。恩格尔对德国低、中、高阶层的人口价值进行了估算。不过,限于实证技术和计量理论的缺失,早期的人力资本测算工作仍停留在原始而粗略的水平,并不能精准地反映人力资本的价值及其为生产活动带来的贡献。

总体而言,早期的人力资本思想创造性地发掘了人的价值、技艺的价值,以及对人的投资的重要性,将人力资本的概念不断提炼、概括,完成了从具体到抽象的认识过程,最终形成对人力资本的完整认知,并一直延续至今,对相关学术理念产生了深远而广泛的影响。进一步地,早期的经济学家能够认识到人力资本在生产中的作用,将其作为一项生产要素,与土地、物质资本等直观的生产要素并列起来,共同组成社会经济财富的重要来源,这也是非常难能可贵的洞见。同时,早期的理论还认识到了人力资本的"资本"属性和"投资"属性,认为人力资本需要花费成本来积累(投资),从而使其在真正意义上具有了资本的本质,也正因如此,人力资本的投资手段(如教育和培训等)才显得尤为重要和值得探讨。

然而,受限于时代、视野与技术,早期的人力资本研究仍存在较大的局限。

第一,虽然当时的学者已经有了人力资本的完整概念,但仍缺少独立的人力资本系统研究思想。大多数人力资本的探讨,仍采用物质资本的分析逻辑,将人力资本置于物质资本的研究框架之下,将人力资本投资从属于物质资本投资,忽视了人力资本自身所独有的特点。将"人"看作一种特殊形式的"资本",这种观念事实上并没有真正地发掘出"人"本身的价值。这一缺陷主要是当时的时代特点所致,两次工业革命时期,物质生产力极大提升,机器、能源等物质资料成为最核心、最重要的生产要素,经济发展仍处于以物质投资为主导的阶段,而人的创新性、能动性在当时的时代背景下并没有得到很好的展示和体现。

第二,对人力资本的衡量较为粗糙。在如何测算人力资本的问题上,学者们没有达成统一,计算人力资本的方法非常简单、原始,甚至被视为"没有必要",这导致早期的人力资本研究仍停留在概念层面,无法寻求广泛的实证证据,进而也自然难以构成独立、完整、深入的理论体系。这一缺陷主要是两个因素所致:一是统计数据的缺乏,早期的经济统计数据非常匮乏,且口径不一,难以获取有价值的宏微观数据;二是计量技术的不足,人力资本作为一个抽象的概念,并不像物质资本那样易于度量,所谓的"才能"和"技艺",难以准确用货币计量其价值。教育与个人能力的关系,则面临着内生性问题的挑战。即使在今天,人力资本也常被视作全要素生产率的"黑箱"之一,对这一概念的测算也依然存在着争议。

第三节　人力资本理论的演进过程

一、现代人力资本理论形成背景

人力资本理论范式的正式形成是在 20 世纪五六十年代,这一时期,人力资本的理论真正从物质资本的分析范式中独立出来,形成一套系统完整的思想体系。这一重要的演变同样与当时的时代背景密不可分。第二次世界大战后,经济发展的模式发生深刻变革,传统依靠物质资本和劳动力驱动发展的模式已逐渐过时。一方面,第二次世界大战给西欧和日本带来巨大的破坏,许多城市被摧毁,大量的物质资本(如机器、厂房、道路港口等)遭受了严重的损失。然而,在物质资本如此匮乏的情况下,西欧和日本依然实现了快速的复兴和崛起,虽然其中有外资援助的因素,但这并不能解释为什么大多数同样受到外资援助的发展中国家的经济无法像西欧和日本一样腾飞。显然,传统的通过增加物质投资来创造价值的理论已经无法适用于新的经济形势,人们需要更新的理论来解释这些困惑。另一方面,随着计算机和电子技术的起步与发展,第三次工业革命即信息技术革命已经开始萌芽,并展露出广阔的发展前景。20 世纪五六十年代,电子管数字机和晶体管数字机的相继问世大大提高了计算机的运行效率,也为经济发展提供了全新的动能,"技术"愈发成为经济增长的核心要素,而传统的物质资本投资与劳动力对经济的贡献开始下降。例如,经济学家们测算得出,1929—1957 年,美国的国民收入增加了 1 520 亿美元,其中竟有多达 710 亿美元是增加的资本和劳动力数量所不能解释的。怎样解释这个不可知的"黑箱",成为新时代的经济学家们面临的一个迫切的难题。

在这样的背景下,传统"李嘉图式"的经济思想,即把经济增长归功于土地、自然资源、机器设备等实物资本的贡献,认为一个国家经济发展的唯一前提就是必须拥有丰富的自然资源,显然已经不合时宜。新一代的学者们看到了机遇,人力资本理论应运而生,人的知识、技能、经验和健康等固有属性第一次成为经济学聚光灯下的主角。自此,人力资本的概念崭露头角,并逐渐引领了一场经济学思想史上的变革热潮。

在这一热潮之下,最为突出的经济学家是舒尔茨、明瑟和贝克尔,他们为人力资本理论的形成做出了开拓性的贡献。

二、舒尔茨:人力资本投资理论

舒尔茨在大胆质疑传统经济学认知的基础上,首次系统地提出了有关人力资本理论。

第一,劳动具有异质性。舒尔茨批判了古典经济学中劳动同质性的观点,他认为,不同的劳动者具有的劳动能力也是有差异的,劳动具有异质性。进一步地,不论人力资本还是非人力资本,其本身都不应该是同质的,因为这两类资本的构成种类是多种多样的,而非单一的。正是因为劳动具有异质性,人力资本在其中扮演的角色才显得不可忽略。

第二,舒尔茨认为人力资本的衡量取决于两个方面。其一是"量",主要是指劳动者的人数和劳动的时间等,这也是传统衡量人力资本的标准中最常用的概念。其二是"质",包括人的技能、知识、经验、健康程度等,这些要素都可以影响一个人劳动的生产率,且在不同劳动者之间存在异质性,并且通过教育、培训等手段,劳动者的人力资本质量是可以被改变的。

第三,正是因为人力资本可以被教育和培训所改变,所以本质上来说,人力资本也是投资的产物。人力资本的取得不是无代价的,而是需要消耗其他方面的各种稀缺资源,如学习时间、付出的精力、教育成本、机会成本等,这些为了获取知识和技能的必要的付出本质上就是一种投资。

第四,作为一种投资的产物,人力资本可以在未来创造收益。通过提高能力和技艺,工人可以创造更多价值,进而获得更高的工资。舒尔茨认为,当时工人的实际工资之所以得到显著增长,最大的原因来源于人力资本投资的提升。因此,教育投资与任何物质投资一样,都能够在未来创造相应的回报和收益。进一步地,正是因为人力资本投资具有创造回报的属性,人力资本的积累对社会整体经济的增长才显得尤为重要,经济的增长同时取决于人力资本的投资与物质资本的投资,而这二者的比重则取决于两类投资的边际收益率的对比。如果物质资本的投资已经不能很好地驱动一个经济体的增长,就应该转而加强对人力资本的投资。

第五,人力资本投资(如教育)不仅可以带来经济上的回报,也有助于实现社会的平等。当社会中的个体受教育程度差异过大时,其收入不平等也会更加严重,而随着社会中的每个人受教育水平的提高,其收入也同等地增长,从而最终趋向一个平等的状态。此外,在实证领域,舒尔茨还尝试估计了美国 1900—1956 年的教育投资总量。他将教育的投资成本分为两个部分:一是机会成本,即为了接受教育而放弃的收入,舒尔茨根据每个年龄段受教育人群的数量、受教育时间以及平均工资水平,加总得到社会的总体教育机会成本;二是直接成本,即教育本身所需要的花费。舒尔茨计算出两类总成本后再加总,最终估计出全美国该时期的教育投资总量。舒尔茨的实证方法非常直观易行,在人力资本投资的测算方面具有开拓性的贡献。

舒尔茨的思想是对人力资本理论的第一次系统性阐述,为日后人力资本的理论研究和实证计量提供了重要的基础和范式,极大地开拓了这一领域的研究道路,也引领了现代人力资本理论发展史上的一次"革命"。

三、明瑟:人力资本投资与收入

在舒尔茨的基础上,明瑟进一步研究了人力资本水平与收入之间的关系,侧重通过计量的方法来揭示受教育程度对个人收入的影响,相较于舒尔茨,明瑟更侧重微观层面的研究。

明瑟[1]用个人的受教育年限作为其人力资本水平的衡量标准,这一衡量标准至今依然被广泛地沿用。在此基础上,明瑟提出了著名的教育-收入回归方程,通过线性回归的实证方法,规范地对教育与收入的相关关系进行了量化。

专栏9-3

明瑟回归简介

最基本的明瑟方程的形式为 $y = \alpha + \beta s + u$,其中,y 是个人的工资或收入(取对数),s 是受教育的年限,回归系数 β 衡量的就是教育的边际收益率,该系数的方向和大小揭示了教育与收入的相关关系。

进一步地,明瑟又在方程中加入了对工作年限的考量:一方面,工作年限越长,则经验越丰富;另一方面,随着工龄增长,工人的年龄也在不断变老。因此,工作年限与个人的生产率(收入)之间应该呈现出倒U型的二次关系,在控制了工龄与收入的二次关系之后,通过线性回归便可得到教育年限的边际收益率,即"明瑟收益率"。

专栏9-4

明瑟收益率的估计

在基准的明瑟方程基础上加入对工龄的控制,即 $y = \alpha + \beta s + \delta x + \theta x^2 + u$。

---

① Mincer J, Polachek S. Family Investment in Human Capital: Earnings of Women[J]. Journal of Political Economy, 1974, 82(2): s76-s108.

在该方程中，x 是个人的工龄，而 β 依然是对教育的边际收益率的衡量，这一收益率通常被称为"明瑟收益率"。

基于明瑟收益率的概念，大量文献对教育收益率的估计方法进行了检验、评价、修正和拓展，由此形成了丰富的教育收益率研究文献。较早期的研究包括：利用中国城市地区的教育和收入数据研究[1]发现，教育年限增加一年能带来 1%～3% 的收入增长；有估计[2]指出中国城镇教育回报率从 1988 年的 3.1% 上升至 1995 年的 5.1%；有研究[3]发现，1999 年我国城镇教育回报率达到 8.4%，相比 1990 年上升 3.4 倍；还有的估计[4]则认为回报率从 1988 年的 4% 上升至 2001 年的 10.2%。一些针对农村地区的研究也发现了类似的增长趋势[5]。

但是，大多数早期的文献在估计教育回报率时并没有重视潜在的内生性问题。由于一些无法观测的因素（如个人能力、家庭背景等）可能会同时影响受教育程度和教育回报率水平，仅仅依赖普通最小二乘法（ordinary least squares，OLS）所估计出的教育回报率往往会存在偏差。为了应对内生性问题，大量文献开始运用基于家庭背景的工具变量法（如以父母收入、配偶受教育水平等作为工具变量），由此估计出的中国 2000 年以后的教育回报率往往超过 10%[6]。也有文献借助于双胞胎样本内部的差异进行估计，例如，有研究利用了 2002 年的中国双胞胎调查数据[7]。他们的 OLS 估计结果显示，一年的教育使个人收入增加了 8.4%；而在控制双胞胎固定效应并运用广义最小二乘法之后，估计出的教育回报率降低至 2.7%；进一步通过工具变量修正测量误差后，教育回报率也仅为 3.8%。

---

① Gregory R G, Meng X. Wage Determination and Occupational Attainment in the Rural Industrial Sector of China [J]. Journal of Comparative Economics, 1995, 21(3): 353-374; Meng X, Kidd M P. Labor Market Reform and the Changing Structure of Wage Determination in China's State Sector During the 1980s [J]. Journal of Comparative Economics, 1997, 25(3): 403-421.

② Yang D T. Determinants of Schooling Returns During Transition: Evidence from Chinese Cities [J]. Journal of Comparative Economics, 2005, 33(2): 244-264.

③ 李实, 丁赛. 中国城镇教育收益率的长期变动趋势 [J]. 中国社会科学, 2003(6): 58-72, 206.

④ Zhang J, Zhao Y, Park A, et al. Economic Returns to Schooling in Urban China, 1988 to 2001 [J]. Journal of Comparative Economics, 2005, 33(4): 730-752.

⑤ de Brauw A, Huang J, Rozelle S, et al. The Evolution of China's Rural Labor Markets During the Reforms [J]. Journal of Comparative Economics, 2002, 30(2): 329-353; Rozelle S, Swinnen J F M. Success and Failure of Reform: Insights from the Transition of Agriculture [J]. Journal of Economic Literature, 2004, 42(2): 404-456.

⑥ 李雪松, 詹姆斯·赫克曼. 选择偏差、比较优势与教育的异质性回报: 基于中国微观数据的实证研究 [J]. 经济研究, 2004(4): 91-99; Yang D T. Determinants of Schooling Returns During Transition: Evidence from Chinese Cities [J]. Journal of Comparative Economics, 2005, 33(2): 244-264.

⑦ Li H, Liu P, Zhang J. Estimating Returns to Education Using Twins in Urban China [J]. Journal of Development Economics, 2012, 97(2): 494-504.

专栏9-5

内 生 性

以基本的明瑟方程为例：$y = \alpha + \beta s + u$，在此模型设定下，回归方程应满足误差项期望和条件期望为零，即 $E[u] = 0$ 和 $E[u \mid s] = 0$。当条件期望假设不成立时，便意味着模型存在内生性，此时，大数定律将无法保证模型中参数的估计值会随着样本增大而收敛至其真实的值。导致内生性的原因有很多，包括：遗漏重要变量，当某些变量能够同时影响解释变量和结果变量时，如果这些变量没有被回归方程所控制，那么其便会进入误差项之中，导致误差项与解释变量相关；未考虑联立方程组，如果解释变量能够影响结果变量，而结果变量也能反过来影响解释变量，那么我们应用一个由至少两个方程构成的联立方程组来描述两个变量之间的相互因果关系，如果忽略了这个联立方程组的结构，而只关注其中某一个方程，那么解释变量与误差项之间便会产生相关性；测量误差，如果解释变量的度量存在误差，那么这种误差也会导致解释变量与误差项相关，从而产生内生性。

专栏9-6

普通最小二乘法与工具变量法

以基本的明瑟方程为例：$y = \alpha + \beta s + u$，普通最小二乘法要求选择一个 β 的估计值，使得由此产生的回归模型残差平方和最小。工具变量法则要求，给定一个外生的工具变量 z，选择一个 β 的估计值，使得方程 $y = \alpha + \beta \hat{s} + u$ 产生的残差平方和最小，其中 $\hat{s}$ 是内生变量 s 在工具变量 z 上的正交投影，该投影可通过用工具变量对内生变量进行 OLS 回归预测实现。作为工具变量的 z 应满足 $Corr[s, z] \neq 0$ 和 $E[u \mid z] = 0$。从经济意义上来讲，$Corr[s, z] \neq 0$ 要求 s 和 z 之间应具有强相关关系（即 z 具有相关性）。$E[u \mid z] = 0$ 要求两个条件：一是 u 不能影响 z，这意味着 z 应是自然界随机生成的，不能受其他潜在的内生性因素影响（即 z 具有外生性）；二是 z 不能影响 u，这意味着 z 只能通过影响 s 来影响 y，而不能再有其他影响 y 的渠道（即 z 具有排他性），否则当 z 可以通过除影响 s 以外的其他渠道影响 y 时，这些影响便无法通过控制 s 来捕获，进而会进入误差项 u 之中，导致 z 和 u 之间存在相关性。

随着实验经济学和因果推断方法的兴起，越来越多的文献开始借助外生的自然实验，尤其是各类教育扩张的政策，来识别教育水平与收入的关系。一个重要的政策工具

是义务教育法。例如,利用美国 1960—1980 年的人口普查数据,基于各个州的义务教育法施行情况构造"出生年份-州"层面的截面双重差分模型,以检验教育水平与工资等结果变量的关系,研究发现,当在模型中控制了州和出生年份的固定效应时,教育水平与工资之间有着显著的因果关系,而如果再额外地控制地区和出生年份的交叉固定效应,这一关系就变得不再显著了[1]。有学者[2]利用 20 世纪英国的法定义务教育年龄从 14 岁改为 15 岁的变化作为外生的工具,识别义务教育年限的增加为个体带来的收益率。不同于一般意义上的平均政策效应,这一方法所识别出的政策效应是一个局部平均处理效应(local average treatment effect,LATE),因为只有在政策改变时,处在 14 岁的群体才会因为该政策而多接受一年额外的义务教育。因此,该政策估计得到的教育收益率并不具备平均意义上的代表性,而只是针对一小部分人群。另一项常用的政策工具是高校扩招政策,有研究指出中国高校扩招带来高等教育的整体回报率上升[3],也有研究发现高校扩招政策带来的高等教育机会增加也间接提高了农村学生的高中入学意愿和实际入学率[4]。

专栏 9-7

ATE, LATE, ATT 与 ATC

平均处理效应(average treatment effect,ATE)指的是一项政策或干预对所有观测到的样本的平均效应。局部平均处理效应(LATE)指的是一项政策或干预对样本中的一部分群体的平均效应。处理组平均处理效应(average treatment effect on the treated,ATT)指的是一项政策或干预对样本中所有受到政策或干预影响的个体(即处理组)的平均效应。对照组平均处理效应(average treatment effect on control,ATC)指的是一项政策或干预对样本中所有没受到政策或干预影响的个体(即对照组)的可能的平均效应。

综上所述,明瑟收益率第一次从定量的角度揭示了教育年限与个人收入的关系,对收入研究和教育研究都有重大的影响,在各国都有非常广泛的应用。它可以粗略

---

[1] Stephens M,Yang D Y. Compulsory Education and the Benefits of Schooling[J]. American Economic Review,2014,104(6):1777-1792.

[2] Oreopoulos P. Estimating Average and Local Average Treatment Effects of Education When Compulsory Schooling Laws Really Matter[J]. American Economic Review,2006,96(1):152-175.

[3] Liang W,Lu M. Growth Led by Human Capital in Big Cities:Exploring Complementarities and Spatial Agglomeration of the Workforce with Various Skills[J]. China Economic Review,2019(57):101113.

[4] Lu M,Zhang X. Towards an Intelligent Country:China's Higher Education Expansion and Rural Children's Senior High School Participation[J]. Economic Systems,2019,43(2):100694.

地衡量一个国家或社会环境下个人教育所带来的成果和效率,进而揭示教育在收入和经济增长中的贡献和角色。进一步地,通过对不同群体、不同教育水平收益率(如男性和女性、城市和农村、学历教育与职业教育)的研究,可以判断教育资源分配的合理性,有助于分析收入政策、教育政策和就业政策的得失,具有丰富的政策内涵和现实意义。

同时,明瑟方程和明瑟收益率的局限性也是显而易见的。第一,分析中普遍存在遗漏变量的问题,例如,来自家庭的教育、个体层面的差异、学校的质量等都是影响教育与收入关系的因素,由此造成有偏的估计。第二,双向因果关系也可能导致内生性,进而造成估计系数的偏差。第三,样本偏差、测量误差也是潜在的问题因素。因此,在应用过程中,人们对明瑟的方法进行了不断的完善和改进,如不断加入新的控制因素、利用双胞胎数据来确保样本可比性、利用工具变量克服内生性、建立更加细致和精确的微观数据库、利用义务教育法等外生的政策冲击作为识别依据等。

四、贝克尔:人力资本投资的微观均衡分析

贝克尔[①]同样从微观角度入手研究人力资本理论,他通过微观的均衡分析法建立了人力资本投资的均衡模型。贝克尔认为,人力资本与物质资本一样,与个人未来的收入存在紧密的联系,因此,在一个既定的时点上,人力资本的投资取决于其成本和未来收益的折现。

首先,贝克尔利用利率水平对人力资本投资的未来收益进行贴现,构造出人力资本投资的收益现值公式,比较人力资本投资与其他各项投资的内部收益率大小可以确定人力资本投资与其他各项投资的优劣,由此可以得出人力资本投资的内部收益率公式。

其次,贝克尔给出了人力资本投资时间、人力资本折旧与人力资本投资量之间的关系,在给定的工资率下,将人力资本投资与工作时间作为决策变量,放入个人效用最大化的优化问题中。此后,再通过求偏导计算最优化的一阶条件,求解出人力资本投资的决策的条件。

最后,在均衡条件下求解出每一时期的最佳人力资本投资量,从而揭示出人力资本投资的动态决策过程。在这一分析框架下,贝克尔创造性地给出了人力资本投资的决策条件,即投资的边际收入等于边际成本。贝克尔证明了,在人的生命周期的某个阶段,人力资本投资的均衡条件为人力资本投资的边际成本的当前价值等于未来收益的当前价值。

---

① Becker G. Human Capital: A Theoretical and Empirical Analysis with Special Reference to Education[M]. New York: National Bureau of Economic Research, 1964: 1-412.

贝克尔的人力资本理论强调了微观研究和均衡分析,将人力资本投资纳入主流的均衡理论框架,对人力资本的定量研究和理论研究都有重要的意义。

由此,舒尔茨、贝克尔等人的思想构成了人力资本的基本理论体系,为人力资本的计量和理论分析建立了理论基础和范式。但在人力资本的量化研究领域,尤其是人力资本的估值,依然留有大片空白,对于人力资本的精准量化和估算依然是一个有待突破的重要命题,也是人力资本理论的一个重要发展轨迹和前进方向。

第四节　中国人力资本投资

一、中国人力资本理论的背景

中国的人力资本理论研究起步较晚。但是,中国特殊的国情为人力资本的探索提供了独特的土壤和发光发热的空间,使得这一领域的研究正不断成为社会和学术界的关注热点,展现出蓬勃的姿态和广阔的前景。

首先,中国的人口规模庞大,为经济的发展提供了丰富的劳动力资源,长期以来都是经济增长的重要动力。然而,中国的劳动力素质仍有较大提升空间,根据联合国教科文组织的统计,截至 2017 年,中国 25 岁以上人口平均受教育年限为 7.8 年,明显低于德国、美国、英国、日本等发达国家(见图 9-1)。同时,我国也面临着日益凸显的人口问题。一方面,人口和劳动力的结构性问题突出:出生人口和劳动人口的性别比例仍处于不平衡的水平;城乡劳动力的分布与工资回报不够公平、合理;流动人口增长迅速,而不同地区间的劳动力质量和工资水平差异巨大;人口结构进入老龄化,劳动年龄人口占比

(年)

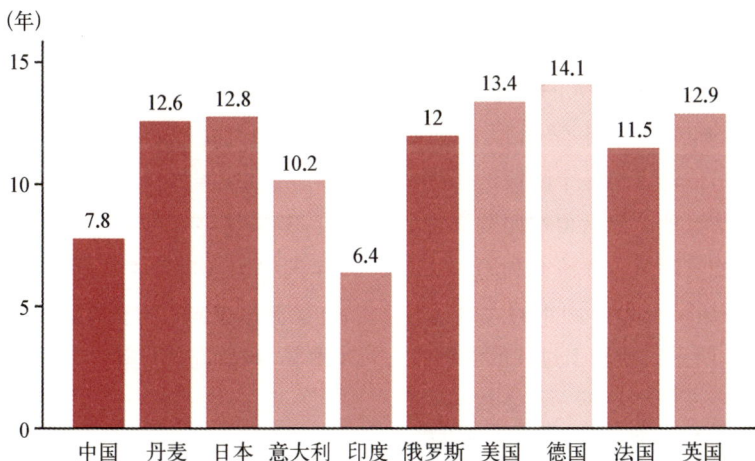

数据来源:联合国教科文组织。

图 9-1　2017 年世界主要国家 25 岁以上人口平均受教育年限

下降。另一方面,社会整体生育水平下滑,人口面临下降压力,劳动力整体成本上升,传统的劳动力驱动的发展模式不再适用,高素质人才成为更重要的资源,人力资本亟须完成从"量"到"质"的转变,经济结构转型升级也迫在眉睫。

在此背景下,人力资本研究的重要性不言而喻,社会和学术界对人力资本理论的关注日益提升,为中国背景下的人力资本研究提供了源源不断的动力。以问题为导向,中国学者们的研究成果已日趋丰富。

二、中国背景下的人力资本测算

关于中国的人力资本测算,张帆[①]较早对我国的人力资本价值及其在经济增长中的贡献进行了核算。张帆采用每年净投资累计加总的方法(aggregation over vintages)估计了 1953—1995 年中国人力资本的存量价值。根据其测算,1995 年,中国的人力资本存量为 1.8 万亿元,狭义人力资本存量(教育资金、文艺支出、卫生支出)为 2.1 万亿元,广义人力资本存量(狭义人力资本存量+儿童抚养费)为 4.2 万亿元,低于当时的物质资本存量 13.1 万亿元,这意味着我国当时的人力资本投资尚处于较低的水平。

2005 年的一项研究[②]对中国的人力资本投资和教育投入情况进行了详细的统计,分年份、分省(区、市)地调查了中国各地的教育支出、政府教育拨款、教育支出在 GDP 中占比、不同受教育程度人口占比、不同入学年龄人口占比、学杂费及其在家庭收入中的比重等与教育相关的数据,完整而细致地呈现了当时中国人力资本投资的现状和全貌。

2014 年的一项研究[③]则从更加微观和细致的视角对中国的人力资本进行了测算。其基本思想是:将当前时点下,一个人预期未来一生的收入的贴现值作为其人力资本的一个估计,将所有个体的人力资本估计值加总后,即得到一个经济体的人力资本的总量的估计。基于该思路,将人的生命周期分为五个阶段,即学前阶段(pre-school)、学习阶段(only school)、半工半学阶段(work-school)、工作阶段(only work)、退休阶段(retirement),估计出每一个阶段的预期人力资本,然后按照人口比例加总后得到总的人力资本的估算值。最后再按照购买力平价进行调整,将名义的人力资本值调整为不含物价因素的实际值。该研究利用 1982—2010 年的中国人口普查数据,估算出了中国各省(区、市)1985—2010 历年的人力资本总量,并绘制出中国人力资本随时间的增长曲线,如图 9-2 所示。相较于过往的中国人力资本测算,该研究的计算有着更深刻的微观

---

① 张帆. 中国的物质资本和人力资本估算[J]. 经济研究,2000,8(1):65-71.

② Heckman J J. China's Human Capital Investment[J]. China Economic Review,2005,16(1):50-70.

③ Li H, Liu Q, Li B, Fraumeni B, et al. Human Capital Estimates in China:New Panel Data 1985—2010[J]. China Economic Review,2014(30):397-418.

基础,也更加全面,不仅考虑到了当前劳动人口的人力资本,也考虑到了潜在的未来劳动人口(如学生)人力资本预期的现值。

人力资本货币值(十亿人民币,以1985年的人民币为计)

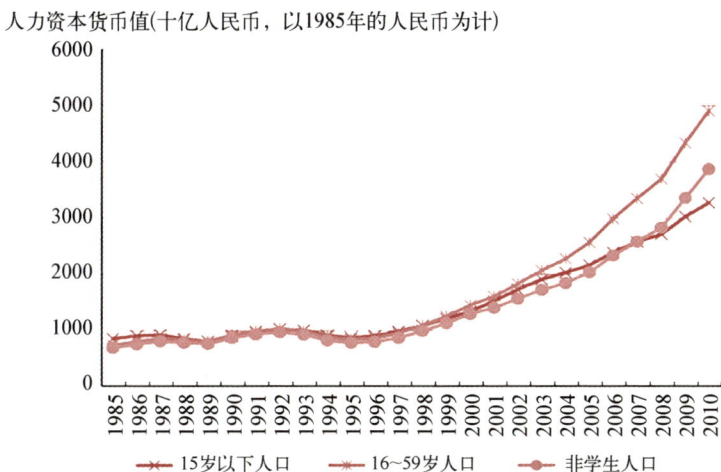

注:图片横轴表示年份,纵轴表示人力资本的货币值(以 1985 年的人民币为计)。
数据来源:Li H, Liu Q, Li B, Fraumeni B, et al. Human Capital Estimates in China: New Panel Data 1985—2010[J]. China Economic Review, 2014, 30: 397-418.

图 9-2　1985—2010 年中国人力资本增长曲线

<table>
<tr><td>专栏9-8</td></tr>
</table>

购买力平价

购买力平价(purchasing power parity),简称 PPP,是根据各国不同的价格水平计算出来的货币之间的等值系数。目的是对各国的国内生产总值进行合理比较。

李海峥等人[①]也用相似的方法,计算了 1985—2007 年中国人力资本年度总量及相应的年度人均人力资本,构建了中国人力资本指数,并对人力资本与固定资本的增长趋势进行了对比分析。计算结果表明,中国人力资本总量和人均量都保持了较快增长速度,但相对于国内生产总值以及物质资本来说,人力资本相对比重呈下降趋势,并且人均人力资本与发达国家相比仍存在较大差距。图 9-3 描述了李海峥等人测算的中国人力资本总量的时间变化趋势,图 9-4 描述了人力资本总量占固定资本比重的变化趋势。

总体来看,学术界对中国人力资本的测算,在计量方法上不断趋向严谨和细致,在

---

① 李海峥,梁赟玲,Fraumeni B,等. 中国人力资本测度与指数构建[J]. 经济研究,2010,45(8):42-54.

（万亿元）

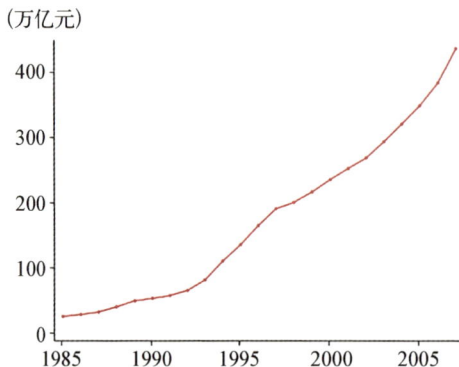

（%）

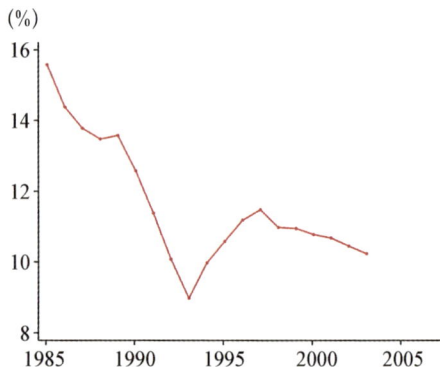

数据来源：李海峥，梁赟玲，Fraumeni B，等.中国人力资本测度与指数构建[J].经济研究,2010,45(8)：42-54.

图 9-3　中国历年人力资本总量　　　　图 9-4　人力资本与固定资本比例变化

分析思路上不断趋向微观分析的框架。从早期相对粗糙、宏观、偏向描述性的统计，到后来具有微观基础和实证基础的严谨估计，中国人力资本的投资水平与存量水平愈发清晰、细致地呈现在读者眼前。

三、中国背景下的人力资本投资收益研究

除了对人力资本投资的定量估算外，人力资本投资的收益率也是一项重要的实证研究。侯风云[①]对中国农村劳动力的人力资本收益率进行了估计，在 15 个省（区、市）进行调研，抽样得到 1.5 万余个个体样本，然后，依照明瑟回归方程对个体的受教育年限与收入之间的关系进行回归。结果发现：第一，农村劳动力教育收益率（3.66%）依然偏低，但教育收益率远远高于工龄收益率（0.80%）；第二，专业技能培训对于收入的影响远远高于其他形式的人力资本投资，职业技术教育收益率与普通教育收益率相比不显著；第三，身体状况对收入的影响在不同的农村劳动力群体中表现不同，身体健康状况对农村劳动力的收入影响并不明显，但对外出务工人员的收入影响非常明显；第四，教育对收益的影响远远低于外出对收入的影响。

姚先国和张海峰[②]着重考察教育和宏观经济发展的关系。利用各个省（区、市）1985—2005 年的教育、经济生产等方面的面板数据，姚先国和张海峰从实证上估计了中国教育的社会收益率，发现在稳定状态时，平均教育对人均产出的边际贡献约为 15.9%～21.3%，这能在一定程度上解释中国中东西部地区发展水平的巨大差距。但同时也指出，在当时的中国物质资本依然是驱动经济发展的主要动力，而人力资本对产出的贡献水平并没有物质资本那么大。

---

① 侯风云.中国农村人力资本收益率研究[J].经济研究,2004(12)：75-84.
② 姚先国，张海峰.教育、人力资本与地区经济差异[J].经济研究,2008(5)：47-57.

王弟海等人[①]通过建立均衡分析的理论模型,考察了中国的健康人力资本投资及其与经济增长的关系。他们讨论了健康人力资本和健康投资对物质资本计量和经济增长的影响,并运用 1979—2003 年中国跨省的面板数据检验了理论结果。他们研究发现,对健康这一人力资本的投资可以促进经济的增长。但是,健康人力资本存量的提高是否能够促进经济增长还取决于其对劳动生产力的贡献是否超过它对物质资本积累的挤出效应。如果健康人力资本提高劳动生产力的效应超过它对物质资本的挤出效应,那么健康人力资本的提高有利于促进经济增长,反之,则会抑制经济增长。在另一项研究中,王弟海[②]又从理论上分析了食物消费和营养对健康人力资本的作用,进而探讨了健康人力资本、物质资本和消费之间的关系,并研究了健康对长期经济增长的影响,再次说明了健康人力资本对经济增长的重大作用。

刘国恩等人[③]也探究了健康人力资本与收入增长的关系。利用中国健康与营养调查数据,他们实证分析了个体健康水平对其收入水平的影响,研究得出三个结论。第一,个体健康水平对于收入起到了重要的促进作用,健康所带来的边际效益可以占到年收入的 5%～20%。第二,健康带来的经济收益对农村人口来说要大于城市人口,对于农村人口而言,健康状况提升的边际收益大概为 100～234 元。相比之下,城市人口健康的边际收入效应在数量上要小得多,在统计上也不具显著性。第三,健康的经济收益对女性比对男性更高。这一研究验证了健康对收入增长的重要作用,某种程度上,其结论也与王弟海等人的理论分析形成了相互印证。

此外,在更前沿的关于人力资本投资收益的研究中,学者们不仅关注人力资本投资狭义的收益,同时也考察了人力资本投资对整个社会的生产、经济发展的效应。在教育的收入效应层面,利用中国双胞胎数据克服内生性问题,采用广义最小二乘法进行回归,并通过工具变量修正偏差,发现平均每年的教育回报率为 3.8%[④]。利用中国健康与营养调查的数据,并将《中华人民共和国义务教育法》的颁布作为工具变量,估计出教育的回报率为 20%[⑤]。同样基于《中华人民共和国义务教育法》的实施,刘生龙等人[⑥]利用断点回归法,估计出中国城镇居民的教育回报率为 12.8%。在教育的社会效应层面,基于高校扩张的冲击构建了双重差分模型,利用中国工业企业数据库和海关数据库,实

① 王弟海,龚六堂,李宏毅. 健康人力资本、健康投资和经济增长——以中国跨省数据为例[J]. 管理世界,2008(3):27-39.
② 王弟海. 健康人力资本、经济增长和贫困陷阱[J]. 经济研究,2012,47(6):143-155.
③ 刘国恩,Dow W H,傅正泓,等. 中国的健康人力资本与收入增长[J]. 经济学(季刊),2004(4):101-118.
④ Li H,Liu P,Zhang J. Estimating Returns to Education Using Twins in Urban China[J]. Journal of Development Economics,2012,97(2):494-504.
⑤ Fang H,Eggleston K N,Rizzo J A,et al. The Returns to Education in China:Evidence from the 1986 Compulsory Education Law[J]. NBER Working Paper 18189,2012.
⑥ 刘生龙,周绍杰,胡鞍钢. 义务教育法与中国城镇教育回报率:基于断点回归设计[J]. 经济研究,2016,51(2):14.

证发现,随着高学历人才供给的激增,企业的生产率得到了大幅的提升[1]。也有文献表明,通过扩大高校招生进行的人力资本投资加快了中国的城市化进程[2],也间接提高了农村学生的高中入学意愿和实际入学率[3]。

上述文献表明,在中国背景下,不管是对于宏观的经济发展,还是对于微观的个人收入,人力资本投资的收益和贡献都有着显著的统计意义和经济意义。尽管在过去很长一段时间内,中国的经济增长主要来自物质资本的贡献,但从动态视角来看,中国人力资本的收益率和贡献呈现出明显的上升态势,人力资本对于经济社会的重要意义正愈发变得突出和显著。并且,人力资本本身的范畴也在不断地完善、拓展,除了传统意义上的教育以外,健康、营养等概念也逐渐进入了人力资本的范畴,不断受到中国经济学家的重视。

四、政府主导的人力资本投资:中国政府教育扶贫研究

在中国的现实背景下,人力资本投资不仅是个体的决策行为,也是政府的一项重要政策。尤其是在中国政府致力于消灭绝对贫困的过程中,以政府为主导的教育扶贫政策是促进全国人力资本积累、阻断贫困代际传递的重要举措。20世纪90年代以来,中国政府针对落后贫困地区实行了一系列教育扩张、教育优惠和教育改革政策,这些政策与国家扶贫的大政方针相辅相成,构成了公共人力资本投资的重要一环。

较早的具有代表性的教育扶贫政策可追溯至1995年开始的"国家贫困地区义务教育工程"。该工程对以中西部省(区、市)贫困县为主的落后地区进行了大规模的义务教育投资,以推动九年制义务教育在这些地区的普及。到2000年年底,项目取得了一系列阶段性的成果:第一,九年制义务教育普及率显著提高,贫困地区青壮年文盲率大幅降低;第二,义务教育办学条件得到改善,项目对中小学进行大幅度的改、扩建,购置大量的新图书和新教学设备;第三,中小学师资力量提升,教师数量和质量都得到增加和加强,师生比提高,教育资源得到更加高效的利用。

进入21世纪后,中国政府开始设计和推行更丰富的公共教育投资方式,这一时期的政府教育投资不再仅局限于教育规模的扩张,而开始愈发有针对性地提升各个环节的教学质量,以提高落后地区和农村地区的教育发展水平。代表性的政策包括:第一,

① Yi C, Zhang L. Human Capital, Technology Adoption and Firm Performance: Impacts of China's Higher Education Expansion in the Late 1990s[J]. The Economic Journal, 2018, 128(614): 2282-2320.
② 陈斌开,张川川. 人力资本和中国城市住房价格[J]. 中国社会科学,2016(5): 43-64,205. Liang W, Lu M. Growth Led by Human Capital in Big Cities: Exploring Complementarities and Spatial Agglomeration of the Workforce with Various Skills[J]. China Economic Review, 2019, 57: 101-113.
③ Lu M, Zhang X. Towards an Intelligent Country: China's Higher Education Expansion and Rural Children's Senior High School Participation[J]. Economic Systems, 2019, 43(2): 100694.

大力投资新型教育教学技术。2004—2005 年,中国教育部出台《农村中小学现代远程教育工程总体实施方案》,提出在试点地区的农村中小学配备卫星接收系统、电视机、DVD播放机和教学光盘,通过中国教育卫星宽带传输网,快速大量接收优质教育资源,然后以播放教学光盘和视频的形式对学生授课和辅导。此外,还在农村学校新建、增建计算机教室、多媒体教室,以增强其现代化教学能力。

第二,提高落后地区学生的住宿、生活质量。中国政府于 2004—2007 年实施了农村寄宿制学校建设工程,该工程以中西部地区的部分贫困县作为试点,拨放专项资金对农村寄宿制学校的教学用房、学生生活服务用房和教学辅助用房进行建设和改造。该项目帮助西部地区建立起了一批以农村初中为主的寄宿制学校,为贫困地区学生(尤其是父母外出务工家庭的学生)创造了基本的学习和生活条件。

第三,积极为贫困农村地区引进高质量教师。中国教育部于 2006—2015 年陆续推出了"农村义务教育阶段学校教师特设岗位计划"。该计划以县(区)为单位,选定经济教育相对落后、教师资源相对匮乏的中西部农村地区作为试点,公开招聘高校毕业生到试点农村的初中和小学任教。计划在每个试点县安排 100 个左右的特设岗位,平均每所学校安排 3~5 名特岗教师。政策旨在提高试点农村地区义务教育阶段的教师质量。政策将特岗教师的学历背景限定于本科以上或毕业于师范类专科院校,为落后农村地区补充了许多优秀的高质量教师资源,不仅缓解了这些地区教师数量紧缺的问题,也极大地提升了其义务教育阶段的教学质量。

2013 年以后,随着"精准扶贫"成为扶贫工作的重点,教育作为一项精准阻断贫困代际传递的长效手段,也更加成为扶贫工作的投入重点。2013 年,国务院转发《关于实施教育扶贫工程的意见》,指出要充分发挥教育在扶贫开发中的重要作用,培养经济社会发展所需的各类人才,促进贫困地区从根本上摆脱贫困。教育扶贫涵盖了一系列公共人力资本投资举措:第一,扩大公共教育投资,大规模新建扩建校舍,更新和修建各项教学器材、设备、基础设施;第二,加强师资力量投资,通过各类政策性激励和补助,鼓励教师到落后地区从教;第三,为家庭困难学生提供资助,改善学生生活条件。

推动公共服务均等化的实现是推动共同富裕进程的必然要求[①],教育资源均等化对人力资本投资和积累有着重要的影响。有学者指出[②],通过教育扶贫和教育公平政策,可促进农村人力资本积累,对阻断贫困代际传递、促进社会公平和共同富裕具有重要意义。已有文献从多个维度评估了中国政府推行的教育扶贫政策。一方面,这些政策及

① 李实,杨一心.向共同富裕的基本公共服务均等化:行动逻辑与路径选择[J].中国工业经济,2022(2):27-41.
② 陈斌开,张鹏飞,杨汝岱.政府教育投入、人力资本投资与中国城乡收入差距[J].管理世界,2010(1):36-43;李实.共同富裕的目标和实现路径选择[J].经济研究,2021,56(11):4-13;史耀疆,张林秀,常芳,等.教育精准扶贫中随机干预实验的中国实践与经验[J].华东师范大学学报(教育科学版),2020,38(8):1.

相关研究丰富了对我国扶贫工作的总结、思考和启示;另一方面,也为公共人力资本投资及其收益率的研究提供了参考和借鉴。

现有研究主要围绕两个方面展开。一方面,学者们系统考察了综合性教育扶贫工程的政策效应。其中,汪德华等[1]和宋弘等[2]分别利用中国家庭收入调查项目(China Household Income Project,CHIP)和中国家庭追踪调查(China Family Panel Studies,CFPS)微观数据展开评估。研究表明,通过基础设施升级、师资力量强化、贫困生资助等组合政策措施,能显著促进贫困个体的人力资本积累,改善其未来劳动力市场表现。另一方面,大量文献聚焦于具体的教育扶贫干预措施。研究表明,撤点并校[3]、校舍改造建设[4]、农村远程教育试点政策[5]、特岗教师计划[6]等专项措施,通过改善教育投入质量、优化师资配置、减轻家庭负担等渠道,有效促进了农村人力资本积累和代际向上流动。

专栏9-9

CHIP 数据库

CHIP 数据库,即中国家庭收入调查项目数据库,包括北京师范大学中国收入分配研究院在1989年、1996年、2003年、2008年和2014年进行的五次入户调查,收集了包含收支信息在内的家庭和个人信息,分别编号为 CHIP 1988、CHIP 1995、CHIP 2002、CHIP 2007 和 CHIP 2013。所有的 CHIP 数据均包含针对城镇和农村住户的调查。鉴于农村向城镇迁移日渐重要的现实意义,以及城镇和农村住户的子样本并不完全覆盖所有流动人口,CHIP 2002 增加了对流动人口的调查。因此,CHIP 2002 包含三个子样本。CHIP 2007 也采用了同样的方法,因此也由三个部分组成,即城镇住户调查、农村住户调查和流动人口调查。这一结构反映了中国的城乡分割和近20年中不断增加地迁移到城镇地区的农村个体数量。相关数据网站:http://ciid.bnu.edu.cn/。

---

[1] 汪德华,邹杰,毛中根."扶教育之贫"的增智和增收效应——对20世纪90年代"国家贫困地区义务教育工程"的评估[J].经济研究,2019,54(9):155-171.
[2] 宋弘,罗吉罡,黄炜.教育扶贫与人力资本积累:事实、机制与政策含义[J].世界经济,2022,45(10):3-27.
[3] 梁超,王素素.教育公共品配置调整对人力资本的影响——基于撤点并校的研究[J].经济研究,2020,55(9):138-154.
[4] 亢延锟,侯嘉奕,陈斌开.教育基础设施、人力资本与共同富裕[J].世界经济,2023,46(7):140-164.
[5] Bianchi N, Lu Y, Song H. The Effect of Computer-Assisted Learning on Students' Long-Term Development[J]. Journal of Development Economics, 2022, 158: 102919.
[6] 宋弘,罗吉罡.特岗教师、乡村教育与人力资本代际流动[J].管理世界,2024,40(10):51-68.

专栏 9-10

CFPS 数据库

　　CFPS 数据库,即中国家庭追踪调查数据库,由北京大学中国社会科学调查中心实施,旨在通过跟踪收集个体、家庭、社区三个层次的数据,反映中国社会、经济、人口、教育和健康的变迁,为学术研究和公共政策分析提供数据基础。CFPS 重点关注中国居民的经济与非经济福利,以及包括经济活动、教育成果、家庭关系与家庭动态、人口迁移、健康等在内的诸多研究主题,是一项全国性、大规模、多学科的社会跟踪调查项目。CFPS 样本覆盖 25 个省(区、市),目标样本规模为 16 000 户,调查对象包含样本家户中的全部家庭成员。CFPS 在 2008 年和 2009 年在北京、上海、广东三地分别开展了初访与追访的测试调查,并于 2010 年正式开展访问。经 2010 年基线调查界定出来的所有基线家庭成员及其今后的血缘/领养子女将作为 CFPS 的基因成员,成为永久追踪对象。CFPS 调查问卷共有社区问卷、家庭问卷、成人问卷和少儿问卷四种主体问卷类型,并在此基础上不断发展出针对不同性质家庭成员的长问卷、短问卷、代答问卷、电访问卷等多种问卷类型。相关数据网站:http://www.isss.pku.edu.cn/cfps/。

　　值得注意的是,伴随新型城镇化进程的深入推进,人口呈现持续大规模向大城市流动趋势[1],人口迁移带来的随迁子女和留守儿童的教育保障和教育公平问题呈现出新特征。现有研究表明[2],户籍限制、入学门槛、教育质量等因素是影响流动儿童和留守儿童等特殊群体人力资本的重要因素。部分学者[3]指出,逐渐放宽户籍限制,降低异地就学门槛,能够保障随迁子女和留守儿童的受教育权利、降低留守概率。

　　综上所述,基于中国教育扶贫类政策的公共人力资本投资是当下对于人力资本及其收益率评估的一个重要话题。这类话题的研究大多着眼于宏观政策对微观个体的作用效应,研究方法以双重差分法为主,研究的内容涵盖了教育投资政策的长期效应(此类分析一般使用截面双重差分)和短期效应(此类分析一般使用普通的面板数据双重差分),以及政策的教育效应(受教育年限、认知能力)和收入效应(工资、就业),由此形成了一个丰富而完整的文献领域。

---

① 魏东霞,陆铭. 早进城的回报:农村移民的城市经历和就业表现[J]. 经济研究,2021,56(12):168-186.
② 冯帅章,陈媛媛. 学校类型与流动儿童的教育——来自上海的经验证据[J]. 经济学(季刊),2012,11(4):1455-1476;魏东霞,谌新民. 落户门槛、技能偏向与儿童留守——基于 2014 年全国流动人口监测数据的实证研究[J]. 经济学(季刊),2018(2):549-578;吴贾,张俊森. 随迁子女入学限制、儿童留守与城市劳动力供给[J]. 经济研究,2020,55(11):138-155.
③ 陈媛媛,傅伟. 特大城市人口调控政策、入学门槛与儿童留守[J]. 经济学(季刊),2023,23(1):91-107;陈媛媛,邹月晴,宋扬. 异地中考门槛与流动人口子女的留守[J]. 经济学(季刊),2024,24(1):119-135.

思考题

1. 实证题：微观数据库是人力资本研究所必需的实证基础,掌握必要的微观数据处理方法是从事人力资本领域研究的学者所必备的技能。中国家庭追踪调查(CFPS)数据库是一项重要和常见的微观数据库,旨在通过跟踪收集个体、家庭、社区三个层次的数据,反映中国社会、经济、人口、教育和健康的变迁,为学术研究和公共政策分析提供数据基础。请利用中国家庭追踪调查数据库和 Stata 软件,基于明瑟方程,探讨中国平均的教育回报率,完成以下问题:

(1) 登录 CFPS 数据库,下载 Stata 版本的 2018 年个人统计数据(文件名:cfps2018person_个人库),在 Stata 中导入并打开该数据(参考网址:http://www.isss.pku.edu.cn/cfps/)。

(2) 观察数据样本中的变量,筛选出处在劳动年龄的个体。找到关于个人受教育年限(变量名:cfps2018eduy)、工作收入(变量名:income)的变量,将收入对数化,然后描述数据样本中受教育年限与收入的统计特征(样本量、均值、方差、散点图)。

(3) 基于明瑟方程,对受教育年限与工作收入之间的关系进行 OLS 回归,报告所得到的回归系数,该系数是否显著? 有怎样的经济意义?

(4) 基于明瑟方程,将个人年龄作为控制变量,加入你的回归中,注意回归中应反映年龄与收入的二次项关系。此时你的回归结果有怎样的变化? 报告所得到的明瑟收益率,解释系数的经济含义。

(5) 为防止遗漏变量等内生性问题,你认为还应在回归中加入哪些控制变量? 所得到的回归系数因此发生了怎样的变化?

(6) 根据样本所在的省(区、市)(变量名:provcd18),将样本划分为东、中、西部地区,分别对三组样本进行上述明瑟回归,观察三组回归系数的差异。得到了怎样的发现? 中国的教育回报率在三个地区之间具有怎样的差异? 如何解释这一差异?

(7) 根据样本的户口状况(变量名:qa301),将样本划分为农村地区和城市地区,分别对两组样本进行上述明瑟回归,观察两组回归系数的差异。得到了怎样的发现? 中国的教育回报率在城乡之间具有怎样的异质性? 如何解释这一差异?

(8) 根据上述分析和发现,谈谈你对中国教育回报率的现状的认识。对改善现状有何建议?

2. 请分别简述早期的人力资本思想及其代表人物,以及现代的人力资本思想及其代表人物。你认为两个时期的思想最大的区别在哪些地方? 二者有怎样的内在联系? 后者相较于前者有怎样的发展?

第10章

社会保障制度

　　社会保障制度是经济社会发展的产物,也将进一步促进社会经济发展,是现代国家治理中的重要组成部分。社会保障具有较为宽泛的内涵,是以国家或政府为主体,依据法律,通过国民收入再分配,对公民在暂时或永久丧失劳动能力以及由于各种原因生活困难时给予物质帮助,以保障其基本生活的制度安排。社会保障制度不仅具有再分配功能,还兼具促进经济增长的功能。养老保险制度是社会保障体系中基金规模最大、参保人数最多的项目,养老保险缴费或待遇会影响家庭储蓄和个人劳动参与决策,对一国经济增长有着不可忽视的影响。

　　本章聚焦社会保障中最为重要的养老保险制度,养老保险基金收入和支出在我国社会保险基金总收入和支出中的占比约为 75%。第一节介绍养老保险对经济和社会影响的原理;第二节分析影响一国社会保障规模的主要因素,理解社会保障制度的功能;第三节探究中国养老保险对提升个体福利的具体作用;第四节介绍中国社会保障制度改革的经验和问题。

第一节　社会保障与经济发展的一般理论

　　各国社会保障制度的内涵有所差异,根据国际劳工组织(International Labour Organization, ILO)的国际劳工公约,社会保障包括九个项目,即医疗照顾、疾病津贴、失业津贴、老龄津贴、工伤津贴、家庭津贴、生育津贴、残废津贴和遗属津贴。作为社会保障制度的核心组成部分,社会保险是政府主办的项目,应对社会成员在养老、医疗、失业、工伤、生育等过程中遭遇的收入风险。社会保险给付以缴费为前提,且需要满足事先约定的领取资格方能受益。社会保险通常强制参与,但也可通过大量政府补贴引导人们自愿参加。国际劳工组织倡导以社会保险为核心的社会保障制度,截至 2016 年,全球已有 168 个国家实行了各种形式的养老保险,111 个国家实行了各种医疗健康保险,125 个国家实行了生育保险,116 个国家实行了工伤保险,83 个国家实行了失业保险。

与大多数国家一样,我国实行的是以社会保险为核心的社会保障制度。社会保险基金支出占 GDP 的比重在 2020 年已经超过 6.5%,从基金支出看,养老保险是社会保险中最大的项目,占全部社会保险基金支出的 75% 左右。从覆盖面看,截至 2020 年年底,养老保险和医疗保险已基本达到全覆盖,养老保险参保人数约为 9 亿人,医疗保险参保人数约为 13.6 亿人,形成世界上最大的社会保障网络。

一、养老保险的运行模式

在社会保障制度中,无论从支出水平还是参保人数看,养老保险都是最大的项目。养老保险具有专门的制度安排,不同的制度安排对经济发展和收入分配有着不同的影响。养老保险的运行模式可以分为两大类:一类是现收现付制(pay-as-you-go);另一类是个人账户制(fully funded)。

现收现付制,是指用当期工作人口的缴费支付当期退休人口的养老金。该模式首先明确退休时养老金对退休前工资的替代率,再结合人口年龄结构和工资水平确定缴费率,用当期雇员和雇主的缴费形成统筹账户,用以支付当期退休人员的养老金,统筹账户养老基金结余较少。世界上大多数国家的养老保险采用现收现付制。

个人账户制,又称完全积累制,劳动者在工作时的缴费完全进入个人账户,退休时的养老待遇根据个人账户所积累的资金额而定。该模式对个人账户投资具有较高的要求。

在这两大类模式的基础上,有些国家采用混合制或部分积累制,是现收现付制和个人账户制的结合,又称"统账结合"。养老保险缴费一部分进入现收现付制的养老保险基金统筹账户,一部分进入个人账户。退休时养老保险待遇一部分来自统筹账户,一部分来自个人账户。

在面对人口、经济或金融趋势变化时,养老保险基金运营面临收不抵支的压力,各国通过制定养老金参数的自动调整机制,使得养老金的参数或待遇水平能够随现实情况自动发生变化,从而保护养老金免受不确定性的影响。自动调整机制包括从采用确定待遇计划改变为采用确定缴费计划或名义确定缴费计划、根据预期寿命变化调整法定退休年龄、根据通胀和工资总额的变化进行养老金待遇调整等。截至 2021 年,大约有 2/3 的 OECD 国家在养老金制度中至少采用了某种形式的自动调整机制。

现收现付制的养老保险制度基金结余有限,因而对投资的需求不高,但个人账户制则对基金运行要求很高,但单纯实施个人账户制的国家非常稀少。在养老保险制度中,各国公共养老储备基金(public pension reserve funds, PPRFs)运作是更值得借鉴的,截至 2020 年年末,已经有 17 个 OECD 国家建立 PPRFs,我国的社会保障基金即属于

PPRFs,由全国社会保障基金理事会(以下简称"社保理事会")管理,各省(区/市)养老保险基金结余也有一部分委托社保理事会管理运作。从国际实践看,PPRFs 大多采用投资管理决策与具体运作双向分离的管理架构,顶层负责行政管理与投资规则制定,基层则负责具体投资运作与日常管理。成熟的 PPRFs 投资涵盖丰富的投资类别与产品体系,可参与大宗商品、私募股权、对冲基金等项目投资[①]。

二、养老保险与经济增长、家庭福利之间的关系

养老是个人储蓄的动机之一。在生命周期理论下,个人会平滑其消费。若将个体一生分为两个阶段,则第一阶段是年轻且工作时期,第二阶段是年老且退休时期。在不存在养老保险体系时,如果个人没有足够的储蓄来支撑退休的生活,那么退休后生活水平将大幅度下降。而且如果没有未来预期收入去支付贷款,则意味着个体借款以支持其消费也很困难。因此,个体会为退休进行储蓄,从生命周期看,人们一生不同时期的消费要比不同时期的收入更加平滑。

养老保险会改变个人各个期间的可支配收入,因此会显著改变个人的生命周期储蓄。个人储蓄动机会下降,退休后有养老金收入可替代个人养老储蓄。在现收现付制下,养老金来源于当期年轻人的储蓄,换言之,某一时期年轻人的缴费会被用于发放老年人养老金而消费掉,因而整个社会的储蓄率会下降。另外,养老保险的保险功能与收入再分配功能会改变个人所面临的风险,从而也会改变个人的预防性储蓄。有大量的实证研究验证了养老保险会挤出家庭储蓄[②]。

关注养老保险对储蓄的影响具有很强的政策含义。资本是重要的生产要素,当家庭储蓄率较低时,若要促进经济长期增长,就需要提升储蓄率。如果养老保险对家庭储蓄率有挤出效应则不利于促进经济增长。当家庭因为养老和预防性动机等因素,储蓄率较高,牺牲了当前消费,则引入养老保险有利于家庭福利的提升。对于众多发展中国家而言,家庭储蓄率已经超过最优储蓄率,养老保险对福利提升的作用更为明显。

---

① 朴宪,苏锋. 公共养老储备基金管理运作:国际经验借鉴与中国策略选择[J]. 经济体制改革,2021(6):156-163.

② Attanasio O P, Rohwedder S. Pension Wealth and Household Saving:Evidence from Pension Reforms in the United Kingdom[J]. American Economic Review, 2003, 93(5):1499-1521. 这篇文章分析了英国的养老保险改革,发现了挤出效应的证据,英国的国家收入相关养老保险项目(State Earnings Related Pension Scheme, SERPS)财富与金融财富之间存在替代性,且不同年龄组的替代性不同,例如,43~53 岁的年龄组的替代弹性是-0.65,即养老金财富增加 1%,其他金融财富减少 0.65%;而 54~64 岁是-0.75。
Bottazzi R, Jappelli T, Padula M. Retirement Expectations, Pension Reforms, and Their Impact on Private Wealth Accumulation[J]. Journal of Public Economics, 2006, 90(12):2187-2212. 这篇文章对 1992 年、1995 年和 1997 年意大利养老保险改革的影响的研究发现,私人财富和预期养老金财富之间存在大约 50%的挤出效应。
Feng J, He L, Sato H. Public Pension and Household Saving:Evidence from Urban China[J]. Journal of Comparative Economics, 2011, 39(4):470-485. 这篇文章从养老保险改革的视角解释中国城镇居民的高储蓄率。他们发现了养老保险对家庭储蓄的挤出作用的明确证据,养老保险改革使得在 1999 年为 25~29 岁的居民的家庭储蓄率上升了 6~9 个百分点,而在 1999 年为 50~59 岁的居民的家庭储蓄率则上升了 2~3 个百分点。

三、养老保险的收入再分配功能

现收现付制以工作一代的缴费支付退休一代的养老金。工作一代的养老保险缴费与工资水平相联系,因而退休一代的养老金水平取决于工作一代的人口数量和工资水平,存在工作一代向退休一代的转移。养老保险特有的代际再分配功能可以使得老年群体通过养老金收入分享经济增长的成果,同时也可以将某一代人不可预计的经济风险与后代人分担。例如,美国的大萧条时期很多人失业、没有工资收入,1940 年达到 65 岁的人,在大萧条时 54 岁左右,没有为巨大的收入负向冲击做准备。养老保险推出后,他们的养老金与年轻一代的工资保持联系,可以不受自身年轻时所受到的冲击的影响。1960 年 65 岁的人,大萧条时 34 岁,本应处于收入的高峰时期,但却遭遇失业。养老保险制度推出减少了失业对他们今后养老资金的影响。

养老保险还可以在不同收入水平、不同预期寿命的人群之间进行再分配。如果养老保险缴费和养老金均为个人收入的一定比例,养老金水平和缴费水平联系紧密,这一制度称为俾斯麦制(Bismarckian),这一设计的收入再分配功能就比较弱。如果养老保险缴费与收入相联系,而养老金水平却比较平均,养老金对工资的替代率将随着收入的增加而下降,养老金水平和缴费水平联系并不紧密,这一制度称为贝弗里奇制(Beveridgean),这一设计就有较强的收入再分配功能。

专栏 10-1

养老保险参保与家庭消费

养老保险具有重要的保障功能,然而发展中国家自愿型的社保制度参与率往往不高,缺乏养老金待遇信息是造成公众参保意愿低下的一大原因。许多研究利用随机实验方法对信息干预与社保项目参保率的关系进行了检验,其中,信息类型、复杂程度、传递方式以及重复次数都将影响干预效果。

基于一项在中国广东省开展的大规模田野实验,有研究识别了信息干预对个人养老保险参保决策和家庭消费水平的影响及其异质性。分析结果发现,与控制组相比,提供关于养老金待遇的具体计算示例能够显著提高 45~55 岁人群参保率。信息干预改变了人们对于退休后养老金待遇的主观预期,并且加深了人们对养老保险项目的了解程度,由此提高参保意愿。

对于户主年龄在 45~55 岁的家庭而言,提供针对个人的养老金待遇信息将显著提升家庭消费水平。获得个性化养老金待遇信息的家庭消费量显著高于控制组。信息干预对家庭消费的影响存在两种渠道:一是"收入效应"(income effect),

信息干预使人们预期的养老金财富增加,进而提高现时消费水平;二是"替代效应"(substitution effect),新参加养老保险的个体也有可能减少消费支出,用于支付保费。数据分析表明,短期内,"收入效应"占主导。

资料来源:Bai C-E, Chi W, Liu T X, et al. Boosting Pension Enrollment and Household Consumption by Example:A Field Experiment on Information Provision[J]. Journal of Development Economics,2021, 150:102622.

第二节　影响社会保障规模的主要因素

现代社会保障制度的起源以工业化为前提,在城市化和老龄化的共同推动下产生与发展。一国的人口老龄化程度、收入水平、收入差距、对外开放程度、人口多样性等因素对社会保障水平均有影响。本节从社会保障运行的普遍规律出发,介绍影响其发展的几个重要动因。

一、人口老龄化的需求

一国社会保障制度的建设随着人口老龄化程度加深而提高。一方面,老年时期人们劳动收入下降,需要其他来源的资金用于日常消费,同时医疗和护理方面的支出却大幅增加,整个社会对养老、医疗、老年照料等的需求随老年人口占比提高而增加,社会保障制度无疑可防止老年贫困。另一方面,从公共政策的决策过程看,老年人口占比越高,越可能在决策中凸显他们自身的利益,例如,在采用多数投票原则决定公共政策时,老龄化程度越高,社会保障支出水平也越高。

人口老龄化和社会保障支出之间的关系被各国数据所证实。从较长时间的历史数据看,各国财政支出中用于社会保障的支出占 GDP 比重一直在增加。有研究比较发达国家、发展中国家及转型国家这一比重和老龄化之间的关系,发现除了少数转型国家(如波兰),无论发达国家还是第三世界发展中国家,一国财政社会保障支出占 GDP 比重均随着 65 岁以上人口占比增加而增加[1]。例如,瑞典在 20 世纪初推出社会保障项目,当时社会保障支出占 GDP 比重小于 5%,同时 65 岁以上人口占比在 8% 左右,到 1995 年,社会保障支出占 GDP 比重增加到约 30%,同时 65 岁以上人口占比增加到约 20%。美国 1935 年推出社会保障制度时,支出占比微不足道,65 岁以上人口占比约 5%,到 1995 年,这两个比重均超过了 10%。

---

[1] Lindert P H. Growing Public:Social Spending and Economic Growth Since the Eighteenth Century[M]. New York:Cambridge University Press,2004.

控制了其他影响因素后,采用跨国数据的更为严格的实证研究也验证了这一关系。例如,塔贝里尼使用包括发达国家和不发达国家在内的 40 个国家 1978—1982 年和 1988—1992 年的数据,基于一国养老保险支出占 GNP 的比重、养老保险支出占财政支出比重、养老保险收入占 GNP 比重和养老保险收入占财政收入比重四个指标反映一国养老保险规模,用 65 岁以上人口比例反映老年人口占比,用收入位于前 5% 人的收入占比反映收入差距[①]。结果显示,老年人口占比、收入差距、人均收入和工业化程度这四个变量的差异可以解释各国养老保险规模差异中的 59%～74%。还有研究采用 100 多个国家 1970—2000 年的数据,发现人口老龄化、对外开放程度、收入水平等均是影响一国社会保障支出的显著因素。

二、抵御经济风险的需求

城市化和工业化进程中风险增加,同时,随着收入增加,人们对抵御风险的需求也在增加。西方工业化国家(如英国、法国、德国和美国)到 19 世纪后相继完成产业革命,机器化大生产带来工业化进程的迅速加快,制造业与农业的劳动生产率差距不断拉大,大量农村劳动力流入制造业,农村人口流入城市,因而促进城市工业化进程。城市社会面临的风险和艰苦程度都超过农业社会,经济衰退的风险更大,收入不稳定性增加。此外,城市化社会中往往家庭规模更小,因此,对于社会保险的需求更大。

社会保障规模扩大与经济增长同步进行。社会保障是奢侈品,当一国比较富裕时就会对社会保障有需求。瓦格纳法则用收入增长解释政府规模的增长速度[②]。但一个潜在的问题是,社会保障可能加大政府财政负担,从而制约经济增长。瓦格纳法则可以解释美国、日本和瑞典的经济发展过程中人均 GDP 与社会保障支出占 GDP 比重呈明显的正相关关系。较之发达国家,发展中国家社会保障制度建立时间较晚,这可以从收入水平的角度加以解释。英国和澳大利亚社会保险的推出,也是由于财富的增加引起了对再分配制度的需求。

三、日益增加的收入差距

由于老年时期劳动收入减少,老年贫困发生率较之其他群体更大。养老保险是消除老年贫困最有效的制度。相比其他再分配制度,如所得税、最低生活保障制度等,养老保险制度提供的再分配力度更大,这是由于养老保险缴费和待遇通常要持续几十年,可以在很长的时间内持续进行再分配。因此,在收入差距较大的社会中,存在大量低收入人群,他们更倾向于增加养老保险规模,并通过投票或其他方式对政策施加压力。

[①] Tabellini, G. A Positive Theory of Social Security[J]. Scandinavian Journal of Economics,2000,102(3),523-545.

[②] 瓦格纳法则指当国民收入增长时,财政支出会以更大比例增长。

跨国数据的研究证实了收入差距会带来一国养老保险水平的提升,前面提到的塔贝里尼的研究发现,一国的收入差距越大,养老保险规模越大。用更多国家更长时期的跨国数据进行的研究也有类似的发现。

四、经济全球化的要求

在经济全球化的背景下,各国面临的竞争加剧,各国政府开始重新审视社会保障规模。较高的社会保障水平将加重企业税负,提高劳动力成本,企业有降低社会保险税费的要求。尤其对于经济不发达国家而言,其国际竞争力主要源于成本优势,较高的社会保障水平将影响其国际竞争力。此外,全球化带来更高的风险,企业和员工更需要通过保险机制应对失业和老年风险,要求政府能够提供更多的社会保障。因此,经济全球化对社会保障水平的影响有两种假说:一种是补偿假说(compensation hypothesis),即全球化将导致社会保障水平上升;另一种是效率假说(efficiency hypothesis),即全球化将导致社会保障水平下降[1]。

一方面,劳动力是不可缺少的生产要素,来自劳动者方面的需求也会对政策产生压力。经济越开放,劳动力市场波动越大,劳动力面临的不确定性增加,对社会保障的需求也增加,因此,政府在社会福利方面的支出有可能随着全球化程度提高而增加,这一效应被称为补偿假说[2]。

另一方面,在经济全球化背景下,各国的劳工福利受到日益加剧的国际竞争的挑战,尤其对发展中国家而言,其国际竞争力主要来源于较低的劳动力成本优势,经济全球化更加可能抑制劳工福利水平[3]。在全球化背景下,资本要素具有很强的流动性,较高的福利水平意味着税负和劳动力成本的上升,资本将流向经营成本较低的地区。因此,如果某一国家或地区的经济增长对外国资本和外向型经济有较强的依赖性,那么政府为了留住外资、扩大出口,就会倾向于较低水平的社会福利政策。全球化对福利水平影响的这一效应被称为效率假说。大量研究认为全球化下的竞争导致了福利国家的削弱,即"趋于向下的竞争"(race to bottom)[4]。

上述两个假设并不是相互排斥,而是同时存在,但其带来的效应相反,政府所决定的社会福利支出水平实际上是权衡这两方面影响的结果。因此,理论上对于全球化对

① Garrett G. Global Markets and National Politics: Collision Course or Virtuous Circle? [J]. International Organization, 1998, 52(4), 787-824.

② Rodrik D. Why Do More Open Economies Have Bigger Governments? [J]. Journal of Political Economy, 1998, 106(5): 997-1032.

③ Garrett G, Mitchell D. Globalization, Government Spending and Taxation in the OECD [J]. European Journal of Political Research, 2001, 39(2), 145-177.

④ Mishra R. Globalization and the Welfare State [M]. Cheltenham: Edward Elgar, 1999: 7; Huber E, Stephens J D. Development and Crisis of the Welfare State: Parties and Policies in Global Markets[M]. Chicago: University of Chicago press, 2010.

一国社会保障或社会福利水平的影响并没有清晰的答案,取决于两个效应的相对大小,需要从实证上考察这两个效应的净效果。

采用中国不同省(区、市)的数据,考察省(区、市)之间社会保障水平差异与经济外向型程度的关系,可以看到外向型程度越高的省(区、市),养老保险的实际缴费率越低(见图 10-1)。这一相关关系在一定程度上说明,全球化背景下,为提升国际竞争力,对外部经济依赖程度比较大的省(区、市)更可能控制社会保障支出[①]。

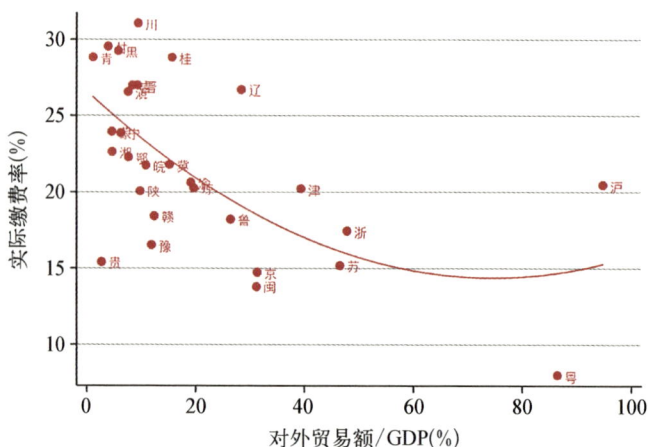

注:实际缴费率即养老保险基金收入与职工平均工资的比值,用当年养老基金收入除以参保职工人数,得到人均缴费额,再与在岗职工平均工资比。
数据来源:中国统计年鉴(2017)。

图 10-1 外向型经济与养老保险实际缴费率

专栏 10-2

中国养老金收入的性别差异

随着生育率的快速下降和子女迁移的增加,家庭在养老支持上的作用逐渐减弱,公共养老金在决定老人的生活水准中开始扮演越来越重要的角色。然而,女性的养老金收入远远低于男性,这对老年女性的生活水平带来重大影响,特别是在丧偶之后,老年女性生活水平下降更大。在女性预期寿命更高且丈夫平均年龄更大的背景下,女性成为高龄老人的主体,养老金性别差异对老年人生活水平的影响更为凸显。

从我国的养老保险制度看,无论是保障水平较高的城镇职工基本养老保险(以

[①] 对于这一问题更为严谨的因果关系识别可参考:封进,张馨月,张涛.经济全球化会导致社会保险水平下降吗?基于中国省际差异的分析[J].世界经济,2010(11):37-53。

下简称"职工养老保险"),还是广覆盖的城乡居民基本养老保险(以下简称"居民养老保险"),其参保条件和领取资格都是"性别中立"的。特别是待遇较高的城镇职工基本养老保险,退休金取决于参保人的缴费额和缴费年限,与性别无关。那么,貌似"性别中立"的养老保险制度,又如何产生了养老金收入方面的性别差异呢?

研究表明,在劳动力市场中出现的性别差异,至老年时期转化为养老金收入的性别差异。劳动力市场上的性别差异,表现为女性较少进入正规部门就业,就业年限低,工资水平低。究其原因,除了可能的就业歧视以外,也是因为女性承担更多家庭责任,影响了工资水平和就业部门。此外,男女法定退休年龄的差异直接导致女性的工龄被强制缩短,并且由于在退休时点工资仍然处于上涨时期,过早退出不仅损失了工龄,而且导致计算退休金的退休前工资水平低于男性。

资料来源:Zhao R, Zhao Y. The Gender Pension Gap in China[J]. Feminist Economics, 2018, 24(2):218-239.

第三节　社会保障制度对提升个体福利的作用

本节针对养老保险这一支出最大的社会保障项目,介绍中国社会保障制度在提升个体福利方面的作用机制。中国的养老保险制度分为职工养老保险和居民养老保险两个项目。职工养老保险覆盖企业和政府部门的在职职工和退休人员;居民养老保险在2014 年由城镇居民社会养老保险(以下简称"城居保")和新型农村社会养老保险(以下简称"新农保")合并而成,覆盖城市地区未被职工养老保险覆盖的居民和广大的农村居民。

一、职工养老保险的收入再分配作用

职工养老保险的一个重要功能是缩小老年时期的收入差距,从而消除老年贫困。为此在中国的制度设计中,采用了缴费基数和在职时收入挂钩、缴费率固定的方式,在一定收入范围内,收入越高的劳动者缴费基数越高,缴纳的社保费越高[1]。在领取养老金待遇时,一部分养老金和缴费水平相联系,另一部分与社会平均工资相联系,因而在职时工资较高的劳动者的养老金待遇虽然更高,但相当于其退休前工资水平,即养老金替代率(当年养老金待遇/退休前一年工资)更低,由此实现收入再分配目标。

---

① 这一范围是社会平均工资的 60%～300%。职工工资低于社会平均工资 60%的按 60%为缴费基数,职工工资高于 300%的按 300%为缴费基数。

我们采用国家统计局的城镇家庭住户调查数据,具体分析了职工养老保险的再分配作用。根据我国养老金待遇的领取规则,可以计算得到每个样本按现行退休年龄退休时第一年的养老金待遇①。退休第一年之后的养老金待遇将根据一定的增长率增长。

图 10-2 和图 10-3 描述了男性和女性退休当年的养老金对退休前工资的替代率和退休前工资的关系,二者呈现明显的负相关性:退休前工资越高的劳动者,其退休金对退休前工资的替代率越低;反之,退休前工资越低的劳动者,其养老金对工资的替代率越高,甚至养老金超过工资,替代率大于 1。这反映出我国基本养老保险制度的设计具有一定的再分配功能,即高收入者和低收入者缴费占其工资的比例基本一样,但对于领取的养老金占其工资的比例,低收入者更高。

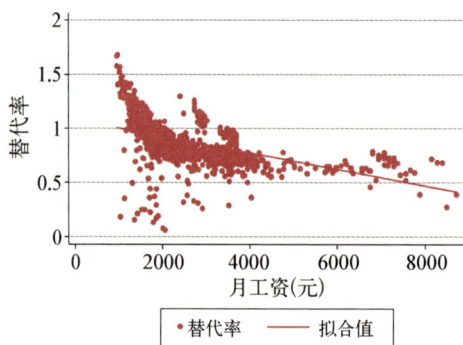

数据来源:封进.延迟退休对养老金财富及福利的影响:基于异质性个体的研究[J].社会保障评论,2017(4):14.根据城镇住户调查 2012 年数据计算,选取距离法定退休年龄 5 岁或小于 5 岁的样本②。

图 10-2　男性养老金替代率和退休前工资的关系　　图 10-3　女性养老金替代率和退休前工资的关系

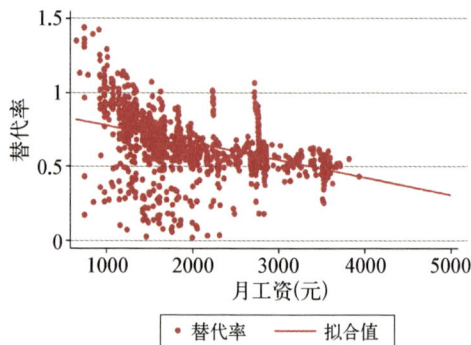

将劳动者按照收入水平分组,较低收入组工资为平均工资的 60% 及以下,中间收入组工资在平均工资的 60% 和 1.5 倍之间,较高收入组为平均工资 1.5 倍及以上。中间收入组人数占比约 70%,较低收入组人数占比约 17%,较高收入组人数占比约 13%。由此,可以较好地区分较高收入和较低收入者的差异。可以发现,养老金财富随着工资收入增加而增加,男性较高收入组的养老金财富是较低收入组的 2.28 倍,女性为 2.33 倍。另外,男性较高收入组的工资水平是较低收入组的 3.75 倍,女性为 4.44 倍。不同收入组的养老金财富差距小于工资差距,反映出我国养老金待遇规则既体现多缴多得,

---

① 不可否认,计算得到的理论值存在一些参数假设,为了检查计算的准确性,我们将样本中当年刚退休人自报的月养老金和我们的计算值进行对照,二者拟合性较好,计算值对实际值做线性回归(不含截距项)得到系数为 0.90,在 1% 的水平显著,拟合优度(R 平方)为 0.9。说明按此方法计算得到的养老金具有较好的准确性。
② 利用中国城镇住户调查中上海、广东、四川和辽宁四个省市 2012 年的数据。城镇住户调查数据的优点在于有较多数量的城镇正规就业劳动者和退休人员的样本,有详细的个人特征和工资收入信息,在某一地区范围内,样本有较好的代表性。我们使用的样本是正规企业单位就业且具有城镇户口的劳动者:女性样本年龄在 21~55 岁,样本量为 21 704 个;男性样本年龄在 21~60 岁,样本量为 24 036 个。

又存在一定程度收入再分配的特征。

二、居民养老保险对农村老人福利的影响

2009 年,我国针对农村居民推出了新农保制度,规定 60 岁以上的农村老人可享受到国家普惠式的养老金待遇;2011 年,为覆盖城镇中的非就业居民,我国进一步推出了城居保。城居保针对城市中处于工作年龄但没有就业的居民,这个群体基数较小,故现有的研究几乎都基于新农保展开。两项安排于 2015 年合并为城乡居民基本养老保险制度,打破了城乡养老"双轨制"。城乡居民基本养老保险的基金主要由个人缴费和政府补贴构成,参保人员可以自主选择个人缴费档次,多缴多得。此外,地方政府会对参保人员给予补助,补助的具体标准和办法由省(区、市)人民政府自行确定。

新农保是我国一项前无古人的惠民之举,自此,我国建立起了世界上覆盖人口最多的社会保障安全网。自 2009 年开始试点,短短三年内,该政策的参保人数迅猛增加。截至 2012 年年末,新农保的参保人数达到 4.6 亿人,基本实现农村居民全覆盖(见图10-4)。城乡居民养老保险提供的待遇水平大约为当地人均消费的 10%~25%,虽然新农保的福利水平比较低,但它仍从不同方面显著影响了农村居民的福利。

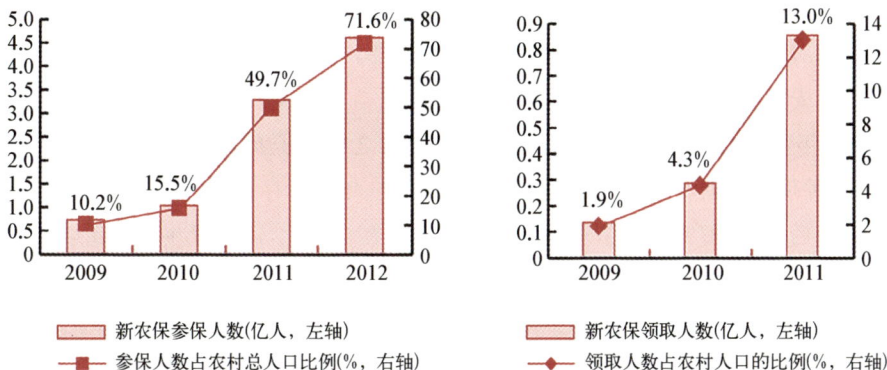

(a) 新农保参保人数及其占农村人口的比例　　　　(b) 新农保领取人数及其占农村人口的比例

资料来源:张晔,程令国,刘志彪."新农保"对农村居民养老质量的影响研究[J].经济学(季刊),2016(2):817-844.

图 10-4　新农保参保人数与领取人数及其占农村人口的比例(2009—2012 年)

1. 改善生活水平

养老金收入提高后,老年人会通过各种途径改善生活方式,例如增加营养摄入、获取更多的医疗服务和非正式照料,以及主动增加休闲活动等。过去,许多老人依靠自己耕作的方式获取粮食,长此以往会对健康造成损耗。但在新农保实施后,一些农村老人通过增加食品购买部分替代耕作,农业劳动时间明显下降。

新农保的实施还能够显著提升农村老人的身心健康和认知功能,并降低他们的残疾率和死亡率。当农村老年人意识到自身经济状况有所改善时,这种积极的自我感知也有助于身心愉悦和身体健康[1]。

有研究考察新农保政策与农村15岁以下儿童健康状况的关系发现,得益于家庭饮食条件的改善,农村留守儿童的健康状况也明显提升。类似地,由于新农保的实施,农村16岁以下儿童(尤其是女孩)的教育支出大幅增加。这些研究表明,新农保政策产生了积极的隔代影响[2]。

2. 改变就业选择

预期养老保障水平的提升还会在一定程度上影响农村居民的就业选择,表现在农村家庭"自雇"型创业活动和土地转出均显著增加。因此,新农保政策不仅能直接减轻子女的赡养负担、提升农村老年人的生活质量,还起到了促进家庭人力资本投资、促进劳动力和土地要素流动、鼓励大众创业的效果。当家庭面临的流动性约束较弱时,加入新农保会使家庭减少农业劳动时间、增加土地转出,参保意愿和缴费压力的结合反而会促使农户压缩当期闲暇以增加劳动收入[3]。此外,新农保对创业的促进效果在高物质资本、高人力资本和高社会资本的家庭中更加明显[4]。

3. 减少了老人对子女的依赖

新农保的养老金收入会挤出家庭内部的转移支付,这意味着以新农保为基础的社会养老模式对传统的家庭养老模式具有一定替代性。新农保还显著减少了代际同居,尤其是老年夫妇与成年儿子之间的同居现象,图10-5中采用贵州数据并利用断点研究发现,2011年贵州农村老人在到达领取养老金年龄之后与子女同住的比例有一个明显的下降,这种现象在新农保实施之前的2004和2006年并不存在[5]。这说明在农村老人获得养老金后,对家庭养老的依赖性下降不仅体现在金钱上,还体现在日常起居的其他方面。现有研究进一步指出,新农保的实施使农村中老年人预期依靠养老金养老的概率上升,预期依靠家庭养老的概率下降。通过弱化农村居民"养儿防老"的预期,新农保

① Cheng L, Liu H, Zhang Y, et al. The Health Implications of Social Pensions: Evidence from China's New Rural Pension Scheme[J]. Journal of Comparative Economics, 2018, 46(1): 53-77.

② Huang W, Zhang C C. The Power of Social Pensions: Evidence from China's New Rural Pension Scheme[J]. American Economic Journal: Applied Economics, 2021, 13 (2): 179-205; Tang L, Sun S, Yang W. Investments in Human Capital: The Evidence from China's New Rural Pension Scheme[J]. Research in International Business and Finance, 2021, 55: 101345.

③ 徐志刚,宁可,钟甫宁,纪月清. 新农保与农地转出:制度性养老能替代土地养老吗?——基于家庭人口结构和流动性约束的视角[J]. 管理世界,2018,34(5),86-97.

④ 周广肃,李力行. 养老保险是否促进了农村创业[J]. 世界经济,2016(11):172-192.

⑤ Chen X, Eggleston K, Sun A. The Impact of Social Pensions on Intergenerational Relationships: Comparative Evidence from China[J]. Journal of the Economics of Ageing, 2018(12): 225-235.

显著降低了农村地区的出生人口性别比,起到纠正生育性别选择的重要作用[①]。

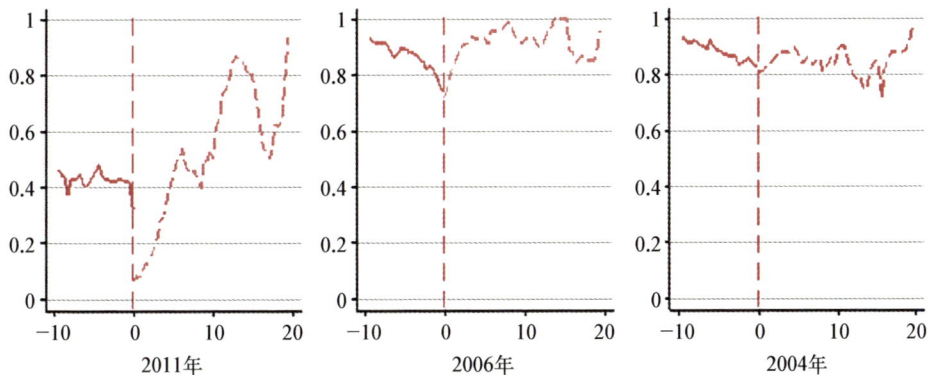

注:横轴为距离新农保养老金领取年龄 60 岁的年数,正值表示超过 60 岁的年数,负值表示低于 60 岁的年数。
资料来源:Chen X, Eggleston K, Sun A. The Impact of Social Pensions on Intergenerational Relationships: Comparative Evidence from China[J]. Journal of the Economics of Ageing, 2018(12):225-235.

图 10-5 不同年份成年儿子与父母共同居住的比例(贵州样本)

综上可知,虽然相对职工养老保险而言,新农保的福利水平并不高,但在农村人均收入水平较低的情况下,养老金收入所起的边际效应十分显著。通过放松农村老年人的预算约束,新农保显著增加了老年人自主生活的能力,提高了他们的消费水平,并使年轻人获得更多的就业选择机会。可以预见,随着老年人子女数量的减少,以及更多子女外出就业,依靠子女养老的模式将难以持续。相比以前的家庭养老或土地养老,新农保较好地承担了"社会养老"的责任,缩小了城乡养老差距。

第四节 中国社会保障发展中的经验与问题

2016 年 11 月 17 日,国际社会保障协会(International Social Security Association, ISSA)在其第 32 届全球大会期间,将"社会保障杰出成就奖"(2014—2016)授予中华人民共和国政府,以表彰中国在扩大社会保障覆盖面工作中取得的卓越成就。经过 30 多年的发展,统筹城乡的中国特色社会保障体系框架已基本建立。

一、主要经验

(一)实施有力的财政补贴,提升参保激励

中国养老保险和医疗保险基本实现全覆盖离不开强有力的政府支持。目前,居民

[①] 张川川、李雅娴、胡志安. 社会养老保险、养老预期和出生人口性别比[J]. 经济学(季刊),2018,12:749-770.

养老保险统筹部分养老金待遇全部来自政府补贴,待遇逐年提升;居民养老保险缴费部分超过 2/3 来自政府补贴。职工养老保险收不抵支部分也主要由各级财政补贴。我国各级政府对养老保险基金的补贴每年稳定增长。2020 年财政对基本养老的补贴是 9 406 亿元,其中有 6 238 亿元都补给了职工养老保险,有 2 968 亿元补给了居民养老保险。

我国城乡居民养老保险参与率很高,其中政府补贴起到了很强的激励作用(见表 10-1)。财政补贴降低了参保成本,缴费负担大为减轻,而且这类补贴为专项补贴,如果不参加则享受不到政府补贴。国际经验也显示居民养老金的推行需要较大力度的政府补贴,例如,德国 2002 年农民养老保险支付总额为 15 亿欧元,其中来自联邦财政资金的占 2/3,来自农民缴费的只有 5 亿欧元。

表 10-1 居民养老保险资金来源(2011—2020)

年 份	基金收入 (亿元)	个人缴费 (亿元)	政府补贴 (亿元)	政府补贴占比 (%)
2011	1 110	485	778	70.1
2012	1 829	640	1 221	66.8
2013	2 052	647	—	—
2014	2 310	682	1 524	66.0
2015	2 879	708	2 044	71.0
2016	2 956	738	2 092	70.8
2017	3 339	830	2 319	69.5
2018	3 870	811	2 776	71.7
2019	4 149	1 000	2 881	69.4
2020	4 583	—	2 968	64.8
2021	5 339		3 190	59.7
2022	5 609		3 338	59.5

资料来源:人力资源和社会保障部,财政部。

(二) 降低企业负担,增加企业活力

我国社会保险缴费率处于世界上最高水平,城镇职工基本养老保险的缴费率甚至

高于瑞典、美国和法国(见表 10-2)。如果再加上其他社会保险项目和住房公积金,企业缴费率超过工资总额的 40%。

表 10-2　各国养老保险雇主和雇员缴费率比较　　　　单位:%

国　家	雇主缴费率	雇员缴费率	合　计
加拿大	5.0	5.0	10.0
法国	6.8	9.9	16.7
德国	10.0	10.0	20.0
瑞典	7.0	11.9	18.9
英国	11.0	12.8	23.8
美国	6.2	6.2	12.4
日本	7.7	7.7	15.4
韩国	4.5	4.5	9.0
匈牙利	1.5	24.0	25.5
捷克	6.5	21.5	28
智利	—	18.8	18.8
巴西	7.7	20.0	27.7
中国	20(2019 年 5 月 1 日后降为 16)	8	28(2019 年 5 月 1 日之后降为 24)

数据来源:世界银行 HDNSP Pensions Database。

为减轻企业负担,2016 年国务院决定逐步降低雇主的缴费率,当时降费幅度很小。2019 年,国务院发布《降低社会保险费率综合方案》,要求我国养老保险单位缴费率高于 16% 的,可降至 16%;同时调整社保缴费基数,由过去依据城镇非私营单位在岗职工平均工资,改为以本省(区、市)城镇非私营单位和私营单位加权计算的全口径就业人员平均工资,核定缴费基数上下限。从缴费率来看,大部分省(区、市)养老保险的单位缴费率都高于 16%,可以享受到缴费率降低的优惠。从缴费基数来看,由于私营单位工资低于非私营单位工资,所以全口径就业人员平均工资比之前的在岗职工平均工资要低,相应的缴费基数也有所降低。五项社保总费率从 41% 降到 33.95%,有效地降低了企业成本。2020 年,面对突如其来的新冠疫情,国家及时出台阶段性减免企业社保费政策,全年共减免 1.7 万亿元,失业保险稳岗返还 2 260 亿元。企业活力增加意味着更多企业会留在市场中,同时可能有更多新企业加入,由此可以进一步提升就业水平,从而为参保人数增长和基金收入增长做出贡献。

专栏 10-3

社保缴费负担的经济影响

社会保险缴费是我国企业税费负担较重的主要原因,以养老保险为例,经济较为发达的经合组织国家中,除了英国雇主缴费率为 11% 外,其他国家雇主缴费率均低于 10%。过重的社保缴费负担对企业生产率、投资、创新等都将有不利影响,进而对地区经济增长产生影响。

缴纳社会保险后,劳动力成本会上升。此时,相对于资本而言,劳动力的相对价格会上涨。因此,在利润最大化驱使下,企业有动机增加投资,使用资本对劳动力进行替代,进而导致资本劳动比的提升。实证结果(见图 10-6)也验证了这一理论推断,并且还发现资本更多是替代低技能劳动力,同时,替代效应在劳动密集度高或规模小的企业中显著存在。

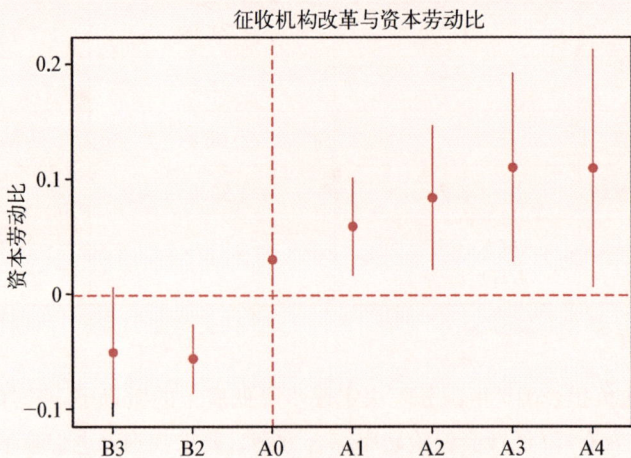

征收机构改革与资本劳动比

注:B 和 A 分别表示政策实施前和后,数字表示第几年,政策实施前 1 年 B1 作为基准年未放入模型。

图 10-6　社保缴费负担对企业资本劳动比的影响

社保缴费率下调已经逐渐成为我国激发中小企业活动、促进经济可持续发展的重要举措。有研究以浙江 2012 年社保缴费率下调统筹为切入点,考察了社保降费对企业行为的影响。主要结论有:(1)从企业社保参保与社保支出的视角来看,养老保险缴费率下降显著提高了企业的社保参与率约 42%,且缴费率下降显著提高了企业社保总缴费。(2)从企业招工规模视角来看,降低缴费率显著提高了企业员工规模约 56％。(3) 异质性分析结果表明,缴费率下降所带来的社保参保提高与职工人数增加效应在不同组别间均存在影响,其对于企业雇佣职工人数的影响在制造业企业、中小企业与民营企业中更为显著。(4) 进一步分析表明,缴费率下降显著降低了平均职工工资,也显著降低了平均用工成本,这意味着该阶段下的缴费率降低带来的就业利好可能大多集中于低技能劳动力。

资料来源:
1. 唐珏,封进.社会保险缴费对企业资本劳动比的影响——以 21 世纪初省级养老保险征收机构变更为例[J].经济研究,2019,54(11):87-101.
2. 宋弘,封进,杨婉彧.社保缴费率下降与企业社保缴费与劳动力雇佣的影响[J].经济研究,2021,56(1):90-104.

(三) 理顺管理体制,发挥基层政府作用

最新的政府体制改革确立了同一类事务由同一部门集中管理的原则,形成了现行社会保障行政管理格局:人力资源和社会保障部主管养老保险、工伤保险与失业保险;民政部主管社会救助、养老服务、儿童福利、慈善事业等多种社会保障事务;国家医疗保障局主管全国医疗保险、生育保险、护理保险、医疗救助等事务;退役军人事务部主管全国退役军人优待抚恤及安置等事务;国家税务总局主管各项社会保险费的征收;财政部主管社会保障预算与社会保障战略储备基金;应急管理部负责灾害救助。管理体制的优化可以为中国社会保障体系建设的顺利推进提供有力的组织保障[①]。

面对我国农村居民人数多、居住分散、流动性强等特点,基层政府不断完善管理制度、提升管理能力。一方面,做宣传动员工作,提升农民的缴费意愿。例如,使用图表等通俗易懂的方法直观展现新农保的"优惠力度",提高农民参保的经济预期;通过电视、报纸、社区宣传、入户访问等途径,加深农民对新农保政策的认知,增强他们对账户资金安全的信心。农民对政策的信任很大程度上取决于政策宣传与落实的吻合度,尤其是那些能直接看见的福利,如养老金的按时发放、便捷领取、保值增值等。另一方面,运用人性化、现代化管理方式(如线上线下相结合的模式),持卡缴费、领取待遇和查询参保信息等过程变得便捷高效。

二、主要问题

(一) 社保基金地区间运行不平衡问题

我国养老金基金面临巨大压力,就城镇职工基本养老保险来看,受新冠疫情的影响,2020 年当年基金有结余的省(区、市)只有 6 个,收不抵支省(区、市)达到 25 个,比 2019 年增加了 15 个。地区间财政能力差异导致地区间社会保障水平有很大差距,由此

---

① 郑功成.面向 2035 年的中国特色社会保障体系建设——基于目标导向的理论思考与政策建议[J].新华文摘,2021(12):6.

影响劳动力流动。中国社会保险基金由地方政府管理,大多数省(区、市)只在市级或者县级统筹。虽然中央政府制定缴费和受益规则,但实际缴费率在不同地区有所差异。由于不同地区之间的工资水平高低不同,地区间参保人数和待遇领取人数也存在巨大差异。以养老保险为例,在有些省(区、市),人口年龄结构相对较轻,养老保险体系中的职退比(职工人数:退休人数)也就比较高。例如,广东省约有 9 名在职工人赡养 1 名退休人员(见图 10-7)。统计数据显示,北京、福建、山东等东部地区的人口结构也比其

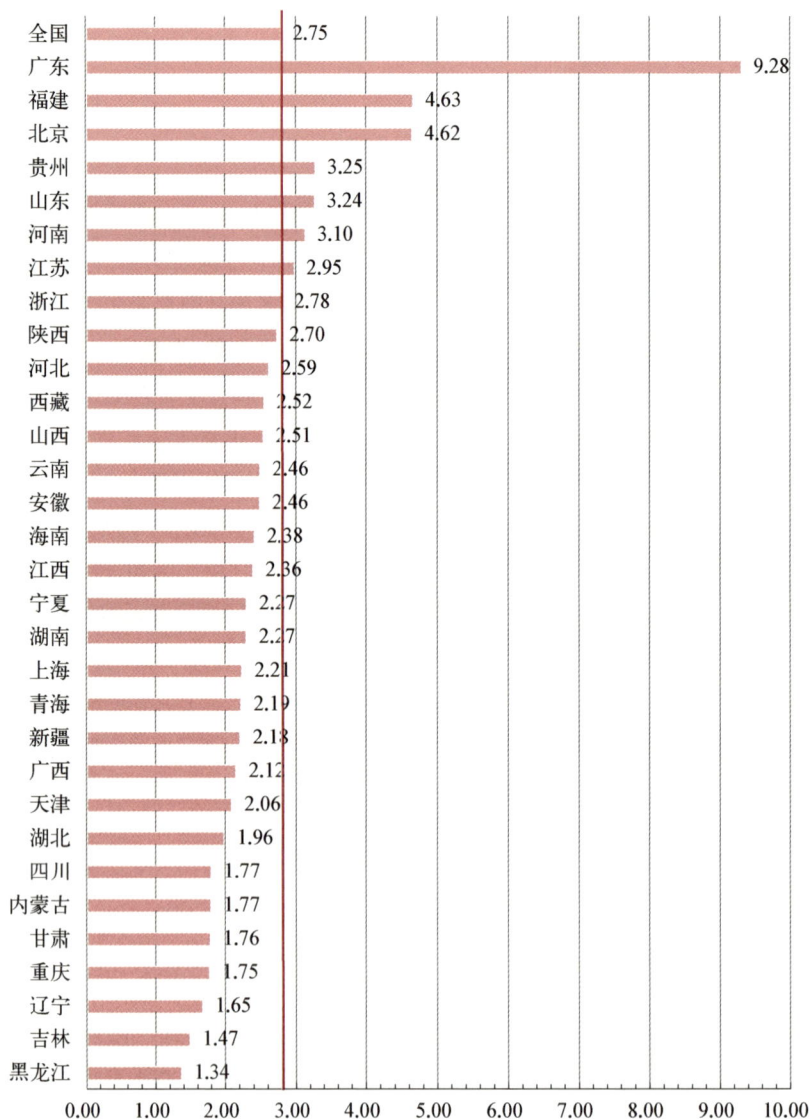

数据来源:人力资源和社会保障部。

图 10-7　不同地区的赡养比率比较(2017 年)

他省(区、市)更为有利。尽管有大量年轻劳动力涌入,但是由于预期寿命延长,上海的人口老龄化仍然处于很高水平。

为缩小各省(区、市)养老保险基金运行的差异,我国于 2018 年 7 月 1 日开始采用中央调剂金制度,并逐年加大企业职工基本养老保险基金中央调剂力度,均衡各省(区、市)之间养老保险基金负担。中央调剂金制度优点在于,在全国层面平衡不同地区人口老龄化差异和工资差异,人口老龄化程度较低的省(区、市)和工资水平较高的省(区、市)给中央上解额大于中央的拨付额,由此补贴人口老龄化程度较高的省(区、市)和工资水平较低的省(区、市)。从未来看,实现中央统筹的养老保险制度是改革的方向。2021 年 12 月 10 日,《国务院办公厅关于印发企业职工基本养老保险全国统筹制度实施方案的通知》明确全国统筹将建立调剂制度。

(二) 社保基金可持续性问题

快速的人口老龄化给基金可持续运行带来巨大挑战,养老保险和医疗保险待遇受益人大多是老年群体。人口老龄化一方面导致缴费人数下降,另一方面带来待遇受益人人数增加,长期看基金有入不敷出的风险。郑秉文教授主编的《中国养老金精算报告2019—2050》预测城镇职工养老保险基金结余将从 2023 年开始下降,到 2028 年当期结余首次出现负数,最终到 2050 年当期结余高达 −11.28 万亿元,若扣除财政补贴,则下降更快,到 2050 年当期结余为 −15.73 万亿元,累计结余到 2035 年耗尽。

随着持续老龄化,财政对城镇职工基本养老保险和城乡居民养老保险的补贴将日益增加。在过去几十年中,城镇职工基本养老保险在总财政支出中的份额保持在 2%,社会保险支出在总财政支出中的份额约为 10%。未来中央和地方财政收入不可避免地成为养老保险体系融资的主要来源之一。

人们越来越担心中国的财政风险,尤其是考虑到近年来地方政府的或有负债[①]。经济增长速度放缓和人口老龄化等这些因素使人们相信维持可观的财政状况的条件将难以满足[②]。中国是新兴市场中公共部门负债最多的国家之一,而且可能超过巴西(这是四大新兴市场中债务占 GDP 比例最高的国家之一)。当经济增长放缓时,或有负债所带来的风险将对财政体系的可持续性构成挑战[③]。

利用国企红利可以为养老基金可持续发展提供长期支撑。从取之于民、用之于民的角度出发,这一建议在学术界已经被讨论多年。2007 年国企开始上缴红利,最初是

---

① 或有负债(contingent liability)是指因过去的交易或事项可能导致未来所发生的事件而产生的潜在负债。一般而言,或有负债的支付与否视未来的不确定事项是否发生而定。

② Kawai M, Morgan P J. Long-Term Issues for Fiscal Sustainability in Emerging Asia[J]. ADBI Working Paper 432, 2013.

③ 如果增长放缓,那么不良贷款和其他负债可能会增加。当它们增加到导致金融危机的程度时,政府可能不得不向金融部门注入资金。

10％、5％和免收三档,从2013年开始国有资本收益上缴公共财政比例有所提高,根据2015年发布的《中共中央 国务院关于深化国有企业改革的指导意见》,国有资本收益上缴公共财政比例2020年要提高到30％,更多用于保障和改善民生。2017年,国有企业的利润总额为28 985.9亿元,其中只有2 110.44亿元(约占净收益的7.28％)以利润和股息红利的资本收益形式上缴至中央和地方政府。我国国有企业上缴利润比例远低于欧美国家的30％～60％,美国国有企业需要上缴50％～60％的红利。丹麦、挪威、芬兰和瑞典的国有企业需要支付上缴33％～67％的红利。

从维护社保基金长期平衡角度出发,划拨国有股权弥补我国养老保险改革中形成的转型成本具有合理性,利用国有资本稳定的股权收益,为社保基金提供稳健的增量筹资。按国务院规定,当前划转比例统一为企业国有股权的10％。今后,结合基本养老保险制度改革及可持续发展要求,若需要进一步划转,再作研究。国有股权划拨社保基金与国企分红相比,对社保基金而言,资金权益更加明确,无须经过财政转拨,因而更受青睐。

延迟退休年龄是促进养老保险基金平衡常用的政策,但需要打消民众疑虑。逐步延迟退休年龄已经被正式写入我国"十四五"规划,遵循"小步调整、弹性实施、分类推进、统筹兼顾"的原则。小步调整意味着延退以每年半岁或更小的步伐进行,对于目前年龄已经接近退休年龄的人而言影响甚微,从各国和地区实践看,将退休年龄延长5岁一般需要经历15～20年的时间(见表10-3)。弹性实施意味着将会打破僵化的退休年龄政策,具体实施时可将"领取养老金的年龄"和"退出就业岗位的年龄"这两个概念区分开,规定一个最低的领取养老金年龄,而实际退休年龄是用人单位和劳动者之间的双向选择,因人而异,体现劳动力市场上的供求关系。选择较早年龄退休的一般是劳动生产率较低的群体,他们退出对社会的损失不大,但却有利于个人和家庭的利益。

表 10-3　典型国家的延迟退休改革

国家	原退休年龄	改革年份	目标退休年龄	改革所需时间
德国	65	2012	67	2012—2023年,退休年龄每年延长一个月;2024—2029年,每年延长两个月
法国	60	2010	62	从2013年开始延长,第一年延长四个月,后面每年延长五个月,到2017年延长至62岁
英国	65(60)	2010	67	2018年女性退休年龄提升至65岁,与男性一致;2020年同时提高男性和女性的退休年龄到66岁;2026—2028年提高到67岁
意大利	65(60)	2011	69.5	最终到2050年完成改革

国家	原退休年龄	改革年份	目标退休年龄	改革所需时间
西班牙	65	2011	67	2013—2027 年的过渡时期内,逐步将退休年龄从 65 岁提高到 67 岁
波兰	65(60)	2012	67	每三个月把退休年龄后延一个月,最终男性在 2020 年完成,女性在 2040 年完成

注：男性数据和女性数据存在差异时,女性数据在括号中。
资料来源：根据经合组织各国报告整理。

(三) 社保制度如何适应新就业形态问题

数字化技术和移动通信技术的不断发展催生了全新的共享经济,出现了网约车司机、快递员、电商、网络主播等一系列新型就业形态。根据《中国共享经济发展年度报告(2018)》,2017 年我国零工经济平台企业员工数约 716 万人,比上年增加 131 万人,占当年城镇新增就业人数的 9.7％。阿里研究院预测 2036 年中国自由职业者的数据可能会达到四亿人。新型就业形态的出现以及快速发展,一方面是因为这种新型的灵活就业形式能够更好地满足新经济业态对劳动力的需求,另一方面也是因为新生代的劳动者成长于一个自由宽松的社会环境下,他们会更加偏好自由的工作和生活方式。然而,快速发展的灵活就业形式也带来了一系列急需解决的问题[①]。新型就业形态打破了正规就业时清晰的劳动雇佣关系,劳动者与雇主之间大多通过互联网平台发生雇佣关系,两者之间可能并未签订正式、稳定的劳动合同,一旦出现劳动纠纷可能无法像正规就业那样依托原有的劳动法律进行解决。此外,灵活就业人员的社会保障问题一直是社会关心的问题。在新型就业形态下,劳动者的就业形式更加多变,原有的灵活就业人员社保政策可能出现难以适用的情况。

如何对灵活就业群体提供适当的劳动保护是今后需要考虑的政策安排。我国在这方面的相关制度还比较缺乏,世界其他国家在这方面也尚未积累经验,国际劳工组织提出以下三个思路可以借鉴。

(1) 建立专门的个人保障账户。一位灵活就业人员可能为多个雇主服务,每个雇主在支付工资的同时,还需要向这位工人的个人账户支付一定比例的报酬。这一账户内的资金可以用于缴纳养老保险、医疗保险、失业保险、工伤保险等保费,使得灵活就业人员参加社保更有保障。

(2) 加强问责,建立帮助接受平台外包工作的工人处理纠纷的机构。这一机构帮助

---

① 封进.劳动关系变化、劳动者需求与社会保险制度改革[J].社会保障评论,2022(5):66-78。

工人和平台运营商进行工资标准协商、提供最低工时数、限制随意变化合同内容等。工人遇到不公正待遇也可通过这个机构投诉。

（3）调整社会保障制度，加强对非标准就业劳动者的保障。政府提供的社会保险项目有一些以就业为条件，也有些以居民身份为条件。有些国家通过采用以税收提供的基本社会保障，避免不同身份的国民在社会保障方面的差异。有些国家在以职业为参加条件和以公民身份为参加条件这两种社会保险项目之间构建相互转移的渠道，以防止灵活就业者在社会保障方面遭受损失。

（四）建立多支柱模式的问题

为应对人口老龄化和就业形态多样化给基金平衡带来的挑战，建立多支柱体系是未来趋势。我国目前已经形成强制性的第一支柱、企业自愿参加的第二支柱和个人自愿参加的第三支柱构成的多支柱模式。但第二支柱长期发展迟缓，第三支柱刚刚起步。第二支柱企业年金参保人只占全国参加城镇职工养老保险人数的 5.71%，主要参与的企业是央企。究其原因：一是大多数企业劳动力成本上升压力较大，加上基本养老保险缴费率较高，企业负担比较重，挤占了企业年金成长空间；二是税收优惠政策力度不够；三是投资收益不确定性较高。第三支柱的发展对于税收优惠和丰富的投资产品提出更高要求，这两方面因素在我国都有很大的改善空间。建设既能保障公平的基本待遇又能体现缴费和投资差异的制度，是完善中国特色社会保障体系的重要方面。

思考题

1. 影响一国社会保障规模的主要因素有哪些？

2. 利用统计年鉴数据，用分省（区、市）的数据考察某一省（区、市）养老保险支出占GDP 比重与老龄化程度的关系，以及养老保险支出占 GDP 比与人均 GDP 之间的关系。

3. 社会保障制度在地区间对劳动力流动会有怎样的影响？社会保障的事权如何在中央和地方政府之间进行分配？

4. 传统的社会保险制度如何适应灵活就业不断增加的趋势？

第11章

小额信贷与非正规金融

  如何走出贫困陷阱是发展中经济体面临的最重要的议题，而金融摩擦是限制发展的重要因素之一。低收入群体一生中面临储蓄、信贷、保险等各类金融需求，却因严重的信息不对称和合约不完全等问题与传统金融机构难以适配。小额信贷和非正规金融机构的出现弥补了这一鸿沟，以其独特的信息优势、灵活的利率机制和多样化的抵押方式帮助低收入群体获得金融支持、跨越贫困陷阱。

  以非正规金融机构格莱珉银行（孟加拉乡村银行）和正规金融机构印度尼西亚人民银行（BRI）为典型代表，全球开展了各类小额信贷实践，但效果各异。中国的小额信贷体系参与机构众多，既吸收了格莱珉模式下非正规金融体系的信息优势，又充分发挥了印度尼西亚人民银行模式下正规金融体系的全局统筹、资金配给作用。中国的小额信贷体系在支持贫困地区的减贫工作和产业发展、改善乡村基层治理等方面发挥了积极作用，活跃了小微企业、"三农"机构等主体的经济活动。

  本章聚焦小额信贷与非正规金融，内容包括以下方面：第一节讨论发展中国家面临的各类摩擦，理论和实践结合说明小额信贷如何缓解金融摩擦；第二节聚焦中国小额信贷体系与非正规金融构架，回顾中国小额信贷体系的发展历程与现状，并对比国际小额信贷模式以回答中国小额信贷模式的特点与优势；第三节结合经济发展新趋势，探究小额信贷发展的新动向，以提供多元化的研究思路和政策视角；第四节提出政策建议。

第一节 小额信贷基本理论

一、发展中国家的金融摩擦

贫困陷阱与金融约束密切相关。早期的开创性实证研究[1]表明受抑制的金融体系会损害经济增长。在实证研究的基础上,经济增长和内生性金融深化理论最初从高昂的双边交易成本或中介成本(如进入正规金融体系的固定成本)[2]、金融中介增加促进资本积累[3]等角度考虑金融结构对经济增长的引致效应。

总体来看,金融具有融资、信息加总和风险分散三大功能。金融发展通过缓解信贷约束,释放企业家精神,推动经济增长[4]。有效的金融市场加总市场信息[5],从而提升资源配置效率。此外,更好的风险分担(保险)金融机制可以提高生产效率,降低经济的波动,促进经济的发展[6]。但发展中国家和地区常面临严重的信息不对称和合约不完全等市场摩擦,引发了储蓄约束(saving constraints)、信贷约束(credit constraints)、保险约束(insurance constraints)等金融约束现象,制约了经济增长,难以跨越贫困陷阱。

(一)储蓄约束

收入不确定性给居民带来冲击,追求效用最大化的居民会通过储蓄跨期配置收入以实现平滑消费的目的[7]。贫困地区的居民收入低且不确定性高,而要想同时提高收入

① Goldsmith R W. Financial Structure and Development[M]//Studies in Comparative Economics. New Haven: Yale University Press, 1969: 561; Shaw E S. Financial Deepening in Economic Development[J]. Journal of Development Economics, 1974, 1(1): 81-84; McKinnon R I. Money and Capital in Economic Development[M]. Washington D. C.: Brookings Institution Press, 1973: 1-199; King R G, Levine R. Finance and Growth: Schumpeter Might Be Right[J]. The Quarterly Journal of Economics, 1993, 108(3): 717-737.

② Townsend R M. Intermediation with Costly Bilateral Exchange[J]. The Review of Economic Studies, 1978, 45 (3): 417-425; Townsend R M. Financial Structure and Economic Activity[J]. The American Economic Review, 1983, 73(5): 895-911; Greenwood J, Jovanovic B. Financial Development, Growth, and the Distribution of Income[J]. Journal of Political Economy, 1990, 98(5, Part 1): 1076-1107.

③ Acemoglu D, Zilibotti F. Was Prometheus Unbound by Chance? Risk, Diversification, and Growth[J]. Journal of Political Economy, 1997, 105(4): 709-751.

④ Banerjee A V. Contracting Constraints, Credit Markets, and Economic Development[J]. Econometric Society Monographs, 2003, 37: 1-46.

⑤ Hayek F A. The Use of Knowledge in Society[J]. The American Economic Review, 1945, 35(4): 519-530.

⑥ Ramey G, Ramey V A. Cross-Country Evidence on the Link Between Volatility and Growth[J]. NBER Working Paper 4959, 1994.

⑦ Aiyagari S R. Uninsured Idiosyncratic Risk and Aggregate Saving[J]. The Quarterly Journal of Economics, 1994, 109(3): 659-684; Carroll C D. Buffer-Stock Saving and the Life Cycle/Permanent Income Hypothesis[J]. The Quarterly Journal of Economics, 1997, 112(1): 1-55; Deaton A S, Paxson C H. The Effects of Economic and Population Growth on National Saving and Inequality[J]. Demography, 1997, 34(1): 97-114.

和降低收入不确定性,对政策制定提出了颇高要求。如果居民可以自由存取剩余资金,则收入的波动对他们的福利并不会造成不利影响,政策的实施也能更有成效。但上述分析基于一个完备的金融市场,而现实的储蓄活动充满摩擦。

在远离传统金融机构的服务范围时,贫困地区的居民可以采用以下方式进行储蓄:(1) 互助会(rotating savings and credit association,ROSCA)[①];(2) 自助小组(self help groups,SHG)[②];(3) 存款收集(deposit collectors or money guards)[③];(4) 生产性资产(productive assets),如牛等家畜。但上述储蓄服务可能是非效率的:采用 ROSCA 进行储蓄资金时,不可随需随取;存款收集不仅收取存储费用,甚至储蓄的实际利率为负[④];生产性资产不可分(indivisible),存取便利性和流动性大打折扣,且面临着折旧的不确定性,如动物生病或被偷。

即便可以获得传统金融机构如银行的储蓄服务,贫困地区的居民也面临着外部约束(external constraints)和内部约束(internal constraints)。外部约束如小额账户管理费、开卡费、交易成本等,会降低贫困者开通银行账户的意愿。许多营利性银行对管理大量小额账户和处理小额交易的成本望而却步,在开发存款服务时选择服务成本与盈利可以匹配的方式,间接地将大量低现金流人群拒之门外。有学者[⑤]与肯尼亚布马拉镇的唯一一家金融机构即当地的村镇银行(也叫作金融服务协会)合作,该村镇银行对存款账户不支付利息,但开通账户和取款均需要支付利息,构成了实际上的负利率。他们收集了包括市场小贩(绝大多数为女性)和自行车出租车司机(均为男性)共计 250 人组成的样本,其中仅有 0.5% 的人开通了银行账户。调查显示,大部分人不开通银行账户的原因是需要支付开卡费和缺乏对该村镇银行及其服务的了解。在他们的实验中,对一半的样本个体减免开卡费形成处理组,发现处理组的银行储蓄金额整体高于对照组,这个结果主要是由女性的银行储蓄金额增加驱动的[⑥];女性的储蓄金额相比男性更高,中位数的储蓄金额可超过男性的两倍;女性的日均投资量显著提高了 10%,投资能力大

---

① 互助会为一群人同意在规定的期限内聚会,以便共同进行储蓄和借贷的活动。互助会在法律上称为合会,是民间一种小额信用贷款的形态,这类集资活动全靠会员之间的信任维系,几乎无法律保障。

② 自助小组是一类非正式的金融中介组织。大多数自助小组存在于印度,南非和东南亚也有一些,一般由 10～25 名年龄在 18～50 岁不等的当地女性组成。她们定期存入小额资金,形成稳定的资金库;如成员有急用,可从中获得贷款,其他成员则可对贷款使用和偿还进行监督。同时,传统金融机构可基于整个小组的集体担保系统,为小组成员提供无抵押品、低利率的贷款服务。

③ 存款收集指上门存款收款服务,该服务定期从客户家中收集资金并存入当地银行,减少了客户去附近的银行网点或 ATM 机进行储蓄活动的非货币成本,但是一般该服务会收取一定费用,在另一方面增加了储蓄的货币成本。

④ Rutherford S. The Poor and Their Money[M]. New Delhi (India):Oxford University Press,2000.

⑤ Dupas P,Robinson J. Savings Constraints and Microenterprise Development:Evidence from a Field Experiment in Kenya[J]. American Economic Journal:Applied Economics,2013,5(1):163-192.

⑥ 同时,女性在动物储蓄和 ROSCA 中的储蓄量并未减少。

幅增强;食物支出和私人支出①分别提高了 13% 和 38%。因此,放松外部约束可以提高低收入人群的储蓄意愿,帮助他们更好地利用资金,增加投资和消费,提高社会福利。但实验显示,尽管在处理组中有一些个体会经常使用存款账户,但是大部分几乎未曾使用过银行的服务,即在外部约束之外仍然存在其他的内部约束阻碍了低收入人群使用银行的存款服务。

内部约束表现为多种形式。首先,存在现时偏向型偏好(present-biased preference)②,如上述实验样本中的女性现时的耐心程度比未来更低,会迫不及待地消费掉手中持有的现金③。其次,她们可能面临着更多来自亲戚、邻居④和丈夫⑤不时的借款需求,因而选择保留现金以应对社会关系的压力。再次,金融知识(financial literacy)的匮乏和信息流通阻滞导致低收入群体不了解存款的复利概念,不知如何使用金融机构的存款服务。最后,勉强达到生存水平的低收入人群很难削减消费支出,留存更多资金进行储蓄。

(二) 信贷约束

在上述储蓄限制下,居民可以求助信贷市场和保险市场以达到抵抗风险、在资金短缺时获得融资的目的。但低收入人群的小额信贷需求在传统信贷市场四处碰壁,面临着借贷利率高、可获得的贷款量过低甚至为零的市场"歧视"。

1. 低收入地区信贷市场的基本特征

低收入地区的借贷市场有着明显的特征,具体体现为:地区内储蓄利率和借贷利率之间存在巨大的差值;借贷利率的方差高;违约率较低;借贷的原因主要是为了生产和交易融资;相对富有的人可以借到更多的贷款并支付更低的利率,而穷人甚至不能从正规金融机构中获得贷款;等等。有研究分析巴基斯坦的某一农村信贷市场中 14 名非机构贷款人的数据⑥,得出的特征事实展示了低收入地区借贷市场现状的缩影:平均借贷利率为 78.5%;借款人的平均资金成本为 32.5%;同期平均银行贷款利率为

---

① 私人支出包括餐厅用餐、汽水、酒精、香烟、衣物、发型和娱乐费用。

② 奥多诺格和拉宾提出的现时偏向型偏好(present-biased preference)理论试图通过偏好的变化来解释成瘾性行为,他们引入了准双曲线型贴现率以代替不变的贴现率,这使得消费者的偏好具有动态不稳定性,而且表现出一种现时偏向,即在任一决策时期 t,t 和 $t+1$ 期之间的贴现率比 $t+k$ 和 $t+k+1$ 期之间的贴现率要高。

③ Laibson D. Golden Eggs and Hyperbolic Discounting[J]. Quarterly Journal of Economics, 1997, 112 (2): 443-477; Gul F, Pesendorfer W. Temptation and Self-Control[J]. Econometrica, 2001, 69 (6): 1403-1435; Gul F, Pesendorfer W. Self-Control and the Theory of Consumption[J]. Econo-metrica, 2004, 72 (1): 119-58.

④ Platteau J. Egalitarian Norms and Economic Growth [M]//Institutions, Social Norms and Economic Development. Amsterdam: Har-wood Academic Publishers, 2000: 189-240.

⑤ Ashraf N. Spousal Control and Intra-Household Decision Making: An Experimental Study in the Philippines[J]. American Economic Review, 2009, 99 (4): 1245-1277.

⑥ Aleem I. Imperfect Information, Screening, and the Costs of Informal Lending: A Study of a Rural Credit Market in Pakistan[J]. The World Bank Economic Review, 1990, 4(3): 329-349.

10%；借贷利率的标准差为 38.1%（意味着 2% 和 150% 的借贷利率分别对应着 5% 和 95% 的分位数）；对单个贷款人而言，违约率的中位数在 1.5%～2%，最高可达 10%。这些典型特征与信贷市场的摩擦息息相关。在缺乏有效的信息和合同执行法律体系下，贷款机构审核和监督的成本增加，为了覆盖监督的固定成本，借款人会对低收入群体收取较高的利息；尤其是对低收入地区的非正规金融机构而言，资本成本高，贷款规模小，进一步推高了利率。低收入群体要偿还的更多，违约的动机更强，导致能获得的贷款量更低，更难覆盖固定监督成本，形成恶性循环。可见，借款人财富值的些许变动可能会对借贷利率产生较大影响。

2. 金融摩擦来源

低收入人群借贷难的问题根本源于市场的金融摩擦，主要可体现在以下几个方面。

首先，信息不对称降低了贷款人的贷款意愿。贫困地区信息传递不畅，居民零星分散，增加了金融机构收集信息的成本；居民信用足迹少，可供金融机构参考的信贷数据不足，贸然放贷只会面临信贷风险。信息不对称引致的道德风险和逆向选择问题直接增大了违约概率，降低了贷款人对整体低收入人群的贷款意愿，从而给真正需要融资且愿意偿还贷款的资金需求者的融资造成了巨大的障碍。道德风险的起因有多种：借款人在项目选择上不会积极选择有更高收益率的项目[1]；类似地，高利率会带来债务挤压（debt overhang）问题，借款人在未来好状态下的收益率下降，因而会降低努力程度[2]；在有限责任制下，过重的债务负担使主动违约（voluntary default）的吸引力增大[3]。逆向选择指高贷款利率会打击准备偿还债务的借款人的借款积极性，而助长具有较低的违约成本且并不准备偿债的借款人借款的动力。有学者在实践上识别了特定信贷市场失灵的存在以及逆向选择和道德风险的严重程度，并在南非进行了巧妙的实验设计，利用消费信贷数据将逆向选择和道德风险对还款的影响区分开来。研究结果发现大约 20% 的违约是信息不对称造成的，这有助于解释即使在专门为高风险融资的市场中，信贷限制仍具有普遍性[4]。

其次，合约不完全降低了借贷合同的效力。债务合同的执行需要法律保障，事后法律对拖欠债务行为的执行力度会影响事前贷款人的放贷意愿。此外，合同的不完备，对

① Stiglitz J E，Weiss A. Credit Rationing in Markets with Imperfect Information[J]. The American Economic Review，1981，71(3)：393-410.

② Ghosh P，Mookherjee D，Ray D. Credit Rationing in Developing Countries：An Overview of the Theory[M]// Readings in the Theory of Economic Development. New York：Blackwell Publishers，2001：383-401.

③ Eaton J，Gersovitz M. Debt with Potential Repudiation：Theoretical and Empirical Analysis[J]. Review of Economic Studies，1981，48(2)：289-309；Ghosh P，Ray D. Information and Enforcement in Informal Credit Markets[J]. Economica，2016，83(329)：59-90.

④ Karlan D，Zinman J. Observing Unobservables：Identifying Information Asymmetries with a Consumer Credit Field Experiment[J]. Econometrica，2009，77(6)：1993-2008.

可能发生的各种情况下债务合同的执行规定不清,易增加借贷双方纠纷的可能性,给贷款人带来麻烦。在法律制度不完善的发展中国家、贫困地区,借贷合同效力更低,尤其不能保障贷款人的利益,贷款人的事后利益受损的可能性更高,贷款人更不愿意放贷。

再次,缺乏抵押品增大了低收入人群的借款难度。低收入人群收入大部分用于维持日常生活水平,资产也几乎仅限于存款以及流动性差的牲口等。即便拥有住房与土地,也因政策限制或产权不明晰等问题而无法利用这些"沉睡的资本"进行抵押。缺乏合格、优质的抵押品会增加信贷风险,从而提高贷款人要求的信贷利率,甚至直接将贷款需求拒之门外。

最后,风险高度相关加剧了低收入人群的脆弱性。低收入人群的收入来源更不稳定,承受外界冲击的能力更弱,即便面临少数风险,也很容易陷入偿债困境。同时,低收入地区的产业结构单一,劳动人口的劳动力技能相似,家庭的收入支出结构趋同且缺乏金融意识或没有能力购买保险来对冲风险,导致同一地区低收入人群的风险高度相关;危机发生时,他们无法通过社会关系求助他人,甚至出现危机的传导效应,这进一步加剧了低收入人群的脆弱性。对服务于特定地区的贷款人而言,一旦该地区受某一外界冲击,所有借款人的违约风险同时增加,则利用大样本实现风险分散的策略失效。例如,一个地区的所有农村家庭容易同时受到影响农业收入的不利天气事件的影响;城市家庭可能更容易同时受到会导致就业机会损失或通货膨胀的宏观经济冲击的影响。

另外,利率上限等政策直接外生地限制了贷款人覆盖贷款成本的能力。虽然信贷过程中的信息不对称摩擦难以避免,但目前鲜有证据说明高利率会加剧道德风险和逆向选择问题。低收入人群在有很好的投资机会时,可观的资本回报足以偿付高利率;此外,在特定情况下,他们愿意承担高利率并有较低的违约率。斯里兰卡的小微企业信贷数据显示,企业资本回报的收益率大概是每个月 5.7%,远高于城市地区的月度利率[①]。采用南非面向贫穷工人的小额信贷数据,发现在一定限度内,客户对利率并不敏感,将利率从当前水平降低 1% 将增加 0.3% 的信贷要求[②]。

因此,给高风险人群匹配高利率是贷款人实现收益、持续服务资金需求者的最优解。但在贷款利率上限的政策背景下,若没有政府补助,贷款人无法覆盖对高风险人群的监督成本和预期损失,因而选择退出这部分信贷市场。原本意图保护借款人、控制融资利率的政策却直接将大部分金融机构排除在外,挤出了资金供给端,加大了低

---

① De Mel S, McKenzie D, Woodruff C. Returns to Capital in Microenterprises: Evidence from a Field Experiment [J]. The Quarterly Journal of Economics, 2008, 123(4): 1329-1372.

② Karlan D S, Zinman J. Credit Elasticities in Less-Developed Economies: Implications for Microfinance[J]. American Economic Review, 2008, 98(3): 1040-1068.

收入人群的借款难度。

(三) 保险约束

即使信贷市场运转良好,若没有适当的保险抵御收入波动,个人可能也不愿意投资于任何风险活动[1]。此类风险规避行为会导致投资效率低下,而保险可以中和风险从而提高投资效率[2]。

在完全保险(full insurance)的情形下,任何对居民的预期外冲击都会在整个社会中被分散[3]。但大量文献调查了发展中国家农村地区的保险情况,均发现了部分保险(partial insurance)的特征。印度四个农村地区的居民消费与该地区的平均消费水平同向变动,但控制住地区平均消费影响(地区层面风险)后,他们的消费受暂时性收入、疾病、失业或其他异质性冲击影响较小,体现了非完全保险的特征[4]。家庭对不同冲击的保险效果也具有异质性,如对健康风险的保险程度较低[5]。除了利用储蓄和借贷进行自我保险(self-insurance),消费总体比收入更加平滑的部分保险现象还源自非正式的社会网络带来的人际转移支付效应[6],如婚姻可以作为风险分担网络的一部分。在印度严格的种姓制度背景下,婚姻通常只发生在种姓内部,由此结婚妇女大量在农村之间迁徙。对于因天气原因而出现收入短缺的家庭来说,印度的非居民姻亲是收入转移的主要来源:婚姻和移民在很大程度上降低了家庭食物消费的可变性,受可变利润影响较大的农户往往会选择远距离婚姻和移民[7]。

不完全保险状态下居民依旧承受着受冲击的风险,但长期以来正规保险机构很难

---

[1] Banerjee A V, Duflo E. Growth Theory Through the Lens of Development Economics[M]//Handbook of Economic Growth. Amsterdam: Elsevier, 2005: 473-552.

[2] Stiglitz J E. The Effects of Income, Wealth, and Capital Gains Taxation on Risk-Taking[J]. Quantity Journal of Economics, 1969, 83(2): 263-283; Kanbur S M. Of Risk Taking and the Personal Distribution of Income[J]. Journal of Political Economy, 1979, 87(4): 769-797; Kihlstrom R E, Laffont J J. A General Equilibrium Entrepreneurial Theory of Firm Formation Based on Risk Aversion[J]. Journal of Political Economy, 1979, 87(4): 719-748; Banerjee A V, Newman A F. Risk-Bearing and the Theory of Income Distribution[J]. The Review of Economic Studies, 1991, 58(2): 211-235; Newman A F. Risk-Bearing and Entrepreneurship[J]. Journal of Economic Theory, 2007, 137(1): 11-26.

[3] Diamond P A. The Role of a Stock Market in a General Equilibrium Model with Technological Uncertainty[J]. The American Economic Review, 1967, 57(4): 759-776; Wilson R. The Theory of Syndicates[J]. Econometrica: Journal of the Econometric Society, 1968: 119-132.

[4] Townsend R M. Risk and Insurance in Village India[J]. Econometrica, 1994, 62(3): 539-591.

[5] Fafchamps M, Lund S. Risk-Sharing Networks in Rural Philippines[J]. Journal of Development Economics, 2003, 71(2): 261-287; Gertler P, Gruber J. Insuring Consumption against Illness[J]. American Economic Review, 2002, 92(1): 51-70.

[6] Cox D, Jimenez E. Achieving Social Objectives Through Private Transfers: A Review[J]. The World Bank Research Observer, 1990, 5(2): 205-218.

[7] Rosenzweig M R, Stark O. Consumption Smoothing, Migration, and Marriage: Evidence from Rural India[J]. Journal of Political Economy, 1989, 97(4): 905-926.

介入低收入地区保险市场,这与合约不完全和信息不对称有密切关联。其一,金融机构的保险业务开展有道德风险,因为居民的事后努力(ex-post effort)不能被观测到,无法对努力程度建立合同可能会诱发居民采取蓄意减少收入的行为①。其二,有限承诺(limited commitment)合同设计下,事后不能保证居民依旧会采纳这一保险安排,缺乏长期、动态的合同激励②。例如,事后居民接收到自己的收入信息后,倘若自我保险可以提供更优的安排,那么居民可能会退出这一保险体系。其三,收入信息不对称或收入不可被观测情况下,若居民通过隐藏信息获得额外的利益,这一约束会挤出完全保险的可能性③。此外,除了上述内生约束,正规保险也因部分外生制度规定而降低了对低收入人群的吸引力。例如,有学者认为正规保险和非正规保险的一个重要区别在于前者通常要求首先支付一次清偿权利金(upfront premium payment),才会在之后进行给付,这迫使居民放弃当期的消费,因此可以解释部分低收入群体对保险的低需求④。

保险群体被定义为农村或低收入地区,给保险业务的开展也带来了更大的挑战。这些地区的人群通常具有相似的风险偏好,受相关的偏好冲击(如节庆日、婚礼事件),不同个体间的消费和收入都高度相关;地区经济相对脆弱,总体风险高;群体规模太小,导致个体异质性风险不能被充分化解。因此,保险的核心思想(利用大数定律分散风险)在实践中遭遇挫折。

除了我们上述提及的储蓄、借贷服务,低收入人群的金融服务需求还有很多,以便在不同的时间点解决不同类型的财务问题,一般与生命周期事件、紧急需求及投资机会三类主要活动密切相关⑤(见图11-1)。金融约束严重制约了这些金融服务的可得性,经济增长平白损失了消费的内需、投资带来的增长机会的驱动力。小额信贷应运而生,其存在由经济内生的需求决定,根本目的是缓解上述金融约束。

---

① Rogerson W P. Repeated Moral Hazard[J]. Econometrica, 1985, 53(1): 69-76; Phelan C, Townsend R M. Computing Multi-Period, Information-Constrained Optima[J]. The Review of Economic Studies, 1991, 58(5): 853-881; Phelan C. On the Long Run Implications of Repeated Moral Hazard[J]. Journal of Economic Theory, 1998, 79(2): 174-191.

② Coate S, Ravallion M. Reciprocity without Commitment: Characterization and Performance of Informal Insurance Arrangements[J]. Journal of Development Economics, 1993, 40(1): 1-24; Kocherlakota N R. Implications of Efficient Risk Sharing Without Commitment[J]. The Review of Economic Studies, 1996, 63(4): 595-609; Ligon E, Thomas J P, Worrall T. Informal Insurance Arrangements with Limited Commitment: Theory and Evidence from Village Economies[J]. The Review of Economic Studies, 2002, 69(1): 209-244.

③ Townsend R M. Optimal Multiperiod Contracts and the Gain from Enduring Relationships Under Private Information[J]. Journal of Political Economy, 1982, 90(6): 1166-1186; Thomas J, Worrall T. Income Fluctuation and Asymmetric Information: An Example of a Repeated Principal-Agent Problem[J]. Journal of Economic Theory, 1990, 51(2): 367-390.

④ Casaburi L, Willis J. Time Versus State in Insurance: Experimental Evidence from Contract Farming in Kenya[J]. American Economic Review, 2018, 108(12): 3778-3813.

⑤ Rutherford S. The Poor and Their Money[M]. New Delhi (India): Oxford University Press, 2000: 1-121.

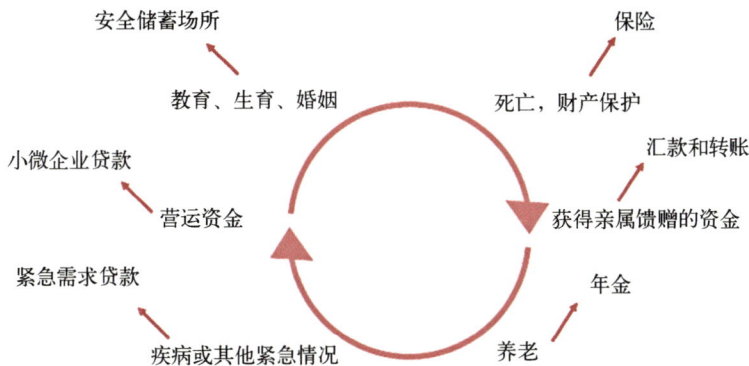

资料来源：Wright G A N. Understanding and Assessing the Demand for Microfinance[C]. Expanding Access to Microfinance: Challenges and Actors, Paris, MicroSave Africa, 2005.

图 11-1 低收入群体生命周期中对多样化金融服务的需求

二、小额信贷缓解金融约束

(一) 小额信贷起源

小额信贷正式诞生于 20 世纪 70 年代，当时孟加拉国、巴西和其他一些国家的项目开始向贫穷的女企业家提供贷款。早期的小额信贷基于团结集体借贷（solidarity group lending），一个集体的每个成员都需要为所有成员的还款做担保，如孟加拉国的格莱珉银行，拉美的行动国际（ACCION International）以及印度的自雇妇女协会（Self Employed Women's Association，SEWA）银行。其中，至今都仍被复制、最经典的小额信贷实践当属非正规金融机构代表模式格莱珉银行和正规金融机构代表模式印度尼西亚人民银行。

20 世纪 70 年代，穆罕默德·尤努斯在孟加拉国创办了孟加拉乡村银行即格莱珉银行，格莱珉小额信贷模式（见表 11-1）开始逐步形成；创始人尤努斯也因此获得 2006 年诺贝尔和平奖。截至 2015 年，格莱珉银行已经有 1 277 个分行，遍及孟加拉国 46 620 个村庄，使 58％的借款人及其家庭成功脱离贫困线，借款人中有 96％是农村妇女，还款率高达 98.89％，已经有持续 30 年盈利记录。

表 11-1 格莱珉小额信贷模式

格莱珉模式	
组织形式	非政府组织（非正规金融机构）
服务对象	针对农村贫困人口，尤其是妇女
项目用途	仅用于资助生产性项目，特别是非粮食生产的各类小型生产项目

格莱珉模式	
担保形式	提供无抵押、短期的小额信贷；但要求借款者 6～8 人组成"团结小组"，相互监督贷款的偿还情况，实行连带责任制
服务内容	只提供贷款和强制储蓄服务
监督机制	每周或每月进行一次"中心会议"公开发放和偿付贷款，检查贷款落实和资金使用情况，保证整个过程透明公正
还款方式	从贷款人得到贷款的下周起，每周还贷一次，贷款期一般为一年，每周还款额为总贷款本息的 2％
具体贷款操作	贷款的发放以小组为单位，一般按照"二二一"的顺序，先贷给最贫困的两个组员，观察两周后再贷给另外两名组员，最后贷给小组组长

与格莱珉模式不同，印度尼西亚人民银行完全遵循商业化原则运营（见表 11-2）。印度尼西亚经济传统上更多地依赖银行业投资推动发展，与我国的金融结构存在相似之处。政府积极支持小额信贷的发展，鼓励不同层次小额信贷项目的建立、发展，但正规金额信贷机构始终占据领导地位。如何在解决农民贷款难问题的同时保证商业经营可持续，印度尼西亚人民银行对我国农村正规金融机构开展小额信贷业务具有重要的借鉴意义。

表 11-2　印度尼西亚人民银行小额信贷模式

印度尼西亚人民银行模式	
组织形式	政府组织（正规金融机构）
服务对象	全国农村的中低收入人口，包括小型企业主和个体经营户（含农户）以及具有固定收入的个人
项目用途	主要用于能够产生收益的生产经营活动以及建房、子女教育活动，但不鼓励用于婚、丧、治病等用途
机构设立	总行下属的每一个村银行都是一个独立的运营单元和利润中心，被充分授权，村银行可以根据当地情况自主决定贷款额度、担保方式等
担保形式	一般要求不低于贷款等额的担保
激励机制	鼓励存款和还贷，存款越多利率越高，对按时还贷者实行奖励；高工资、福利水平与业绩挂钩
监管模式	严格监管，定期汇报情况和轮换监管员

印度尼西亚人民银行模式	
服务内容	吸收资源存款,并以商业利率提供各类贷款
运营特点	高效运营,缩短贷款审批时间,提升信贷员的工作效率
还款方式	分为按月、季、半年等三种还款方式,其中按月还款方式最受欢迎:银行可以及时掌握借款者的经营活动信息,借款者可以减轻还款压力
具体贷款操作	经贷款申请前调查后,贷款者提供用于贷款申请的个人基本信息以及贷款历史记录、项目目的等信息,信贷员实地调查了解贷款人的资信情况,村银行经理进行贷款审批

专栏 11-1

小额信贷发展和特点

20 世纪 80 年代,世界各地的小额信贷项目不断改进和创新。人们意识到穷人还款的可靠性以及支付较高利率的意愿,从而小额信贷机构足以覆盖成本而维持经营活动并盈利。因其可以接触到大量贫困客户而又不受政府和捐助机构资金的缺乏和不确定性的限制,小额信贷机构可以成功地吸引存款、商业贷款和投资资本。20 世纪 90 年代,国际发展机构和网络普及推动了小额信贷作为减贫战略的热度。小额信贷在许多国家蓬勃发展,但小额信贷收益集中在城市和人口稠密的农村地区。

20 世纪 90 年代初期,“小额信贷”一词被“小微金融”取代,这与小额信贷的功能从最初的小额贷款(microloan)功能逐步向保险、汇款等功能拓宽的发展进程是契合的。

为了接触更多的贫困客户,小额信贷机构及其网络越来越追求商业化策略,意图转变为可以吸引更多资本并持久生存的营利性机构,并强调创建和发展成为“强”而“大”的机构而非为特定群体提供信贷成为近来小额信贷机构的核心规划。与此同时,传统小额信贷和更大的金融体系之间的界限开始模糊不清,更大金融体系的整合正在进行。许多专门的小额信贷机构在基层开展工作,并继续扩大规模,而商业银行和其他正规金融机构越来越多地转向低端市场,以接触更多更贫困和更偏远地区的客户。

从其发展历史、信贷实践中可以看出,小额信贷区别于传统商业信贷的特点有:以低收入人群或小微企业为贷款对象(见图 11-2);贷款目的通常为生产所需;贷款额度小、期限短,贷款额度的绝对量虽然偏低,但相对低收入人群的收入而言很高,期限通常为三个月到一年,采取分期还款方式;利率一般高于传统商业贷款,体现了低收入人群的高风险和贷款人的高资金成本；一般为信用贷款或基于连带担保责任制的团体信用贷款。

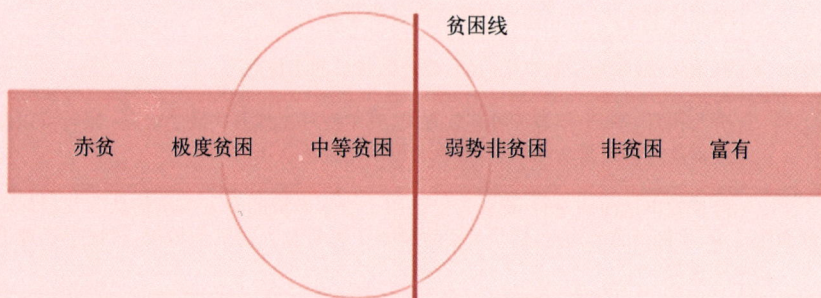

资料来源：Cohen M. The Impact of Microfinance[R]. The World Bank，2003.

图 11-2　小额信贷客户的贫困程度分布

（二）非正规金融机构参与小额信贷的优势

1. 非正规金融机构的优势

金融机构①的正规（正式）程度取决于组织结构和治理的复杂程度，以及政府的监督程度，高度非正规的金融机构有更简单的组织结构且不受政府实体的监督（见图 11-3）。

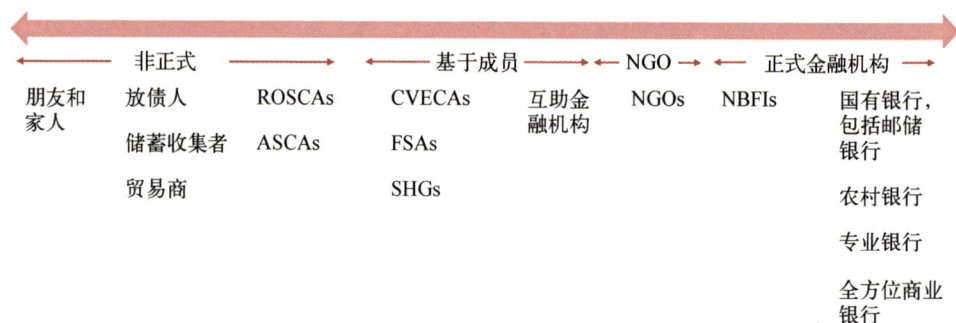

注：ROSCAs＝互助会(rotating savings and credit associations)；ASACs＝积累储蓄和信贷协会(accumulating savings and credit associations)；CVECAS＝互助储蓄和信贷合作社(Caisses Villageoise d'Épargne et de Crédit Autogérées)；FSAs＝金融服务协会(financial service associations)；SHGs＝自助小组(self-help groups)；NGO＝非政府组织(nongovernment organizations)；NBFI＝非银行金融机构(nonbank financial institutions)。

资料来源：Helms B. Access for All: Building Inclusive Financial Systems[R]. World Bank Publications，2006.

图 11-3　金融服务提供者范围

在普惠金融体系中，需要多种金融服务提供者来满足低收入人群的多样化需求，正规金融机构和非正规金融机构共同构成了小额信贷的资金支持端。相较于正规金融机构，非正规金融机构具有灵活、便捷、小规模等特点，在信息采集、运作机制上有自身独

---

① 这里金融机构的含义更为广泛，包括从事贷款活动的个人、团体或组织等。

特的优势,更适合向居民和中小企业提供零星、小额贷款。

其一,非正规金融机构具备信息优势。非正规金融机构往往具有很强的地域性,深入正规金融机构触及不到的低收入地区,使其比正规金融机构更能发现和利用"局部知识"[①]。资金出借者对借款人的经济状况、道德水平、资信状况、生产活动、还款能力、社会关系等了如指掌,在有限区域内的跟踪管理成本也并不高。与缺乏有效的信息采集机制的正规金融机构相比,非正规金融机构减少了交易成本,降低了风险,提高了资金的配置效率[②]。此外,在低收入地区,非正规金融机构的同业竞争更少,借款人往往和当地的特定一家非正规金融机构保持长期信贷关系,因而非正规金融机构有关借款人的信息更加完备。

其二,非正规金融机构有灵活的利率机制,不受利率上限的制约。与低收入群体的高风险相匹配,非正规金融机构可以收取较高的利息以覆盖资金成本、监督运用成本以及预期违约损失,在此基础上还能获得可观的收益,因而放贷积极性增加。

其三,非正规金融机构允许多样化的抵押方式,放松了低收入人群的信贷约束。相比正规金融机构对抵押品有严格的审查标准,并需要根据其优先权(priority)、持久性(durability)、一般性(universality)、可兑换性(convertibility)确定最后的折扣率(discount rate)和贷款利率,非正规金融机构探索了更多特殊的抵押机制,进行了有别于正规金融机构的制度创新。例如,团体贷款(group lending)是一类以社会资本和声誉机制(social capital)[③]作为抵押品的借贷机制,允许一个团体(solidarity group)通过集体还款承诺提供抵押品或贷款担保。偿还贷款的动机是基于同伴的压力,如果一个组员违约,则其他组员补足还款额。在防止自身过度暴露在风险中的基础上,又保证了小额信贷机构可以服务低收入人群。

但非正规金融机构进行小额信贷,也不可避免地有其内生的缺陷。非正规金融机构的区域性是一把双刃剑,在提供了信息采集的优势的同时,也限制了非正规金融机构的规模化、跨区域发展。超过特定范围,非正规金融机构的信息采集成本和交易成本成倍增加,甚至不具备可操作性。非正规金融机构资金来源单一,通常由贷款人的自筹资金、政府补贴和捐助组成,规模有限且资金不稳定。

与之相对应,正规金融机构开展小额信贷也有其独特的优势:资金实力更加雄厚,贷款的直接成本和间接成本较低;有一套较为完整的信用评级制度;组织制度完善,经营管理素质较高,业务处理有严格的风险控制程序,因此在提供大额和长期的贷款方面更能体现其优势[④]。

---

① Hayek F A. Economics and Knowledge[J]. Economica, New Series, 1937, 4(13): 33-54; Hayek F A. The Use of Knowledge in Society[J]. American Economic Review, 1945, 35(4): 519-930.

② 崔慧霞. 农村民间金融的绩效分析[J]. 中央财经大学学报, 2005(5): 39-43.

③ "social capital"的定义为"features of social organization, such as trust, norms and networks that can improve the efficiency of society by facilitating coordinated actions"。Putnam R. Making Democracy Work: Civic Traditions in Modern Italy[M]. Princeton, NJ: Princeton University Press, 1993.

④ 陈倞. 非正规金融机构小额信贷的发展研究[D]. 复旦大学, 2011.

2. 正规与非正规金融机构的"垂直连接"

尽管正规金融机构和非正规金融机构各有所长,适合在不同的信贷市场发展,但一个有效率的资金市场绝非要把二者割裂开来。相反,打通二者之间的通道,分层次地整合小额信贷的金融市场,建立发展更完整的金融链接,才能真正盘活资金,发挥金融市场的资源配置功能。

正规金融机构和非正规金融机构之间存在两类关系:"水平关系"和"垂直关系"①。"水平关系"指二者在信贷市场上就资金供给直接展开竞争,贷款人在正规金融机构中不能被满足的信贷需求由非正规金融机构进行补充,这一点在低收入地区的贷款市场中体现得尤为明显。垂直关系指正规金融机构利用其资金规模、成本优势,将闲置资金以低利率贷放给非正规金融机构,再由与市场更贴近、具有信息优势的非正规金融机构以高利率贷给高风险人群。这样,正规金融机构在低风险下盘活了资金,非正规金融机构缓解了资金短缺、融资成本高的困境,借款人的资金需求得到满足,实现了三方的共赢。处于这种关系下的正规金融机构和非正规金融机构结合各自的优势,提高了金融市场的效率,增加了总的信贷供给量,整体社会福利得到提升。

(三) 小额信贷影响机制

小额信贷填补了低收入地区金融服务的空白,在更透明的信息渠道、更灵活的担保品机制下通过缓解储蓄和信贷约束以及降低收入不确定性,充分地释放了当地经济活力。

首先,面临收入不确定性、有投资需求但存在借贷约束的家庭,会改变他们的消费决策和储蓄或投资决策。

小额信贷释放了面临现有消费约束的家庭的消费需求;同时预期未来会借款消费的家庭现在可以提前消费,如将一些耐用品消费提前。消费的结构也会发生变化:消费对收入的弹性更高的商品或跨期事项(如维修服务)等对信贷的反应更为强烈。比如,有研究分析"百万泰铢村基金项目"的实行结果发现,谷物、烟草、礼仪和教育支出依旧稳定,但信贷会增加对房屋、汽车违约、汽油、肉类、乳制品和酒精的支出②。

在小额信贷项目实施前,低收入家庭用低收益但高流动性的储蓄抵抗收入风险,而无法投资于前期需要大量现金流投入的高收益但低流动性的项目。小额信贷项目引入后,家庭可以借债投资,因而项目前期储蓄水平可能会下降;但随着项目实现收益、家庭收入增加,储蓄水平可能逐渐回升,甚至超过原有水平。同时,资产的组成也会发生变化:小额信贷的干预会使低收益高流动性资产的占比下降,而高收益低流动性的资产占比会上升。

---

① Sagrario F M, Ray D. Vertical Links between Formal and Informal Financial Institutions [J]. Review of Development Economics,1997,1(1):34-56.

② Kaboski J P, Townsend R M. The Impact of Credit on Village Economies [J]. American Economic Journal: Applied Economics,2012,4(2):98-133.

其次，从宏观均衡的角度看，小额信贷对企业家精神、劳动力市场、经济增长、社会福利等有一定的影响。

小额信贷项目会倾向于对具有好的投资项目但苦于没有融资渠道的穷人进行放贷，尤其是在低收入地区，获得信贷的机会更少、在劳动力市场上也处于劣势的女性通常被认为可以有更高的企业家精神回报，格莱珉银行的成功和后继者争相的复制就是很好的实例。

小额信贷充分地释放企业家精神后，更多成功的项目和扩大规模、发展更好的企业会增加对工人的需求，工人的工资随之上升。但不同生产部门的工资受到的影响不一，一般非农业部门、不可贸易部门的工资受影响更大。家庭的总体收入增加，且收入的结构会因不同部门受到影响不同而发生改变：商业和市场化的劳动收入占比会增加，农业（一般指谷物）收入占比下降。

在小额信贷的推动下，整个经济变得更为活跃。从供给端看：一方面，信贷宽松使得扩大规模、增加生产率更高的要素投资成为可能；另一方面，上涨的工资会抵消上述部分收益。从需求端看，居民的消费限制得到放松，会增加对于产品的需求，但这一效应主要体现在非农业部门和不可贸易部门。因此，对于农业部门和可贸易部门，产出的增加与否并不确定。小额信贷还具有再分配效应：放松低收入人群的金融约束，有利于充分发挥穷人的企业家精神、提供更多的就业机会，帮助创收以减少收入不平等现象，社会整体福利上升。

最后，小额信贷对其他信贷市场的影响取决于小额信贷是否帮助无法获取银行等正规金融机构的信贷服务的穷人融资从而促进普惠金融，还是在没有改变整体信贷可得程度的情况下降低了信贷的成本。在前一种情况下，小额信贷并没有挤出其他信贷市场的信贷供给，反而帮助穷人提高收入、改善生活水平，提高穷人的偿债能力，缓解其在其他信贷市场的融资约束。例如，泰国的村镇银行小额信贷项目促进了农业和农业信用合作社银行（Bank for Agriculture and Agricultural Cooperatives，BAAC）的信贷，甚至超过了项目本身的信贷增量[①]。

从整个宏观均衡角度考虑，在预防性的储蓄模型中加入了低收入地区的特征（短期借贷限制、违约和再谈判）以及投资于不可分、非流动但是高收益的项目，并用变化的收入增长来体现消费者跨期配置收入、预防冲击的需求[②]。该模型成功地预测了家庭消费会随信贷的注入而增加，但同时小额信贷干预的平均成本效益可能会因家庭的利息负担增加而大打折扣，甚至不如直接的转移支付计划；这为实际小额信贷项目实践的效果评价提供了理论参考。

---

① Kaboski J P, Townsend R M. The Impact of Credit on Village Economies[J]. American Economic Journal：Applied Economics，2012，4(2)：98-133.

② Kaboski J P, Townsend R M. A Structural Evaluation of a Large-Scale Quasi-Experimental Microfinance Initiative[J]. Econometrica，2011，79(5)：1357-1406.

三、小额信贷实践效果

（一）世界其他地区小额信贷项目实践效果

尽管小额信贷的想法和愿景背靠经济学理论基础，并在世界各地依国情不断调整具体模式，但小额信贷作为经济助推器的实证证据并不十分统一。2005—2010 年 7 个有关小额信贷的随机对照实验显示（见表 11-3），小额信贷对于企业投资和利润、家庭收入和消费以及社会福利等的影响并不完全符合预期。有研究于 2009 年在墨西哥索诺拉州进行了一个大规模的分组随机实验，工作人员在实验组地区进行上门贷款推介，增加了当地家庭获得团体贷款的机会。最终家庭调查数据的结果显示，实验组家庭的企业规模扩大，接受的政府援助减少，童工变少而儿童入学率增加，但是资产和享乐消费出现显著下降[1]。这可能是因为上述分析忽略了异质借款人的现实基准，而主观地假定穷人是"生来的企业家"（natural-born entrepreneurs），推定小额信贷可以作为企业发展、经济增长的引擎。

表 11-3 小额信贷项目效果

结　果	波斯尼亚和黑塞哥维那[2]	埃塞俄比亚[3]	印度[4]	墨西哥[5]	蒙古国[6]	摩洛哥[7]	菲律宾[8]
企业所有权	↑	—	—	—	↑	—	—
企业收入	—	—	—	↑	—	↑	—

[1] Angelucci M, Karlan D, Zinman J. Microcredit Impacts: Evidence from a Randomized Microcredit Program Placement Experiment by Compartamos Banco[J]. American Economic Journal: Applied Economics, 2015, 7(1): 151-182.

[2] Augsburg B, De Haas R, Harmgart H, et al. The Impacts of Microcredit: Evidence from Bosnia and Herzegovina[J]. American Economic Journal: Applied Economics, 2015, 7(1): 183-203.

[3] Tarozzi A, Desai J, Johnson K. The Impacts of Microcredit: Evidence from Ethiopia[J]. American Economic Journal: Applied Economics, 2015, 7(1): 54-89.

[4] Banerjee A, Duflo E, Glennerster R, et al. The Miracle of Microfinance? Evidence from a Randomized Evaluation[J]. American Economic Journal: Applied Economics, 2015, 7(1): 22-53.

[5] Angelucci M, Karlan D, Zinman J. Microcredit Impacts: Evidence from a Randomized Microcredit Program Placement Experiment by Compartamos Banco[J]. American Economic Journal: Applied Economics, 2015, 7(1): 151-182.

[6] Attanasio O, Augsburg B, De Haas R, et al. The Impacts of Microfinance: Evidence from Joint-Liability Lending in Mongolia[J]. American Economic Journal: Applied Economics, 2015, 7(1): 90-122.

[7] Crépon B, Devoto F, Duflo E, et al. Estimating the Impact of Microcredit on Those Who Take It Up: Evidence from a Randomized Experiment in Morocco[J]. American Economic Journal: Applied Economics, 2015, 7(1): 123-150.

[8] Karlan D, Zinman J. Microcredit in Theory and Practice: Using Randomized Credit Scoring for Impact Evaluation[J]. Science, 2011, 332(6035): 1278-1284.

续　表

结　果	波斯尼亚和黑塞哥维那	埃塞俄比亚	印度	墨西哥	蒙古国	摩洛哥	菲律宾
企业存货/资产	↑	无数据	↑	无数据	↑	↑	—
企业投资/成本	—	↑	↑	无数据	无数据	↑	↓
企业利润						↑	
家庭收入							
家庭支出/消费		↓①	—	↓	↑		
社会福利				↑			↓

注：表中"—"代表对应文献并未涉及有关栏目的研究。

借款人的异质性体现在借款目的或企业家精神上的区别。小额信贷的借款人一般出于以下三种目的借贷：应对风险、消费、为企业融资。用于消费的贷款占比过高时，投资减少，企业发展受限，物价高涨的同时居民的收入跟不上支出的变化；且提前消费会增加未来的违约率，无形中埋下债务问题的种子。有研究发现借款人从小额信贷获得的平均收益比较微弱，因为尽管有部分借款人使用资金去进行有意义、可持续的商业增长活动，但是很多家庭借贷用于消费或者从事低生产力的活动②。

小额信贷机构缺乏区分消费和投资目的的贷款的动力，原因可能有：（1）识别目的的策略会花费大量成本；（2）同质化的合同有利于小额信贷机构实现规模效应；（3）限制风险的合同有利于得到偿付。结果就是此类小额信贷项目可能对所有人而言都不是更优的。因此，更为合理的小额信贷机制设计才能在适当的区间内在促进消费的同时激励企业发展，保证经济持续增长。小额信贷机构可以通过升级成功企业家的贷款额度、事前更好地审核、在合同结构上有更多的灵活性、引入外部（政府）监管等方式赋予小额信贷更强大的功能。

（二）中国小额信贷的成就

中国社会科学院农村发展研究所"扶贫经济合作社"课题组于 20 世纪 90 年代初在中国正式引进和使用小额贷款这一概念，借鉴格莱珉银行小额信贷扶贫项目的成功经验，成立了数个"扶贫经济合作社"，试图解决中国扶贫工作中的现实难题。但项目后续

---

① 原文涉及的实验实际缺乏有关消费支出的数据，但发现小额信贷实验组的粮食短缺情形增加了。

② Breza E, Kinnan C. Measuring the Equilibrium Impacts of Credit：Evidence from the Indian Microfinance Crisis[J]. The Quarterly Journal of Economics，2021，136(3)：1447-1497.

发展中面临资本金不足、管理制度不健全、监管缺失等诸多问题,实施效果并不理想。

中国政府开始基于自身独特的体制优势和现实的农村发展样貌,逐渐探索出一条适合中国国情的小额信贷发展之路。2020年年底,我国如期完成了新时代脱贫攻坚目标任务,其中离不开金融服务的助力。金融精准扶贫贷款累计支持超9 000万人次,农户生产经营贷款保持增长;普惠小微贷款规模快速增长,服务覆盖面持续扩大,信用贷款占比较快提升,综合融资成本继续下降,其中数字技术运用不断深化,小微企业互联网流动资金贷款余额达4 756亿元[①]。

中国小额信贷模式的成功源于特有的体制安排。与格莱珉模式不同,中国小额信贷体系由政府主导,构建了一个全面、多层次的金融体系框架,政府力量和社会力量有机结合,深入广大农村地区切实解决低收入人群问题。

专栏 11-2

中国的小额信贷随机对照试验

为有效缓解贫困农户发展所需资金短缺问题,提高贫困村和贫困户自我发展、持续发展的能力,国务院扶贫开发领导小组办公室和财政部联合推行"贫困村村级发展互助资金"试点工作。从2006年开始,政府在14个省(区、市)的100个村庄开展了试点。2007年,扶贫项目又扩展到270个村庄。2013年年底,在全国范围内推广到28个省(区、市)1 407个县的19 400个村庄。

与以往的扶贫项目不同,互助资金项目针对的是家庭,而不是行政村。同时,该项目旨在建立自我管理的组织,以提供可持续的信贷服务。互助资金的成员在县扶贫办的监督下,自行选举"会长"、制定章程、记账、管理资金,并决定贷款对象、利率和贷款期限。每个项目村从政府收到15万元的启动资金,而除了被安排投入贫困村的财政扶贫资金,家庭缴纳的会员费构成了互助资金初始资本的额外部分,每个村的平均初始资本金额约为20万元。村民以借用方式周转使用互助资金发展生产、进行创收。整体来看,该项目在贫困村内实行"民有、民用、民管、民受益、周转使用、滚动发展"管理模式,着力缓解贫困农户发展生产所需资金短缺问题,推进贫困村和贫困农户可持续发展。

2010年,负责监督该项目的国务院扶贫开发领导小组办公室授权在5个省的10个县进行随机对照实验,以评估该项目的影响。研究小组在5个具有地理代表性的省份进行了随机干预实验,包括中国西部的四川省和甘肃省,中国中部的河南省和湖南省,以及中国东部的山东省。在每个县,选择5个符合条件的村庄,其中

[①] 中国普惠金融指标分析报告(2020年)。

随机选择 3 个作为实验组。随机分组前,在每个村随机抽取 30 户共 1 500 户家庭进行基期调查,两年后进行后续调查。家庭调查收集了 2009 年 1 月至 2010 年 8 月的相关信息,包括家庭成员的人口特征和就业情况等详细信息,以及家庭整体的收入、消费支出、资产和每笔新增贷款等信息。调查还通过村庄问卷收集了有关村庄的信息,包括村庄人口、耕地面积以及上级政府对村庄各项项目的资助金额。在实验组实施互助资金项目两年后,也就是 2012 年 7 月,研究小组进行了第二轮调查,对实验组和对照组村庄的相同家庭进行了跟踪调查。中国的贫困村往往位于偏远的山区,信贷渠道有限(调查显示只有 13% 的家庭有基本的正式贷款),在没有实施互助资金项目的地方,家庭将大约 1/3 的工作时间用于带薪就业(主要是农民工)。调查发现,在实验村中,家庭收入增加了 46%,这一可观的增长效应在统计上十分显著。值得注意的是,个体营业收入(主要来自农业)和工资性就业收入都大幅增加,分别增长了 59% 和 41%。深入研究收入增长的构成,调查显示来自非农业家庭企业的利润增长占个体经营收入增长的 55%,其余来自农业(主要是种植业)的利润增长。作物收入的增加主要是由于经济作物的播种面积大幅度增加。工资收入的增长主要是由于外出务工人员到外省打工的时间增长了约 24 天/年,而基期时每户的该时间约为 45 天/年。与当地工人相比,沿海省(区、市)的工资明显更高。扩大信贷可及性极大提高了实验组村庄家庭的福利,互助资金项目减少了 17% 的贫困人口,使耐用消费增加了约 30%,主观幸福感指标也有类似程度的提高。

资料来源:中国扶贫开发年鉴(2014);Cai S, Park A, Wang S. Microfinance Can Raise Incomes: Evidence from a Randomized Control Trial in China[J]. HKUST Business School Research Paper,2020.

第二节 中国小额信贷体系与非正规金融构架

一、中国小额信贷体系

如前所述,中国小额信贷项目的成功得益于特殊的制度框架,正规金融与非正规金融有机结合,既吸收了格莱珉模式下非正规金融体系的信息优势,又充分发挥了印度尼西亚人民银行模式下正规金融体系的全局统筹、资金配给作用,多层次地发展小额信贷金融体系,解决低收入地区不同金融服务需求问题。

我国小额信贷体系参与机构众多(见图 11-4、表 11-4)。正规金融体系的参与者涵盖政策性银行(中国农业发展银行),专注服务农村的三类农合机构、村镇银行、农村资金互助社,中国农业银行以及城市商业银行等商业银行;非正规金融体系的参与者包括专营小额信贷服务的小额贷款公司、非政府组织、网络借贷平台以及民间合会等组织形式。我们将一一介绍他们的小额信贷发展历史和服务现状。

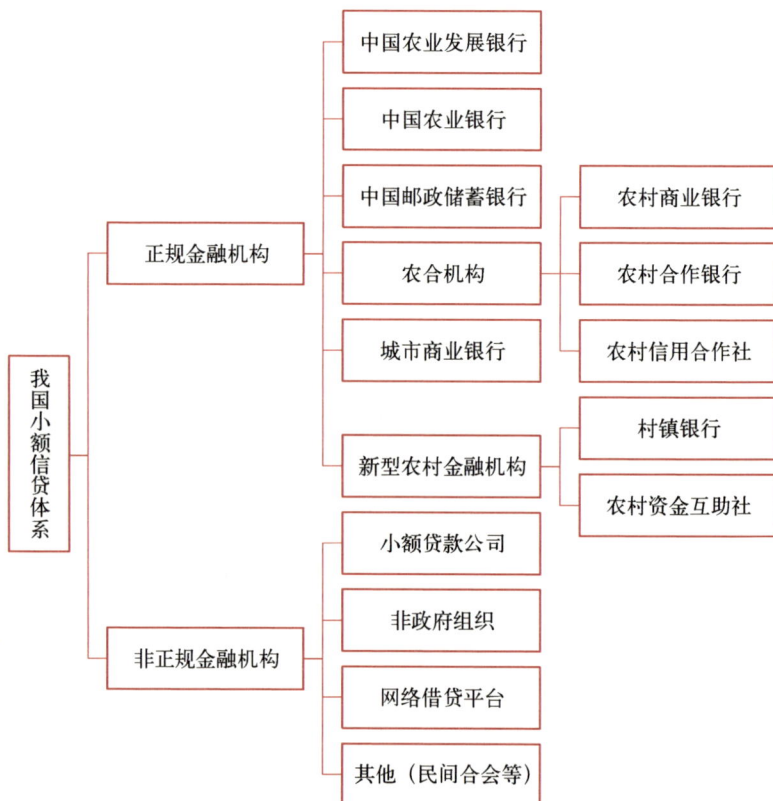

图 11-4　中国的小额信贷体系

表 11-4　中国的小额信贷机构简要介绍

受监管/不受监管	机 构 类 型	简 要 介 绍
银行与农村信用合作社	中国农业发展银行	中国唯一的一家农业政策性银行,按照国家的法律法规和方针政策为农业和农村经济发展服务,承担了部分扶贫小额信贷项目
	中国农业银行	中国最早的五大商业银行之一;之前为国有,目前为股份制
	中国邮政储蓄银行	新型的大型商业银行,前身是邮政储汇局,现在也提供信贷和保险产品
	农合机构	立足于农村的小型、多元化的金融服务提供者,提供的服务包括储蓄、贷款和汇款;最初由集体管理和所有(农村信用社)

续　表

受监管/不受监管	机 构 类 型	简 要 介 绍
银行与农村信用合作社	城市商业银行	立足于城市的小型多元化的金融服务提供者
	村镇银行	三类小型的新型农村金融机构之一,由商业银行发起,提供广泛的银行产品
	农村资金互助社	三类小型的新型农村金融机构之一,由农村社区发起,提供储蓄和信贷服务
非银行金融机构	小额贷款公司	小型的只贷不存且注册为公司的机构
	非政府组织	国际机构、社会团体等半官方或民间组织
	网络借贷平台	基于互联网的小额信贷平台
	其他(合会等)	民间自发和存在的合会、自由借贷等

(一) 中国农业发展银行

中国农业发展银行(Agriculture Development Bank of China,ADBC,简称农发行)是直属国务院领导的唯一的一家农业政策性银行,1994 年 11 月挂牌成立。其主要职责是按照国家的法律法规和方针政策,以国家信用为基础筹集资金,承担农业政策性金融业务,代理财政支农资金的拨付,为农业和农村经济发展服务。在此之前,农发行接受了中国农业银行和中国工商银行划转的农业政策性信贷业务。2007 年 4 月,经中国银监会批准,农发行开始经办农业小企业贷款业务。

农发行以其独有的政策性在扶贫、支持小微企业的行动中身先士卒,统筹开展了多个小额信贷项目。"十三五"时期,扶贫累计投放额和余额居全国金融系统首位。截至 2019 年 6 月末,小微企业贷款余额 70.05 亿元,较年初增加 23.99 亿元,贷款户数 1 436 家,比年初增加 578 家。2020 年,农发行启动疫情应急办法,出台了《支持中小微企业复工复产专项信贷落实方案》,全行中小微企业复工复产贷款净增 4 552.14 亿元[1]。

(二) 中国农业银行

中国农业银行(Agriculture Bank of China,ABC,简称农行)是中国传统五大商业银行之一,它的分支机构遍及每一个省(区、市)且经营业务广泛。经历了数次机构变迁,中国农业银行于 1979 年正式恢复成立。中国农业银行本来建立的目的是为农村和农村建设提供贷款业务,最初是一家政策性银行;但今天中国农业银行的业务范围已经

---

[1] 中国农业发展银行 2020 年年度报告。

远超出这个目的,不过为农村和农业企业提供金融业务依然是其比较重要的一个服务。

2007 年,政府政策进行了调整,农行得以在承担作为支持"三农"的主要金融机构的重任的同时,进行商业化运营[①]。农行创新性地引入了更贴近农民的金融服务——发行以农民小额信贷为核心产品的金穗惠农卡,以缓解农民贷款难的问题。该卡提供的服务包括补贴支付、存款、小额贷款和汇款。农行还通过深入挖掘现有网点和人员潜力,广泛利用网上银行、电话银行、手机银行、移动 POS 机、ATM 等电子渠道,力争以较低的交易成本更好地服务百万农户。为深化对无网点服务地区客户的渗透,农行还与多家公司、合作社、服务供应商和村庄建立了合作关系,以帮助选择、管理客户并回收贷款。除了根据个人信用评级的信用贷,农行还开发了多种传统或替代型的抵押物。替代型抵押既包括公职人员、农业龙头企业、专业合作社和担保公司所提供的担保,也包括同村农民的担保;中国农业银行也与保险公司和风险补偿基金合作来管理贷款风险。

然而,在大多数分行,金穗惠农卡和小额信贷业务发展缓慢,目标与实际表现之间存在较大差距,原因包括对惠农卡的含义、市场定位和核心功能的理解不准确,以及对这项工作的重视程度不够等[②]。目前,农行建立起了一套更全面的服务"三农"的金融贷款体系,实现了功能互补。其官网公布的"三农"个人产品包括惠农 e 贷、金穗惠农卡、惠农信用卡、农户小额贷款、地震灾区农民住房贷款、农村个人生产经营贷款及县域工薪人员消费贷款。

(三) 中国邮政储蓄银行

2007 年 3 月,在改革原邮政储蓄管理体制基础上,中国邮政储蓄银行(Postal Savings Bank of China)有限责任公司正式挂牌成立,定位于服务"三农"、城乡居民和中小企业。依托中国邮政集团有限公司的代理网点,建立中国银行业唯一的"自营+代理"运营模式。

分布广泛的分支网络、稳定的资金来源,以及通过储蓄和汇款业务与当地客户建立起来的长期合作关系都使得中国邮政储蓄银行开办小额贷款业务具备相当大的优势。2007 年中国邮政储蓄银行在德国的技术援助之下,推出了面向农民和微型企业的无抵押小额贷款试点。它设计了一个为期三天的申请程序,以便能在快速获得贷款方面获得竞争力。2008 年,中国邮政储蓄银行培训了两万名信贷人员并将产品推向全国。此后,中国邮政储蓄银行将小额信贷定位为它的一个战略核心产品[③]。2012 年 1 月,中国

① Cheng Y-S. Reforms of the Agricultural Bank of China—Can Policy and Commercial Objectives Be Reconciled? [J]. The Chinese Economy, 2009, 42 (5): 79-97.

② Sparreboom P, Duflos E. Financial Inclusion in the People's Republic of China[J]. World Bank Group, China Papers on Inclusiveness No. 7, 2012.

③ Giehler T. The Development of a Chinese Microfinance Industry[M]//Chang C, Loechel H. China's Changing Banking Industry. Frankfurt am Main: Frankfurt School Publishing Company, 2012.

邮政储蓄银行整体改制为股份有限公司,建设成为中国领先的大型零售银行。

中国邮政储蓄银行庞大的城乡网络覆盖了没有银行账户的农村地区(见图 11-5);服务个人客户超过 6 亿户,客户群体主要是学生、个体工商户、农民工和养老金领取者。小额贷款业务开办以来,累计发放贷款超 5 万亿元,服务近 4 000 万人次,笔均金额仅 13 万元。

中国邮政储蓄银行的优势在于依托中国银行业独一无二的"自营＋代理"运营模式,拥有商业银行中数量最多的营业网点,且网点深度下沉、覆盖范围广、布局均衡,为其带来了庞大的客户群体以及广阔的普惠金融需求场景。相较于其他全国性商业银行,中国邮政储蓄银行拥有更广泛、更深入的网络覆盖;相较于农村金融机构,中国邮政储蓄银行能够提供更综合化、更专业化的产品和服务。中国邮政储蓄银行针对个人经营性贷款推出了"三农"个人业务,定位服务企业开通了小微易贷系列服务。

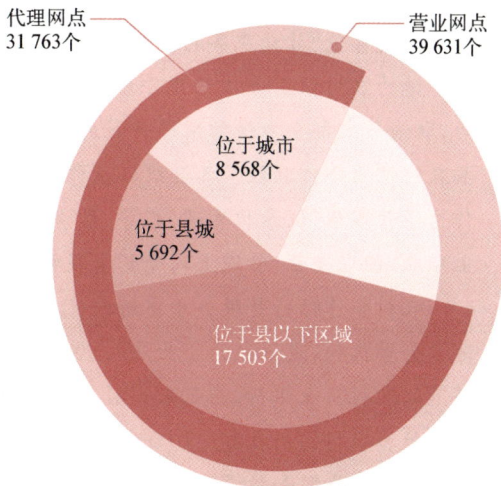

代理网点 31 763 个
营业网点 39 631 个
位于城市 8 568 个
位于县城 5 692 个
位于县以下区域 17 503 个

数据来源:中国邮政储蓄银行股份有限公司 2020 年年度报告。

图 11-5　2020 年中国邮政储蓄银行营业网点数量分布

(四) 农村信用合作社

中国的农村信用合作社(Rural Credit Cooperatives)体系(简称农合机构)由一个多样化、小规模、立足当地的农村金融机构组成。截至 2020 年 12 月 31 日,该体系包含省级农信联社 25 家、农村商业银行 1 539 家、农村信用社 616 家、农村合作银行 27 家,其客户占农村人口的很大比例[1]。

专栏 11-3

农合机构介绍

农村信用合作社是银行类金融机构,以吸收存款为主要负债,以发放贷款为主要资产,以办理转账结算为主要中间业务,直接参与存款货币的创造过程。农村信用合作社又是信用合作机构,是由个人集资联合组成的以互助、自助为目的的,在社

---

[1] 根据原中国银保监会官网公布的银行业金融机构法人名单统计。

员中开展存款、放款业务的金融机构。在 2005 年县级暂未统一法人制度之前,各个乡镇的农村信用合作社几乎都为单独法人,县级联社也是单独法人;2005 年以后,取消原来每个乡镇信用合作社的法人资格,一个县只能存在一个法人,统一为县农村信用合作联社。各县级联社作为独立法人,共同出资成立省联社,省联社不作为经营实体,仅承担管理、指导、协调、服务职能。这种模式下,县级联社在法律上独立,但在经营、管理上均受到省联社诸多掣肘。

农村合作银行是服务于当地农民、农业和农村经济发展的股份合作制社区性地方金融机构,是独立的企业法人,但不属于《中华人民共和国商业银行法》所管辖规范的农村商业银行,而是采用股份合作制组织形式。农村合作银行主要以农村信用社和农村信用社县(市)联社为基础组建。农村合作银行的自然人股和法人股分别设定资格股和投资股两种股权,造成了"同股不同权"的所有权和控制权分离的问题。2010 年,中国银监会提出要在 2015 年年底前全面取消农信社资格股,鼓励现有农村合作银行符合条件的要全部改制为农村商业银行,不再组建新的农村合作银行。

农村商业银行是服务于当地农民、农业和农村经济发展的股份制地方性商业银行。农村商业银行股份应当同股同权、同股同利(这与农村信用社、农村合作银行的资格股不同)。农村商业银行可根据业务发展需要,在辖区内设立支行、分理处、储蓄所等分支机构(即不能在辖区外设立分支机构)。

农信社的小额信贷项目在早期因经营不善、管理监督机制未成型等因素而普遍亏损,21 世纪初的改制大幅提升了农信社的盈利能力。2000 年,中国人民银行在全国范围内推广小额贷款项目。小额贷款额度从 1 000 元到 30 000 元人民币不等,并且接受多种担保方式。2002 年,所有农村信用社开始全面推广小额信贷。截至 2003 年年底,全国 90% 的农村信用社都经营小额贷款业务。

目前,农信社体系经营整体持续向好,在商业化的运营下实现了可观利率,2016 年全国农信社系统实现净收益 519 亿元。各地的农信社同时也是服务"三农"、小微企业的重要力量。例如,广东省农村信用联社 2020 年涉农贷款余额 5 050 亿元,约占全省 34%,贷款户数 102 万户;小微企业贷款余额 8 487 亿元,约占全省 30%,贷款户数 20 万户[1]。

但许多农信社依旧面临很大挑战,治理不善、客户规模小以及地方政府干预过度、总体创新能力有限等问题阻碍了农信社的进一步发展[2]。此外,控制贷款风险、防范财务危机也是农信社应该关注的重点。《中国金融稳定报告(2021)》显示,农合机构和村

---

① 广东省农村信用联社 2020 年年度报告。
② 全球视野下的中国普惠金融:实践、经验与挑战[R].世界银行,2019.

镇银行风险最高,数量占全部高风险机构的 93%。

(五) 城市商业银行

城市商业银行(urban commercial bank,UCB,简称城商行)前身是 20 世纪 80 年代设立的城市信用社,当时的业务定位是为中小企业提供金融支持,为地方经济搭桥铺路。从 20 世纪 80 年代初到 20 世纪 90 年代,全国各地的城市信用社发展到了 5 000 多家。然而,随着中国金融事业的发展,城市信用社在发展过程中逐渐暴露出许多风险管理方面的问题。1994 年 9 月,《国务院关于组建城市合作银行的通知》发布,将 2 194 家城市信用社、农村信用社城镇部分和部分地方金融机构重组改制为城市商业银行。1995 年,全国第一家城商行深圳市城市合作银行(现为平安银行)成立,至 2020 年年底,全国共有 133 家城商行。

专栏 11-4

城商行的小额信贷历史实践

2002 年,中国人民银行呼吁城商行和担保公司合作,向城市下岗职工发放小额担保贷款。在此类项目中,担保公司或财政担保基金承担整体风险的 100% 或 80%,同时担保公司收取 1% 的管理费。城商行贷款的基本年利率为 7.29%,并得到地方财政部门的补贴,借款人支付的利息为零或极低。小额信贷项目后扩大到大学生、退伍军人、无地农民和低收入企业家。大多数情况下,该项目的资产质量一般,不良贷款率可达 10%。由于高度依赖财政补贴,此类小额贷款项目运营可持续性较差。

2005 年,在德国复兴信贷银行和世界银行的资助下,国家开发银行与德国国际项目咨询公司签约,基于国际最佳实践为 12 家城商行开发小额贷款产品提供技术援助。根据国家开发银行的资料,试点产品贷款额从 100 元到 50 万元不等。这些试点的成功使此类模式迅速推广,并被其他城商行和其他类型的商业银行应用于小企业贷款。城商行在充当政府政策桥梁、发放小额信贷资金上也发挥着重要作用。在 2010 年国家开发银行批发贷款中,中小企业贷款余额达 1.2 万亿,支持中小企业 160 万家,平均贷款余额为 75 万元。这些资金中相当一部分都贷给了城商行。

资料来源:Du X. The Current Supply of Microfinance Services in China[C]. Geneva Papers on Inclusiveness No. 1, World Microfinance Forum Geneva, 2008.

如今城商行已几乎摆脱对政府补助的依赖,也正努力克服贷款组合的高风险、缺乏业务创新和管理能力等问题,成为地方小微企业的一股支持力量。如南京银行的"鑫伙

伴计划"服务小微企业客户,截至 2020 年年底,已与 3 006 家小微企业结成合作伙伴,提供企业融资、综合结算、现金管理等一系列综合金融服务[①]。

但相较于股份制和外资银行,跨区域经营限制依旧是城商行面临的最大难题。虽然相较于农商行,城商行的跨区域经营限制要宽松很多(多数仅要求不得跨省),但突破区域限制,在异地寻求可靠的资产投资,扩大市场、化解贷款的地域集中度风险,这一点始终是城商行发展壮大的合理逻辑,在需要大样本分散小额信贷的聚集性风险时尤其有效。城商行异地扩张的新趋势包括零售业务的线上化、助贷和联合贷,以及设立资金运营中心和理财子公司三个方面。例如,上海银行、天津银行、江苏银行等与互联网金融机构联合授信,深耕零售贷款业务,帮助解决小微企业和个体户融资难的问题。

(六) 新型农村金融机构

在农村信用社金融服务体系之外,政府进一步将新型农村中小金融机构纳入农村金融服务框架。2006 年 12 月,为解决农村地区银行业金融机构网点覆盖率低、金融供给不足、竞争不充分等问题,出台了《中国银行业监督管理委员会关于调整放宽农村地区银行业金融机构准入政策更好支持社会主义新农村建设的若干意见》,在坚持商业可持续性的原则的基础上,适度调整和放宽农村地区银行业金融机构准入政策,降低准入门槛,鼓励投资、新设村镇银行、农村资金互助社和专营贷款业务的全资子公司。这些新型农村金融机构和新型贷款机构的基本特征如表 11-5 所示。2009 年以来,中央财政不断加大定向费用补贴政策力度,向满足一定条件(如贷款余额增长达到一定水平或涉农贷款和小微企业贷款达到一定比例)的村镇银行、农村资金互助社、贷款公司以及西部 2 255 个基础金融服务薄弱乡镇的金融网点提供补贴(不超过平均贷款余额的 2%)。2009—2013 年中央财政分别拨付资金 4 189 万元、2.19 亿元、10.32 亿元、23.27 亿元和 41.05 亿元,累计向 3 785 家农村金融机构(含薄弱地区金融机构)拨付补贴资金 77.26 亿元[②]。

表 11-5　新型农村金融服务提供者基本情况

	村镇银行	小额贷款公司	农村资金互助社
数量(截至 2020 年年末)	1 637	7 118[③]	41
试点年份	2006 年	2005 年	2006 年

---

① 南京银行股份有限公司 2020 年社会责任报告。
② 资料和数据来源于财政部。
③ 因数据不可得,这里的小额贷款公司的数量不仅包括农村地区的小额贷款公司数量。

	村镇银行	小额贷款公司	农村资金互助社
监管部门	原银(保)监会	省级政府金融办及相关部门	原银(保)监会
规范性文件	—	2008 年 5 月 4 日,中国银监会和中国人民银行联合发布《关于小额贷款公司试点的指导意见》。各省(区、市)以此为依据,相继出台了小额贷款公司管理办法	2007 年 1 月 22 日,中国银监会发布《农村资金互助社管理暂行规定》
主要特征	独立企业法人,最大股东必须是银行业金融机构,且持股比例不得低于村镇银行股本总额的 15%	独立企业法人,不吸收公众存款,经营小额贷款;主要资金来源为股东缴纳的资本金、捐赠资金等;从银行业金融机构融入资本金的余额不超过资本净额的 50%	独立企业法人,由乡(镇)、行政村农民和农村小企业自愿入股组成,仅面向社员提供存款、贷款、结算等业务的社区资助性银行业金融机构
是否允许设立分支机构	是	是	否

资料来源:全球视野下的中国普惠金融:实践、经验与挑战[R].世界银行,2019.

1. 村镇银行

2006 年 12 月,全国村镇银行(village/township banks,VTBs)试点工作正式启动。2007 年 1 月,中国银监会发布《村镇银行管理暂行规定》。2007 年 3 月,首批村镇银行在国内 6 个首批试点省(区)诞生;2007 年 10 月,试点扩大到 31 个省(区、市)。允许外资的进驻增加了村镇银行的资本实力和提供了更先进的管理经验;2007 年 12 月,首家外资村镇银行曾都汇丰村镇银行开业。

根据中国银监会的三年工作计划(2008—2011 年),鼓励在中西部国家扶贫计划重点区县建立新型农村金融机构[①]。村镇银行可以提供广泛的银行服务,包括活期和定期存款账户、贷款业务、汇款业务、保险中介和理财服务。但是,它们只能在注册所在地辖区内开展业务。村镇银行实行发起人制度,必须有一家符合监管条件的商业银行作为主要发起银行;发起银行持股比例不得低于村镇银行股本总额的 15%,并且承担一定程度的监督职责。这为其他商业银行、农商行和城商行获得农村新客户群体提供了宝贵的机会。

由于村镇银行总体经营规模较小,在正常情况下,其对单个客户的贷款余额通常不会太大,契合小额信贷的资金需求。村镇银行同时也受银(保)监会监督,其利率也不得

---

① Zhao L, Xu X. Credit Co-operatives: A Miracle Solution for Poverty Reduction in Rural China? [C]. 2nd EURICSE Conference on Co-operative Finance and Sustainable Development,2011.

高于贷款利率上限。

2. 农村资金互助社

2007 年,中国银监会发布《农村资金互助社管理暂行规定》,促进农村资金互助社(rural mutual credit cooperatives,RMCCs)发展。农村资金互助社是由乡(镇)、行政村农民和农村小企业自愿合股组建的社区互助性银行业金融机构,为独立的企业法人。农村资金互助社依托行政村或者农民专业合作社设立,为社员提供存款、贷款、结算、买卖政府债券和金融债券等业务,实行社员民主管理,服务仅限于成员之间。

与农村信用社不同,很多农村资金互助社都基于“一人一票”运行,虽是合作社模式,但注重公司治理机制。农村资金互助社的注册资本仅为村镇银行的 1/10,允许接受银行融资和捐赠,但并不享有任何政府补助(与农村信用社不同),且不允许外国投资者投资农村资金互助社。

但是相比村镇银行的迅速铺开,农村资金互助社的发展显得尤为滞后,这由多方面因素造成。由于吸取了以往农村合作基金会的经验教训,地方政府普遍对建立农村资金互助社不感兴趣。另外,由于受银(保)监会的监管,农村资金互助社与村镇银行也需要缴纳税金和满足相同的存款准备金要求;运营成本高加上没有经营补助,农村资金互助社的内部管理不善,经营规模过小,还出现了多起假借互助社名义进行非法集资或非法吸收公众存款的事件。除了这些外部因素,农村资金互助社的可持续性还要求当地经济的适度发展、社区凝聚力,以及比较健全的民主、监督、财务管理制度等[1]。到 2012 年,农村资金互助社模式未实现预期目标,为了将精力集中于其他政策措施上,银监会暂缓发放新的农村资金互助社牌照。

3. 小额贷款公司

小额贷款公司(microcredit companies,MCCs)是由自然人、企业法人与其他社会组织投资设立,不吸收公众存款,经营小额贷款业务的有限责任公司或股份有限公司。小额贷款公司主要由私人资本投资,设立的初衷是弥补没有达到预期目标的农村信用社体系的金融服务功能;同时规范藏在“影子”中的放贷者,为他们提供一个合规的投资平台。

2005 年,中国人民银行启动小额贷款公司试点。2007 年,第一家外商投资小额贷款公司成立。2008 年 5 月,中国银监会、中国人民银行联合发布《关于小额贷款公司试点的指导意见》,许多省(区、市)对增设小额贷款公司的热情高涨。

小额贷款公司可以接受捐赠或银行贷款,但其融入资本余额不得超过资本净额的 50%,和其他新型农村金融工具一样,小额贷款公司也只能在其所在地行政区域范围内经营。因此,融资难问题成为小额贷款公司发展的巨大阻碍。2009 年,中国银监会印发

---

[1] Sparreboom P, Duflos E. Financial Inclusion in the People's Republic of China[J]. World Bank Group, China Papers on Inclusiveness No. 7, 2012.

了《小额贷款公司改制设立村镇银行暂行规定》,为小额贷款公司转型、扩大资本金、更大规模经营提供了可能。此外,据相关公开资料粗略统计,浙江、广东、重庆、厦门、海南等地放宽了小额贷款公司的融资渠道,其中包括允许通过回购方式开展信贷资产转让业务。

在 2015 年之前,小额贷款行业快速发展,并于 2015 年三季度达到顶峰。但随着经济形势变化,加上风险频发、监管收紧,小额贷款公司告别"野蛮生长"。近年来,小贷公司陷入数量与从业人员数双下降境地,如图 11-6 和图 11-7 所示。2017 年年末至 2019 年年末,小额贷款公司已经减少了 1 000 家,截至 2020 年 12 月末,全国共有小额贷款公司 7 118 家。

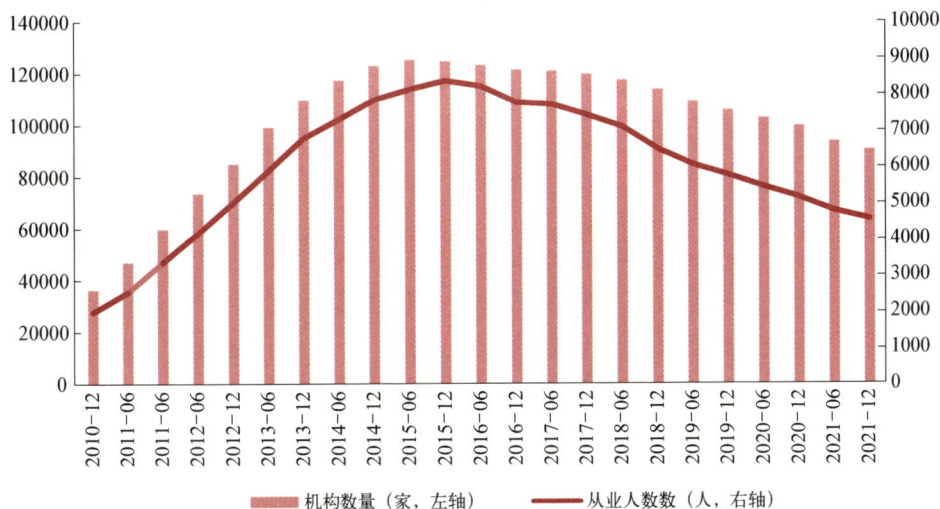

数据来源:中国人民银行官网。

图 11-6　全国小额贷款公司机构数量和从业人员数的时间变化趋势

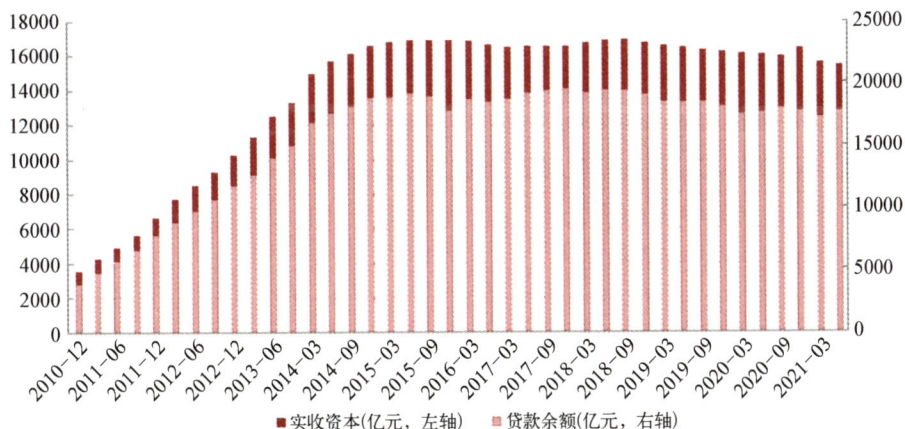

数据来源:中国人民银行官网。

图 11-7　全国小额贷款公司实收资本和贷款余额的时间变化趋势

小额贷款公司发展的困境一方面与小额贷款公司的违法违规操作有关，另一方面是因为小额贷款公司服务的群体风险过高，加剧了小额贷款公司的信贷风险。因此，为了充分激活民间资本的活力，增加市场尤其是低收入群体市场的金融供给，政府在加强对小额贷款公司的监管的同时，也放开对小贷公司的利率管制，使风险与收益更加匹配以促进小额贷款公司发展。一方面，2020年9月7日，《中国银保监会办公厅关于加强小额贷款公司监督管理的通知》发布，对监管责任、准入管理、现场检查等作了进一步的规定。另一方面，2020年8月20日，新修订的《最高人民法院关于审理民间借贷案件适用法律若干问题的规定》发布，将民间借贷利率的司法保护上限调整为以一年期贷款市场报价利率的四倍为标准，取代原来的"以24%和36%为基准的两线三区"；按照最新的贷款市场报价利率，民间借贷利率的司法保护上限为15.4%。这意味着小额贷款公司等七类机构不受利率上限制约，其产品定价将更灵活，有助于提高服务意愿，更好地发挥在多层次信贷体系中的作用。

（七）非政府组织

非政府组织(non-government organiazation，NGO)小额信贷机构指依靠基金会资助或与国际组织合作，注册为非政府组织的小额信贷机构[1]，如中国社会科学院"扶贫社"体系下的河南虞城县扶贫经济合作社、联合国开发计划署（United Nations Development Programme，UNDP)体系下的甘肃安定区城乡发展协会和贵州普定县UNDP项目办。尽管这些项目被统称为"非政府组织"小额信贷机构，但是很多机构都受到政府的资助和管理，甚至由政府一手推动建立。因此，我们这里不对此类机构的"非政府"性质进行区分，而仅在形式上用"非政府组织"进行称呼。

从20世纪90年代中期开始，一些从事扶贫工作和研究的人士以NGO作为项目操作者和管理者身份，以格莱珉银行模式为蓝本，选择西部地区开始了为中国不能享受传统金融机构服务的人群提供微小贷款的尝试[2]。虽然NGO小额信贷机构在中国一直存续，但大部分机构的发展却陷入停滞，2003年前后全国有300多家NGO小额信贷机构，但到2015年年初仍在有效运转的不超过30家[3]。中国小额信贷联盟（China Association of Microfinance，CAM)的22家NGO小额信贷机构的运营状况显示，这些小额信贷机构的规模均较小，贷款客户有效数大部分在千人以下；违约率方差较大，部分机构甚至出现亏损的经营局面[4]。

① 周明鸣.小额信贷在国内的三种模式[N].公益时报,2016-06-14.
② 中国NGO小额信贷如何冲出重围[EB/OL].中国发展门户网,2008-02-25,http://cn.chinagate.cn/povertyrelief/2008-02/25/content_10659784.htm.
③ 周明鸣.中国绿色金融观察[R].2015.这里的数据口径与我们前文定义的"非政府组织"口径有所不同。
④ 数据来源于《中国小额信贷联盟2019—2020年报》,且截至2019年年底,共有28家NGO小额信贷机构,但年报只提供了22家的数据。

NGO 小额信贷机构经营困境并非"一日之寒",其原因由来已久。首先,很多 NGO 小额信贷机构脱离了公益性的设立初衷,很大程度上拒绝为低收入人群提供服务,并不强调满足他们的金融需求、改善人口的生产生活状况。将自己定义为非政府组织,有时只是为了政府的业务许可证以及得到政策和资金的支持。刘西川等人基于 2005 年三省(区)NGO 小额信贷项目区农户调查的数据进行分析,发现中国农村 NGO 小额信贷项目的实际瞄准目标已从低收入户、中等偏下收入户上移到中等收入户和中等偏上收入户,甚至高收入户;从供给来看,目标上移是由于在机构可持续性的压力下,小额信贷机构的中心主任和信贷员倾向于贷款给有非农经营项目和可以按时分期还款的农户[①]。其次,国内 NGO 小额信贷管理粗放,缺乏长远战略设计,员工队伍不稳定,无法复制国外 NGO 小额信贷项目的成功经验。最后,NGO 的运作经费来源大多依赖基金会、国际组织和政府资助,融资渠道不稳定,资金规模小,难以继续扩大服务面。因此,中国的许多 NGO 小额信贷机构正在自我转型,成为营利机构,包括成为受监督的金融机构,如村镇银行等,这与小额信贷可持续性经营的目标是契合的。

但中国不乏优秀的 NGO 小额信贷项目。较大的扶贫小额信贷机构包括增长迅速的中国乡村发展基金会(原中国扶贫基金会)、北京市农发扶贫基金会等。由中国扶贫基金会和世界银行发起成立的中和农信项目管理有限公司(以下简称"中和农信"),作为 NGO 小额信贷模式的典型代表,得益于成功的市场化转型,设计额度小、利率高、还款频繁的贷款产品,保持了 40％以上的年增长率[②]。

(八) 网络借贷平台

随着科技进步、互联网的兴起,网贷平台成为小额信贷发展的另一重镇。广义的网贷平台包括个体和个体之间通过互联网平台实现的直接借贷(P2P 网贷平台),由互联网企业控制、利用互联网向客户提供小额贷款的网络小额贷款,以及互联网银行。

1. P2P 网贷平台

P2P 网贷平台本质是信息中介而非信用中介,是提供有关借款人的资质、信用情况,进行借贷撮合而不提供任何担保的网络平台。由于缺乏全面的信用信息,一些 P2P 平台采用线上线下相结合的模式(O2O 模式),线下团队负责评估借款人资质并防控风险。拍拍贷是一个典型的线上平台,宜信和人人贷则采用了 O2O 模式。

P2P 模式打开了由个人直接向个人提供小额贷款的创新通道。很多 P2P 信贷平台会设立乡村业务部门,独立开展农户小额信贷的直贷模式;或与当地小额信贷机构合

---

① 刘西川,黄祖辉,程恩江. 小额信贷的目标上移:现象描述与理论解释——基于三省(区)小额信贷项目区的农户调查[J]. 中国农村经济,2007(8):23-34.
② 刘冬文. 普惠:中国金融扶贫中的小额贷款模式[EB/OL]. 人民网,2018-08-02,http://money.people.com.cn/n1/2018/0802/c42877-30201966.html.

作,间接开展农户小额信贷的债权转让模式。

2. 网络小额贷款

网络小额贷款大致可分为三类:(1)为网点经营者提供的融资服务,如蚂蚁金服向淘宝店主提供的淘宝信用贷;(2)为网购者提供的消费金融小额贷款,如蚂蚁花呗;(3)为农户提供的小额贷款,如蚂蚁小贷和京东小贷。此类网络小额贷款依托互联网公司,具有特定的场景需求和更高的借贷效率,同时大数据信息也能在事前更好地评估用户信用程度而降低事后还款风险。

3. 互联网银行

互联网银行被认为是对传统银行的一次颠覆。互联网银行通过云计算、大数据等方式在线为客户提供存款、贷款、支付、结算、汇款等服务,功能上与传统银行无异;但互联网银行和传统银行之间最明显的区别是,它不需要分行,可以服务全球,业务完全在网上开展(见表11-6)。目前,我国有九家民营互联网银行和一家国有控股互联网银行即百信银行(见表11-7)。各家互联网银行纷纷利用互联网流量优势,积极抢占小额贷款市场。例如,微众银行推出面向个人用户的"微粒贷",提供500元~30万元的小额贷款服务;同时面向中小微企业推出"小额企业贷",满足它们的流动资金贷款需求。

表 11-6　互联网银行与传统银行比较

项　　目	互 联 网 银 行	传 统 银 行
机构设置	线下网点设立少,部分互联网银行仅有一个总行网点经营	线下网点众多
获客渠道	线上	线下
业务内容	存、贷、汇等基本业务	包括但不限于存、贷、汇等基本业务
资金来源	以同业负债和股东存款为主	以存款为主
服务对象	个人消费者、中小微企业、"三农"客户	大中型企业和信用背景较好的个人客户

资料来源:头豹研究院,《2019年中国互联网银行行业研究报告》。

表 11-7　中国互联网银行概况(截至 2019 年年末)

银 行 名 称	成 立 时 间	注 册 资 本(亿元)	主 要 股 东
微众银行	2014 年 12 月	42	腾讯
网商银行	2015 年 6 月	42	蚂蚁金服

银 行 名 称	成 立 时 间	注册资本(亿元)	主 要 股 东
新网银行	2016 年 12 月	30	新希望、小米
苏宁银行	2017 年 6 月	40	苏宁云商
众邦银行	2017 年 4 月	20	卓尔控股
北京中关村银行	2017 年 6 月	40	用友网络
亿联银行	2017 年 5 月	20	中发金控、美团
福建华通银行	2017 年 1 月	24	永辉超市
百信银行	2017 年 11 月	20[①]	中信银行、百度

资料来源：头豹研究院。

(九) 其他小额信贷机构

民间还存在许多自发产生的互助会（ROSCA）、自由借贷等组织。合会是一类基于亲情、乡情、地缘关系基础而带有合作、互助性质的民间金融组合，尤其活跃在苏浙闽粤一带。但随着合会的规模扩大以及经济活动和市场观念的深入，合会的互助性质逐渐向营利性质倾斜，甚至衍生出具有欺骗性质的组织。此类小额信贷组织在基于"关系"的中国民间社会经济活动中也起到了重要的作用，为小额融资提供了更便捷的途径。

二、小额信贷发展现状

我国的小额信贷实践成果显著，为支持农村经济转型、实现经济高质量发展、迈向共同富裕贡献了重要的力量。小额信贷产业发展与国家的普惠金融紧密相关，小额信贷最初的目的也是服务低收入群体，后来才随着小额信贷机构的市场化、多元化逐渐扩展至一些个体工商户及小微公司。

(一) 小额信贷与低收入群体

从全国层面来看，人均个人消费贷款呈现不断上升的趋势，小额信贷进军个人消费领域取得了巨大的成功（见图 11-8）。

对比农村和非农村地区的成年人贷款情况，可以发现尽管近些年来农村居民在银行、非银机构及其他平台获得的贷款额有所增长，但依旧远低于全国平均水平（见图

[①] 2020 年 5 月 22 日，中国银保监会官网公告显示，中信百信银行股份有限公司（简称"百信银行"）增资扩股及股东资质的申请获批。此次增资后，百信银行注册资本将增至 56.34 亿元。

（元）

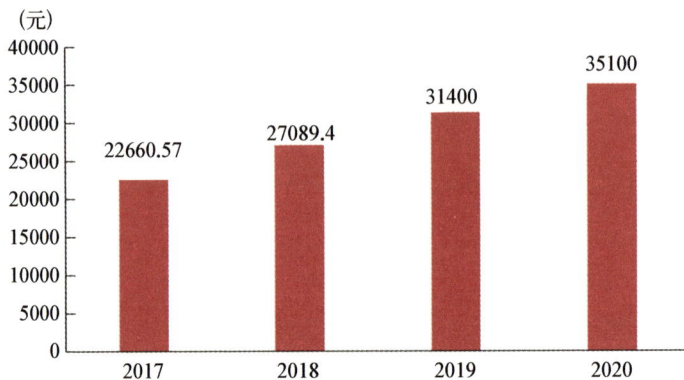

数据来源：国泰安 CSMAR 数据库。

图 11-8　全国人均个人消费贷款余额

11-9）。贷款额的增长主要由非银机构、平台驱动,说明非正规金融在支持农村地区的小额信贷发展上起到了举足轻重的作用。

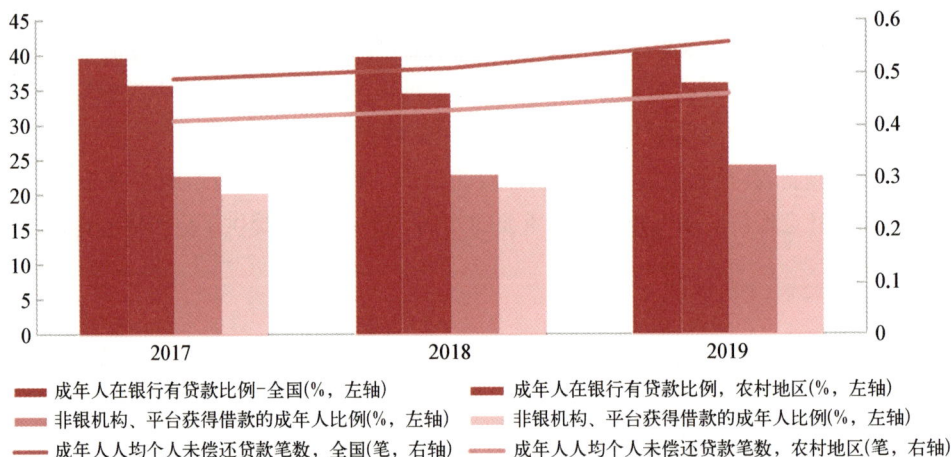

■ 成年人在银行有贷款比例-全国(%,左轴)　　　　■ 成年人在银行有贷款比例,农村地区(%,左轴)
■ 非银机构、平台获得借款的成年人比例(%,左轴)　　■ 非银机构、平台获得借款的成年人比例(%,左轴)
— 成年人人均个人未偿还贷款笔数,全国(笔,右轴)　　— 成年人人均个人未偿还贷款笔数,农村地区(笔,右轴)

数据来源：国泰安 CSMAR 数据库。

图 11-9　从银行和非银平台借款的成年人比例及未偿还贷款

普惠金融发展专项资金贴息支持的创业担保贷款、助学贷款、建档立卡贫困人口贷款和农户生产经营贷款余额变动如图 11-10 所示。随着近年来普惠金融力度加大,受政策支持的小额贷款也不断增长,给重点就业群体、小微企业、农户等带来了实质性的帮助。

微观上也有丰富的证据显示小额信贷为扶贫做出的贡献。为缓解信贷紧缩、脱贫攻坚,国务院扶贫开发领导小组办公室和财政部于 2006 年启动了村镇银行项目（village banking program）,针对家庭提供可持续的小额信贷服务。在具有地域代表性的五个省份进行随机对照实验,包括中国西部的四川省和甘肃省,中部的河南省和湖南省,以及

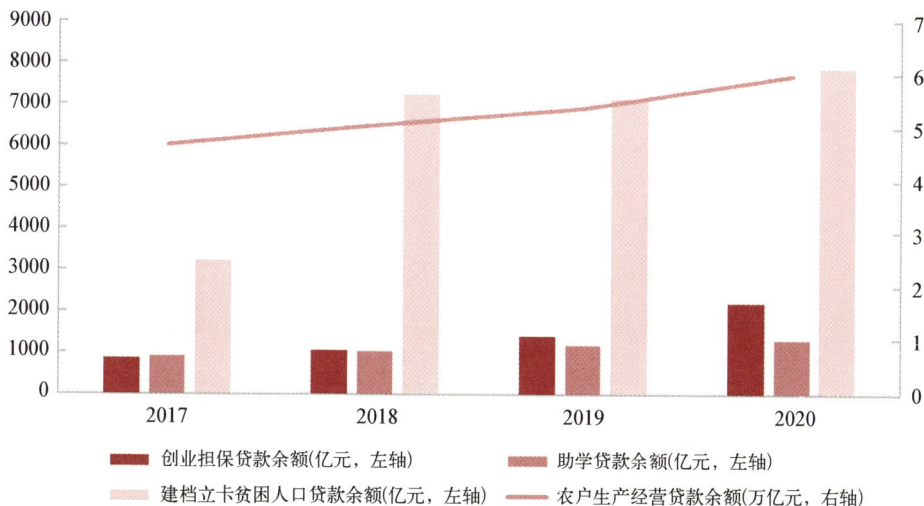

数据来源：国泰安 CSMAR 数据库。

图 11-10　普惠金融贷款余额

东部的山东省[①]。实验结果发现：项目服务的村镇的家庭收入显著地增加了 46%，其中 59% 的增长来源于自雇收入（主要来自农业）增长，而剩余的 41% 的增长来源于工资收入增长；该项目减少了 17% 的当地贫困率，增加了约 30% 的耐用品消费，大幅提升了社会福利水平。

（二）小额信贷与小微企业

我国中小微企业在技术创新、劳动就业等方面对经济和社会发展有突出的贡献，但现存超过 6 000 万的个体工商户[②]、约 2 800 万的中小微企业[③]，部分依旧面临着融资难、融资贵的问题，折射出巨大的尚未满足的融资缺口。因此，鼓励小微贷款一直是政府的金融政策重点。

我国普惠领域的小微企业贷款余额增长如图 11-11 所示。2019 年年末至 2020 年年末，小微领域贷款大幅增长。截至 2020 年年末，普惠小微贷款余额 15.1 万亿元，同比增长 30.3%，支持小微经营主体 3 228 万户，全年增加 530 万户；2020 年新发放贷款金额 1 000 万元以下的小微企业贷款平均利率为 5.15%，同比下降 0.81 个百分点[④]。总体来看，小微贷款正迈向"量大、面广、利薄"的新阶段。

---

① Cai S, Park A, Wang S. Microfinance Can Raise Incomes: Evidence from a Randomized Control Trial in China [J]. SSRN Electronic Journal, 2020: 3670721.

② 银保监会披露的、已被纳入市场监管总局小微企业名录的个体工商户，数据截至 2020 年 3 月。

③ 国家统计局第四次全国经济普查系列报告，最新数据截至 2017 年。

④ 中国人民银行《中国普惠金融指标分析报告（2020）》。

（亿元）

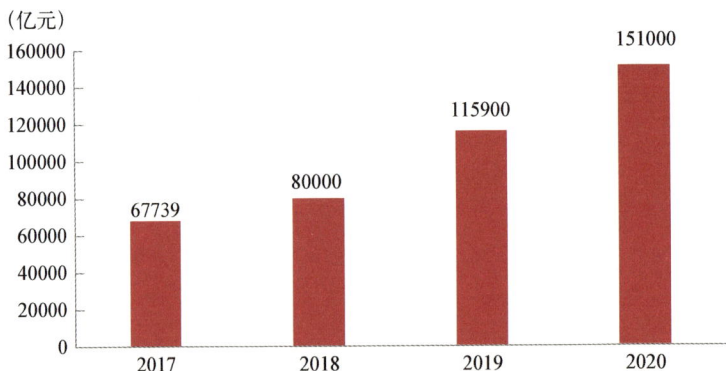

数据来源：国泰安 CSMAR 数据库。

图 11-11　普惠领域小微贷款余额

从地区分布来看，2020 年年末的数据显示，东部地区普惠小微贷款余额较高，如江苏、浙江和广东，这与这些地区活跃的小微企业的旺盛信贷需求密切相关。中部地区的安徽、河南、湖北等省的普惠小微贷款余额也较高（见图 11-12）。

（亿元）

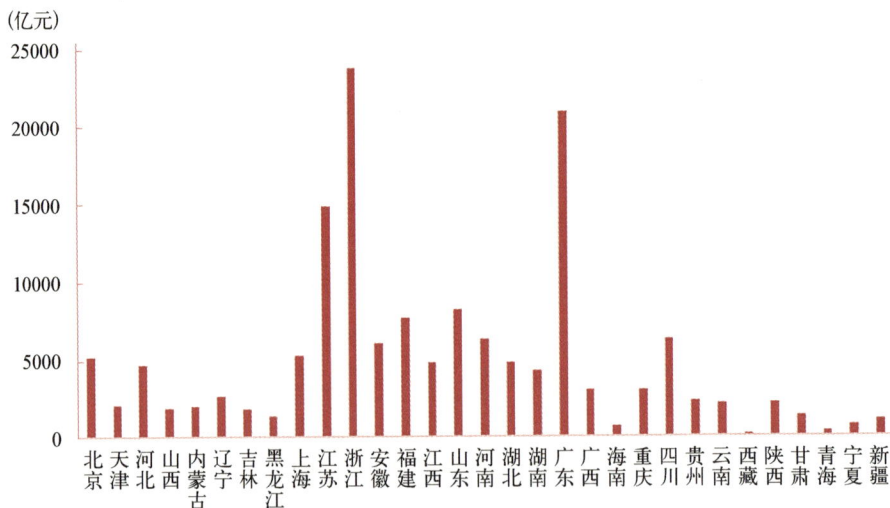

数据来源：中国人民银行.中国普惠金融指标分析报告(2020 年)〔R〕.2021.

图 11-12　31 个省（自治区、直辖市）普惠小微贷款余额

如表 11-8 所示，银行类存款机构贷款量占据普惠小微企业贷款 99％以上的比例，其中中资小型银行是发放贷款的主力，这与"大银行服务大型企业，小银行服务中小微企业"的金融结构设计是一致的。

非银行机构中，农村信用合作社发放的普惠小微企业贷款占据较大比例。但考虑到不受政策支持的小额贷款公司等非正规金融机构的小额贷款不在普惠小额贷款的统计口径内，非正规金融机构的相对重要性被低估。

表 11-8　2018 年年末普惠小微贷款分机构统计表

机构类型	普惠小微贷款			单户授信 500 万元以下小微企业贷款			个体工商户和小微企业主经营性贷款		
	余额（亿元）	当年增量（亿元）	同比增速（%）	余额（亿元）	当年增量（亿元）	同比增速（%）	余额（亿元）	当年增量（亿元）	同比增速（%）
全金融机构	79 924	12 185	18.0	18 333	2 855	18.5	61 591	9 330	17.9
银行业存款类金融机构	79 405	11 896	17.6	18 030	2 656	17.3	61 375	9 240	17.7
中资大型银行	18 634	3 458	22.8	6 339	2 134	50.8	12 295	1 324	12.1
中资中型银行	15 989	2 742	20.7	1 181	40	3.5	14 808	2 702	22.3
中资小型银行	40 088	6 183	18.2	9 586	682	7.7	30 502	5 501	22.0
小型城商行	10 822	1 411	15.0	2 829	100	3.7	7 993	1 310	19.6
农村商业银行	22 039	3 712	20.3	4 845	322	7.1	17 194	3 390	24.6
农村合作银行	302	−136	−31.0	36	−21	−37.0	266	−115	−30.1
村镇银行	5 072	599	13.4	1 481	84	6.0	3 590	515	16.7
农村信用合作社	4 526	−495	−9.9	810	−195	−19.4	3 716	−300	−7.5
中资财务公司	51	1	1.7	43	−4	−9.5	9	5	156.2
外资金融机构	117	7	6.8	72	0	−0.5	46	8	20.6
银行业非存款类金融机构	519	289	125.9	302	199	193.0	217	90	71.2

资料来源：中国人民银行、中国银保监会《中国小微企业金融服务报告(2018)》。

　　个体工商户贷款和小微企业主经营贷款是普惠小微贷款的"大头"[1]，体现了个体工商户和小微企业主对资金的旺盛需求，小额信贷有助于实体小微经济的发展。

　　农村合作银行和农村信用合作社的贷款量呈下降的趋势，这两类农合机构正顺应政策导向，逐渐改制为农村商业银行。村镇银行的贷款量较上一年明显增长，新型农村金融机构在农村地区发挥着越来越重要的作用。

　　数字技术不断深化，促进了线上小额信贷的发展，小微企业互联网流动资金贷款余额达 4 756 亿元。截至 2020 年年末，个人经营性互联网贷款余额 5 871 亿元，占个人经营性贷款余额超过 4%[2]。

---

[1] 但自 2019 年起，其口径调整为"单户授信 1000 万元以下的小微企业贷款"，因此，贷款组成可能会发生变化。

[2] 中国人民银行. 中国普惠金融指标分析报告(2020 年)[R]. 2021.

互联网银行依托其特有的平台服务众多的小微企业。截至 2020 年上半年,四大互联网银行(网上银行、微众银行、亿联银行和新网银行)累计服务超过 3 000 万户小微企业,为小微经济注入了不可或缺的资金。

三、小额信贷模式对比

与国际上诸多效果并不理想的小额信贷相比,经历了与市场不断磨合、不断调整的过程的中国小额信贷体系如今能够充分调动资金、利用信息技术处理信息不对称问题,法治建设极大地缓解合约不完全摩擦,解决了低收入人群被压抑的金融服务需求与不完全不充分的供给之间的矛盾。这些成果得益于我国特殊的制度安排与经济结构基础。

(一)产业链完整

过去的 40 多年间,中国的产业链在不同周期和政策的催生下主动或被动完成了扩张,即便在产业链价值爬坡的过程中也相对完整地保留了整条轴线,而非像美国一样丢弃了价值较低的环节,结果形成了一条大、长且相对完整的产业链。要使贷款风险可控,就要保证资金在产业链关键企业和上下游企业中封闭流转,而一条完整的产业链恰好符合这一条件。银行多与核心中大型企业保持信贷关系,实则控制了整条产业链的资金流动,通过应收账款融资、预付款融资等方式服务上下游的小微企业,集约资金利用的同时避免了产业链的断裂。另外,银行资本雄厚,相比非正规金融机构更具备参与整条产业链贷款的能力。因此,银行会选择参与全产业链贷款,避免贷"点"不贷"链",降低了整体的授信风险,这也是银行多参与我国的小额信贷体系的重要原因。

(二)正规金融和非正规金融充分结合

在政府政策主导下,我国正规金融体系在普惠金融中参与度较高。从小额信贷体系架构来看,政策性银行、国有控股银行积极开展小额信贷业务,各类专业服务"三农"的农合机构、村镇银行也是小额信贷政策传导的重要齿轮。

"自下而上"的格莱珉模式在中国的实践相对曲折,缺乏政府组织、管理、推动,农村地区的小额信贷实践商业性和公益性的矛盾无法调和、农民对小额信贷产品认识不足等原因导致了这类项目前期的艰难运作。"自上而下"的印度尼西亚人民银行模式则更贴近中国现有的模式,在国家的扶贫专项计划、普惠金融规划中均有对正规金融机构如何支持农村地区小额信贷的制度性安排,从顶层设计上保证了资金充裕、程序合规顺畅、具备普惠公益性。政府参与小额信贷项目无形中也增加了政府信用抵押品,提振社会整体信心,挤入了市场资金。同时,政府力量渗透到一线,主动贴近市场。在村干部的组织形式下,基层政府广泛深入群众,了解低收入人群的需求与信贷状况,将金融资源配置到农村重点领域和薄弱环节,全面支持乡村振兴战略。

但广袤的中国农村大地、复杂的乡土人情、关系型社会中充沛的社会资本,是发挥非正规金融潜能的绝佳试验田。将非正规金融与正规金融结合,让正规金融机构的资金流向开展业务的非正规金融机构,把非正规金融机构的丰富信息传送给传导政策的正规金融机构,二者相辅相成,发挥现有金融制度安排的最大效用。

(三)结构性改革全局保障

不同于世界其他国家小额信贷项目"独木难支",缺乏配套的系列政策补充支持,我国小额信贷项目与整个经济的结构性改革同步进行,全面提高低收入人群的生活水平与经济基础。

供给侧的"三去一降一补"为农村人口进城获得更好的金融服务、资金从"过剩产能""僵尸企业"中释放出来服务"三农"提供了基础。早期的"家电下乡"、减税新政、推动内循环等措施都力图释放低收入地区人群的需求,借助小额信贷配给资金,增加整体社会福利。针对低收入人群的"精准扶贫""智慧扶贫"用现代化技术帮扶当地产业,激发贫困地区经济的内生动力、活力,建立起能够让贫困人口自己劳动致富的长效机制。"扶贫"又"扶智"帮助积累人力资本、培育企业家精神,从根本上提升生产力。多管齐下、相辅相成的制度安排保证了结构性改革全局背景下小额信贷项目的成功。

第三节 小额信贷发展新动向

一、"特惠金融"转向普惠金融发展模式

可持续性是普惠金融的重要特征之一,而我国主要依赖补贴式的行政手段来弥补普惠金融最低端客户即低收入群体的金融服务的缺陷,呈现出特惠金融的特性;这在特定的时间和空间,针对特定的政策目标和服务群体(如脱贫攻坚战)是可行且必要的[①]。但特惠金融本身固有的缺陷,如财政压力大、效率效益低、不可持续等,会引发扭曲金融市场规律、穷人"等、靠、要"、目标群体偏移、寻租腐败行为等不良后果。

随着《推进普惠金融发展规划(2016—2020 年)》执行完成,我国脱贫攻坚战全面胜利,普惠金融开始逐渐摆脱特惠金融的属性,由"大水漫灌"式服务方式转为能够解决普惠金融服务在欠发达地区的弱势群体中不充分以及地区、城乡、不同群体间不平衡等问题的"精准滴灌"模式。目前,普惠小微贷款增速开始放缓,将改变以往高增长基数下客户对象筛选粗糙的现象,促使贷款不良率下降、资产质量提升。另外,宏观整体利率的

---

① 专访杜晓山:普惠金融需要"可持续",格莱珉银行理念值得借鉴[EB/OL]. 21 世纪经济报道,2021,https://news. qq. com/rain/a/20211117A04XHV00.

不断下行也要求贷款利率压缩,真正"惠"及万家。未来的普惠金融发展将是市场化定价与政府导向相结合,"保本微利"实现可持续发展。

二、金融科技创新小额信贷方式

在数字经济背景下,数字足迹(digital footprints)可以作为一种新型抵押品,通过便利贷款人收取拖欠贷款而增强贷款人的放贷意愿和借款人的偿还可能性。以蚂蚁金服的网络信贷为例,借款人在贷款申请时提供身份证号和手机号后,贷款人可由此从信息中介那里获得通讯联系人和在线购物地址等数字足迹;贷款人一旦掌握这些信息,即可通过社交网络渠道联系借款人的家人朋友偿还或通过居住地址渠道给借款人造成心理上的压力或"威胁"借款人将强制执法。研究显示,在贷款逾期后第四天蚂蚁金服打电话进行催收后,有数字足迹的贷款相比无数字足迹的贷款偿还率大幅上升,充分体现了数字足迹的抵押品功能[1]。

此外,使用大数据评估公司的信誉,可以解决信贷市场中信息不对称问题;以大数据风控作为贷款风险定价基础,从公司整体资质和经营情况分析风险,减少借贷对传统抵押品如当地房产的依赖。这种模式一方面可以扩大贷款可得性,帮助很多无法提供抵押品的小微企业获得贷款,另一方面可以减少小微企业信贷对抵押品的依赖,提高金融系统的稳定性。分析蚂蚁集团旗下的网上银行(MYbank)对中小企业贷款的数据,发现金融科技贷款对借款人的经济状况和网络信贷评分的弹性系数均要高于有担保和无担保的银行贷款,对房价和当地GDP的弹性系数远低于有担保和无担保的银行贷款[2]。因此,与传统银行信贷相比,金融科技信贷对金融周期依赖性较弱,这可能有利于中小企业融资和整个实体经济与金融市场的稳定。

除了信贷功能,金融科技赋予了小微金融更多的可能性。在支付宝App上线的大病互助计划"相互宝"以风险补偿、风险分散、互助共济的保险特征为核心,使中低收入人群更容易获得健康保障。

三、绿色小额信贷

一方面,世界上大部分穷人直接依赖生态系统维持生存,受自然灾害、环境灾害等冲击造成的健康、财产损失更严重[3]。另一方面,一些贫困地区的生产生活方式、小微企业的经济活动对环境具有显著的负面影响,需要资金支持进行转变或技术升级。绿色小额信贷集绿色信贷与小额信贷于一体,为其提供必要的信贷量,以可持续发展为核

---

[1] Dai L, Han J, Shi J, et al. Digital Footprints as Collateral for Debt Collection[R]. SSNR Working Paper No. 4135159, 2020.

[2] Gambacorta L, Huang Y, Li Z, et al. Data vs Collateral[J]. BIS Working Paper 881, 2020.

[3] Hammill A, Matthew R, McCarter E. Microfinance and Climate Change Adaptation[J]. IDS Bulletin, 2008, 39 (4): 113-122.

心,践行环保理念的同时兼具扶贫功能。

绿色小额信贷项目可以帮助贫困和边缘化人口减贫脱贫,实现环境和经济效益的双赢。如 2003 年在秘鲁的莫罗蓬区(Mórrope),当地妇女在全球环境基金小额赠款项目的支持下,进行了环保的野生棉花种植,缓解了当地小规模种植、就业机会少带来的贫困问题。

广义的小额信贷机构可以将环境因素、可持续发展因素等纳入贷款定价和风险评估因素,以激励农民使用清洁能源、采用绿色种植技术;扶助小微企业发展清洁技术;开发新能源及支持循环利用①。例如,中和农信与欧美合作,在海南昌江县实施保护项目,提供绿色信贷帮助农村居民从砍柴、砍树增加收入转为养殖业;此外,在发展小额信贷业务的过程中,中和农信通过日常宣传、知识培训等方式引导农户从高污染、高风险行业转移至低碳、环保行业。

四、小额贷款评级市场化

小额贷款公司评级可以帮助市场甄别有效率、运营能力强的机构,扩大其资本金,进一步服务更多低收入人群;资金的需求方通过筛选合规、制度完善的放贷机构,在控制融资成本的同时保障贷款和偿还过程顺畅无虞。总之,信息透明度的增加可以帮助提升市场效率,降低借贷双方费用,反过来增加风险资本总供给。

我国小额贷款评级目前已经在各省(区、市)开始试推行,主导机构为当地监管机构(如地方金融监督管理局),独立的第三方权威评级机构参与度低。如若小额贷款机构日后的各项创新业务均要建立在评级考核基础之上,独立的第三方评级机构需求巨大。例如,2017 年东方金诚国际信用评估有限公司出台了《小额贷款公司信用评级方法(2017)》,开始迈出第三方机构对小额信贷机构进行评级的新一步。但未来如何将这一主动权掌握在市场手中,第三方机构还有很漫长的路要走。

思考题

1. 发展中国家的信贷市场为什么容易失灵? 有哪些主要原因?

2. 小额信贷如何缓解低收入地区的信贷摩擦? 正规金融机构和非正规金融机构的小额信贷模式有何差异?

3. 中国的小额信贷体系与其他发展中国家的有何区别? 对发展经济学和政策制定有何启发?

4. 存在哪些因素限制小额信贷的实践效果? 未来小额信贷发展可能出现哪些新的变化?

---

① 张燕,陈胜,侯娟. 绿色小额信贷助推我国农民环境权实现的探析[J]. 华中农业大学学报(社会科学版),2013
(3):118-123.

第12章

环境保护与发展：理论与中国现实

　　环境问题并非一开始就受到广泛的关注，它伴随着经济的发展而产生。一方面，随着经济规模的扩张，环境问题不断累积，开始对居民健康和生活质量产生负面影响；另一方面，经济规模的扩张也会带来居民收入的增加，而这会进一步提高人们对生态环境质量的要求。这两方面都会导致人们对环境质量越来越关注。改革开放以来，中国经济总体规模增长了近40倍，成为仅次于美国的世界第二大经济体，人均GDP也从改革开放之初的300美元增长到现在的1.2万美元。在这个大背景之下，环境质量在中国受到的关注超过以往任何时期：中国的环境质量是否会随着经济的发展而逐渐得到缓解？贸易开放特别是加入WTO究竟恶化了还是改善了中国的环境质量？本章旨在基于微观发展视角介绍环境经济学的基本分析框架，这一简洁框架有助于我们回答以上受到各界关注的中国环境污染现实问题。

　　本章主要内容有：首先，呈现中国环境质量相关问题特征事实；其次，从微观发展视角介绍环境经济学基本原理，重点介绍环境污染的供给-需求分析框架，此过程中，我们还以中国环境特征事实为基础讨论环境经济学理论在中国背景下的含义；最后，基于所介绍的环境经济学理论模型框架理解和讨论中国环境污染现实问题。

第一节　关于中国环境污染问题的
几个重要特征事实

　　本节重点呈现几个与中国环境质量相关的特征事实。了解这些特征事实有助于对中国环境问题形成基本的感性认知，也有助于结合本章理论模型来思考中国环境治理现实问题。

一、核心环境污染物的演化特征

作为雾霾污染的主体来源，PM2.5 因危害高、防护难而成为近年来中国社会各界最为关注的环境污染物之一。图 12-1 描绘了 1998—2016 年中国 PM2.5 年平均浓度的变化趋势。基于该图可以发现，PM2.5 浓度与经济发展速度之间存在密切的关系。具体来说，1998—2007 年中国处于经济高速发展阶段，经济年均增长率高达 10%，2007 年的经济增长率甚至一度超过 14%。该时期 PM2.5 浓度不断上升，与样本区间最高经济增长率相对应，2007 年的 PM2.5 浓度也达到了最高值。2008 年金融危机后，中国经济增长率开始下行，2012 年后经济由高速增长阶段进入中高速增长阶段。2008—2016 年中国经济平均增长率为 8.3%，低于 1998—2007 年的 10%。与此相对应，2008—2016 年的 PM2.5 浓度也低于 1998—2007 年。因此从这个意义来看，环境质量本质上是发展问题。根据图 12-1 中的数据，1998—2016 年中国的 PM2.5 浓度平均值为 60 $\mu g/m^3$。这一数据显示结果低于大众的直观认知。至少两个方面的因素可以解释这个现象：其一，图 12-1 展示的是 PM2.5 浓度年度平均值，PM2.5 污染具有明显的季节性特征（PM2.5 浓度一般只有在冬季比较高）；其二，图 12-1 展示的是全国地级市 PM2.5 污染平均值（京津冀、长三角、珠三角等经济发达、人口集聚地区的雾霾污染可能会影响我们对全国 PM2.5 污染平均值的直观认知）。图 12-1 数据显示，2012—2013 年中国 PM2.5 浓度显著增加，2013 年 PM2.5 浓度到达相对高位，但仍低于 2006 年和 2007 这两年的水平。2013 年开始中国 PM2.5 污染受到社

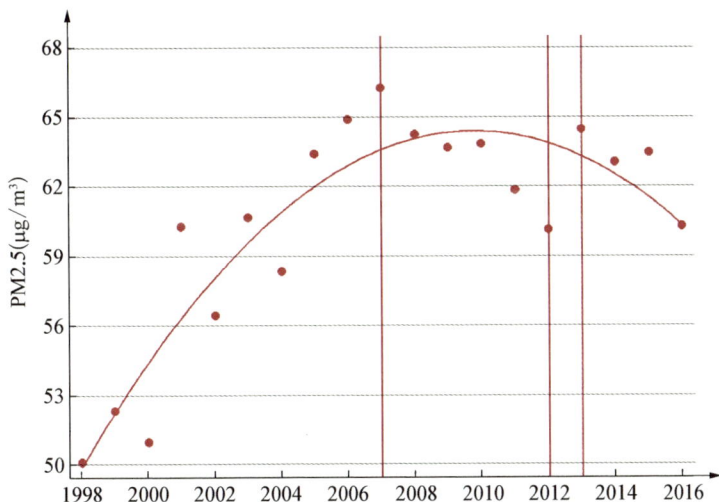

数据来源：根据哥伦比亚大学社会经济数据和应用中心公布的卫星监测 PM2.5 浓度数据整理。

图 12-1 1998—2016 年中国地级市 PM2.5 浓度平均值

会各界的普遍关注,与此相关的一个问题是,既然 2006 年和 2007 年 PM2.5 浓度高于 2013 年,为什么没有受到广泛关注? 导致这一现象的原因很多,其中一个比较重要的原因与经济发展水平相关——一般地,人们对环境问题的忍受度随着收入的增加而降低,在环境经济学中这被称作影响环境问题的收入效应(income effect)。2006—2013 年,中国 GDP 增加了将近两倍,人们收入水平有了大幅提高,根据收入效应,人们 2013 年对环境问题的忍受程度显著低于 2006 年和 2007 年。

二、环境问题与健康

环境问题与健康的关系是微观发展领域关注的重要主题。现有研究普遍发现环境污染对居民健康产生显著负面影响。就中国相关研究而言,陈硕和陈婷研究发现,二氧化硫排放每增加 1%,每万人中死于呼吸系统疾病及肺癌的人数将分别增加 0.055 和 0.005。就绝对水平来看,二氧化硫排放每增加 100 万吨,万人中死于这两类疾病的人数分别增加 0.5 和 0.3。另外,根据他们的测算,二氧化硫排放在中国每年造成的死亡人数在 18 万人左右,导致的相关医疗费用超过 3 000 亿元[1]。有研究基于中国以淮河为分界线的供暖政策分析了环境污染对中国居民预期寿命的影响,结果显示,供暖导致中国北方总悬浮颗粒物(TSPs)浓度比南方高出 184 $\mu g/m^3$(南方 TSPs 平均浓度的 55%),由此而引发的心肺疾病导致受到影响的人群的人均预期寿命减少 5.5 年[2]。除了大气污染外,水污染对中国居民健康的影响也受到了学者们的关注。比如,基于中国河流水质与健康数据研究发现,水质每下降一个等级(总共分为六个等级)将导致消化系统癌症增加 9.7%[3]。居民的健康状况是其劳动生产率的重要决定因素,因此,环境污染本身会通过影响居民健康而给经济长期发展带来负面影响[4]。事实上,有学者基于携程客服电话数据研究了空气污染对中国工人劳动生产率的影响,其研究结果显示,空气污染指数(Air Pollution Index,API)每增加 10 个单位,中国工人劳动生产率将下降 0.35%[5]。

① 陈硕,陈婷.空气质量与公共健康:以火电厂二氧化硫排放为例[J].经济研究,2014(8):158-169.

② Chen Y, Ebenstein A, Greenstone M, Li H. Evidence on the Impact of Sustained Exposure to Air Pollution on Life Expectancy from China's Huai River Policy[J]. Proceedings of the National Academy of Sciences, 2013, 110 (32): 12936-12941.

③ Ebenstein A. The Consequences of Industrialization: Evidence from Water Pollution and Digestive Cancers in China[J]. Review of Economics and Statistics, 2012, 94(1): 186-201.

④ Zivin J G, Neidell M. Environment, Health, and Human Capital[J]. Journal of Economic Literature, 2013, 51(3): 689-730.

⑤ Chang T Y, Graff Zivin J, Gross T, et al. The Effect of Pollution on Worker Productivity: Evidence from Call Center Workers in China[J]. American Economic Journal: Applied Economics, 2019, 11(1), 151-172.

三、环境规制

环境问题显著降低了人们的生活质量，再加上污染排放本身具有外部性（参见本章第二节），因此需要对污染企业（部门）进行环境规制（environmental regulation）。事实上，中国实施了广泛的环境规制[①]。政府环境规制内涵丰富，既包括提高环境研发投入、调节污染税率等经济手段，又包含制定环境保护条例、颁布环境保护法规等法律手段，有时甚至直接体现为行政命令。2013 年，中共中央组织部对地方官员考核体系作出了结构性调整，明确提出弱化 GDP 增速的考核权重，同时加强环境保护等方面的考核[②]。因此，很难利用单一特定指标来刻画中国的环境规制[③]。在中国，政府工作报告的重要性不言而喻，它规定了各级政府未来一年甚至几年工作的方向和重点。有鉴于此，这里选取政府工作报告中与环境相关词汇比重来刻画中国环境规制强度[④]，图 12-2 描绘了2004—2013 年政府工作报告中与环境相关词汇比重变化趋势。从中能够清楚看到，政府工作报告中与环境相关词汇比重总体呈现上升趋势，环境规制强度总体增加。结合中国 2004—2013 年经济增长率数据，进一步观察图 12-2 能够发现一个有趣的现象——环境规制强度与经济增长速度呈现一定的正相关关系，即中国环境规制具有顺周期（procyclical）特征。这在一定程度上可能体现了经济增长和环境问题之间的权衡（trade-off）。当经济增长速度较快时，政府增加环境规制强度（牺牲一定的经济增长）以缓解生态环境压力（如 2008 年）[⑤]；当经济增长速度放缓时，政府降低环境规制强度（牺牲生态环境）以缓解经济下行压力（如 2009 年和 2012 年）。需要说明的是，2004—2006年的 GDP 年增长率都超过了 10％，而从图 12-2 中可以看出，与其他年份相比，这几年的政府环境规制强度较弱，这可能与这几年经济总体规模较小有关。事实上，政府环境规制是否一定会带来产出的损失是一个可以讨论的问题。从短期来看，环境规制往往会限制污染部门的生产，从而降低经济的总产出。但是从长期来看，如果环境规制能够倒逼企业进行技术创新活动，那么环境规制有可能最终增加经济产出。在环境经济学

---

① 我国早在 1989 年就通过《中华人民共和国环境保护法》（后于 2014 年修订），陆续制定和实施了《中华人民共和国水污染防治法》《中华人民共和国大气污染防治法》以及《中华人民共和国固体废物污染环境防治法》等。实施了《酸雨控制区和二氧化硫污染控制区划分方案》（简称《双控区方案》），"十一五"规划纲要对化学需氧量与二氧化硫两种污染物排放总量进行了严格限定。针对备受关注的大气污染问题，近些年更是陆续实施了包括《大气污染防治行动计划》（又称《大气十条》）、中央生态环境保护督察以及环保约谈等在内的一系列环保政策。依据各自环境状况，各地区也相应制定了多部地方性法规。
② 张军，樊海潮，许志伟，等. GDP 增速的结构性下调：官员考核机制的视角[J]. 经济研究，2020，55（5）：18.
③ 陈诗一，陈登科. 雾霾污染、政府治理与经济高质量发展[J]. 经济研究，2018，53（2）：15.
④ Chen Z, Kahn M E, Liu Y, et al. The Consequences of Spatially Differentiated Water Pollution Regulation in China[J]. Journal of Environmental Economics and Management，2018（88）：468-485.
⑤ 值得注意的是，环境规制之所以没有在经济增长最快的 2007 年当年出现，而是在之后的一年 2008 年出现，是因为政府工作报告一般发布在年初，很大程度上是基于上一年经济运行情况对下一年工作方向和重点做出的安排。

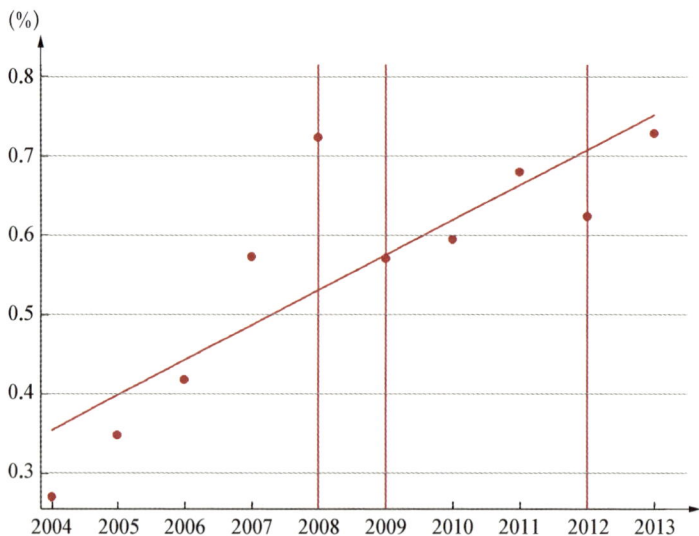

图 12-2　政府工作报告中与环境相关词汇占比

中,环境规制通过激励企业创新活动来增加经济产出的假说被称作波特假说(Porter hypothesis)[1]。

　　对于环境规制,具体到企业层面经常遇到的问题是,究竟是对大型企业施加更强的环境规制,还是对小型企业施加更强的环境规制? 一个直观判断是,大型企业污染排放量远高于小型企业,因而应当对大型企业施加更强的环境规制。然而,更优的情形可能恰恰相反。其原因在于,与小型企业相比,虽然大型企业排放的污染总量较大,但是其污染排放强度(emission intensity)可能较低。污染排放强度是指单位产出所排放的污染量。因此,排放强度越低意味着单位产出所排放的污染量越少,反之则相反。图 12-3 绘制了企业规模与 SO_2 排放强度之间的关系图。横坐标为企业规模(利用工业总产值表示)组别(为 1～100 的整数,取值为 1 对应规模最小的 1% 企业,取值为 50 对应中等规模的 1% 企业,取值为 100 对应规模最大的 1% 企业),纵坐标为每一规模组别内企业 SO_2 排放强度(对数)的中位数。从图 12-3 可以看出, SO_2 排放强度与企业规模存在非常明显的负相关关系。大型企业污染排放强度较低的可能解释有:第一,处理污染需要投入较多的固定成本(从而存在污染处理的规模报酬递增效应),大型企业更有激励去进行污染处理投资;第二,大型企业之所以大(给定其他因素相同),可能是因为这些企业的生产效率比较高,这也会导致其污染排放强度更低;第三,如果监管一个大型企业和监管一个小型企业的成本差不多,那么在有限的监管资源条件下,大型企业可能更容易受到政府的污染排放监管;第四,大型企业中的相当一部分是国有企业,这些企业往往更有激励去执行国家的污染规制政策。

---

[1] Porter M E. Towards a Dynamic Theory of Strategy[J]. Strategic Management Journal,1991(12):95-117.

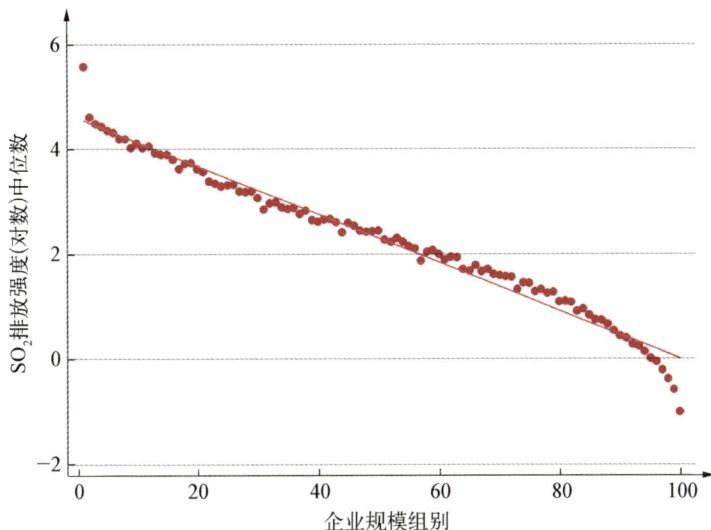

资料来源：绘制此图的具体做法是，将 SO_2 排放量（对数）和企业规模从小到大排列分成 100 等份，然后计算每一规模组别内企业 SO_2 排放量（对数）的中位数，最后以规模组别序号为横轴、以每一组别内企业 SO_2 排放量（对数）中位数为纵轴绘制图形。原始数据来自中国企业污染数据库。

图 12-3　企业规模与 SO_2 排放强度（对数）

四、技术进步与环境问题

对于缓解中国经济发展过程中产生的环境问题，技术进步可能起到了至关重要的作用。思考这一问题的便利方式是，虽然中国环境问题曾经比较严重，但是如果没有技术进步，中国环境问题是不是更加严重？当然，回答这个问题是一个非常具有挑战性的任务。一方面，改革开放以来中国技术水平显著提升，因此，没有发生显著技术进步情形下的环境问题是一个不可观测的反事实；另一方面，测度技术进步本身也非常具有挑战性。经济系统本身的复杂性进一步增加了回答上述问题的困难程度。尽管如此，我们尝试对技术进步的环境影响进行简单的讨论。图 12-4 同时绘制了两条 1978—2015 年中国能源消耗趋势图。这两条曲线都根据 1978 年的数值进行了标准化（即将 1978 年数值设定为 1）。其中，位置较低的曲线描绘的是实际能源消耗趋势，位置较高的曲线描绘的是假设每一年能源强度都等于 1978 年数值情形下（反事实）的能源消耗趋势。如果我们将能源强度本身视作技术进步的代理变量（其数值越低表示技术水平越高）[1]，那么从图 12-4 所展示的结果来看，技术进步对于降低中国能源消耗（从而减少环境问题）起到了非常重要的作用。

---

[1] 事实上，能源强度（或者污染排放强度）是一个内生变量（endogenous variable），在均衡中，这个变量不仅会受到技术水平的影响，还会受到居民偏好、禀赋甚至政策的影响。换言之，我们基于实际数据计算得到的能源强度可能同时包括技术水平、居民偏好、禀赋以及政策因素等。尽管如此，类似于图 12-4 的做法是思考技术进步对环境污染影响的一个有意义的起点。

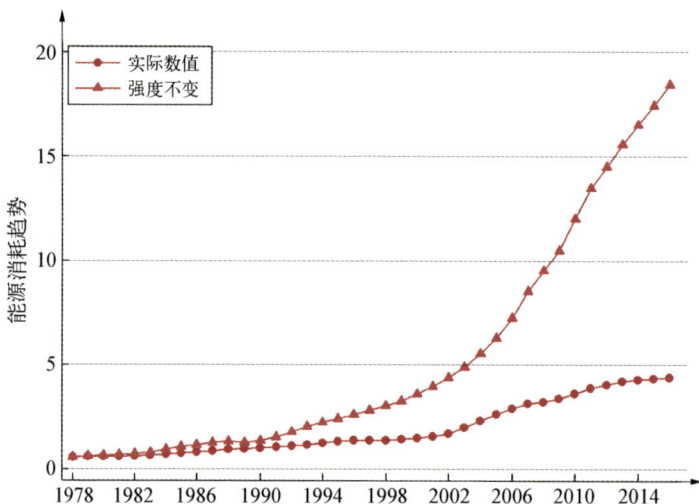

图 12-4　1978—2015 年中国能源消耗趋势(1978 年数值标准化为 1)

五、结构转型与环境问题

任何一个国家在实现现代化的过程中都会面临经济结构转型的问题,中国也不例外。除了环境规制和技术水平之外,经济发展结构也是影响中国环境问题的重要因素。图 12-5 绘制了 1962—2019 年中国三大产业占比演化趋势。从中可以看出,1949 年到改革开放前,中国实施重工业优先发展战略,这一时期第一产业比重持续下降(20 世纪从 60 年代初的 40%左右降低到 1980 年的 30%左右),第二产业比重持续上升(20 世纪从 60 年代初的 30%左右上升到 1980 年的 50%左右),第三产业比重也下降了将近

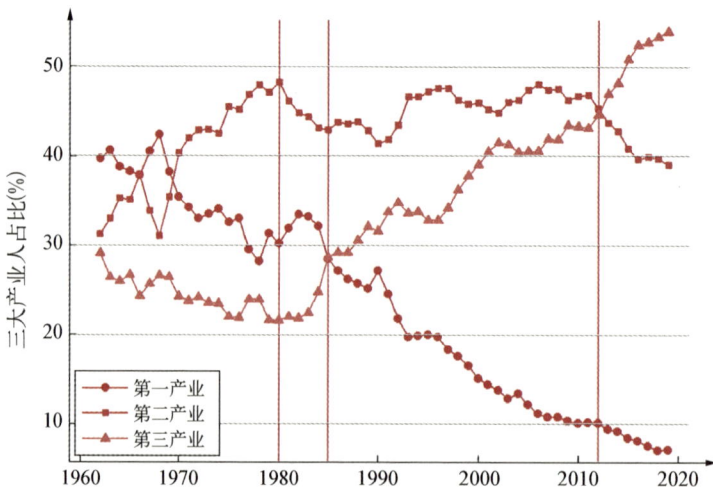

图 12-5　1962—2019 年中国三大产业占比动态演化(经济结构转型)

10%。与第一和第三产业相比，第二产业消耗了大量的能源，因此给定其他因素（如经济规模）不变，改革开放前重工业优先发展战略所引致的中国经济结构变化会恶化中国环境问题。改革开放至今，中国经济发展转型的一个显著特征是，在第一产业比重持续下降的同时，第三产业比重显著上升（从 1980 年的 20% 左右上升到现在的 55%），于 1985 年第一次超过农业，2012 年超过第二产业，成为中国国民经济的第一大产业。第二产业占比在 2012 年后有了比较显著的下降。我们知道，与第二产业相比，第三产业能源消耗较少。从图 12-6 中可以看出，单位产出能耗与第三产业比重存在明显的负相关关系。由此可以推知，给定其他因素（如经济规模）不变，改革开放后中国的经济转型降低了中国的环境问题。实际上，在环境经济学中，不同部门相对规模变化对环境污染的影响被称为配置效应（composite effect）。在本章后续的理论模型部分，我们还会对此进行详细地讨论。

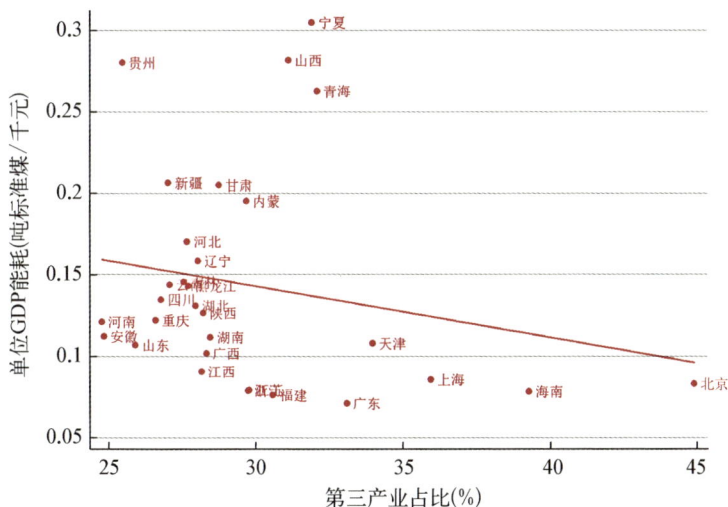

注：第三产业占比与单位 GDP 能耗是各省 1952—2016 年的平均值。

图 12-6　第三产业占比与单位 GDP 能耗

第二节　外　部　性

与其他经济学领域比，环境经济学一个突出特征是对外部性（externality）的强调。所谓外部性，是指某一个体（群体）的行动或者决策对其他个体（群体）直接产生影响[①]。

[①] 在这里，强调直接影响是为了与一般均衡效应（general equilibrium effect）区分。原则上，某一特定个体（群体）总是可以通过一般均衡效应对其他个体（群体）产生（间接）影响，类似于"蝴蝶效应"。

外部性可以是正向的,也可以是负向的。环境污染往往体现为负外部性,比如,河流上游造纸厂排放的污染会给下游养鱼场带来负外部性,企业污染排放对当地居民身心健康产生负面影响,等等。经济学原理告诉我们,给定存在外部性,私人优化均衡就不再等于社会优化均衡。换言之,外部性导致了无效率的均衡结果。直观上这是因为在决策或者行动的过程中,个体不会考虑其行为对其他人产生的(正向或者负向)影响。但是,社会计划者(social planner)往往必须将这一点考虑在内。图 12-7 以企业污染排放为例直观展示了私人优化均衡与社会优化均衡的偏离。可以看出,由于污染企业不考虑其污染排放对社会造成的负外部性,它的生产边际成本小于社会边际成本。根据边际收益等于边际成本的最优化原则[①],私人优化均衡图中 A 点对应的污染排放量为 Q^*,社会优化均衡图中 B 点对应的污染排放量为 Q^{**}。显然,私人优化均衡条件下出现了污染的过度排放问题($Q^* > Q^{**}$)。需要指出,虽然污染排放存在负外部性,但是社会最优均衡污染排放并不等于 0,这是因为 0 污染排放情形下,企业不会有任何产出。

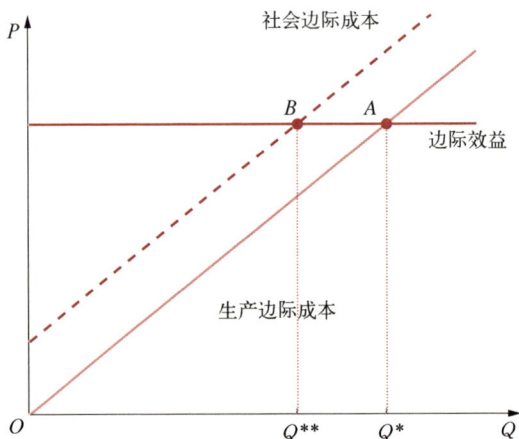

图 12-7　负外部性与污染过度排放

　　根据上述分析,我们知道在私人优化均衡下存在污染过度排放问题。那么如何才能够避免这一问题? 一个直接的想法是,通过某种机制使得污染排放企业边际成本与社会成本项相等,即将企业污染排放所带来的负外部性内部化,这样私人(企业)优化均衡就与社会优化均衡相等了。一般地,经济学中实现这一目标的方式主要有两种方式。第一,对污染排放企业征收庇古税(Pigovian tax)[②],如此污染企业生产的边际成本便会增加(等于企业原有边际成本加上庇古税),如果知道污染排放造成负外部性的具体数

---

① 考虑到简便性,假设污染企业污染排放的边际收益曲线是水平直线。
② 中国对排污企业征收的排污费就是庇古税的一种。

值,将庇古税直接设定为该数值即可实现社会优化均衡。第二,界定产权(权力)。根据科斯定理(Coase Theorem)[1],如果产权能够被无成本地界定,那么私人(竞争)均衡与社会优化均衡相同。对于污染排放问题而言,既可以让企业享有排污权,也可以让居民享有免受污染影响权[2]。

专栏 12-1

庇 古 税

庇古税由英国经济学家阿瑟·庇古(Arthur Pigou, 1877—1959)于 1920 年正式提出。庇古是英国剑桥学派的主要代表人物,也是著名经济学家阿尔弗雷德·马歇尔(Alfred Marshall)的学生。庇古认为,由于外部性导致个体成本收益与社会成本收益产生背离,政府可以对产生负外部性的个体进行征税,对产生正外部性的个体进行补贴,以使个体的外部性内部化。后来,这种针对外部性的修正性税收或者补贴被统称为"庇古税"。在中国环境政策领域,庇古税有较为广泛的应用。比如,为了保护和改善环境、减少污染物排放,中国对产生污染排放的企业征收排污费。后来,又将排污费征收以法律的形式固定下来。2018 年颁布实施的《中华人民共和国环境保护税法》明确规定,直接向环境排放应税污染物的企业事业单位和其他生产经营者,均应缴纳环境保护税。此外,为助推经济低碳绿色发展,作为庇古税的一种,碳税目前也已进入了政策讨论层面。

第三节　环境问题供给-需求理论分析框架

无论庇古税还是产权界定都使污染排放产生了价值,因此我们可以将污染排放视为一种特殊的市场要素,进而借助供给-需求框架对环境污染进行均衡分析。一方面,企业需要排放一定量的污染来进行生产,这是生态环境的需求方;另一方面,给定企业所支付的污染排放费,政府或者居民愿意(出让一定的自然环境)忍受一定的环境污染,这构

---

[1] Coase R H. The Nature of the Firm[J]. Economica, 1937, 4(16): 386-405.

[2] 实践中通过征收庇古税来实现社会最优的难点是,企业污染排放所引致的负外部性具体数值很难测算。负外部性的大小往往取决于居民对污染的忍受程度,而这又取决于居民的禀赋、偏好以及收入(个体对环境污染的忍耐程度通常随着收入的升高而下降)等。居民对污染的忍受程度越高,企业污染排放所引致的负外部性越低,反之则相反。实践中通过界定产权(权力)来实现社会最优的难点是,产权的界定往往不是没有成本的。理论上,除了征收庇古税与界定产权之外,实现社会最优的另外一个方式是将污染企业国有化,进而将其污染排放直接设定在社会最优的水平。实践中这一方式的问题在于,中央计划者难以掌握所有经济个体的信息。

成了环境污染的供给[①]。接下来,我们重点介绍环境污染的供给-需求模型,确定均衡的环境污染量和环境污染价格(这个价格既可以理解为庇古税,也可以理解为排污权价格)。

一、环境污染需求

环境污染既可以视为污染排放企业的(负)产出,也可以视为污染排放企业的投入。将污染视为产出比较容易理解,而能够将污染排放视为企业投入是因为,企业在生产过程中需要为排放的污染支付一定的费用,则污染排放与其他生产要素(资本、劳动、土地以及知识产权等)一起进入企业成本函数,该情形下,企业产出是除去处理污染的消耗后剩下的净产出(net output)。事实上,将污染视为产出和视为投入在数学上是同构的[②]。考虑到分析的方便性,我们将环境污染视为投入,并假定污染品市场完全竞争(perfect competition)。

企业优化行为由如下利润最大化问题刻画:

$$\pi = F(H, Z) - P^H H - \tau Z \tag{12-1}$$

其中,π 表示企业利润。$X \equiv F(H, Z)$ 为企业生产函数,满足稻田条件(Inada conditions)[③]。H 表示常规生产要素,Z 表示环境污染,P^H 和 τ 分别表示 H 和 Z 的价格。

从式(12-1)中可以看出,增加一单位污染的收益是增加 $\dfrac{\partial F(H, Z)}{\partial Z}$ 单位产出,成本是需要支付 τ 单位污染排放费用。注意到,$\dfrac{\partial F(H, Z)}{\partial Z} > 0$(增加污染排放总是能够增加产出),因此,如果不对企业征收任何污染排放税($\tau = 0$),企业所排放的污染将会是无穷大。在 $\tau > 0$ 的条件下,根据最优化原则,企业污染需求(pollution demand)由下式刻画:

$$\frac{\partial F(H, Z)}{\partial Z} = \tau \tag{12-2}$$

根据稻田条件生产函数的性质 $\dfrac{\partial^2 F(H, Z)}{\partial Z \partial Z} < 0$(要素边际报酬递减)可知,式(12-2)意味着排放 Z 随着 τ 的增加(减少)而下降(上升)。这一结论非常直观:污染价

[①] 需要注意的是,政府和居民是环境污染的供给方并不是说政府和居民生产了环境污染,而是说政府和居民向污染企业出让了排污权限。

[②] Copeland B R, Taylor M S. Trade and the Environment[M]. Princeton: Princeton University Press, 2013.

[③] 稻田条件具体含义是:第一,产出是投入要素的增函数,即 $\dfrac{\partial F(H, Z)}{\partial H} > 0, \dfrac{\partial F(H, Z)}{\partial Z} > 0$;第二,要素边际报酬递减,即 $\dfrac{\partial^2 F(H, Z)}{\partial H \partial H} < 0, \dfrac{\partial^2 F(H, Z)}{\partial Z \partial Z} < 0$;第三,一种要素的增加有助于提升另一种要素的边际产出,即 $\dfrac{\partial^2 F(H, Z)}{\partial H \partial Z} = \dfrac{\partial^2 F(H, Z)}{\partial Z \partial H} > 0$。

格 τ 越高(低)，污染排放需求越低(高)。这意味着如果政府加强环境管制(提升污染价格 τ)，则会降低企业污染需求。图 12-8 给出了企业污染需求曲线示意图，可以看出，根据 Z 上升和下降的不同，偏导数 $\dfrac{\partial F(H, Z)}{\partial Z}$ 既能表示增加一单位污染排放带来的产出增加，也能表示降低一单位污染给企业带来的损失。因此，在环境经济学文献中，污染需求曲线通常也被称作边际减排成本(marginal abatement cost，MAC)。

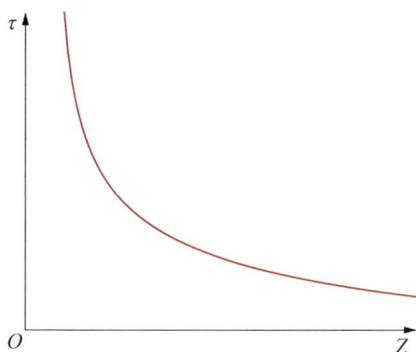

图 12-8　污染需求(边际减排成本)曲线示意图　　图 12-9　污染需求(边际减排成本)曲线移动示意图

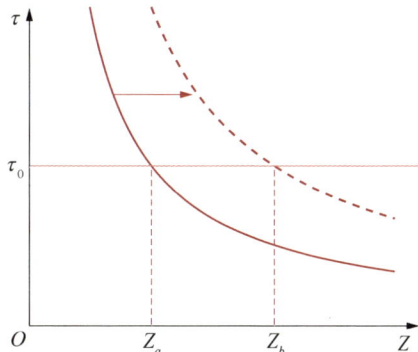

　　根据基本经济学原理，需求和价格之外的其他因素变动会使得需求曲线发生移动。给定其他条件不变，污染部门经济规模的扩张导致污染需求曲线向右移动(见图 12-9)。这可以从两个方面来理解：第一，从左向右看，对于同样的价格，污染部门经济规模扩张导致污染需求增加；第二，从下向上看，对于同样的污染排放，污染部门经济规模扩张推升了污染价格。据此可以推知，改革开放前的重工业优先发展战略以及 21 世纪初中国重化工业的再膨胀导致中国污染需求曲线向右移动。另外，促进规模提升的技术进步(中性技术进步)会导致污染需求曲线向右移动，而提升污染处理效率的技术进步(有偏技术进步)则会导致污染需求曲线向左移动。经济体中污染要素禀赋的增加(减少)会导致污染需求曲线向右(向左)移动。

　　需要说明的是，"给定其他条件不变"这一前置条件对我们的分析非常重要，它是经济学最常使用的分析范式之一，对应局部均衡分析(partial equilibrium)。事实上，经济是一个复杂的系统，经济变量通过一般均衡(general equilibrium)效应存在着广泛的内在联系，再加上经济学的研究对象往往无法像自然科学那样较为广泛地开展控制试验(control experiment)[①]，因而在实际应用中通常无法做到"给定其他条件不变"。基于这一认识，再从一般均衡视角考察污染部门经济规模扩张对污染需求的影响：一方面，污染部门经济规模扩张本身增加会引起污染需求增加；另一方面，污染部门经济规模扩张

---

① 例如，类似四万亿基础设施投资政策对宏观经济影响这样的问题就很难通过开展(重复)控制试验来回答。

所带来的污染处理规模效应会使得污染需求下降。可以看出,在这一简单一般均衡模型框架下,污染部门经济规模扩张对污染需求的影响取决于这两个效应的相对大小。在这里我们想强调的是,虽然"给定其他条件不变"在现实中几乎不可能做到,但"给定其他条件不变"分析的重要性在于,它提供了一个帮助经济学家理解和识别重要经济学影响机制的思想试验(thought experiment),至少这是利用理论模型思考和分析现实问题的一个重要起点。有鉴于此,如不特别指出,在本章中我们的分析都隐含"给定其他条件不变"这一前置条件。到本章污染供给-需求均衡分析部分以及环境库兹涅茨曲线部分,我们再来讨论一般均衡问题。

如果进一步假设生产函数 $F(H, Z)$ 一次齐次(homogeneous of degree one)[①],那么污染需求(边际减排成本)曲线还可以基于下述成本最小化问题来得到。其原因在于给定完全竞争市场假设,一次齐次函数设定意味着企业在利润最大化过程中不需要考虑产量的选择问题。正式地,假设投入要素价格 P^H 和 τ 外生给定,以及柯布-道格拉斯生产函数 $F(H, Z) = H^\alpha Z^{1-\alpha}$(其中 $0 < \alpha < 1$),考虑企业如下成本最小化问题:

$$C^*(P^H, \tau) = \min_{\{H \in \mathcal{H}, Z \in \mathcal{Z}\}} \left\{ \begin{array}{c} P^H H + \tau Z \\ \text{s. t. } F(H, Z) = 1 \end{array} \right\} \tag{12-3}$$

基于式(12-3)构造拉格朗日函数并进行优化运算,可以很容易得到

$$\frac{P^H}{\tau} = \frac{\alpha}{1-\alpha} \cdot \frac{Z}{H} \tag{12-4}$$

从式(12-4)中可以得出以下两个重要结论。第一,Z 随着 τ 的增加而下降,即污染需求随着污染价格的上升而降低,由此我们基于成本最小化问题得到了污染需求曲线。第二,Z 随着 α 的上升而下降。这一结论也比较直观,注意到 $1-\alpha$ 表示污染投入的产出弹性,α 越大意味着污染投入的产出弹性越小,即污染投入的收益越小,从而导致 Z 越小。图12-10给出了企业成本最小化示意图,其中直线刻画的是 $C(P^H, \tau) = P^H H + \tau Z$,曲线刻画的是 $F(H, Z) = 1$。可以看出,当污染价格由 τ_0 降低到 τ_1 时,成本曲线陡峭度提升,曲线斜率绝对值由 $\left| \frac{P^H}{\tau_0} \right|$ 增加到 $\left| \frac{P^H}{\tau_1} \right|$,最优要素投入点也相应地从图中的 A 点(H_0,

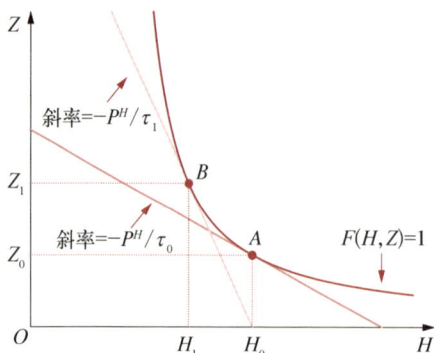

图 12-10 污染企业成本最小化问题

---

① 一次齐次生产函数的含义是:对于任意大于 0 的常数 λ,都有等式 $F(\lambda H, \lambda Z) = \lambda F(H, Z)$ 成立。例如,经济学中最常使用的柯布-道格拉斯生产函数 $F(H, Z) = H^\alpha Z^{1-\alpha}$ 就是一次齐次。

Z_0) 变为 B 点 (H_1, Z_1)。 显然，环境污染价格 τ 的降低增加了污染需求 ($Z_1 > Z_0$)，降低了常规要素的需求 ($H_1 < H_0$)。

到目前为止，我们始终假定企业产出随着污染投入的增加而一直增加，即 $\dfrac{\partial F(H, Z)}{\partial Z} > 0$ (其中，Z 的取值范围是从 0 到无穷大)，但是现实可能并非如此。注意到，污染排放本身具有一定的特殊性，它是企业生产过程的附带品，因此一旦给定产出 (或要素 H 的投入量)，企业污染排放量的上界也就确定了。换言之，企业污染排放量不会超过其产出所产生的污染量，这是企业对污染的最大需求量。为了简便起见，假设 H 所对应的最高污染排放量 Z^{max} 等于 λH，那么 $Z^{max} = \lambda H$ 刻画了企业的污染排放边界。Z^{max} 可以理解为企业对生产过程中产生污染不做任何处理所排放的污染量。给定 $Z^{max} = \lambda H$ 这一限定条件，我们再来分析污染企业的成本最小化问题，图 12-11 对此进行了直观演示。根据前述分析我们知道，污染需求随着污染价格的下降而上升。当污染价格下降到使得成本曲线与等产量线在图 12-11 中 B 点恰好相切时 (该情形下，$\tau = \tau_{min}$，$Z = Z^{max}$)，继续降低污染排放价格不会进一步增加企业污染需求。图 12-11 中的 B 点为污染企业成本最小化问题的角点解 (corner solution)。与图 12-11 成本最小化问题所对应的污染需求 (边际减排成本) 曲线由图 12-12 给出。图中污染需求曲线的虚线部分表示无法达到的部分。

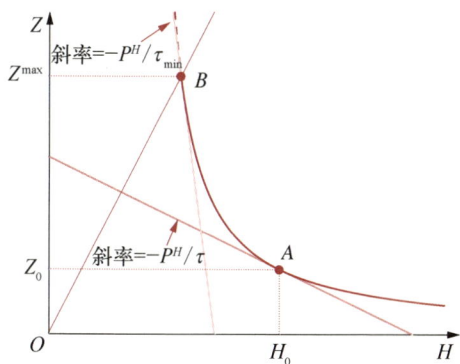

资料来源：Copeland B R, Taylor M S. Trade and the Environment[M]. Princeton: Princeton University Press, 2013.

图 12-11 污染需求上限与污染企业成本最小化问题

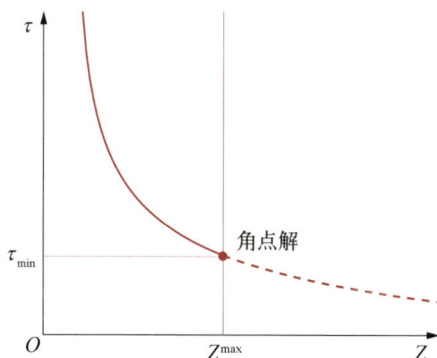

图 12-12 考虑污染需求上限情形下的污染需求 (边际减排成本) 曲线示意图

二、环境污染供给

前文介绍了环境污染需求，接下来介绍环境污染供给 (pollution supply)。在环境经济学文献中，政府或者居民被认为是环境污染的供给方。如前所述，给定排污企业支付一定的污染排放费用,政府或者居民愿意忍受一定的环境污染,从而形成了污染(权)供给。

先讨论政府作为污染供给主体的情形。政府环境污染供给通常有如下两种形式:一是政府通过设定污染排放上限(cap),对环境污染实施总量控制(图 12-13 中 $Z = \bar{Z}$ 处的竖直直线刻画了这种形式),排污单位根据各自需求进行排污权交易,理论上对应的是科斯定理;二是设定污染排放价格(图 12-13 中 $\tau = \tau_0$ 处的水平直线刻画了这种形式),即对排污企业征收排污税,理论上对应庇古税。事实上,这两种环境污染供给形式在中国都有广泛实施。作为实现 2030 年碳达峰与 2060 年碳中和目标(简称"双碳"目标)的核心政策工具之一,经过 10 年的探索实践,全国碳排放权交易市场于 2021 年 7 月 16 日启动上线交易。"双碳"目标属于碳排放总量控制目标,因此,全国碳排放权交易市场对应我们讨论的第一种环境污染供给形式。国务院 2003 年发布并实施的《排污费征收使用管理条例》规定,排污者应当缴纳排污费,这对应我们讨论的第二种环境污染供给形式。

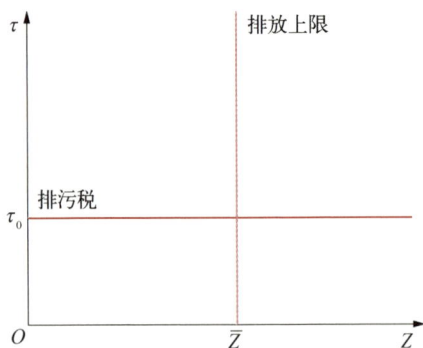

图 12-13 政府环境污染供给

接下来讨论居民作为污染供给主体的情形。政府通过设定污染排放总量或者污染排放价格来向市场提供污染排放(权)。该情形下,政府行为被视为外生变量(exogenous variable)[①]。然而在实践中,政府设定的污染排放总量或者污染排放价格往往随着经济发展阶段、经济要素禀赋、技术水平以及国际贸易冲击等诸多因素的变动而不同。我们需要将政府的环境供给行为内生化(endogenize)。如果假定政府的最终目标是最大化居民的效用,那么居民本身就成了污染供给的主体。为了得到居民环境污染供给曲线,考虑如下最简单的居民效用最大化问题:

$$U^* = \max_{\{Z \in Z\}} \left\{ \begin{array}{c} U(I, Z) \\ \text{s. t. } I = \tau Z \end{array} \right\} \tag{12-5}$$

其中,I 表示居民收入,随着企业支付排污费 τZ 的增加而增加,Z 表示污染排放量,τ 表示污染排放价格。$U(I, Z)$ 是 I 的增函数、Z 的减函数。根据最优化原则可得:

$$\frac{dI}{dZ} = \tau = -\frac{U_Z(I, Z)}{U_I(I, Z)} \tag{12-6}$$

---

① 外生变量是指在模型之外被决定的变量,通俗来讲就是模型本身不考虑外生变量被如何决定;内生变量则相反。比如,自然地理因素在经济学研究中通常被视为外生变量。

其中，$U_Z(I, Z) = \dfrac{\partial U(I, Z)}{\partial Z}$，$U_I(I, Z) = \dfrac{\partial U(I, Z)}{\partial I}$。环境污染 Z 增加会降低居

民效用，因此，$U_Z(I, Z) < 0$。收入 I 增加意味着居民消费产品的数量增加，因此，

$U_I(I, Z) > 0$。所以，$-\dfrac{U_Z(I, Z)}{U_I(I, Z)} > 0$，这与排污价格 τ 大于 0 相一致。

注意到，$-\dfrac{U_Z(I, Z)}{U_I(I, Z)}$ 表示利用收入衡量的污染效用损害，即居民为降低一单位

污染愿意支付 $-\dfrac{U_Z(I, Z)}{U_I(I, Z)}$ 单位收入，也就是说，$-\dfrac{U_Z(I, Z)}{U_I(I, Z)}$ 度量了居民对降低环境

污染的支付意愿（willingness to pay）。$\dfrac{\mathrm{d}I}{\mathrm{d}Z} = \tau$ 表示企业增加一单位污染排放给居民带

来的好处（收入增加了 τ 单位），$-\dfrac{U_Z(I, Z)}{U_I(I, Z)}$ 表示增加一单位污染给居民带来的损

失。因此，式（12-6）意味着，污染给居民带来的好处等于损失时的污染排放量最优。

经证明，给定 $u(\bullet)$ 为上凸的增函数，$\kappa(\bullet)$ 为下凹的增函数，在 $U(I, Z) = u(I) -$

$\kappa(Z)$ 这样的效用函数设定下，$-\dfrac{U_Z(I, Z)}{U_I(I, Z)}$ 是 Z 的增函数[①]。由此，式（12-6）刻画的

污染供给曲线是一条向上倾斜的曲线。这与直觉非常相符——污染价格越高，消费者

愿意供给的污染量也越大。$-\dfrac{U_Z(I, Z)}{U_I(I, Z)}$ 表示居民对降低环境污染的支付意愿，因此，

在环境经济学中，污染供给曲线也被称作边际损害曲线（marginal damage curve，

MDC）。图 12-14 绘制了两条居民污染供给

曲线。可以看出，污染供给曲线 S_1 的斜率

小于 S_2，这意味着给定相同的环境污染价

格 $\tilde{\tau}$，曲线 S_2 对应的居民愿意提供的污染

更少（$Z_1 < Z_0$）。也就是说，同等条件下环

境污染供给曲线的斜率越大，居民愿意供给的

环境污染量越小，反之则相反。由于环境供给

曲线斜率还反映了居民对（减少）污染的支付

意愿，给定相同的环境污染（$\tilde{Z}$），环境供给曲

线斜率越大，居民对（减少）污染的支付意愿越

小（$\tau_1 < \tau_0$）。

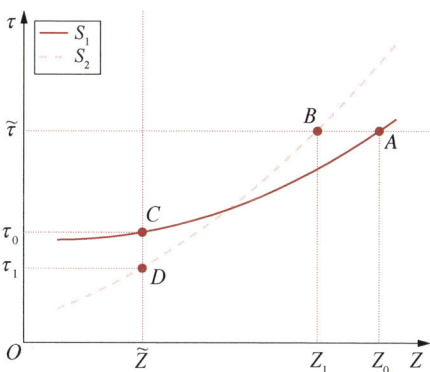

图 12-14 居民环境污染供给曲线
（边际损害曲线）示意图

---

① Copeland B R, Taylor M S. Trade and the Environment[M]. Princeton: Princeton University Press, 2013.

三、环境问题均衡分析

前文介绍了环境污染的需求和供给,下面分析均衡环境下的污染水平和价格。先讨论环境污染水平或者价格外生给定的情形(即政府作为环境污染供给主体的情形)。图 12-15 和图 12-16 给出了这两种情形下的均衡结果。其中,图 12-15 给出的是环境污染水平外生给定的情形。从该图中可以看到,当污染排放限额由 Z_0 降到 Z_1 时,均衡环境污染价格上升。但是对于不同弹性的污染需求曲线而言,均衡环境污染价格上升幅度不同。对于需求曲线 D_1(污染需求弹性较小),当政府设定的污染排放总量由 Z_0 降低到 Z_1 时,污染均衡价格由 τ_0 上升到 τ_1;对于需求曲线 D_2(污染需求弹性较大),均衡污染价格由 τ_0 上升到更高的 τ_2。由于污染需求弹性越大,企业对污染的需求越有刚性。显然,该情形下同样规模的污染限额下降会导致更大幅度的污染均衡价格上升。类似地,图 12-16 描绘的是污染价格外生给定的情形,从图中可以看出,污染价格上升降低了均衡污染排放量。均衡污染量下降幅度与污染需求弹性的大小相关——污染需求弹性越大,均衡污染量下降幅度越小。具体地,对于需求弹性较大的 D_2,当污染价格由 τ_0 上升到 τ_1 时,均衡污染量由 Z_0 下降到 Z_2;对于需求弹性较小的 D_1,均衡污染量由 Z_0 下降到 Z_1,降幅较大。

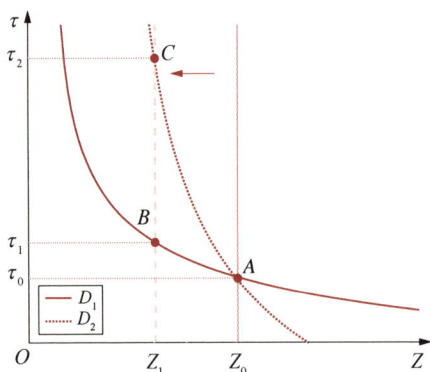

图 12-15　环境污染水平外生给定情形下的均衡　　图 12-16　环境污染价格外生给定情形下的均衡

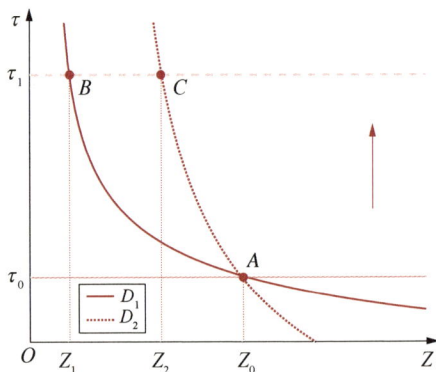

上面讨论的是政府作为污染供给主体的均衡结果,下面介绍居民作为环境污染供给主体的均衡结果。如前所述,该情形下环境污染供给曲线是一条向右上方倾斜的曲线。图 12-17 展示了均衡环境污染量和价格的决定与变动。图中的 A 点(Z_0,τ_0)是初始均衡,它由需求曲线 D_1 和供给曲线 S_1 相交决定[①]。现假设污染部门受到一个正

---

① 污染需求曲线与供给曲线相交决定了最优排放价格(环境税)和最优污染排放量。这是因为,污染需求曲线表示增加一单位污染给企业带来的好处(增加了产出),污染供给曲线表示增加一单位污染给企业带来的成本(降低了效用)。因此,从社会计划者的视角来看,只有当增加一单位环境污染带来的好处等于其成本时,才能达到社会最优。

向冲击（比如，污染部门生产技术大幅提升），这会导致污染部门规模扩张，从而增加污染排放需求。该情形下，需求曲线由原来的 D_1 向右移动到 D_2，形成新的均衡 B 点 (Z_1, τ_1)。比较均衡 A 和均衡 B 可以发现，污染部门扩张同时增加了均衡污染排放和污染价格。然而，均衡点从 A 移动到 B 假设了污染部门的扩张不会对经济系统中其他变量产生影响，是局部均衡分析（partial equilibrium analysis）。然而，我们知道经济系统内部各变量之间往往存在着广泛的联系，从而需要一般均衡分析（general equilibrium analysis）。对于我们的例子而言，污染部门规模的扩张不仅会增加污染排放的需求，还可能通过增加居民收入而降低环境污染供给。具体来说，一方面，污染部门规模增加（给定不挤占清洁部门产出）意味着经济总产出的上升，这会提升居民收入；另一方面，根据前文介绍我们知道，居民环保要求和意识随着收入的增加而提高[1]，因而污染部门规模会通过这个渠道来降低环境污染供给，这在图中体现为供给曲线由原来的 S_1 向左移动到 S_2，即给定相同的污染价格，居民愿意供给的污染排放变得更少。因此，如果我们将污染部门扩张的这个收入效应考虑在内，那么均衡点将进一步移动到图 12-17 中的 C 点 (Z_2, τ_2)。与 B 点相比，C 点处均衡污染排放量下降 $(Z_2 < Z_1)$，均衡污染价格上升 $(\tau_2 > \tau_1)$。进一步将均衡点 C 与初始均衡点 A 比较，C 点处均衡污染排放量下降 $(Z_2 > Z_0)$，均衡污染价格上升 $(\tau_2 > \tau_0)$。也就是说，污染部门扩张带来的收入效应部分抵消了污染部门扩张直接带来的污染排放量上升。事实上，当收入效应足够大时（污染供给曲线向左大幅移动），污染部门扩张带来的收入效应甚至会超过规模扩张带来的污染增加，这样最终均衡污染排放量就会低于原始均衡。

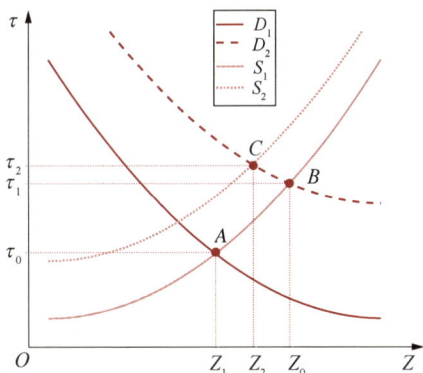

图 12-17　均衡环境污染量和价格的决定及其变动

前文已考察了污染需求存在角点解的情形，即当污染排放价格降低到一定水平后，污染需求不会再随着污染价格的下降而上升。下面介绍污染需求存在角点解情形下的污染均衡。简便起见，给定污染需求曲线不变，移动污染供给曲线。图 12-18 中的 S_1 为初始

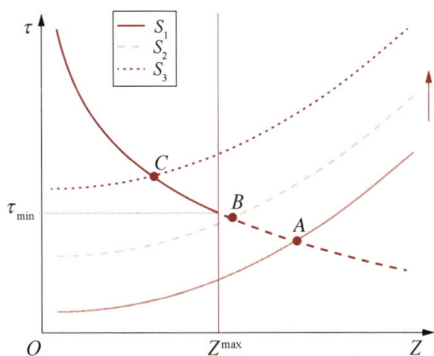

图 12-18　污染需求存在角点解情形下的均衡分析

---

[1] 在第一节介绍特征事实时，我们讨论了中国居民收入与 PM2.5 污染受到关注之间的关系。

状态供给曲线。接下来考察居民收入外生增加引致供给曲线向上移动对污染均衡的影响[①]。由于角点解的存在，若污染供给与需求曲线的交点在污染曲线的虚线部分，那么均衡结果都是 $(Z^{\max}, \tau_{\min})$。换言之，当污染供给曲线 S_1 随着收入的增加向上移动到 S_2 位置时，均衡环境污染量和价格都不变，只有当供给曲线移动到能够与需求曲线实线部分相交时（如 S_3），均衡污染量才随着收入的上升而下降。第五节将进一步说明环境污染需求存在角点解能够解释环境库兹涅茨曲线。

第四节　两部门分析

前面的假设始终假定经济体中只存在污染部门。事实上，在大部分经济体中都同时存在污染部门和清洁部门。为此，我们将清洁部门引入模型分析，这使得我们能够分析资源在不同部门分配对污染的影响。生产可能性边界（production possibility frontier）是分析两部门经济的便利工具，它表示在给定资源禀赋和技术条件下，经济体所能够生产的各种商品最大数量的组合。下面分别用 X 和 Y 来表示污染部门产出和清洁部门产出。

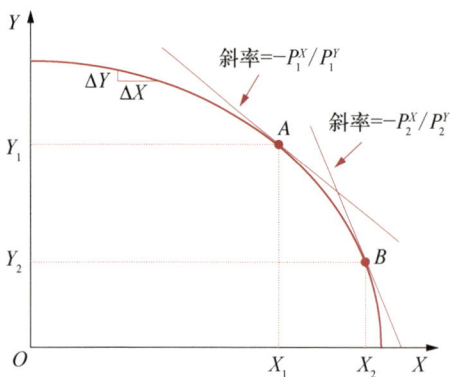

图 12-19　生产可能性边界

图 12-19 绘制了同时存在污染部门和清洁部门经济体的生产可能性边界，其内部的产品组合都能够被生产，外部的产品组合都无法被生产。生产可能性边界呈现上凸形态，曲线的斜率（绝对值）随着污染部门产出 X 的上升而下降，这是由要素投入的边际递减规律导致的。具体地，当污染部门产出 X 较小、清洁部门产出 Y 较大（即生产可能性边界左上部分）时，由于边际产出递减规律的作用，生产一单位 X 所需要投入的要素资源较少，因而增加一单位 X 生产所需要降低的 Y 量较小，从而 $\dfrac{\Delta Y}{\Delta X}$ 的取值较小；类似地，当污染部门产出 X 较大、清洁部门产出 Y 较小（即生产可能性边界右下部分）时，增加一单位 X 生产所需要降低的 Y 量较大，从而 $\dfrac{\Delta Y}{\Delta X}$ 的取值较大。

---

① 这里强调居民收入外生增加是为了避免对需求曲线产生影响。

此外，给定污染品和清洁品价格 P^X 和 P^Y，经济最优生产配置由等式 $\dfrac{\Delta Y}{\Delta X} = -\dfrac{P^X}{P^Y}$ 决定。直观上，等式左边的 $\dfrac{\Delta Y}{\Delta X}$ 表示多生产一单位污染品所放弃的清洁产品数量，它是成本；等式右边的 $-\dfrac{P^X}{P^Y}$ 表示多生产一单位污染品增加的收入，它是收益①。根据最优化原则，只有当增加一单位污染品带来的成本等于收益时才达到社会最优配置。图 12-19 考察了污染品价格提升对最优生产配置的影响。给定污染品和清洁品的价格分别为 P_1^X 和 P_1^Y，A 点为社会最优生产点；如果污染品价格由 P_1^X 上升到 P_2^X，那么 B 点为社会最优生产点。比较 A 点和 B 点很容易看出，污染品价格上升提高了污染品的产出，降低了清洁产品的产出，从而增加了经济体的污染排放总量。

在环境经济学中，为了更好地考察特定（外生）因素对环境污染的影响机制，通常对污染排放进行分解。考虑如下恒等式：

$$Z = eX = eS_X G \tag{12-7}$$

其中，Z 表示污染排放量，X 为污染品的产出，e 为单位产出污染排放量（污染排放强度），S_X 为污染品占总产出的比重，$G = X + Y$ 表示总产出。

对式（12-7）左右两端同时取对数并求微分，可得：

$$\widetilde{Z} = \widetilde{e} + \widetilde{S_X} + \widetilde{G} \tag{12-8}$$

其中，$\widetilde{Z} = \dfrac{\dot{Z}}{Z}$，$\widetilde{S_X} = \dfrac{\dot{S_X}}{S_X}$，$\widetilde{G} = \dfrac{\dot{G}}{G}$。

从式（12-8）容易看出，$\widetilde{G}$ 表示经济规模变动对污染排放变化的影响，通常被称为规模效应（scale effect）。$\widetilde{S_X}$ 表示污染行业相对规模变动对污染排放变化的影响，通常被称为配置效应（composite effect）。$\widetilde{e}$ 度量了单位产出污染排放变化对污染排放变化的影响，通常被称为技术效应（technical effect）。图 12-20 给出了规模效应和配置效应示意图。图中生产可能性边界由 F_0 变为 F_1 对应的是规模效应。如果给定产品相对价格不变，该情形下，污染品和清洁品同比例上

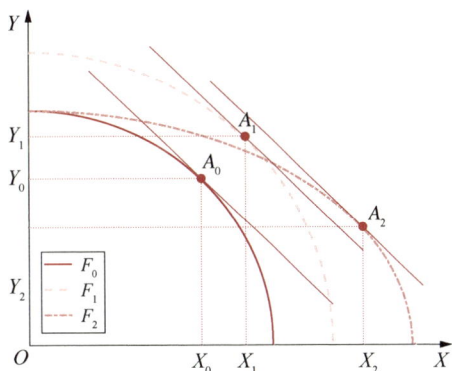

图 12-20　规模效应与配置效应

---

① 将清洁品 Y 的价格 P^Y 标准化为 1 能够更加清楚地看出这一点。

升;如果假定单位产出污染排放量不变(即不存在基数效应),那么污染排放总量将增加。图中生产可能性边界由 F_0 变为 F_2 对应的是配置效应,即污染部门在经济中的相对规模上升,给定其他因素不变,这将增加污染排放总量。相反,清洁部门相对规模上升将减少污染排放总量。

对于中国而言,规模效应、配置效应与技术效应都具有重要的作用。首先,改革开放以来,中国经济规模已经增加了几十倍,规模效应对中国环境污染的贡献不言而喻。其次,根据本章第一节的介绍,改革开放以来,如果没有能源强度的下降,中国能源消耗量将远远高于当前的水平,因此,技术效应显著降低了中国环境污染排放。最后,在不同的发展阶段,配置效应对中国环境污染排放的影响可能具有不同的效果。改革开放以前,中国实施重工业优先发展战略,该时期能源消耗量较大的第二产业急剧扩张,这会增加环境污染;改革开放以来,相对清洁的第三产业比重显著提升,这会降低环境污染。

第五节　环境库兹涅茨曲线

环境库兹涅茨曲线(environmental Kuznets curve,EKC)是环境发展经济学关注的重要问题之一。它是指环境污染通常随着人均收入的增加先上升后下降,即环境污染与人均收入之间存在先上升后下降的倒 U 型关系(见图 12-21)。自从这一概念被提出以来[1],大量研究从理论解释或实证来验证环境库兹涅茨曲线。根据污染物、所用数据、研究对象以及分析方法的不同,环境库兹涅茨曲线实证验证结果存在很大差异。关于环境库兹涅茨曲线的理论解释大致可以分为三类:第一类是经济增长来源或者经济发展阶段模型;第二类是门限效应模型;第三类是政府环境规制成本-收益分析模型。

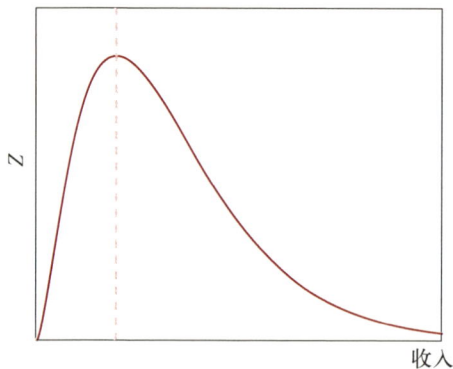

图 12-21　环境库兹涅茨曲线示意图

① Grossman G M, Krueger A B. Economic Growth and the Environment[J]. The Quarterly Journal of Economics, 1995, 110: 353-377.

专栏 12-2

环境库兹涅茨曲线

库兹涅茨曲线由西蒙·库兹涅茨于 1955 年在研究收入水平与收入差距之间关系的过程中提出。该曲线具体是指随着收入的增加，收入差距（即社会不平等程度）呈现先增加后降低态势，因此也被称作倒 U 型曲线或者倒 U 型假说。作为发展经济学中的著名概念，库兹涅茨曲线的理念对环境经济领域产生了重要影响。对收入与环境污染关系的研究发现，在经济发展水平较低的阶段，环境污染随着收入的增加而增加，然而当收入水平达到一定水平（拐点）后，环境污染随着收入的增加而下降。也就是说，与收入差距类似，环境污染与收入水平之间存在倒 U 型关系，这被称为环境库兹涅茨曲线。值得说明的是，虽然环境库兹涅茨曲线对环境经济学研究产生了重要影响，但是其基本内在逻辑受到了肯尼斯·阿罗等学者的质疑。阿罗认为环境库兹涅茨曲线的一个内生缺陷是假设收入是一个外生变量（即收入不会受到环境污染的影响）。事实上，大量研究表明，环境污染本身会通过对生产过程产生影响，进而影响收入水平。

首先，介绍解释环境库兹涅茨曲线的经济增长来源或者经济发展阶段模型。对于任何一个经济体，其经济都要经历不同的发展阶段。具体地，成熟经济体基本都经历了从农业向制造业转型，再从制造业向服务业和高端制造业转型的过程。我们知道，与农业、服务业和高端制造业相比，制造业的能耗强度比较高。因此，在产业从农业向制造业转型的阶段，环境污染恶化；在从制造业向服务业和高端制造业转型的过程中，环境污染开始逐渐改善。

其次，介绍解释环境库兹涅茨曲线的门限模型。该模型主要基于收入效应和角点解交互作用。我们已经了解到，随着收入增加，人们的环保要求和环保意识逐渐提升，从而降低污染排放量，然而根据本章第三节的介绍我们知道，由于角点解的存在，居民收入上升并不会一开始就降低环境污染排放量，只有当居民收入增加到一定程度后，环境污染才会随着收入的上升而减少（见图 12-18），这样就产生了环境库兹涅茨曲线。

最后，介绍解释环境库兹涅茨曲线的政府环境规制成本-收益分析模型。这类模型的关键在于假设政府环境规制行为存在固定成本（fixed cost），从而存在规模报酬递增（increasing return to scale）效应。当经济规模较小时，政府实施环境规制的单位（产出）成本比较大，这时环境规制的收益小于成本，政府不会实施环境规制，该阶段，环境污染随着收入的上升而增加。但随着经济规模增加，政府实施环境规制的单位（产出）成本逐渐降低，当这个成本下降到一定程度后，政府实施环境规制的收益开始超过其成本,这时政府实施环境规制,该阶段环境污染随着收入的上升而减少。

第六节　中国环境治理问题的解释与讨论

前述理论模型为我们理解和分析中国环境污染现实问题提供了有力工具。基于此,下面解释和讨论以下两个受到普遍关注的问题:第一,中国环境污染是否会随着经济发展而得到缓解;第二,贸易开放是否恶化了中国环境污染问题。

一、中国的环境问题是否会随着经济发展而得到缓解

中国经历了环境污染随经济发展而显著恶化的阶段。因此,回答中国的环境问题是否会随着经济发展得到缓解这个问题的实质是探究环境库兹涅茨曲线在中国是否存在。如果存在,其经济学解释又是什么?

我们选取 PM2.5 这个危害高、防护难的环境污染物作为研究对象。图 12-22 基于中国 2004—2013 年地级市面板数据绘制了人均 GDP(对数)与 PM2.5 浓度散点图与二次拟合曲线。从图中可以看出,从拟合曲线来看,PM2.5 浓度存在随人均收入先上升后下降的趋势。拟合曲线在对数人均 GDP 等于 10.4(对应人均 GDP 水平值 3.3 万元)处出现拐点。这一拐点值与图 12-1 展示的时间序列数据相互印证。具体来说,中国人均 GDP 在 2009 年左右达到人民币 3.3 万元,而从图 12-1 所展示的 PM2.5 浓度随时间变

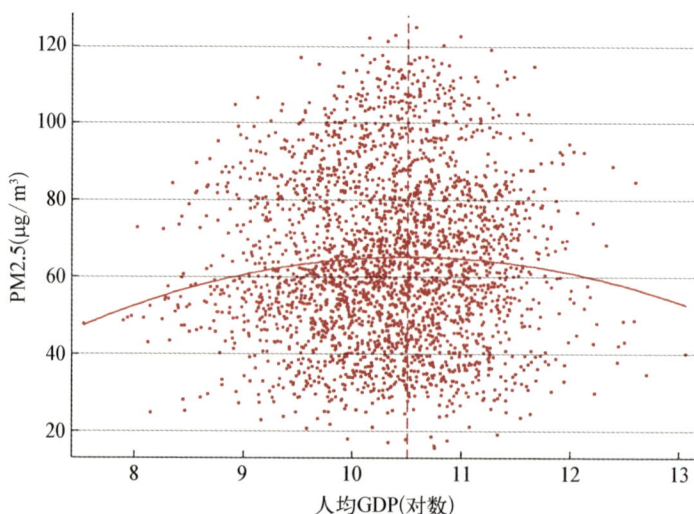

图 12-22　PM2.5 浓度与人均 GDP(对数)

化曲线可以看出，PM2.5 浓度恰在 2009 年左右出现了拐点。可见，对于 PM2.5 污染而言，能够找到中国存在环境库兹涅茨曲线的证据。从趋势来看，中国的 PM2.5 污染未来可能还会随着经济的发展进一步下降。结合前面的理论模型，对此至少可以从以下几方面理解：首先，随着收入增加，人们环境保护意识不断增强，这会提升政府环境规制的力度；其次，中国经济进一步向高端制造业和服务业转型，与之相伴随的配置效应有助于降低环境污染；最后，技术水平（特别是偏向污染处理的技术水平）提升带来的技术效应也有助于改善环境质量。

二、贸易开放是否恶化了中国的环境污染

贸易与环境问题历来备受关注，其中的一个焦点问题是，贸易开放究竟恶化还是改善了中国的环境问题。对于这个问题，一个可能的答案是，贸易开放显著加剧了中国环境污染问题。主要原因有两个：其一，扩大贸易开放特别是加入 WTO 显著提升了中国经济增长率和经济规模，这会导致污染排放总量大幅增加；其二，从国际贸易视角来看，作为一个发展中国家，与发达国家相比，中国环境规制强度较弱，一旦扩大开放，发达国家的污染产业势必会向中国转移，也就是说贸易开放会诱发污染天堂效应（pollution heaven effect），从而恶化中国环境问题。然而，根据前面的理论分析，这并非问题的全部答案。虽然贸易开放会通过规模效应和污染天堂效应增加中国环境污染，但是贸易开放以下几个方面的影响则会降低中国的环境问题：首先，贸易开放提升了中国的人均收入，而人均收入的提升有助于降低环境问题；其次，虽然贸易开放可能会使得中国污染部门扩张，但是它也会通过污染部门内部的企业竞争效应使得污染部门本身更加清洁，具体而言，扩大开放加剧了污染部门内部企业之间的竞争，那些低效率企业被挤出市场，这有助于降低污染部门的排放[①]；最后，贸易开放还会通过技术效应降低环境问题。陈登科基于中国加入 WTO 这一准自然实验研究发现，贸易开放通过降低企业单位产出能耗（能源强度）显著降低了企业的污染排放[②]。

┄┄ **思考题** ┄┄┄┄┄┄┄┄┄┄┄┄┄┄┄┄┄┄┄┄┄┄┄┄┄┄┄┄┄

1. 为推进生态文明建设、改善环境质量，相关部门出台了一系列环境规制政策。请尝试回答环境规制力度是不是越强越好。为什么？

2. 环境库兹涅茨曲线是指，环境污染通常随着人均收入的增加先上升后下降，即环境污染与人均收入之间存在先上升后下降的倒 U 型关系。对此，本书介绍了经济增长

---

① Shapiro J S, Walker R. Why Is Pollution from US Manufacturing Declining? The Roles of Environmental Regulation, Productivity, and Trade[J]. American Economic Review, 2018, 108：3814-3854.
② 陈登科. 贸易壁垒下降与环境污染改善——来自中国企业污染数据的新证据[J]. 经济研究, 2020, 55(12)：98-114.

来源或者经济发展阶段模型、门槛效应模型,以及政府环境规制成本-收益分析模型。除了这三个模型(机制)之外,还有哪些可能的机制来解释环境库兹涅茨曲线?

3. 思考技术进步对中国环境问题可能带来哪些影响,并阐述原因。

4. 结合本书相关内容,尝试回答贸易为什么可能改善一国的环境污染。

第 13 章

国家制度和政府治理

经济增长和发展的性质和结果取决于各种生产要素的动员、组合及其投入-产出的过程与效果。国家制度和政府治理的作用,在于立足现实制度环境,通过各种经济政策的制定和实施,因地制宜地构建和提供安全稳定的秩序、有效率的市场运行、健康的营商环境,以及广泛的社会参与和支持,实现生产要素的有效动员和配置。因此,治理是既定制度和体制环境下,在众多利益相关者的博弈和互动中,经济政策的决策、实施及其效果。我们可以通过政府、市场和社会这三个视角和维度,来理解和分析治理的实现环境、激励机制和约束条件。

本章的内容安排如下:第一节通过虚拟案例和现实对比,指出制度和治理在经济增长和发展中的重要性,尤其是它们对于中国经济的重要性;第二节对治理的概念进行界定,介绍目前学术界对治理进行衡量的一些主要方法与指标,同时也指出这些衡量方法的局限性;第三节从政府(党)的视角和维度介绍和分析实施治理的内在制度构架和政治内部运行机制;第四节通过对(中国)市场化改革路径的介绍和比较,强调市场化改革的策略选择和实施方式对经济增长和发展的作用和影响;第五节介绍和分析社会组织和社会参与对实现有效治理的影响。

第一节　制度和治理的重要性

张三是一个 20 世纪 50 年代初成年的典型中国农民。如果他足够长寿,一直生活到 21 世纪,那么他有足够长的时间见证中国农村经济体制和政策环境的巨大变化。如果进一步假设他一直拥有正常的劳动能力,那么相应地,其经济行为也会在这一段长时期内不断变化。从 1953 年中共中央颁布《关于发展农业生产合作社的决议》进一步加速推动农业合作化运动到 1956 年完成农业集体化,到进一步在 1958 年建立起政社合一的人民公社体制,张三也必须不停地根据形势的变化进行决策并调整自己的行为,如究竟是否要加入农业合作社,如何处理目前仍属于农户所有但很快就会归属合作社的各种生产资料(包括农具、牲畜以及土地),在加入合作社后是选择"退出"还是继续留在合作社,在集体化后是努力耕作赚取工分还是搭集体的便车来"偷懒",等等。1978 年党的十一届三中全会前后,随着中央和地方对"包产到户""包干到户"等农业生产经营行为在目前体制下合法性的争论逐渐公开并升温,张三也开始考虑并纠结于究竟是继续维持其在集体(生产队)中的普通社员身份进行农业生产,还是公开或不公开地"单干"。张三的这一顾虑和犹豫,一直到 1982 年中央一号文件发布后,才得以消失,他坚定选择了家庭联产承包责任制。在此后的近 30 年时间里,张三还是要根据国家政策和本村政策落地的实际情况进行各种权衡和决策,如本村土地多久会进行小调整或大调整、如何根据土地承包期的稳定性决定对包括土地在内的农业生产资料和固定资产进行投资和维护、是把生产出来的粮食更多地出售给国家还是在市场上出售、是自己耕种土地还是转包给其他农户或农业企业、是在本村的乡镇企业工作还是到外地打工、是否接受地方政府或开发商的土地征收补偿方案等。

张三虽是个虚构人物,但他的经历在真实世界中一定能找到对应的案例。这也说明,制度环境变化和政策实施方式会对个体的经济决策和行为方式造成很大的影响,从而影响其收入、消费和投资(包括人力资本投资)。这些制度和政策同样也会对千千万万个张三这样的微观经济主体(包括农户、工人和企业家)的行为产生影响,从而影响宏观经济的绩效。从 20 世纪 70 年代末开始改革开放以来,尤其是 1992 年开始建设有中国特色的社会主义市场经济体制后,市场在资源配置中所起作用越来越大,包括私有和外资在内的非国有经济不断成长且竞争力也越来越强,对外开放程度不断提高,从而推动中国经济获得长足发展和快速增长。这一事实表明,以市场化为导向的体制变革和制度变迁对中国经济增长和发展的作用是巨大的。

但是,中国经济发展经验同主流经济理论关于制度性质和作用的论断并不完全一致。在新古典经济学尤其是新制度经济学的框架中,产权被定义为和特定的人、事、物的所有和使用等权利有关的各种关系[1]。经济的持续发展离不开以私有企业为基础的自由竞争的市场环境以及完善的市场体系和灵活的价格机制,而这些均以对私有产权进行有效保护的制度和法律环境为基础[2]。尤其是在苏联解体标志中央计划经济的彻底失败后,这一制度分析的框架更多地包含和反映了西方民主政体的内容,包括通过制

---

[1] Furubotm E, Pejovich S. Property Rights and Economic Theory: A Survey of Economic Literature[J]. Journal of Economic Literature, 1972, 10(4): 1137-62. 产权的存在和表现形式可以是复杂多样的,包括对物品和财产的所有权、使用权、转让和售卖权,以及它们之间的各种关系,等等。Barzl Y. Economic Analysis of Property Rights[M]. Cambridge: Cambridge University Press, 1989.

[2] North D C, Thomas R P. The Rise of the Western World: A New Economic History[M]. Cambridge: Cambridge University Press, 1973.

度的民主化实现对产权的保护,提高产权安全性的可置信程度[①]。这是因为民主化改革本身就是各个社会团体之间的势力均衡的反映,意味着对绝对权力的制衡,并且民主化之后,也可以继续通过民主选举的方式对这一均衡的变化进行反映和调节,从而实现可置信的产权保护以及可预期的产权安全。民主制度内在的多元化特点使得民主选举制度不仅有利于产权保护及其安全性,也是实现制度的包容性并进而实现包容性经济增长的制度条件。经验研究也表明,民主化和更高的人均收入之间存在着明显的正相关关系[②]。跨国数据的实证研究进一步显示,从长期来看民主化会提高人均 GDP 近 20 个百分点[③]。显然,中国的经济发展无法简单套用这些主流理论予以解释。

一个原因是主流理论主要建立在对西方尤其是欧洲历史发展经验进行分析和总结的基础之上。例如,诺斯及其合作者根据对欧洲早期历史经验的分析,指出西方的崛起在很大程度上要归功于西北欧等地产权保护的相对完善所带来的有保障的产权(详见专栏 13-1)。即使主流理论也承认,制度存在着相互依存性,包括宪法、法律、产权等在内的各种制度安排的效率还依赖其他制度安排的效率[④]。这就导致制度的实际效果,尤其是那些自上而下设计出来的制度方案和安排,不仅取决于制度本身的内容和特点,也取决于这项制度和其他相关制度之间的协调程度和相互作用。因此,理解制度的实际运行情况及其效果,不能脱离其所处的政治、经济和社会环境的特点。如果直接套用主流理论关于制度的分析框架来分析和判断中国经济增长和发展的现象和前景,会出现很大偏差甚至谬误。

专栏 13-1

英国 1688 年光荣革命

很多学者都用 1688 年英国的光荣革命作为典型案例来说明历史上发达国家的产权保护是如何出现的,即通过逐步民主化所建立起的政治精英之间的权力制衡机制。通过对权力的制约,做到客观上没有任何一种势力有意愿并且拥有足够

---

① Acemoglu D, Robinson J A. The Economic Origin of Dictatorship and Democracy[M]. Cambridge: Cambridge University Press, 2005; North D C, Summerhill W R, Weingast B R. Order, Disorder, and Economic Change: Latin America versus North America[M]// de Mesquita B B, Root H L. Governing for Prosperity. Cambridge: Yale University Press, 2000: 17-58.

② Barro R J. Determinants of Economic Growth: A Cross-Country Empirical Study[M]. Cambridge: MIT Press, 1997: 1-145; Przeworski A, Alvarez M, Cheibub J A, et al. Democracy and Development[M]. Cambridge: Cambridge University Press, 2000.

③ Acemoglu D, Naidu S, Restrepo P, et al. Democracy Does Cause Growth[J]. Journal of Political Economy, 2019, 127(1): 47-100.

④ Lin J Y, Nugent J. Institutions and Economic Development[M]//Handbook of Development Economics 1995 (3): 2301-2370.

的实力侵犯产权。

光荣革命前的英国面临着典型的产权保护承诺的可置信问题：英国的君主明白保护产权具有十分重要的意义，但其权力过大，足以通过侵犯他人产权来获得财产，因而其对保护产权所做出的承诺不是可信的[①]。这导致投资者没有足够的信心进行投资。例如，当国王需要向私人借贷来为战争融资时，却发现无法借贷足够多的钱，因为人们担心国王借钱不还，同时一旦国王拒绝还债，他们也没有能力强迫国王履行还钱的义务，因此很少有人愿意向国王借贷。但1688年的光荣革命带来的一系列制度上的变化使得国王不再有动机和能力违背自己所订下的契约，从而解决了产权安全的可置信问题。这些制度变化的根本出发点，不是依靠国王的美德来保护产权，而是通过一系列的制度对国王进行限制，从而使得国王无法也无力侵犯产权。具体而言，主要的制度变化包括：确立了议会在政治生活中的最高权力地位，规定国王不得随意召开或解散议会；议会还掌握财政权，包括对财政资金的使用进行审计的权力；王室的特权大大缩小，同时还撤销了特权法庭(该法庭以贯彻国王意志为宗旨)；确立了司法独立，法律和法官不再是国王意志的体现以及执行者。

光荣革命之后，议会有能力惩罚国王的违约行为，但同时，社会力量的对比使得议会不会也没有意愿取代国王的角色。这样一来，议会和王权之间就形成了一种相互制约的关系，并且它们之间的力量对比使得无论王权还是议会都不会有能力单方面侵犯产权。因此，在光荣革命后所形成的制度就形成了一种得以自我实施(self-enforcing)的可信赖的产权保护机制。

显然，以英国光荣革命的道路为代表的产权保护机制实际上就是发轫于发达国家历史并经由之后漫长历史演化而不断制度化的产权保护机制。这固然离不开中世纪后在西方社会不断高涨并最终成为主导意识形态的自由和民主，但其背后的根本保证机理是在这一过程中(尤其是通过民主化)所形成的社会各集团力量之间的相互平衡和制约。这一机制的一个主要表现就是形成并通过一个有限政府(limited government)来承担保护权和行使产权的责任，同时又避免了政府过于强大而能够侵犯产权：政府的权限由法律确定；各个社会主体一旦超越自己的权利范围和权限，就由法律确定如何进行惩罚，包括惩罚的形式和内容。

通过对比中国和其他转型经济体经济增长和发展来进一步说明这一点。从20世纪70年代开始到20世纪90年代初，根据主流理论所开出的发展中国家经济改革的药

---

① North D C, Weingast B R. Constitutions and Commitment：The Evolution of Institutions Governing Public Choice in Seventeenth-Century England[J]. Journal of Economic History，1989，49(4)：803-832.

方,是以华盛顿共识为代表的新自由主义政策集合,尤其是通过解除管制和私有化的方式来实现经济体制的顺利转型并获得新的增长动力。但实践表明,这一方案并不是放之四海而皆准的灵丹妙药,遵循这些政策建议的经济体的经济发展绩效可能并不理想,而选择了其他改革路径和方式的经济体却可能实现更好的经济绩效。图 13-1 对包括中国(大陆)在内的几个转型经济体 1992—2008 年的人均 GDP 增长率进行了比较。和中国类似,其他几个经济体均曾经建立并实行计划经济体制,并先后进行了各种经济改革的尝试,包括从 20 世纪 90 年代初开始向市场经济体制转型,但彼此经济发展绩效相差却很大。其中,东欧四国(罗马尼亚、波兰、乌克兰和匈牙利)1992—2018 年人均 GDP 增长率平均为 2.48%,俄罗斯则仅为 1.23%,远远低于同期中国年均 8.9% 的增长率水平。不仅如此,无论东欧四国还是俄罗斯,其经济增长均呈现出较大的起落,意味着经济增长的稳定性有很大问题。尤其在 20 世纪 90 年代早期,出现了持续较长时期的负经济增长[①]。与之形成对比的是,和中国政治制度相近的越南在同期也获得了持续的经济增长,1992—2018 年人均 GDP 年均增长率为 5.62%。持续的经济增长也大大降低了中国和越南的贫困发生率。按每天收入不足 1 美元的人口占总人口的比例计算贫困发生率,中国 1990 年的这一比例为 66%,2016 年下降到 0.5%。2020 年中国进一步实

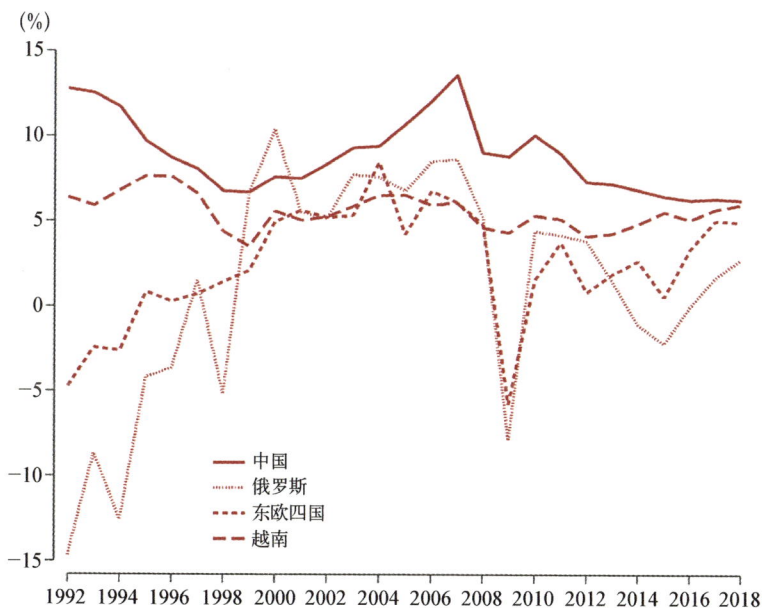

注:东欧四国包括罗马尼亚、波兰、乌克兰和匈牙利。
资料来源:World Development Indicators (WDI), 2021.

图 13-1　转型经济体的人均 GDP 增长率

---

① 2008 年全球金融危机前后因为金融危机的冲击,也出现了短暂的负增长。

现消灭了现行标准下的所有绝对贫困。越南的贫困发生率则从 1992 年的 56.3%,下降到 2018 年的 1.8%。东欧四国和俄罗斯的经济增长和贫困发生率之间的关系并不明显。尽管经济增长率显著低于中越两国,但它们的贫困发生率一直处于极低的水平,从 20 世纪 90 年代初的 2%～4%不等降到 21 世纪的 0。与此同时,它们的失业率却长期处于较高水平,20 世纪 90 年代平均在 21%,21 世纪 20 年代之前则轻微下降到 19%[①]。

以上对比表明,不同经济体的历史传统和政治文化等条件大不相同,因而即使名义上采用相似或相近的经济体制或制度(如市场经济体制),但具体的政策选择和组合、实施方式和效果都可能截然不同。换言之,即使经济制度和体制保持不变或相似,政策的选择和效果也可能大相径庭。因此,如果把政策的决策和实施及其效果看作治理的核心内容,那么治理在经济增长和发展中所起到的作用也就呼之欲出了[②]。

第二节　治理的定义、衡量和作用

迄今为止,学术界对治理的分析已包括极为广泛的内容,涉及治理的目的和方式、合法(理)性和效果等诸多环节,但并没有赋予治理一个统一的定义以及一个完整的分析框架。从治理与经济增长和发展的关系的角度看,可以大致上把治理看作政府通过制定和实施法规和政策,从而提供公共物品和服务的行为及过程。从这一定义出发,有效的治理也就是政府通过制定并实施合乎时宜的法规和政策,从而有效地提供各种公共物品和服务,推动实现经济的稳健、可持续增长和达到各种发展目标。

有效的治理所提供的公共物品和服务包括以下两个方面。

(1) 安全稳定的社会秩序和环境。任何经济增长和发展都离不开安全稳定的社会秩序和环境。缺乏安全稳定的社会秩序和环境,包括投资者在内的所有人就无法形成对当前和未来进行投资的稳定的回报预期,从而也就不会进行大规模的投资,经济增长和发展就缺乏动力和后劲。此外,动乱和冲突会给人力资本、房屋、道路、桥梁以及水、电、通信、医疗卫生等和人民生活状况密切相关的基础设施造成很大的冲击和破坏,带来巨大的社会经济成本。根据世界银行的估计,2008—2015 年,因国内冲突导致的 GDP 损失上升了 15%,达到全球 GDP 总量的 13.4%,总计达 14.3 万亿美元[③]。因此,有效治理提供的一个关键性的公共物品就是能带来安全感的稳定的社会秩序。

---

① 东欧四国和俄罗斯各国之间的差异也很大。例如,波兰在 21 世纪初头三年的失业率最高超过 40%,之后 10 年迅速下降到 10%左右。乌克兰 2004 年失业率为 15.7%,2018 年则上升至近 18%。

② Fukuyama F. Governance: What Do We Know, and How Do We Know It[J]. Annual Review of Political Science, 2016, 19: 89-105.

③ Khokhar T. 11 Charts from the 2017 World Development Report on Governance & the Law[EB/OL]. 2017, https://blogs.worldbank.org/opendata/11-charts-2017-world-development-report-governance-law.

（2）有助于经济繁荣和公平的法规、制度和政策环境。经济发展的诸多目标，如减少和消灭贫困，提高人的安全感、满足感和幸福感，促进公民的自由权利和全面发展等，都离不开经济在较长时期内保持一定的增长速度，为实现发展的目标提供必要的物质基础和支持。有效治理需要通过保障和充分发挥市场机制的作用，推动实现稳定且可持续的经济增长。但同时，市场机制的运作也有可能导致贫富分化持续扩大。因此，有效治理还需要使得经济增长带来的成果能够尽可能被大多数民众所分享，避免出现较大的收入差距和财富差距并引发剧烈的社会矛盾和冲突，维护经济和社会的公平与稳定。有效治理就是要通过提供合理合适的规则制度和政策环境，推动实现经济繁荣和公平。

在治理的实现过程中，政府的角色和作用都至关重要。现代国家体系中，政府是国家主权的唯一代表，是暴力的合法垄断者，天然承担了维护社会安全稳定的责任和义务，并且和其他组织和机构相比，在提供规则、贯彻和实施法律、制定和执行公共政策等方面具有规模优势。另外，不完全信息、合约不完全、不完全竞争以及交易成本过高（如企业间或产业间出现协调失灵）等问题的存在会阻碍市场机制正常发挥作用，而政府有可能在解决这些问题上发挥作用，从而起到促进经济发展的作用[①]。在解决社会和经济公平问题上，政府的影响和作用也是不容忽视的。因此，自 20 世纪 70 年代后期以来，无论是学术界还是国际发展机构，对政府在经济发展中所发挥的作用都给予了极大的关注[②]。

与此同时，政府在治理中的角色和作用既不是唯一的，也不是无所不能的。一个重要问题是政府是否有动机制定合适的规则和政策。对这一问题的回答需要判断政府的性质、政府决策所欲达到的目的和利益取向，而且对此问题不同的理论会给出不一样的回答[③]。本章从简化分析的角度出发，假设政府的首脑或最高当局有动力采取最合适的政策，但有效治理还面临两个非常具有挑战性的问题。

第一个问题是，政府必须雇用各级官僚来制定和实施各种法规、制度和政策，从而

---

① Stiglitz J. Markets, Market Failures, and Development [J]. The American Economic Review (papers and proceedings), 1989, 79(2): 197-203.

② 世界银行在 1992 年和 1997 年分别发布了《治理和发展》（Governance and Development）以及《变化世界中的国家》（The State in a Changing World），对政府作用予以承认，尤其强调了政府在提供基本公共物品和服务方面所起的作用。

③ 目前已经有多种框架针对政府（由政治精英组成）决策进行了分析。最普遍的分析范式是政治精英在服从理性和自利的假设基础上，选择最有利于自身利益最大化的制度和政策。其中一种理论是统治者的决策是通过讨好选民（赢得选举）或自己的核心支持者（保障自己的政治生存）来获得政治利益最大化，或者最大化自己的经济利益。另一种理论是把政府决策看作不同官僚部门或社会利益集团之间博弈的结果。有关这方面的文献综述和评论，可参考：Lin J Y, Nugent J. Institutions and Economic Development [M]//Handbook of Development Economics (Vol. 3). Amsterdam: Elsevier, 1995: 2301-2370；章奇. 政治激励下的省内经济发展模式和治理研究 [M]. 上海：复旦大学出版社，2019.

产生委托-代理问题。由于韦伯式的兼具独立性和专业性的职业官僚只存在于理论上的理想情况,而现实中官僚作为理性人也具有自己的职业目标和利益,当官僚的利益和其委托人(最高当局或上级政府以及领导)的利益出现不一致时,官僚可能根据自己的利益行事,而不是根据其上级(政府)甚至最高当局的利益行事。这种道德风险的一个表现就是政府官员会有腐败行为。因此,有效治理的一个重要前提和内容就是对腐败的控制和打击①。此外,20世纪80年代兴起的新公共管理学派也强调通过向政府内部引入更多的市场因素以及私人公司的管理经验(如绩效考核与奖惩、外包等)来改善政府工作效率和提高其绩效。这些努力在对官僚行为的规范化方面所起到的效果是毋庸置疑的,但在发展中国家,尤其是像中国这样政府高度介入经济活动的经济体,仅对官员行为予以规范化是不够的,还要解决更深层次的官员激励问题,使得官员有激励去主动实施有利于增长和平等的规则和政策。下一节主要介绍中国在这方面的经验和不足。

另一个问题是,治理作为一个动态过程,是政府在和其他非政府机构组织的互动博弈中实现的。作为利益相关者,后者包括企业、投资者、劳动者、各种社会组织和团体,以及普通公民(城镇居民和农村居民)。所有这些利益相关者既受政府决策的影响,也会根据现有制度和政策进行成本-收益权衡并作出反应,反过来也会影响制度和政策的实际效果(回想一下本章开始所举张三的例子)。中央计划经济(以及其他各种管制型经济)之所以在实践中失败,一个很重要的原因就是计划当局根据所谓的科学计划方法制定的单方面方案,不考虑现实中各个利益主体会根据计划约束和实际情况而进行策略性反应,导致软预算约束、棘轮效应、黑市等各种现象的存在,大大削弱了计划实施的效力,也因此使得计划配置资源失去了合理性。基于同样的道理,也可以把治理看作政府、市场、社会三方在互动中实现供给公共物品和服务的过程并产生相应的结果。这意味着治理并不是政府的单方面行为,其结果也不是政府单方面的决策和行为所能完全决定的。例如,政府是否会开征房地产税和收入所得税,是实施亲商(pro-business)还是亲劳工(pro-labor)的经济政策、是否采用最低工资制度并维持多高的最低工资水平、是支持大企业还是中小企业、征地补偿设置在什么水平等,都反映了各个利益相关方和参与者在博弈中的力量和地位对比及其所选择的策略。任何一方如果地位和实力相对于其他各方都处于明显优势地位的话,都可能以损害后者利益的机会主义方式行事,而这种行为方式所产生的实际效果,也和有效治理所欲达到的目标相距甚远(见专栏13-2)。

---

① 包括世界银行在内的国际组织和发展机构以及学术界对如何对腐败进行治理予以了高度关注,并进行了大量的研究。例如,世界银行从20世纪90年代起,就把对腐败的研究和治理作为其工作的重点内容。Mallaby S. The World's Banker: A Story of Failed States, Financial Crises, and the Wealth and Poverty of Nations[M]. New York: Penguin, 2004.

专栏 13-2

政府、市场、社会之间达到合理平衡的重要性

政府、市场、社会之间保持合理的平衡对治理的性质和效果具有重要的意义。有学者在分析维护市场性（market-preserving）的制度安排和经济发展之间的关系时，指出了任何经济系统的一个政治两难问题，就是国家（政府）需要足够强大来保护产权和执行契约，但一个（相对市场和社会）过于强大的国家（政府）又有实力去剥夺其公民的财产①。类似的两难也常见于各种社会经济问题和现象：企业和资本太大、太强会导致大资本的垄断，产出中劳动收入份额下降，甚至出现资本对政府的捕获（capture）；社会利益集团太强，则导致所谓"强社会、弱国家"的局面，不仅可能导致有效率的政策或改革措施因为利益集团反对而无法出台或执行下去，也会出现所谓"精英捕获"（elite capture）的现象，即强大的社会精英掌握公共政策走向和公共资源的分配，通过损害社会公众利益来满足自身利益的现象。

除了在理论上对治理的内涵和影响因素进行分析外，近 20 年来有关如何衡量治理的各个方面及其效果的研究也大量涌现，其成果就是建立起了相应的衡量各国治理水平的数据库。其中，被学术界和国际开发机构广泛使用的一个数据库是世界银行所开发的全球治理指标（Worldwide Governance Indicators，WGIs）。截至 2021 年年底，WGIs 已经涵盖全球 215 个国家 1996—2020 年的数据。该数据共分为六大类指标：（1）发声和问责（voice and accountability）；（2）政治稳定和没有暴力/恐怖主义（political stability and absence of violence/terrorism）；（3）政府有效性（government effectiveness）；（4）管制质量（regulatory quality）；（5）法治（rule of law）；（6）控制腐败（control of corruption）。WGIs 提供了一个可以从不同维度对各国治理水平进行水平和动态比较的依据，并可以在此基础上进一步分析治理与经济增长和发展绩效之间的联系。但是，WGIs 这样以跨国别比较为目的的数据的缺陷也比较明显。一个批评是此类数据的构建缺乏明确的理论根据②，即治理的好坏究竟应该按照什么标准判定还没有明确的理论基础。不同维度的指标之间的划分标准也不是很清晰，如政府有

---

① Weingast B R. The Economic Role of Political Institutions：Market-Preserving Federalism and Economic Development[J]. Journal of Law, Economics, and Organization, 1995, 11(1)：1-31.

② Thomas M. What Do the Worldwide Governance Indicators Measure？[J]. The European Journal of Development Research, 2010, 22(1)：31-54.

效性和管制质量之间的区分是否科学、腐败和法治之间是否可以截然分开等①。另外，WGIs 在很大程度上是根据各国实际情况的观察，从事后的角度对治理水平进行判断，不可避免地会以发达国家的表现为标准对治理进行事后判定，因此，它在多大程度上反映了治理的实际水平，能够用来判断治理和其他社会经济发展结果之间的联系，都值得谨慎对待。例如，按简单加总的方式计算，中国 1996 年在 WGIs 中的世界排名为 137，到 2019 年反而还下降到了 138。这显然和事实有很大的差异，完全无法反映甚至解释这期间经济发展水平不断的提升。因此，利用此类跨国别数据对中国这样快速增长中的大国经济体进行分析的价值是十分有限的。

第三节　中国国家治理的政府维度：政府能力与政治激励

在现代主权国家体系下，政府在治理过程中所起的作用是无法忽略的。中国政府是典型的强政府，综合来看，政府相对于市场和社会而言的强势地位非常明显，因而其内在的制度构架和内部运行机制对治理的方式及其效果也就会产生极大的影响。我们可以从国家能力的概念出发来理解这一点。

从韦伯认为国家是能够制定并执行规则的一个组织的观点出发，狭义上可以把国家能力理解为国家（独立）制定并贯彻执行其法规和政策的能力②。经济学家则倾向于把国家能力解读为国家贯彻法律和秩序、管理经济活动，以及提供公共物品的能力③，并把这种能力和经济发展的绩效相联系。实际上，很多发展中国家经济发展滞后，被归咎于缺乏必要的国家能力被认为是"弱国家"（weak state）甚至"失败国家"（failed state）的病症表现。根据这种观点，即使新古典自由主义所认可的"小"国家（即国家除了保护产权和提供基本公共服务外，要尽量少干预市场），也必须具备必要的国家能力以提供市场秩序和保护产权安全，否则不足以履行和完成必要的职能。对国家能力的衡量，则一般从投入（与国家能力相关的人力和物质投资）或产出（国家能力的运用及其结果）的角度来构建指标，例子有官僚机构的规模或国家能力投射的覆盖面（如铁路网或邮政系统

---

① Fukuyama F. Governance：What Do We Know，and How Do We Know It［J］. Annual Review of Political Science，2016，19：89-105.

② 学术界对国家能力的定义有很多阐释，但一般都是把国家和能力的概念相结合，如把国家能力区分为"强制性能力"（coercive power）和"基础性能力"（infrastructural power）。参见 Mann M. The Autonomous Power of the State：Its Origins，Mechanisms and Results［J］. European Journal of Sociology，1984，25（2）：185-213。

③ Acemoglu D，García-Jimeno C，Robinson J A. State Capacity and Economic Development：A Network Approach ［J］. American Economic Review，2015，105（8）：2364-2409.

的覆盖程度①)、税收的力度和规模(如税收收入占 GDP 比例②)等。

从国家能力的角度出发,可以较好地分析和理解中国政府在治理中所起的作用。一个明显的事实是,和西方发达市场经济国家甚至大多数发展中国家有较大不同的是,中国政府有更为强大的政府意志和执行力,同时也掌握了十分庞大的经济资源。这使得中国政府能够非常有效地集中和动员必要的资源,并通过其庞大而独特的官僚体系把各种社会、经济政策贯彻执行下去。事实上,第二次世界大战后经济发展较为成功的发展型国家(developmental states),之所以能够在没有完全采用西方民主体制之时就成功实现工业化和产业升级,一个解释就是它们也都具有较强的国家能力来实施政府主导的产业政策,提高储蓄率和投资率,从而推动资本积累和经济增长。改革开放后中国经济增长和发展的成功经验与这些发展型国家的相似之处,就是中国政府也具有很强的资源动员能力和政策贯彻能力,并利用这种强大的国家能力追求和实现经济增长与发展(参见专栏 13-3)。

专栏 13-3

中国和发展型国家的相似之处——国家能力强

发展型国家或地区一般指那些政府在经济发展中起到了不可或缺的角色的市场经济国家或经济体,主要指第二次世界大战后成功地实现了工业化的日本,"亚洲四小龙"(中国香港、中国台湾、新加坡、韩国),以及紧随其后的东南亚各国。这些经济体在第二次世界大战后的经济增长存在一定的共性,表现为:(1)谨慎稳健的宏观经济政策和环境,如较低的通货膨胀率、强调预算平衡甚至盈余、具有较高的储蓄率和丰富的劳动力资源等;(2)强调投资,尤其是对制造业的投资,并通过提高出口部门的竞争力来打开国际市场;(3)强调产业政策的作用,尤其是通过贸易政策和信贷政策的引导,实现制造业的增长、出口的增加、技术水平和产业竞争力的提高;(4)具有一个稳定的政治环境,包括具有相当规模的中产阶级,以及职业化、专业化和具备自主性的官僚队伍等。这些条件中,产业政策和现代官僚体系(尤其是后者)被看作两个最重要的条件。这是因为,产业政策要有效,离不开高效的职业化官僚队伍,根据专业化的知识挑选优胜者(pick-winner),或者解决经济

---

① Herbst J. States and Power in Africa: Comparative Lessons in Authority and Control[M]. Princeton: Princeton University Press, 2000; Acemoglu D, García-Jimeno C, Robinson J A. State Capacity and Economic Development: A Network Approach[J]. American Economic Review, 2015, 105(8): 2364-2409.

② Sobek D, Thies C G. Civil Wars and Contemporary State Building: Rebellion, Conflict Duration, and Lootable Resources[J]. Civil Wars, 2015, 17(1): 51-69.

发展中不同产业和市场间的协调(coordination)问题①。

大多数的发展型国家案例,均不是发生在西方自由民主制度环境下,具有单一政党制(single party)的政治体制背景。这说明,非西方体制下的政府具有很强的国家能力(state capacity),能够有效地动员储蓄并向特惠部门和产业进行投资。另一方面,由于政治强人或强势政党的存在,从而也能够克服各种利益集团的阻力,推行有利于经济增长和竞争力的产业政策和减少腐败②。换言之,一个强有力的具有发展倾向的政治领导层和职业化官僚体系的结合,有助于发展型国家解决产业政策制定和实施中的协调问题,控制腐败和寻租,从而降低发展的阻碍,实现经济增长和技术升级。

但是,国家能力强并不是政府实现有效治理的充分条件。即使仅从政府的角度来看,有效治理也要求政府内部存在合理的激励机制,促使决策者制定能推动长期经济增长和发展的规则和政策,同时也能够对政府内部(上下级政府间)的委托-代理问题予以控制③。在这一激励机制的作用下,政府(官员)能合理规范地使用国家能力,包括能主动把国家能力的运用限制在一定程度和范围内而不是滥用国家能力,才是实现有效治理的内在要求。中国政府在建立内部激励机制方面积累了丰富和独特的经验,值得重视。

1. 政党制度化和执政能力

中国拥有较强的国家能力,其来源是多方面的。历史上中国的官僚体系早熟而发达,这一历史遗产和政治传统的影响延续至今。此外,中国在革命战争年代锻造并继承下来的政党制度及其组织方式,也是一个很重要的因素。

中国共产党在长期的革命战争中诞生并成长起来,以民主集中制为组织原则。在革命胜利取得政权后,经过数十年的探索,尤其是通过20世纪80年代以来的政治体制改革,不仅继续保持了强大政党的特性,且在正规化和制度化方面获得了长足的进展,成为一个具有很强执政能力的现代政党组织。例如黎安友④指出,中国共产党在以下几方面的制度化程度有所提高:(1)领导人选任和交接逐步形成规范;(2)精英任命和提拔时更强调任人唯贤,而非基于小集团和派系考虑;(3)机构的分化

① Rodrik D. Getting Interventions Right: How South Korea and Taiwan Grew Rich[J]. Economic Policy, 1995, 10 (20): 53-107.
② Olson M. Dictatorship, Democracy, and Development[J]. American Political Science Review, 1993, 87 (3): 567-576; Shleifer A, Vishny R W. Corruption[J]. The Quarterly Journal of Economics. 1993, 108 (3): 599-617.
③ 对于政府、市场、社会的平衡和互动对治理的影响,将在本章接下来的部分进行介绍。
④ Nathan A. Authoritarian Resilience[J]. Journal of Democracy, 2003, 14 (1): 6-17.

(differentiation)和功能专业化得到了提高；（4）建立了鼓励民众参与政治的机构，加强了党的合法性。这种现代化、制度化的政党组织，尤其是通过其自上而下实施的干部人事管理系统，一方面保证了执政党能够从人事安排上有效地管理和控制各级干部和官员[①]，从而引导其行为更符合决策者的偏好，另一方面也通过制度化的方式使得决策过程更理性和民主，在很大程度上体现了民主集中制的精神。例如，谢淑丽[②]对中国共产党的高层（中央委员会）决策机制的分析认为，党的领导层中存在着相互问责的制度安排，党的领袖对普通中央委员的提拔和任命有很大的发言权，同时后者对前者的支持也具有重要价值和意义，因此，这种制度安排对改革开放以来的路线和政策选择具有很大的影响。还有学者进一步用理论模型对党的制度化作用机制进行了演绎。模型中，执政党的制度化和正规化有利于投资者对未来回报形成稳定的预期，从而有利于提高对未来的投资。无独有偶，也有其他学者用类似的理论模型来分析政党制度化为什么会推动决策者选择好的政策（即有利于基础设施投资、宏观经济稳定、私人贸易等）[③]。

2. 分权和地区间竞争

中央向地方分权，对塑造地方官员发展经济的动机可以起到很大的作用。分权并不是改革开放后的新生事物，如 20 世纪 50 年代末的"大跃进"运动，就伴随着中央向地方大规模的行政和财政分权，但却造成了巨大的经济和社会损失[④]。改革开放后的分权包括固定资产投资和创办地方企业权力的下放，尤其是 20 世纪 80 年代的"分灶吃饭"财政体制，使得地方政府拥有了发展辖区内经济的剩余索取权和相应的资源（如创建和管理地方国有企业和乡镇企业，批项目、地皮、贷款等）。因此，地方政府有通过发展辖区内经济来获得政绩和提高财政收入的动机。各地政府在具有同样激励的情况下，面临着地区间竞争（投资）的压力，会进一步推动辖区内的市场化改革和营商环境提升，从而通过推动非国有经济的发展而带动经济增长。这种中央干部人事控制下的地区竞争的分析框架，被学者称为政府权威主导下的地区分权（regional decentralization authoritarianism，

---

① 周黎安. 中国地方官员的晋升锦标赛模式研究[J]. 经济研究，2007(7)：36-50.

② Shirk S L. The Political Logic of Economic Reform in China[M]. Berkeley：University of California Press，1993.

③ Besley T，Kudamatsu M. Making Autocracy Work[M]// Helpman E. Institutions and Economic Performance. Cambridge，UK：Harvard University Press，2008.

④ "大跃进"期间(1958—1960 年)，为了完成自上而下下达的不切实际的过高的工农业生产指标，各地各级政府在压力下层层加码，不顾群众的承受能力和实际的生产条件去片面追求完成政治任务，使得高指标、瞎指挥、虚报风、浮夸风、"共产风"盛行，最终导致极大的经济和社会损失。这说明，分权的效果很大程度上取决于其发生的具体政治环境和条件，例如，上级对下级进行考核和鉴定的优先目标如何设定，会对下级的行为和政策选择起到很大的作用。

RDA)假说①。

有学者建立了理论模型来阐释 RDA 假说的作用机制②。模型中有两种经济结构，一种是 M 型结构(如中国)，另一种是 U 型经济结构(如苏联)。在 M 型经济结构下，每个地区(省、自治区、直辖市)都是一个单独的经济体，彼此并没有专业化分工，各地的经济管理者都有相似的生产任务，从而可以互相比较并形成竞争；U 型经济结构下，各个地区之间有专门的分工，因而各地经济管理者的任务不同，彼此之间的工作就无法直接进行比较，也无法形成竞争关系。换言之，在 M 型结构下，中央计划者更容易对不同地区的经济管理者进行评估并据此奖惩(从而影响后者的激励)，而在 U 型结构下则很难这么做③。

RDA 假说的一个隐含前提是中央政府和地方政府之间的分权是稳定且可置信的，类似联邦制下联邦政府和地方(州)政府之间的分权安排。事实上，钱颖一等人④提出的"中国特色的财政联邦制"理论就主张这一假设成立。但中国是单一制下的中央集权体制，因此这一假设的事实基础并不牢固。此外，即使存在分权下的地区竞争，这一竞争也并不总是能带来理想的治理效果，如为了获取更多的财政收入，地方政府可能和辖区内的企业合谋隐匿税收，导致中央财政的损失，即出现腐蚀国家能力的现象⑤，也可能加剧腐败现象⑥、地方保护主义和市场分割⑦，以及中央政府多目标考核下地方政府偏投资、轻民生(环保)的投资冲动和支出习惯⑧。这进一步突出了中国共产党作为一个现代化的政党组织在沟通协调中央和地方政府的互动方面所起到的重要作用。例如，通过

---

① Xu C. The Fundamental Institutions of China's Reforms and Development[J]. Journal of Economic Literature, 2011, 49 (4)：1076-1151.

② Maskin E, Qian Y, Xu C. Incentives, Information, and Organizational Form[J]. Review of Economic Studies, 2000, 67(2)：359-378.

③ 研究同时指出，这个结论在有关生产的信息质量外生给定的假设下得以成立。这个假设如果发生变化，结论也会发生显著的变化。Maskin E, Qian Y, Xu C. Incentives, Information, and Organizational Form[J]. Review of Economic Studies, 2000, 67(2)：359-378.

④ Montinola G, Qian Y, Weingast B R. Federalism, Chinese Style：The Political Basis for Economic Success in China[J]. World Politics, 1995, 48(1)：50-81；Qian Y, Weingast B R. Federalism as a Commitment to Reserving Market Incentives[J]. Journal of Economic Perspectives, 1997, 11(4)：83-92.

⑤ 在实际中，这主要通过分税制改革前的两个比例的下降(中央政府财政收入占财政总收入比例下降，财政总收入占 GDP 比例下降)，尤其是中央政府财政收入比例的下降，而表现出来。Cai H, Treisman D. State Corroding Federalism[J]. Journal of Public Economics, 2004, 88 (3-4)：819-843.

⑥ 陈抗, Hillman A L, 顾清扬. 财政集权与地方政府行为变化：从"援助之手"到"攫取之手"[J]. 经济学(季刊), 2002, 2(1)：111-130；吴一平. 财政分权、腐败与治理[J]. 经济学季刊, 2008, 7(3)：1046-1060.

⑦ 洪银兴. 现代化进程的区域时序和协调——兼论局部区域能否率先基本实现现代化[J]. 学术月刊, 2015, 47 (12)：5；Wademan A. From Mao to Market：Rent Seeking, Local Protectionism, and Marketization in China [M]. Cambridge：Cambridge University Press, 2003.

⑧ 王永钦, 张晏, 章元, 等. 中国的大国发展道路——论分权式改革的得失[J]. 经济研究, 2007, 42(1)：13；Xu C. The Fundamental Institutions of China's Reforms and Development[J]. Journal of Economic Literature, 2011, 49 (4)：1076-1151.

人事调动和安排来影响地方政府的税收征稽力度[①]，通过推动 1994 年的分税制改革来规范中央-地方的财政关系，并进一步通过财政转移支付和改革考核目标设定等办法来规范地方政府的财政行为，等等[②]。这再次说明中国的分权和联邦制下的分权有明显的区别，不能简单地直接套用后者的理论框架对前者展开分析。

1994 年的分税制改革所建立起来的财政管理体制，对地方政府和官员的经济激励和行为无疑造成了极大的影响。分税制体制下，通过设置中央直属的征税机构并划分税种来实现央地税收收入分配，实现了财政收入的中央集中。地方政府（从省级到乡镇）在财力相对缩小的同时，其支出责任却并没有相应缩减，反而因为各种原因（转制、社保、维稳等），财政支出因具有刚性而不断加码，导致财政压力越来越大。同期进行的"抓大放小"改革和企业改制[③]也使得地方政府不再是（国有或集体）企业的所有者，无法直接控制企业的现金流，也无法从企业的利润直接获得收入，更难以继续沿用以往将本地国有、乡镇企业收入转移到预算外收入的方式而获得收入，而只能通过税收和其他方式获得税收收入和税收以外的收入。其典型方法就是被称为"土地财政"的经济发展策略：通过征地，开发土地设立产业园区和开发区，为投资者提供土地、厂房、水电甚至低人工成本等优惠条件的"一条龙"的方法吸引投资者进驻园区进行设厂投资，从而实现招商引资（专栏 13-4）。

专栏 13-4

土地在地方政府招商引资中的作用

从 20 世纪 90 年代后期开始，地方政府的经济发展策略越来越倾向于通过对土地市场的控制和干预来实现招商引资，表现为各级地方政府通过大规模设立和兴建各种工业园区、产业园区和高新技术开发区，并提供包括基础设施、要素投入等在内的各种优惠政策来吸引投资者和厂商。其中，在土地国有制（农村土地集体所有）的基础上，地方政府通过对土地（一级）市场的垄断，结合土地储备制度，通过策略性的土地供应，使其向工业用地的倾斜并控制商业和住宅用地供应，实现低价出让工业用地、高价供应商住用地。

---

① Sheng Y. Economic Openness and Territorial Politics in China[J]. Cambridge, UK: Cambridge University Press, 2015.

② 国内学者在这一领域进行了大量的研究，其代表性的成果可参见：张军，周黎安. 为增长而竞争：中国增长的政治经济学[M]. 上海：上海人民出版社，2008.

③ 以 20 世纪 90 年代中期中央实施的"抓大放小"为契机，地方政府也适时启动地方版本的"抓大放小"，即通过破产、转让、出售等方式对原有地方中小型国有企业和集体企业进行转制，将它们转换成私营企业和股份公司。到 1996 年年底，有些省（区、市）70%的小型国有企业实现了私有化，还有一些省（区、市）超过半数改制。到 20世纪初，绝大多数地方国有、乡镇企业已完成改制。

仅 2001—2004 年，全国建设用地净增 12 363.52 km²，其中城镇用地净增 3 523.87 km²，包含各类开发区在内的工矿用地净增 5 509.67 km²，交通用地净增 2 313.49 km²。这三类用地净增量占全部建设用地净增量的 91.78%。这种土地供应策略有效压低了工业用地的价格，大大拉升了商住用地价格。相关统计也表明，2003—2008 年全部土地销售中，工业用地占了 55%，但同时，其价格和商住用地相比却被压得很低[①]。在此时期的大多数年份，工业用地的出让价格都不到 100 万元/公顷，而同期商住用地的平均价格则动辄超过 1 000 万元/公顷，两者相差近 10 倍。因此，在土地销售收入中，工业用地收入仅占全部土地销售收入的 25%。实际上，有些地方政府通过低价供应工业用地来招商引资的策略，完全有可能使得工业用地价格不考虑市场价格的变化而保持名义价格不变，有时甚至在很长的时间内以零地价出让给投资者。

通过低价供应工业用地的方式初看起来会给地方政府带来很大的财政成本和机会收入损失，但地方政府可以吸引到企业尤其是制造业企业入驻园区，并通过制造业投资的增长带动相关服务业和房地产业的繁荣。在商住用地价格不断上涨的情况下，相关服务业和房地产业的繁荣为地方政府带来大量的地方性税收和相关土地收入。

换言之，分税制在很大程度上重塑了央地财政关系，在有助于中央政府实现其集中财政收入目的的同时，也改变了地方政府发展地方经济的方式以应对中央政府新的央地治理方式。这种改变充分反映了地方政府在新的央地治理框架下，具有通过动员和利用包括土地在内的廉价生产要素来吸引投资，从而实现地方工业化和城镇化的强烈动机，这也是 20 世纪 90 年代以来中国经济高速增长的一个重要原因[②]。

第四节　治理的市场维度：创立、维护和协调市场的有效运行

有效治理的一个表征就是能够提供一个安全、公平、开放的市场环境，从而保障市场机制的顺利运行。中国作为一个从计划经济向市场经济转型的大国经济体，实现有

---

① Zhang J, Fan J, Mo J. Government Intervention, Land Market, and Urban Development: Evidence from Chinese Cities[J]. Economic Inquiry, 2017, 55 (1): 115-136.

② 与此同时，土地财政以及在此基础上衍生发展起来的土地融资也产生了明显的副作用。相关介绍和讨论，可参见：汪晖，陶然. 中国土地制度改革：难点、突破与政策组合[M]. 杭州：浙江大学出版社，2013；章奇. 政治激励下的省内经济发展模式和治理研究[M]. 上海：复旦大学出版社，2019.

效治理面临的一个挑战就是使得包括要素市场和产品市场在内的各种市场从无到有、从小到大,保障各类市场主体能够以公开、透明、平等的方式参与市场交易和竞争,并确保其财产和投资安全。由于国际政治经济环境、传统计划经济和意识形态在历史上形成的路径约束,实现有效治理的过程不是线性发展的,更不是"休克疗法"式的一蹴而就,而是一个渐进式的长期持续的过程。例如,从十一届三中全会开始,经过整个 20 世纪 80 年代对计划经济体制的调整和改革,1992 年党的十四大明确我国经济体制改革的目标是建立社会主义市场经济体制,1993 年的宪法修正案将"国家在社会主义公有制基础上实行计划经济"修改为"国家实行社会主义市场经济",并规定"国家加强经济立法,完善宏观调控"。以此为依据,全国人大出台了一系列法律,包括公司法、合伙企业法、消费者权益保护法、拍卖法、担保法、票据法、保险法、仲裁法等,明确了各类市场主体的合法地位,保障其公平参与市场竞争,确立了公平竞争的市场规则,体现了市场经济公平、公正、公开、效率的原则,逐步形成全国统一、开放的市场体系。这一过程迄今为止仍在持续发展中,明显具有渐进式的鲜明特征。

一、试验性

渐进式改革的一个特征就是通过顶层设计规划、局部试点、总结经验、试错容错、全面推广相结合的方法,把不合适的政策冲击控制在试点地区并把冲击程度控制在最低,并根据实际需要把成功的经验推广到更大范围直至全国。有学者据此把改革进程看作先易后难、先外围后中心、先微观后宏观的不断取得突破性进展的不可逆过程[1]。

凸显试验性的一个典型例子就是创建和推广经济特区以及其他各种试点城市和地区。在各方充分调研和讨论协调的基础上,从 1980 年开始,中央先后批准在深圳、珠海、汕头、厦门、海南等地设立经济特区,全面实行特殊经济政策和特殊行政、经济管理体制,以吸引外商投资为主要手段,达到启动对外开放、引进外资并带动经济改革向纵深发展的目的。此后,国务院相继批复成立了一系列国家级新区、国家级高新区(科技园区)、保税区、出口加工区、保税物流园区、保税港区、综合保税区以及国家综合改革配套改革试验区等具有特定功能的经济特区形态[2]。表 13-1 列举了 2005—2012 年各种

---

[1] 国外学者也注意到了这一点,并且把改革的试验性和央地关系联系在一起。例如,有学者指出,每一个重大改革措施都是地方试验先行,然后推广到全国。参见 Xu C. The Fundamental Institutions of China's Reforms and Development[J]. Journal of Economic Literature,2011,49(4):1076-1151. 韩博天(Heilmann,2019)则将其称为"试验主义治理":中国改革的重大决策由中央制定,但改革的具体路径则大多是地方试验性探索及地方间竞争的结果。各地各级政府因地制宜制定细则和实施计划、参与创新试验。中央政府选择其认为有效的改革或创新在全国范围推广。

[2] 这一系列改革试验区虽然也被认为具有经济特区形态,且承担突破传统体制的功能和任务,但和典型的经济特区相比有明显区别。例如,大部分不是独立行政区划的城市,而是独立行政区划城市中相对独立的特定区域,在行政管理上仍隶属于所在的城市,等等。广义上,这些试验性地区也被看作经济特区。官方正式称呼为经济特区的,除了深圳等五个经济特区外,还有 2010 年新成立的喀什经济特区和霍尔果斯经济特区,共七个经济特区。

形态的经济试验区的区域分布和功能定位,显示了经济体制改革由点到面,以"沿海—沿江—沿边—内陆城市"层层演进的方式全面展开的战略规划和布局。

表 13-1　国家综合配套改革试验区情况表(2005—2012 年)

试 点 地 区	改革类型	批准设立时间
1. 上海浦东新区	开发开放、率先完善社会主义市场经济体制	国务院常务会议 2005 年 6 月 21 日批准
2. 天津滨海新区	同上	2006 年 5 月 26 日《国务院关于推进天津滨海新区开发开放有关问题的意见》批准
3. 重庆市	统筹城乡	2007 年 6 月 7 日,经国务院同意,印发《国家发展改革委关于批准重庆市和成都市设立全国统筹城乡综合配套改革试验区的通知》
4. 成都市	同上	同上
5. 武汉城市圈(包括武汉、黄石、孝感、黄冈、鄂州、咸宁、仙桃、天门、潜江共 9 个城市)	资源节约型和环境友好型社会建设	2007 年 12 月 14 日,经国务院同意,印发《国家发展改革委关于批准武汉城市圈和长株潭城市群为全国资源节约型和环境友好型社会建设综合配套改革试验区的通知》
6. 长株潭城市群(包括长沙、株洲、湘潭共 3 个城市)	同上	同上
7. 深圳市	开发开放、率先完善社会主义市场经济体制	2009 年 1 月 5 日,经国务院同意,印发《珠江三角洲地区改革发展规划纲要(2008—2020 年)》,明确设立深圳综合配套改革试验区
8. 沈阳经济区(包括沈阳、鞍山、抚顺、本溪、营口、阜新、辽阳、铁岭共 8 个城市)	新型工业化	2010 年 4 月 6 日,经国务院同意,印发《国家发展改革委关于批准设立沈阳经济区国家新型工业化综合配套改革试验区的通知》
9. 山西省	资源型经济转型	2010 年 12 月 1 日,经国务院同意,印发《国家发改委关于设立山西省国家资源型经济转型综合配套改革试验区的通知》
10. 浙江省义乌市	国际贸易综合改革	2011 年 3 月 4 日,国务院批复《浙江省义乌市国际贸易综合改革试点总体方案》
11. 厦门市	深化两岸交流合作	2011 年 12 月 14 日,《国务院关于厦门市深化两岸交流合作综合配套改革试验总体方案的批复》直接批准

资料来源:徐善长.新时期改革推进方式:综合配套改革试验的理论和实践[M].北京:人民出版社,2013:89-91.

对经济特区经济效果的研究已经有很多。文献中,一般从以特定目的和功能为导向的地区性政策(place-based policies)所带来的聚集效应(agglomeration economy)的角度考察,即通过吸引企业扎堆(clusters)构成规模经济并推动信息共享和创新来提高效率、产出和就业。针对中国的经济特区(广义)的研究显示,经济特区成立后,企业投资(包括外国直接投资和国内投资)规模、工人工资以及全要素生产率都会上升[①]。此外,经济特区的经验所产生的外溢效应和示范效应,以及其在创建发展过程中所产生的经验和教训,虽然目前很难进行定量分析,但无疑也是巨大的。例如,在第一批经济特区开始实行的"三来一补"加工贸易,土地开发和房地产经营的商品化、市场化和招商引资,企业试行股票发行和股份制等,都带有试验的性质,并在获得成功后带动其他地区纷纷仿效。

二、做大增量、优化存量

苏联解体后,一些中东欧国家和俄罗斯按照所谓"华盛顿共识"所制定的激进改革方案对经济体制进行了大刀阔斧的改革,推行了大规模的私有化、市场化和自由化改革,包括价格的彻底放开和完全的货币兑换。由于各种原因,至少在中短期内,理论上应该取得完美效果的激进改革方案并没有取得理想的效果,反而出现了剧烈的经济恶化,包括失业率和通货膨胀率上升、产出下降等。中国并没有采取同样的方法,而是采取渐进做大增量、谨慎改革以优化存量的办法,在推进市场化改革的同时,尽量减少经济转型带来的痛苦与冲击,从而把转型成本控制在各方都能接受的范围内。其典型方式就是通过价格双轨制和维持多种所有制并存、共同发展的策略,达到渐进改革的目的。

1. (价格)双轨制

市场经济条件下,由于交易成本或信息不对称等原因,同样的商品存在不同的价格是可能的。但改革开放后的双轨制,是因为计划经济条件下国家对物资和商品的来源和价格等进行的行政控制和垄断得以维持,而同时引入市场调节机制,从而导致同种物资和商品存在不同的价格。例如,20 世纪 80 年代早期,农业生产体制开始改革的同时,根据同期的粮食收购政策,农民需要在以国家规定的价格向国家履行完他们的生产义务以后,产量的剩余部分才可以基于市场价格予以出售。同样地,在同期企业经营机制改革过程中,国家允许在按照规定价格完成计划生产的前提下,超计划生产之外的产出由企业在市场上自销,价格由市场决定。这样就产生了国家指令性计划的产品按国家规定价格统一调拨,企业(在计划外)自行销售的产品的价格根据市场决定的双轨制。

---

① Lu Y, Wang J, Zhu L. Place-Based Policies, Creation, and Agglomeration Economies[J]. American Economic Journal：Economic Policy, 2019, 11(3)：325-360; Wang J. The Economic Impact of Special Economic Zones：Evidence from Chinese Municipalities[J]. Journal of Development Economics, 2013, 101(C)：133-147.

由于双轨制下同一商品(产品)价格出现差异,无论农民还是企业,其生产和经营决策均会受到很大的影响(考虑本章一开始张三的例子)。

引入双轨制有两个优点:一方面,引入市场价格来推动市场价格形成机制,调动生产者根据市场的需要进行生产的积极性,从而满足市场需求并扩大市场在资源配置中所起到的作用;另一方面,仍然保留计划价格,使得计划体制下的生产部门(主要是国有经济部门)不会因新引入的市场因素而受到过大冲击,从而减少经济动荡。因此,实行价格双轨制是在当时的政治经济条件下,兼顾各方利益实现渐进推进改革的一个务实方案。随着市场化改革的推进和市场经济体制的建立,目前基本实现了双轨制较为平稳的并轨,尤其是产品价格的市场化已经基本完成。

2. 多种所有制并存、共同发展

传统计划经济一味强调社会主义公有制的优越性,导致国有经济一家独大,非国有经济被压抑、缺乏活力,甚至完全缺乏成长空间。改革开放后,非国有经济(包括集体经济、个体和私营经济,以及外资合资企业等)得到官方承认甚至鼓励,最终获得了正式合法地位并得到法律的保护。这一过程虽然有所反复,但总体来说,无论国有经济还是非国有经济都在不断地根据现实情况进行调整和适应,最终形成了目前多种所有制并存并共同发展的格局,既发挥了市场活力,也保障了政治和社会稳定。具体而言,这包含两方面的内容。

一方面,中国通过不断探索,在改革和调整过程中一直维持了庞大而强大的国有经济部门和国有企业管理体系。市场化改革和社会主义市场经济体制的建立无疑是对原有计划经济体制下公有制经济和国有企业的大幅度改革,尤其是随着 20 世纪 90 年代后国有企业改制和"抓大放小"政策的推行,无论中央国有企业(以下简称"央企")还是地方国有企业,其数量和职工人数均大幅度下降。与此同时,经历了现代企业制度改造和"抓大放小"后的国有企业,尤其是近一百家被称为"国家队"的央企[1],不仅规模仍然极为庞大,而且牢牢占据了上游行业的生产和资源配置等经济制高点(commanding heights)(参见专栏 13-5)。此外,中国通过庞大的以国有制为主的金融体系(尤其是以国有银行为主的间接融资体系)和对其高层的人事任免控制,保持了对资金配置的强大控制和干预能力。这种以国有制为基石的稀缺生产要素和生产资料所有制,以国有企业尤其是央企为核心的战略行业(尤其是上游产业)国家垄断,和以银行间接融资为主的资源配置体系结合,形成了中国社会主义市场经济体制下的新"三位一体"国家干预

---

[1] 由于"国家队"央企自身也在不断地经历合并重组,因此其规模也随时间的变化而变动。1991 年国家就挑选了 55 家国企,要把它们培养成为核心企业集团,1997 年把该名单扩大为 120 家,2001 年又规划把 30~50 家国企组建成"国家队"。截至 2024 年 10 月,由国务院国有资产监督管理委员会监管的央企数量为 98 家。

主义①。它和自 1992 年开始构建的市场体系的结合,是目前政府在市场经济体系下实现经济治理的基本制度基础和保证。

专栏 13-5

"抓大放小"和央企国家队

"抓大放小"有两个组成部分:"放小"是通过破产、转让和转制,让中小国有企业由市场决定它们的命运;"抓大"是在"放小"的同时,把更多的资源更集中地向剩下的国有企业(尤其是中央企业)进行倾斜,支持后者的发展壮大。在"抓大放小"战略的指引下,2003 年在原中央工委的基础上进一步成立了国有资产监督管理委员会,对 100 多家中央大型企业国有资产的保值增值进行监督,推进其现代企业制度建设,并推动国有经济结构和布局的战略性调整。对于一些战略性更强、地位更重要的中央企业,其人事任免则由中组部直接管理。

在这些政策的不断推动下,央企获得了极大的政策支持和资源,成长十分迅猛。据统计②,截至 2010 年,中央企业 82.2% 的资产集中在石油石化、电力、国防、通信、运输、矿业、冶金、机械行业,承担着我国几乎全部的原油、天然气和乙烯生产,提供了全部的基础电信服务和大部分增值服务,发电量约占全国的 55%,民航运输总周转量占全国的 82%,水运货物周转量占全国的 89%。汽车产量占全国的 48%,生产的高附加值钢材约占全国的 60%,生产的水电设备占全国的 70%,火电设备占全国的 75%。在国民经济重要行业和关键领域的中央企业户数占全部中央企业的 25%,资产总额占 75%,实现利润占 80%。在全球金融危机爆发后,2009 年年初,政府又向央企提供近 100 亿元人民币以充实其资本金。

另一方面,非国有经济在改革开放中不断发展壮大。尤其是民营经济,即使在 1992 年之前总体的意识形态和政策环境对民营经济并不友好的时期,它也表现出了极强的活力和韧性。民营经济一直是在国家法律和政策的引导和管制范围内有序发展,没有也不会对战略性的国有部门和企业形成挑战甚至取代。实际上,目前的国有企业和民营企业在很大程度上既相互竞争,也相互融合,如通过战略投资、交叉持股以及产业链上下游的投入产出合作,国有企业(资本)和民营企业(资本)之间的经济和资金联系已经十分复杂,远远不是按照单纯的国有和民营所有制关系就可以泾渭分明地区分。例

---

① 相关介绍和讨论可参考章奇的《政治激励下的省内经济发展模式和治理研究》。新"三位一体"的提法是和林毅夫等关于原计划经济体制下的旧"三位一体"特征的说法相区别。

② 罗志荣. 国企崛起是"中国模式"优势的重要体现[J]. 企业文明,2010(2): 14-19.

如,根据白重恩和宋铮等人一项最新研究的估测[1],通过接受来自国有资本的(间接)股权投资,和国有部门产生直接(间接)联系的民营企业数量在 2000—2019 年上升了20%,仅产生间接联系的民营企业数量就达到了 350 万家[2]。这种你中有我、我中有你的相互依存又相互竞争的关系,至少对关联企业(尤其是非国有企业)具有一定的支持作用,有助于提高其市场竞争力和效率。有学者认为这也可以部分解释为什么中国在民营经济的营商环境并不完美的情况下仍然能够快速成长[3]。

渐进式的改革方式使得中国在坚持社会主义的前提下,通过耗时较长但有序的过程初步建立起一个较完整的市场经济体系,同时避免了俄罗斯和东欧国家的激进改革方式所带来的经济震荡和社会成本。无独有偶,另一个较为成功(至少现阶段如此)的转型经济体越南也采取了和中国非常类似的渐进式改革路径,其治理方式也有类似的特点,如通过设立经济特区的方式进行包括分权在内的政策试点、实行双轨制、保留和维持庞大的国有经济部门等。这表明渐进改革路径和治理方式的成功并不是偶然的。但也要看到,中国以渐进方式推动建立市场化改革的方法并非独树一帜,更不是完美无缺的。实际上,中国采取的很多政策措施和改革方法,和其他发展中国家(包括那些被认为采取了激进改革路线的国家)也有不少相似之处,并非中国独创。例如,匈牙利在20 世纪 80 年代中期就通过新经济机制(New Economic Mechanism)改革方案,试验类似双轨制的方法,允许企业在国家计划之外向市场出售产品,同时也试行经济决策的分权、允许选择进口产品而不是国内生产等。苏联早在 20 世纪 50 年代末的赫鲁晓夫时期,就进行了国民经济委员会体制改革(Sovnarkhoz experiment),通过分权改革来调动国有企业经理的积极性[4]。南斯拉夫从 20 世纪 50 年代末、60 年代初起,进行了包括经济分权、引入市场价格机制、扩大企业经营自主权等措施在内的大规模市场化改革。和这些早期的改革尝试相比,中国和越南的渐进式改革之所以相对成功,除了渐进方式自身的特点以外,其他条件(如比较稳定的政治领导、和平友好的国际环境和开放的国际市场等因素)的作用也不能忽视。

另外,中国经济从 20 世纪 90 年代发展至今也出现了一些问题,这和当初采取渐进改革的方式和政策选择也有一定的关系。一个问题是双轨制的残余问题有待解决。虽然中国商品和服务价格的市场化已经基本实现,但要素价格的市场化仍然任重道远,如存在资金价格(利率)和土地等稀缺资源价格与市场价格的偏离等,说明要素价格的市

[1] Bai C-E, Hsieh C-T, Song Z, et al. Special Deals from Special Investors: The Rise of State-Connected Private Owners in China[J]. NBER Working Paper 28170, 2020.

[2] 有学者通过中国大陆 A 股上市公司的股东数据对公司间相互持股的情况进行分析,也得到了类似的结论。

[3] Bai C-E, Hsieh C-T, Song Z, et al. Special Deals from Special Investors: The Rise of State-Connected Private Owners in China[J]. NBER Working Paper 28170, 2020.

[4] Markevich A, Zhuravskaya E. M-form Hierarchy with Poorly-Diversified Divisions: A Case of Khrushchev's Reform in Soviet Russia[J]. Journal of Public Economics, 2011, 95(1): 1550–1560.

场化还需要继续推进①。除了价格领域的双轨制外，渐进式改革在其他很多领域也都导致了和价格双轨制类似的现象与问题。例如，国有银行更倾向于给大企业尤其是国有大企业贷款，中小（民营）企业贷款难、融资难；政府合同和很多政策优惠也更偏向某些特定的行业或企业，而不是对所有企业一视同仁。一个突出表现就是双轨制下对某类企业或行业的特惠政策会带来持久的软预算约束（soft budget constraint，SBC）问题（专栏 13-6）。这不仅使得大量无效率的企业持续存在，甚至变成"僵尸企业"，占用大量社会和经济资源而对其他企业产生挤出效应，而且也加重了政府的财政负担，甚至给银行系统带来大量坏账。软预算约束甚至超过了政企范畴，如地方政府也可能过度借债或投资，产生问题后则希望中央政府出手拯救，后者可能迫于政治考虑而不得不为地方政府的行为托底或买单，从而导致 SBC 现象出现。

专栏 13-6

软预算约束现象及其原因

经济学家科尔奈最早提出 SBC 的概念，是指计划经济体制下政府对国有企业存在着"父爱主义"，因而国有企业一旦出现亏损，政府无法坐视不管，只能继续通过提供贷款或财政补贴的方式拯救企业。科尔奈提出的这一概念启发了大量的后续研究，以解释为什么 SBC 现象会存在。原因包括高度集中的中央控制②、企业的国有性质③或垄断地位④，这些因素导致政府若不拯救这些失败或无效率的企业，边际成本会大大超过边际收益。还有学者⑤认为政府对企业提出了一些社会性的政策要求，如不希望失业率上升，从而导致了 SBC。林毅夫和李志赟⑥则在此基础上，提出了政府主动给企业施加的政策性负担会导致 SBC 的假说。他们用一个动态模型说明，只要政府对企业提出了任何政策性要求，导致企业做出没有效率或注

---

① 2020 年 3 月，《中共中央 国务院关于构建更加完善的要素市场化配置体制机制的意见》发布，就扩大要素市场化配置范围、促进要素自主有序流动、加快要素价格市场化改革、健全要素市场运行机制等方面进行部署。2022 年 1 月，国务院办公厅印发《要素市场化配置综合改革试点总体方案》，标志着要素市场化配置改革进入向纵深推进阶段，同时也意味着我国以市场经济为导向的经济体制改革进入攻坚冲刺阶段。

② Dewatripont M，Maskin E. Credit and Efficiency in Centralized and Decentralized Economies[J]. Review of Economic Studies，1995，62（4）：541-555.

③ Schmidt K. The Cost and Benefit of Privatization：An Incomplete Contract Approach[J]. Journal of Law，Economics and Organization，1996，12：1-24.

④ Segal I R. Monopoly and Soft Budget Constraint[J]. RAND Journal of Economics，1998，29（3）：596-609.

⑤ Boycko M，Sheleifer A，Vishny R. A Theory of Privatization [J]. Economic Journal，1996，106：309-319；Röller L，Zhang Z. Bundling and Social and Private Goods and the Soft Budget Constraints [J]. Journal of Comparative Economics，2005，33（1），47-58.

⑥ Lin J Y，Li Z Y. Policy Burden，Privatization and Soft Budget Constraint[J]. Journal of Comparative Economics，2008，36（1）：90-102.

定失败的决策,政府就只能为此承担责任,持续为企业提供各种优惠政策和支持,从而导致 SBC。这意味着即使私有企业,也可能因为政策性负担的存在而引致 SBC 现象。例如,即使在没有多少国有企业的国家,如大规模私有化后的东欧国家以及韩国,由于一些企业承担了维持就业率或实施国家产业政策的任务,仍然不可避免地会出现 SBC 现象。

另一个与之相关的问题就是政商关系。由于政府对很多稀缺资源(包括土地、矿产和信贷等)的垄断性控制以及对其价格的管制,实际供给和市场需求之间存在显著的缺口,这就会带来很大的设租和寻租机会,即部分政府官员利用手中的权力与商人进行非法交易,从而产生腐败。目前国内大多数涉及权钱交易的腐败案件,如已经被揭露并审判的刘志军高铁腐败案、南京季建业的金蟾螂案等,均显示权钱交易下腐败的发生有其必然性。另外,处于灰色地带的不规范的政商关系也可能对有效治理造成腐蚀,危害安全生产和环境保护。一个例子就是对煤矿安全生产的治理。根据国内学者的引述和统计,过去十年中国大约生产了全世界 40%的煤炭,同时导致了 80%的矿难死亡,原因之一是官商之间的利益交换导致政府的监管不力。中国通过引入指标配额、上级监管和群众监督等方式,有效使得矿难死亡率得以明显下降[1]。

此外,在经济发展和技术进步的推动下,很可能产生一些超级明星企业(super-star firms),具有强大的市场影响力,甚至构成垄断,而原有的监管框架在不断变化的技术手段和市场环境下可能不再有效。这些具有极强影响力甚至垄断实力的企业(通常是大企业或超大型企业)也更有动机和能力影响政策和法规,从而把自己的市场优势通过政治渠道予以固化。经济学家把这种大企业因具有某类比较优势(如通过技术突破而获得优势)而拥有更大的政治影响力,从而也就有更大的动机这么做以固化自己的市场优势的可能性称作"美第奇恶性循环"[2]。实际上,"美第奇恶性循环"现象及其各种变体在很多发展中国家和转型国家都有极为相似的存在[3],如俄罗斯和乌克兰等国的垄断寡头对政府的操纵(通常也被称为"国家捕获"),突尼斯的政治精英关联企业对管制的操纵[4],等等。正是出于对这种现象的担心,2020 年 12 月召开的中央经济工作会议明确将"强化反垄断和防止资本无序扩张"列为 2021 年八项重点任务之一,强调反垄断、反不正当竞争是完善社会主义市场经济体制、推动高质量发展的内在要求。这也说明,建

① 聂辉华,阮睿,宋佳义. 为了指标而竞争——来自中国煤矿企业的证据[J]. 经济理论与经济管理,2020(9):14.

② Zingales L. Towards a Political Theory of the Firm[J]. Journal of Economic Perspectives,2017,31(3):113-130.

③ Stigler G J. The Economies of Scale[J]. Journal of Law and Economics,1958(1):54-71.

④ Rijkers B,Freund C,Nucifora A. All in the Family:State Capture in Tunisia[J]. Journal of Development Economics,2017,124:41-59.

立起亲清政商关系,处理好政府和企业尤其是大企业、大资本之间的关系,是一个世界范围内的治理挑战和难题,值得进一步的重视和研究。

第五节 治理的社会维度：实现社会经济和谐发展的第三根支柱

在政府、市场、社会三维空间中,社会在治理中的角色和作用是复杂的。目前,大多数学者把社会看作在一定地域范围内(如乡村和城镇中的社区),通过各种血缘以及社会网络(如家族、宗族、部族、宗教、文化和习俗等)联结在一起的个人或团体,因此也主要从血缘关系和社会网络关系这类非正规制度如何影响人们行为的角度分析社会在治理和发展中的角色与作用。一种观点认为,人们通过血缘和非血缘关系结成家庭和宗族、部族等社会组织和网络,并通过这些组织和网络在日常生活中进行大量重复性的接触,信息交流较为充分,得以以较低的成本互相监督并对机会主义行为予以惩罚,因而容易在这些社会组织和网络内部形成可置信的信誉机制,即承诺和惩罚机制,这会产生两个有利的效果。

一是形成彼此的信任。在经济发展和市场发育的早期阶段,这对推动形成市场交易(尤其是超出一定时间和地域范围限制而完成交易)有很大的作用[1]。例如,格里夫[2]考察了12—13世纪欧洲商业发展历史,指出尽管那时不存在一个强大的中央政府,但通过"社区责任制"(community responsibility system),即同一个社区内部成员可以通过集体惩罚行为上犯了错的其他成员来防止任何一个成员做出有违社区利益的行为,从而维护社区作为一个集体的声誉。这样一个信誉机制的存在,使得其他社区的成员在无法完全监督该社区成员行为的情况下,也能够放心和后者进行交易。这就推动了当时欧洲远距离和跨期贸易的产生,以及欧洲商品经济的发展。

二是容易促进社区内部成员之间的合作,形成集体行动,这有利于社区内部公共物品的提供。例如,帕特南[3]对比了意大利南北地区的经济成就,指出北部地区市民之间的信任和参与网络非常发达,市民社会和政府效率都很好,而南部地区则要差很多,即北部的社会资本更为发达。他进一步认为,南北地区之间如此明显的差距主要源于中世纪传承下来的两种体制：北部是共同体性质的共和国体制,而南部则是君主制。正是

---

① Greif A, Laitin D D. A Theory of Endogenous Institutional Change[J]. American Political Science Review, 2004, 98(4)：633-652.

② Greif, A. Institutions and the Path to the Modern Economy：Lessons from Medieval Trade[M]. Cambridge, UK：Cambridge University Press, 2006.

③ Putnam R D. Making Democracy Work：Civic Traditions in Modern Italy[M]. Princeton, NJ：Princeton University Press, 1993.

这两种体制的差异造成市民在政治参与和人际信任与合作等方面存在着巨大的南北差异并延续至今,进而导致经济上成绩斐然的地区都是在市民参与、团体合作、相互帮助等方面拥有优良传统的北部地区而不是南部地区。这说明,社会资本是影响经济发展和治理水平的主要因素。其他研究[①]也进一步证实,中世纪时期意大利那些拥有自治政府的地区,如今的社会资本也更丰富(以人均非营利机构的数量、是否拥有器官捐赠银行以及全国考试中作弊被抓的学生数量来衡量)。

一个拥有丰富社会资本、成员彼此信任和倾向于合作的社区,对于保证社区成员的生活福利也有很大的帮助。这样彼此信任、互相合作的机制能为社区成员提供规避非系统性风险(idiosyncratic risks)的机会。对于发展中国家那些很有可能面对各种非系统性风险(如疾病、失业、家庭债务等)的个人或家庭而言,如果缺一个运转良好的市场机制为他们提供规避风险的工具(如商业保险)或政府缺乏提供公共服务的能力,社区的这一避险机制就显得十分重要,因为此时那些没有受到冲击的社区成员可以为他们提供一定的帮助,使他们能渡过难关。另外,即使社区遭遇系统性风险,如天灾、地震导致农业收成下降、房屋等财产损坏,社区成员彼此帮助也有助于他们共同面对问题、降低被伤害的程度并最终解决问题。社区在帮助那些需要特殊照顾的群体(如老人)方面,也能够发挥很大的作用[②]。

另外,社区成员可以通过彼此合作和帮助、提高集体行动能力的方式争取权益,并约束和阻止外部力量对成员或社区利益的损害。对中世纪欧洲商业复兴(10世纪以降)的研究表明,最早的城镇市集是南来北往的商人聚集在固定的商品交换地点而自发形成的。城市一旦形成并且有居民定居,市民(阶级)也就开始出现了。不断壮大的市民阶级,为了保卫自己的利益,不断地同当时的封建领主和诸侯进行斗争和谈判,以从后者获得各种特许权乃至城市自治的权力。他们需要组织起来形成一个利益共同体(通常是在商人的领导下),才有足够的力量去进行谈判。在城市内部,具有不同商业利益的市民自发地组织起来,设立各种行会,在进行行业管理同时,保障行会成员的各种利益并仲裁争端[③]。

这种社区成员通过集体行动来维护自己经济权益的现象,在现代社会经济中也广泛存在。例如,很多国家的地方政府通过优惠政策吸引投资来促进地区增长,但在这一

---

① Guiso L, Sapienza P, Zingales L. Long-term Persistence[J]. Journal of the European Economic Association, 2016, 14(6): 1401-1436.

② 对这些问题的详细描述和讨论,可参考世界银行 2013 年主题为"风险和机遇"的世界发展报告。参见 World Bank. World Development Report 2014: Risk and Opportunity—Managing Risk for Development[EB/OL]. 2013, https://openknowledge.worldbank.org/handle/10986/16092.

③ 亨利·皮雷纳. 中世纪的城市[M]. 北京:商务印书馆,2019. 需要注意的是,城市获得自治权力也是众多因素共同作用的结果。拉克曼(2013)通过对中世纪和文艺复兴时期城市自治演进的考察,正确地指出,列强竞争以及国王、教皇、诸侯等封建精英之间的竞争和僵局,是非贵族的城市精英获得自治权力的一个重要因素。

过程中对一些居民或经济部门利益造成了损害,后者得到的补偿并不足以弥补其损失,为了维护自己的利益,他们联合起来发动抗议,迫使政府取消投资或加大对他们的补偿①。在正式产权保护较弱的制度环境下,集体行动也可能有利于保护财产权利和安全。一项针对中亚独联体国家营商环境的研究表明,当面临腐败当局的掠夺之手时,那些利益可能会受到伤害的商业精英就有动力去团结和发动本地区的支持者来保护自己的利益②。即使在比较发达的市场经济条件下,集体行动能力也是市场参与者提高自己的市场参与能力和地位的有效保障。一个例子就是,包括美国在内的发达国家,近年来的收入分配格局不断朝有利于资本而不利于劳动的方向演化。这有很多因素,如国际贸易、技术进步(如机器人的使用和自动化的提高)、市场垄断等。但工人集体谈判能力的弱化日益为包括主流经济学家在内的学者所注意并强调③。有学者⑤强调,过去 40 年里,工人组织和谈判能力的下降(以参加工会的人数即工会参与率评估)和更低的工资水平以及(产出中)更高的利润份额是具有较强的关联性的。

与此同时,也有不少学者注意到了社会力量作用的另一面。社会力量和组织通过血缘、共同的习惯和传统、宗教或职业认同等非正式制度联结在一起,在对内部成员具有一定的支持和保护作用的同时,也天然具有一定的封闭性和排他性,有可能与现代社会和市场经济对开放性和平等原则的强调相抵触。由于现代社会和市场经济的维护和实施者主要是政府,因而在治理过程中,政府和社会之间就可能存在潜在和现实的冲突。例如,政府对土地的征收、对环境的改造、引进的工厂和商业项目,都可能和当地的居民发生矛盾而产生冲突。实际上,有些学者认为,第二次世界大战以后,很多发展中国家在推动现代化过程中遇到的一个挑战就是所谓的"弱国家、强社会"(weak state, strong society)问题④,即因为较强的社会力量的反对和抵制,国家建立有效统治的努力没有效果,更谈不上进行有效治理⑤。

现实中,这种"强社会"很可能并不意味着社会中的资源和权威都是均匀分布的,而是被一部分社会精英(有人也称之为社会的"强人"或"能人",如部落的酋长、村庄的长老或大家族的首脑人物、社区的牧师或阿訇、意见领袖等)掌握。他们利用自己的权威

① 有学者用一个理论模型分析了这种抗争如何影响政府的相关政策及其福利效应。Bhattacharya S, Kundu T. Resistance, Redistribution and Investor-Friendliness[J]. Journal of Development Economics, 2014(109): 124-142.
② Radnitz S. Weapons of the Wealthy: Predatory Regimes and Elite-Led Protests in Central Asia[M]. Ithaca, N. Y.: Cornell University Press, 2012.
③ Grossman G M, Oberfield E. The Elusive Explanation for the Declining Labor Share[J]. NBER working paper 29165, 2021.
④ Migdal J S. Strong Societies and Weak States: State-Society Relations and State Capabilities in the Third World [M]. Princeton, NJ: Princeton University Press, 1988.
⑤ 当然,问题的另一端是"强国家、弱社会"的问题,即前者有效地压制甚至摧毁后者的一切组织力量,把政府的意志和政策贯彻到社会的每一个角落。很多时候这也会带来严重的问题。

和社会资源以及网络,能够影响公共政策的实施和资源的分配。但其目的不是简单地响应政府的要求,甚至也不一定是为了社区大多数成员的利益,而是为了巩固自己的权威和利益,即产生所谓的"精英捕获"(elite capture)问题。此类问题在发展中国家较为普遍,甚至使很多人怀疑曾一度备受推崇的分权性(发展和援助)政策,因为此类政策会放大社会精英的影响,导致精英捕获现象。许多人开始重新强调推行集中式、由上至下主导的资金和资源配置,或有意设计相关政策,使得政策实施和资源分配绕过这些社会精英,但此类政策往往会付出很高的成本[①]。

以上对社会力量作用的认识和争论,在中国过去数十年的发展过程中也时有体现。改革开放前,政府力量过于强大,无论市场还是社会均比较弱势,缺乏活力。改革开放后,不仅通过市场化改革恢复和搞活市场,而且通过一系列的措施恢复和发挥社会活力,提高其自治能力。一个标志性的举措就是从20世纪80年代开始试验农村基层直接选举,并在1998年正式通过《中华人民共和国村民委员会组织法》,赋予农村基层通过直接选举村委会成员实现其基层自治的权利。经过20多年的发展,农村基层自治取得了很大的成绩。例如,有研究表明,村委会选举对改善基层治理起到了明显的效果,如增加了基层公共物品的供给、减小了村内居民收入差距等[②]。有的学者进一步把村委会选举和社会精英的作用联系在一起,认为农村宗族和大姓中的精英人物被选进村正式治理结构(即担任村委会主任),有利于把选举和社会责任结合在一起,更有利于动员乡村的集体行动以提高基层的治理水平[③]。

但同时,也有不少学者认为在目前情况下,对农村基层自治的效果不宜夸大。一方面,乡村可以支配的资源较少,受地方政府限制的地方很多(如出现村财乡管的现象),政府也会出于发展地方经济(尤其是征地和招商引资)和维护社会安定的需要而频繁插手基层自治,因此,基层自治的实际空间和效果都较为有限[④]。农村宗族和大姓的存在,其作用也非常复杂。它们的积极作用即使存在,也在逐渐退化,更多是根据乡村中的势力对比而不是按公益的方式处理村庄事务,妨碍基层治理[⑤]。尤其在征地等

① Alatas V, Banerjee A, Hanna R, et al. Does Elite Capture Matter? Local Elites and Targeted Welfare Programs in Indonesia[J]. American Economic Review (papers and proceedings), 2019, 109: 334-339.

② Luo R, Zhang L, Huang J, et al. Elections, Fiscal Reform and Public Goods Provision in Rural China[J]. Journal of Comparative Economics, 2007, 35: 583-611; Shen Y, Yao Y. Does Grassroots Democracy Reduce Income Inequality in China[J]. Journal of Public Economics, 2007, 92(10-11): 2182-2198.

③ Tsai L L. Solidary Groups, Informal Accountability, and Local Public Goods Provision in Rural China[J]. American Political Science Review, 2007, 101 (2): 355-372; Xu Y, Yao Y. Informal Institutions, Collective Action, and Public Investment in Rural China[J]. American Political Science Review, 2015, 109(2): 371-391.

④ 刘守英. 中国土地问题调查:土地权利的底层视角[M]. 北京:北京大学出版社,2018;陶郁,侯麟科,刘明兴. 地方治理实践:结构与效能[M]. 北京:社会科学文献出版社,2020.

⑤ 肖唐镖. 社会稳定研究[M]. 上海:学林出版社,2011.

涉及较大经济利益的事务中,他们更容易按照地方政府的要求办理而不是维护农民利益[1]。还有学者则直接认为在征地中,宗族精英人物的角色更多地指向了明显的精英捕获现象[2]。

存在以上分歧和争论实际上很正常。正如本章一开始所介绍的,治理的实际效果取决于不同力量间的对比。任何一方相对于其他各方过于强势或弱小,都不会带来理想的效果[3]。有效治理需要根据现实条件尽可能地兼顾各方利益,在实践中不断做出调整和变革,才能达到更和谐的效果。例如,即使在资本主义非常发达、市场经济制度环境更为完善的美国,随着两极分化和收入分配等问题的突出,关于政府监管科技大企业和强调企业社会责任的争论也日趋激烈。这反映了随着时代变迁,该国政府、市场、社会的势力对比正发生深刻的变化,从而要求政府的治理方式也发生相应的变化。中国同样正处在一个迅速变化的社会经济环境中,客观上要求治理方式发生深刻的变革,以推动社会经济的和谐发展。正是意识到这一点,2019 年 10 月,《中共中央关于坚持和完善中国特色社会主义制度 推进国家治理体系和治理能力现代化若干重大问题的决定》颁布,强调了中国的治理体系和治理能力现代化改革的意义,并进行了重大战略部署和指导。本章的介绍和分析表明这一努力是完全必要的,也是一项艰巨的任务。

------ 思考题 ------

1. 根据世界银行的"全球治理指数"指标(网址为 https://databank. worldbank. org/source/worldwide-governance-indicators),对各国的治理指数水平进行排序,并回答以下问题:

(1) 请计算各国的治理指标得分,分析并解释其与人均国内生产总值(人均 GDP)之间的相关关系。

(2) 不同国家的指数排名高低会随时间变化而不断发生变化,请分析一下导致这种变化的原因。

2. 发展中国家的农民在其生产和日常生活中,可能会遇到各种负向冲击,如坏天气、疾病,或者经济危机,从而导致农作物产量下降甚至收入大幅度降低。请分析一下,政府、市场和社会(如家庭、邻居和社区)可以为农户提供哪些应对风险的渠道,以降低

---

[1] 仇童伟,罗必良. "好"的代理人抑或"坏"的合谋者:宗族如何影响农地调整[J]. 管理世界,2019, 35(8):97-109.

[2] Mattingly D C. Elite Capture:How Decentralization and Informal Institutions Weaken Property Rights in China [J]. World Politics, 2016, 68(3):383-412.

[3] 例如,针对宗族精英人物在农村基层治理中的角色和作用,提出了一个统一的分析框架,认为宗族在基层治理中的作用是异质性的,会因为不同力量的对比而发生变异。Cai M, Zhang Q, Zhao X. Social Embeddedness, Power Balance, and Rural Governance in China[J]. World Development,2024, 179:106592.

或避免风险带来的负向冲击?

3. 发展中国家工业化和城市化过程中,往往通过征收农村居民的土地,为工业化和城市化提供其所需的土地。请分析一下征地过程中,政府向农村居民所支付的征地补偿价格受哪些因素的影响,并进一步分析这对经济增长中的收入分配状况会产生什么影响。

图书在版编目(CIP)数据

中国发展经济学/张军主编.--上海：复旦大学
出版社,2025.6.--(中国经济学系列).-- ISBN 978-
7-309-17855-5

Ⅰ.F061.3;F120.4
中国国家版本馆 CIP 数据核字第 2025A5X451 号

中国发展经济学

ZHONGGUO FAZHAN JINGJIXUE

张　军　主编

责任编辑/戚雅斯　李　荃

复旦大学出版社有限公司出版发行
上海市国权路 579 号　邮编：200433
网址：fupnet@ fudanpress. com　http://www. fudanpress. com
门市零售：86-21-65102580　　团体订购：86-21-65104505
出版部电话：86-21-65642845
浙江新华数码印务有限公司

开本 787 毫米×1092 毫米　1/16　印张 24.25　字数 488 千字
2025 年 6 月第 1 版
2025 年 6 月第 1 版第 1 次印刷

ISBN 978-7-309-17855-5/F・3097
定价：88.00 元